高橋亨 朝鮮儒学論集

高橋亨 朝鮮儒学論集

川原 秀城・金 光来 編訳

知泉書館

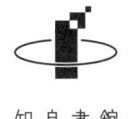

凡　例

一　本書は高橋亨の朝鮮儒学関連論文を編修校訂し、引用漢文を現代語訳したものである。

二　原著の仮名遣いは、原則として原文のままの表記としたが、旧漢字（繁体字）は特別な場合をのぞいて常用漢字に改めた。また句読点や改行は多めに施し、書名篇名には適宜『』「」などをつけた。送り仮名は、「即」→「即ち」、「及」→「及び」など現行の方式に改めたところもある。本文中の［］は原著者の注釈を示し、（）は訳者挿入の注釈を示している。

三　本書に引用された漢文についてはは可能なかぎり、原典にあたって一字一句を確認した。返り点は省略し、句読点は適宜修正追加した。現代日本語訳は終始「である」調を用い、社会的な関係を示す敬語などの使用を最低限にした。朝鮮学者の煩瑣な論理を追求しやすくするためである。

四　書後には附録一「高橋亨と朝鮮」（通堂あゆみ著）と附録二「高橋亨先生年譜略」（朝鮮学報第四八輯）と附録三「朝鮮儒者一覧」をつけた。

序

此度の川原秀城及び金光来両氏編にかかる『高橋亨朝鮮儒学論集』の刊行を、衷心より慶賀したい。筆者は朝鮮学の一隅に身をおく者であるが、本書の論じる思想方面には全く蒙く、巻頭の辞を述べる立場にないことは重々承知しているが、交誼三十年に垂んとする畏友川原氏の慫慂とある種の好意的な脅迫により、筆を執るに至った。本書を繙読しつつ聊かの感慨も生じ、思念を述べることをお許しいただきたい。

高橋亨先生については巻末に付された通堂あゆみ氏「高橋亨と朝鮮」及び『朝鮮学報』（第四八輯）より引用の「高橋亨先生年譜略」を参照されたいが、われわれ朝鮮学に携わるものにとっては、大先達と言い得る。高橋先生は東京帝国大学文科大学漢文科卒業の翌年である明治三十六年（一九〇三）という早い時期に、後に台北帝国大学初代総長となり、その遺書を東洋文庫に託された東洋史家幣原坦氏の後任として、韓国政府招聘官立中学校傭教師に赴任しておられる。その後朝鮮総督府嘱託・京城高等普通学校教諭・大邱高等普通学校校長を経て、大正十五年（一九二六）京城帝国大学に法文学部が設けられるや、朝鮮語学文学講座教授となられた。その当時の事情を察するに、生活上・研究上に種々不如意の多かったことと思われるが、それらを克服して今も尚燦然と輝く業績を残された。通堂氏の論考によれば、嘗ての言辞に不適切があったという。時代の然らしめるところもあったであろう。しかしその時代にあっても靡かず、毅然たる態度を取り得た人士の存在したことも事実である。今の時代にあって、先人を非難することは容易である。しかしそれを以って、その人物を、或いはその業績を葬り去ることは、筆者には首肯しがたいことである。その思いは本書の刊行を決意された川原氏も同様に違いない。今日の如くコピーやコンピュータのない時代、写真も今日の如く容易ではない時代に、『李朝仏教』や本書所収の諸論文などを物されるに、目録などの皆無といって過言ではない状況下での資料の発掘、諸処の訪書にどれほどの忍耐と労力を費やされたか、同様な作業を試みている筆者には痛いほど理解されるのである。先生の文学方面の高足、朝鮮学会前副会長大谷森繁氏の「高橋副会長の逝去をいたむ」（『朝鮮学報』第四六輯）によれば、「早くより先生の意図された「朝鮮儒学史」「朝鮮文化思想史」は遂に未刊のままに終った。実はこれ等に関した資料のノートも相当の分量あり、天理在任中にも多くの人々から出版をすすめられたが、先生は手許に文献が乏しいことを挙げて頑として耳を貸されなかった」という。これから見ても、先生がいかばかり原典を重視なさっておられたかが判る。今回の川原氏等による本書が、先生の御意志にいかほど副い得ているかは知るべくも無いが、在天の先生は莞爾としていらっしゃるのではあるまいか。

先生は朝鮮学会初代の副会長であられた。先生は初代会長中山正善氏の信頼極めて厚く、それに応えて学会のために尽瘁された。天理大学に本部を置く朝鮮学会は昭和二十五年に呱呱の声を挙げ、爾来日本の朝鮮学の中心として機能して来た。朝鮮学会は時代を問わず、朝鮮・韓国に関するあらゆる分野を学問対象として包摂し、朝鮮学への登竜門的役割を果たし、また多くの人材を育成してきた。韓国を始めとする諸外国やわが国の朝鮮学のみならず、隣接諸分野の研究者からも高い評価を得ている。その機関誌『朝鮮学報』は当初は年二回、昭和三十五年からは中山正善会長の御提案を承け、年四回の刊行に至った。平成二十三年四月現在第二百十九輯に及んでいるが、これほど精力的に刊行誌を出している学会は類例なく、朝鮮学に対する伝統的な熱き思いが、それを支えて来たと思われる。

今回本書の刊行に際して、大谷氏が先生の御遺稿を委託され、保全して来られたことが明らかになった。川原氏の検討を経た結果、本書には利用されなかった由であるが、後生の利用を期待したい。

主編者川原秀城氏とは三十年近い辱交である。その性は狷介不羈、容易に妥協を許さないが、声聞を求めず、虚栄に従わぬ学問一筋の姿勢に常々格段の畏敬を抱いている。元来中国哲学・中国科学史の専家であるが、監訳書『朝鮮儒学史』（知泉書館、二〇〇七）、日本人による初めての画期的な著書『朝鮮数学史』（東京大学出版会、二〇一〇）や諸論文で、朝鮮学に寄与していただいているのは、朝鮮学に身を置いている者にとっては、誠に有難い限りである。筆者は平生朝鮮学を究めるには、中国学の基根が深く根ざしていなければならないと思っている。が、実際にはそれは望みがたいことである。その点で言えば、川原氏の場合はまさにその人を得たりの感あり、朝鮮学に天助を得た思いである。

本書の成るに就きたいそうな辛苦を嘗められたと、川原氏から聞き及んでいる共編者金光来氏、「高橋亨と朝鮮」で高橋亨を紹介された通堂あゆみ氏の労苦をも犒いたい。

麗澤大学教授
藤本幸夫

平成二十三年七月二十六日

目次

朝鮮儒学大観

李退渓

李朝儒学史に於ける主理派主気派の発達

最も忠実なる退溪祖述者権清臺の学説

附　録

高橋亨朝鮮儒学論集

朝鮮儒学大観

緒　言

我が朝鮮史講座が、朝鮮に於て現れたる最初の成功せる学術雑誌乃至講義録として、一新記録を造ったことは、吾々同人の読者と共に欣喜に堪へない所である。余も其の講師の一員として、曩に朝鮮社会史を書くべく期待せられて居ったが、光陰徒に速く過去って業績一向に捗らず、其の完成を待てば、我が史学講座予定の期間も過ぎなんかを恐れる。仍りて朝鮮社会史の講義は更に之を他日に譲り、茲に三・四回に亙りて朝鮮儒学大観を講じて、以て責を塞かんとする。

第一講　高麗の儒学

一　安　珦

朝鮮に於ける儒学の最盛期は、勿論李朝である。しかし李朝の儒学は高麗の儒学の継承であり、向上進歩である。儒学と云ふは、詳には儒教哲学と言ふべく、儒教を日常実践の道徳を説けるもの、政治の常経を説けるものと観ぜずして、之を一つの哲学体系と観、宇宙問題・心性問題を解釈して、以て道徳及び政治に原理を据える所の本体学・目的学たる価値を認めんとするものである。従て儒学を学ぶ所の者は、単に訓詁・記誦や詩文の練習を以て満足すべからず、思考を通じて理性に照らし、我が思想と信仰との安定を得るに到らなければならぬ。

而して新羅より高麗の季世までは儒教は単に訓詁・記誦の学たるに止まり、未だ思想及び信仰の学たるに至らなかった。従て当時の思想及び信仰を支配した者は即ち仏教であった。即ち高麗の盛代に崔冲が九斎を立てて子弟を教育し、文学の隆盛を見たが、当時の漢学は猶所謂訓詁及び詩文の科挙に応ずる業に過ぎず、哲学として儒教・儒書を研究する儒学の発達を見るに至らなかった。其の後二〇〇余年、思想及び信仰界は全く仏教の占断に帰し、文学の士と雖も、宗教としては仏教を信じ、単に日常彜倫の道徳及び文学の模範として漢学を学ぶ有様であった。

然し毅宗王の朝、武人鄭仲夫の乱一発して政権武人の手に帰する迄は、尊文の風尚一国に洽く、士人にして漢学を修めざるはなく、庠序・太学盛にして文運斐然たるものがあった。毅宗以後に至りては、文武位地を顚倒し、無学なる武弁執権となり、文臣の中に逃避的思想興りて、迹を晦まして深山幽谷に隠れ、甚しきは祝髪して禍をのがれ、世は滔々として無文不学者の跋扈に委し、子弟教育の大任も往々にして、士儒の手より山寺の僧侶の手に移り、恰も我国足利氏時代の五山の如き有様を呈した。其の中、偶々執権崔氏の鼻息を窺って、曲学阿世の筆を以て一時ときめきし李奎報・崔滋等の如き文士もあったが、大体に於て学問は衰微し、到底仏教に対抗する程の儒学上の思索研究は出なかったのである。

併しながら支那に於ける儒学の発達の径路を繹ねて見ても、大体類似したものであって、仏教伝来し道教成立したる以後は、儒教は哲学宗教としては到底是二教の敵ではなかったのである。

儒学が一哲学体系として成立し、三教鼎立の壮観を呈するに至ったのは、儒学者たる宋儒が宋学を打建てた以後の事である。勿論茲には暫く宋学の祖周茂叔（周敦頤）、宋学の大成者朱子（朱熹）が実は仏教と道教、殊に仏教から思想及び文字を取入れて、以て儒教哲学を構成した事には言及しない。簡単に之を儒学の発達と片附けて、問題の複雑に赴くを避ける。万事支那の文化を承けて始めて其の文化を向上せしむる朝鮮は、宋学の将来するを見るに至って、乃ち儒学の勃興を致せるは当然である。

宋学輸入の祖は高麗の安裕［安珦］であった事は、忠烈王の一五年［西暦一二八九年］彼が忠烈王に随って燕京に在り、新刊『朱子全書』を手に入れたるに在る。彼は此を以て孔孟の心伝儒教の正法となして、還国後、太学を興して此に之を講じ、遂に朝鮮学界の統一と仏教に対して儒教哲学の卓立を成し遂げたのである。

但し是の如き大事業は、到底一人の力を以て之を成し得べきものではない。必ず彼に随和する者の在るを要するのである。其は権菊斎（権溥）・禹易東（禹倬）・白彝斎（白頤正）等である。『高麗史』は是等三人者の列伝に於て、何れにも晦軒（安珦の号）の其れと同様に、各以て宋学の将来者となし、甚だ曖昧である。

併しながら李益斎（李斉賢）の『櫟翁稗説』には、明白に白彝斎・権菊斎の程朱性理の学を講ぜるは、晦軒が太学を再興せる後の事として居る。而して太学再興は、晦軒が忠烈王一五年、燕京に於て朱子の書を獲たる後である。余は是に由りて、高麗に於ける宋学先唱の功は之を晦軒安珦に帰し、爾他諸子は之に随和して起れる者とするのである。

晦軒の朝鮮儒学史に於ける位地の重要なること、是の如くであるが、併し彼が程朱性理の学に於て如何許造詣深く、同時に哲学者として如何に深遠なる思索力を有したかに就ては、今日之を徴すべきものがない。『晦軒実紀』二冊は、其の子孫の輯纂せる所であるが、其の蒐録する所の彼の作たる詩文は、僅に数章に過ぎない。恐らく彼の全集は早く既に滅びたものであらう。

従て彼の学説らしいものを窺ふべきは、彼の六二歳大成殿新築落成の時、製して以て太学生等に示せる訓示の一篇の外ない。本篇は文短く意浅く、格別宋学の哲学に言及せる者がない。ただ朱子の学を以て仲尼の正伝を得たるものにして、仲尼の道を学ばんとする者は先づ朱子の学を学ぶべし。又朱子の学に通達すれば、以て禅仏杳冥空寂にして、倫理に背戻する教に溺るるを救ふべしと言ふに過ぎない。極めて平凡な訓示である。

今晦軒の什は外に伝はらないから、妄りに断ずる訳には行かないが、高麗李朝儒学発達の迹を観ると、晦軒が果して程朱哲学の高所深所を徹底的に了解し得たりしや否や、疑なきを得ない。所謂理解には、幾多の階段がある。学者にして或る哲理を充分に理解せりといふには、其哲理の原術語を自由自在に使用して、口に筆に明快詳密に其の理致を説述するに至らなければならぬ。朝鮮儒学者の宋学に関する論文の完全に明理縦横なるを得るに至ったのは、李朝盛世に至ってからである。学の進歩にも階段がある。

余は晦軒の朱子学先唱の功は之を認めるが、彼が宋学を徹底的に理解せりや否やに対しては、未だ肯ずる能はざるものである。

晦軒の同唱、権菊斎・禹易東・白彝斎に至っては、文献寥々として何物も留めず、但だ李朝の学者多く、高麗・李朝両朝儒学の学統を叙して、安晦軒（安珦）―権菊斎（権溥）―李益斎（李斉賢）・李牧隠（李穡）―鄭圃隠（鄭夢周）・権陽村（権近）―吉治隠（吉再）と師資相伝、吉治隠実に両朝学統の橋梁で、彼から李朝の学脈開け、吉治隠―金江湖（金叔滋）―金佔畢斎（金宗直）―鄭一蠹（鄭汝昌）・金寒暄堂（金宏弼）―趙静庵（趙光祖）と相伝へ、遂に李朝の儒学全盛の黄金時代を現出するに至ったといふのである。併しながら此の学統に付ては、尚幾許かの疑義があり、厳格なる意味に於て之を先輩後輩と謂はず、之を師匠門人と謂はるべきかは疑はしい。併し乍ら其は晦軒が朱子学先唱の功に何等影響を及ぼすものではない。

二　李斉賢・李穡・鄭夢周

李斉賢［益斎］・李穡［牧隠］は、晦軒（安珦）の学統を承けたと称せられる。併し二人者は何れも文学者であって、儒学者と称することは出来ない。

殊に益斎は『益斎集』『櫟翁稗説』の著あり、詩文の大家ではあるが、一向所謂道学者の習気なく、一篇の明理の大文字を遺しても居ない。但し彼の詩、殊に長短句に至っては、高麗文臣中、古今彼の右に出づるものはない。全然朝鮮臭を洗除して、悠然として支那の作家に伍すべきものである。

高麗の詩文大家としては、李奎報・李仁老・崔滋・李穡・李崇仁等があるが、詩家としての大なるは益斎に及ぶ者なく、楽府長短句に至りては、朝鮮一五〇〇年間彼に比肩せんとする者なく、全く他の追蹤を許さざる独擅場である。徐居正の『東人詩話』も余と同意見であって、之を評して、古来麗朝作家皆楽府長短句に手を着けず、唯だ益斎（李斉賢）衆体を備述し法度森厳なり、先生北の方中原に学べり、師友淵源必ず得る所あらんと云ってゐる。最近時の朝鮮の学者金沢栄氏の李朝詩家中の鬼才なる申紫霞（申緯）の詩集の序にも亦、吾が東の詩は高麗の李益斎を以て宗となすと云った。何れも公論である。

麗末の学者所謂三隠、即ち牧隠（李穡）・圃隠（鄭夢周）・陶隠［李崇仁］の中、牧隠李穡は最先輩である。牧隠は晦軒の後を承けて太学の事を幹し、麗朝の学問に大に貢献する所あった。併し彼は格別道学に造詣深く、程朱の性理学を篤信したものではない。彼は寧ろ、文人風の飄逸超脱の資質を有し、従て最も仏教の幽幻邃遠を愛し、当時の名僧にして彼と締交せざるはなく、彼は其の宗教としては仏教を持したと謂はなければならぬ人である。従て当時の太学の儒学者等が斥仏と揚儒とを即如に考へて、仏教さへ排斥すればそれで儒教が発揚せられるものと考へ、一生懸命に排仏論をやったに対して、彼は仏教が当時社会的及び財政的に与へたる弊害に関しては、痛撃することを辞せなかったが、同時に儒仏共に其の看到れる所の教の根源に至っては、同一であるとなす。彼は其の同一道原を性の実現と観て、儒に於て之を養性と謂ひ、仏に於て之を見性と謂ふ、共に同一義であり、又其の養性乃至見性の結果として、静寂の境涯に達するを得、儒に在りては之を定静といひ、仏に在りては之を寂然といふ、固より同一義なりと観て居る。

後世、李退渓等が牧隠の学問の不醇なるを批して、彼を佞仏の一文士と評せるは、彼の行蹟及び学説の立場より判断したものである。従て李朝の儒学者は文章家詩人としての牧隠は、之を尊敬するが、儒学者即ち程朱の学を発揚する道学者としては、何人も彼を承認せんとしないのである。

但し彼が麗末学者の領袖棟梁として太学に長となり、能く後進を導き学運を隆にし、遂に太学を策源地として斥仏揚儒の国論を定め、李朝の教化統一の基礎を置いた名教上の功績は之を認めなければならない。

鄭夢周（圃隠）は、政治家としては述ぶべくあまりに有名である。又儒学者としても牧隠（李穡）が彼を東方理学之祖と激称せる程、当時に名声あり、太学に於ける彼の程朱学の講義は、所謂竪説横説必ず聴者をして快哉を呼ばしめなければ已まなかった様である。併し惜矣哉、今伝はる『圃隠集』には、其の詩文に豪宕の気溢れて自ら俊傑の什たるを見るに足るの外、性理の学に就いては伝ふる所がない。是点に於て彼の集は、鄭道伝の『三峰集』に及ばざる所、甚だ遠いのである。彼が文廟に従祀されし理由は、彼が頗る弁論の雄として、太学に於ける斥仏揚儒の第一人者として名望赫々たるものありしと、其の節義を欽仰したものである。恐らく麗末の太学には牧隠は大先輩として納まり、圃隠が教授の人気者として盛に気炎を吐いたものであらう。

併し彼も麗末儒者一般の習に漏れず、僧侶と交遊するを厭はず、又時に内典を披閲した様である。其は彼の「題円証国師語録」の文に於て太古和尚との関係を述べたるに見るべく、又鄭道伝が「上鄭達可書」〔達可は圃隠の字〕に於て、圃隠が『楞厳経』を読むといふ噂を聞いて、之に皮肉的反省を促したに由りて知ることが出来る。鄭道伝の「上鄭達可書」中に、達可は人の為に信服せらる、其の為す所、斯道の廃興に繫かる、自重せざるべからざるなり、と言って圃隠の当時学界に於ける位地を証してゐる。

李崇仁(陶隠)は、圃隠と共に太学教授に補せられ、牧隠の後輩として儒学の興隆に力を致した。併し彼は牧隠に比して一層文学者、殊に詩人なる天分に豊富であって、儒学者としては観るに足らない。彼の詩の典雅清新なることは当時匹儔なく、牧隠の如きは、彼の詩の如きは之を中国に求むるも未だ得易からずと激賞して居る。斯の如く、彼は既に純粋なる文学者であるが故に、好んで僧徒と方外の交を締し、決して斥仏の言論を立てず、寧ろ仏教側よりは彼を目すに信徒を以てした。

上来説述せる如く、高麗忠烈王朝の安晦軒(安珦)の朱子学将来より初めて朝鮮に儒教哲学が打ち立てられて、此に儒教は仏教に対抗して哲学的に弁論するを得る教理を有するに至り、其の根拠を復興せる太学において堂々と儒学丕闡の事業に精進したのである。

併し仏教の信仰上下に浸灌し僧侶の威勢朝野を傾けて居る当時の事とて、未だ儒学者間にも真に儒仏両立せず、必ず仏寺を破壊し仏徒を絶無にし仏教の迹を払はねば儒教が興らぬといふ極端過激なる斥仏説を抱持して居る者は殆どなく、反って仏書を読み仏徒と交はり、仏の弊は之を絶つべきであるが、仏法自体の教法としての立場は之を奪はんとはせないのである。圃隠の如き冠婚喪祭の礼俗に於て初めて儒式を採用したと称せらるる人でさへ、尚且つ前に述べた如く、仏徒との交りや仏書を繙く事を絶たなかったのである。儒者側の斥仏の主張が極端劇烈となり、斥仏揚儒を同一事と視做し、必ず仏教を顛滅しなければ吾儒道光大なるに至らずと言ひ出したのは、李朝の儒者であって、其の先駆をなしたるは、牧隠の後輩たる三峰鄭道伝其人である。

三　鄭道伝・権近

余は麗末李朝初代に於ける雲の如き学者の中、経世の見識と政治の手腕とを有する者は、圃隠鄭夢周と三峰鄭道伝の二人者を以て翹楚に推すものである。就中、鄭三峰は思索の深邃なると文辞の自由豊麗なるとに於て、圃隠を凌ぐものがある。

但し節操心術の点に至りては、二人者の間に雪炭の相違がある。圃隠は終始一貫毅然として大節を持したるに反し、三峰は才の為に駆られて、或は先輩なる牧隠（李穡）を傷け、或は友人たる陶隠（李崇仁）を陥れ、或は王氏の遺孽を夷滅するの謀を立て、最後に乾坤一擲の大賭博を試みて、太宗の為に殺された。李朝の学者は彼の心術の公明を欠けるが為に甚しく彼を非難し、殆ど儒者に列すべからざる者の如くに批評する者さへある。

併しながら彼が麗末に一度蹉躓するや、三角山下に隠棲し陰忍して書を読み、遥に謀を李成桂に通じ、革命成るや、其の参謀長の位地に在り、漢の叔孫通を以て自ら任じ、終に宰相に進み睚眥の怨も必ず報い、而して一方には椽大の筆を揮って大著述を成し、李朝の為に文教の基礎を立て、儒教を以て国教となし、仏教を徹底的に排斥したる彼は、手腕学力及び文章三者兼備して一代及ぶ者がない。彼は豪傑儒であって同時に野心と覇気とに充満した政治家である。

勿論麗末、太学が復興して朱子学を以て官学となし、儒学の建立を見てからは、漸次仏教が思想及び信仰界の分野を儒教に譲るに至るは勢ではあるが、併し若し前述の牧隠・陶隠・圃隠等の如き温和派の人達だけであったならば、太祖李成桂の個人の信仰と相俟ちて、李朝は到底彼が如く速に徹底的に排仏興儒の政策を施行しなかったであらう。

李朝の教政の根本主義、即ち仏教を全排して儒教を以て国民の思想信仰を統一した政策の可否は勿論議論があり、何人も之を賢明なる教政なりしとは言はないであらうが、其の根本政策の批評を一先づ擱いて、是を単に儒教が仏教に打克ったといふ一事実として観る時は、国初に於て最も勲功のあった者は鄭三峰なり、と言はざるを得ない。李朝儒者が憚りて三峰の功積を挙言はず、専ら其の人物の如何はしさをあげつらふは公平を欠くと謂はなければならぬ。

彼の教政上の意見が如何に太祖によりて用ひられしかは、彼の著「仏氏雑弁」に権近(陽村)が書いた序文に於て明白である。其の中に太祖の七年に三峰が療病中に権近に送った「仏氏雑弁」に附した手紙(三峰集・巻九・仏氏雑弁・仏氏雑弁序)に、

仏氏の害、倫理を毀棄する、必ず将に禽獣を率ゐて人類を滅すに至らんとす。名教を主とする者の当に敵となして力攻すべき所のものなり。吾嘗て謂へらく、志を得て行はば、必ず能く之を闢いて廓如たらしめんと。今聖知を蒙り、言聴かれ計従はる。志、得たりと謂ふべし、云々。

(仏氏之害、毀棄倫理、必将至於率禽獣而滅人類。主名教者、所当為敵而力攻者也。吾嘗謂得志而行、必能闢之廓如也。今蒙聖知、言聴計従。志可謂得矣。……)

とある。

但し此に誤解してはならないことは、三峰の闢仏は教政的に仏教を排せんとするもので、国王李成桂及び其の

宮中の仏教崇奉まで罷めさせやうといふ意見ではない。其は殆ど個人の自由と見做すべきであるからである。当時三峰が極力斥仏を主張し言聴かれ計用ひられつつある間に、李成桂及び王宮の崇仏は依然として衰へなかったのである。

『三峰集』中、闢仏の大文字は、「仏氏雑弁」と「心気理篇」とである。何れも朱子学の立場から仏教が宗教及び道徳上より排斥せざるべからざる所以を切論して居る。李朝学者の諸斥仏論文中に在りて、相応に仏教を了解して而して之を論討した有数の大論文である。是点に於て、鄭三峰と李栗谷（李珥）とは共通点がある。

栗谷も亦、仏教教理の一端を窺ひ、又嘗て坐禅の体験も為した事がある。それで栗谷の仏教に関する論説は中々門外漢の模索的見地を超越して居る所がある。

三峰も麗末の人だけあって仏教を嫌って居ながら、一通りは内典を読破し、又屢々仏理をも聴聞した事がある。権近の評に所謂知彼知己の上の仏教論たる所がある。

「心気理篇」は「心難気」「気難心」及び「理論心気」の三篇から成り、権近が之に細註を施して一々仏典をも引用してゐる。「心難気」は仏教に於ける心を修むる旨を言って老氏の養気の説を非とし、「気難心」は反対に老氏の側より養気の法を挙げて以て仏教の修心に勝るを言ひ、「理論心気」は儒家の義理の正しきを言って以て老仏二氏の非を暁したのである。

即ち仏の修心、老の養気を主張するに対して、儒は理と気とを立てる。理は心気以上の根本的一元即ち性であって、心とは理と気と合して生じた霊明体である。理を以て心を治めて行けば同時に心を修め気を養ふことになり、斯くて始めて道理を実践することが出来るのである。儒家に於て謂ふ所の存心養気は即ち之を謂ひ、畢竟理を以て万事に応ずる謂である。

仏老二氏共に、理が我の一元なることを看破し得ず、故に仏は形気を棄てて心を修めんとし、老は知を廃して気を養はんとし、其極二者共に清浄寂滅を尚び、之が為に人倫まで滅さんとする。儒の興すべく、仏の排せざるべからざる所以である。

「心気理篇」は大体論である。更に之を詳説して仏教所説を撃破したるものが、「仏氏雑弁」である。「仏氏雑弁」は「仏氏輪廻之弁」「仏氏因果之弁」「仏氏心性之弁」「仏氏作用是性之弁」「仏氏心跡之弁」「仏氏昧於道器之弁」「仏氏毀棄人倫之弁」「仏氏慈悲之弁」「仏氏真仮之弁」「仏氏地獄之弁」「仏氏禍福之弁」「仏氏乞食之弁」「仏氏禅教之弁」「儒釈同異之弁」から成り、此の中教理上最根本的な弁論は「仏氏心性之弁」と「儒釈同異之弁」である。

「仏氏心性之弁」に於ては、仏教が心と性との観方に於て誤れるを弁じたのである。即ち心と性とは同一でない。性とは天理の来りて人に賦せるものであり、心とは形気と性とを兼ねたものである。されば心は知覚あり作為があるが、性は無知覚無活動である。惟だ心が有知有為なる故に、能く理に従て活動して天理の性を実現するを得るのである。但し性は単に形気を備へざる理体であるから、自身には何等の作用をなすことは出来ない。心と性とは混看すべからざるものである。

然るに釈氏は心と性とを区別観する能はず、直ちに性を以て心と做し、心を以て形気即ち我を離絶した空寂虚霊体となし、修心に依りて諸相を脱離して此性を看んとしてゐる。是に於て儒は尽心知性と云ひ、釈は観心見性と云ふ。然し尽心知性は能くすべきが、観心見性は到底不可能である。何となれば、其は心に二心あり、現に活動しつゝある我が心の外に、別に此を見る所の心の在るを要するからである。

「儒釈同異之弁」も亦、大体同様の調子に於て、儒の説が合理的で仏の説の非合理なるを弁じた。三峰の仏教排撃の諸論は、実は既に朱子が大方其の仏教駁撃の諸論に於て述べた所であって、其以上に格別新味を認められない。併しながら是程の弁論でさへ、朝鮮の儒学者側から仏教に向って従来試みられなかったのである。即ち朝鮮の儒学者は所謂不食嫌ひで、仏典の一頁さへ繙かず、徒に僧侶の品行や人倫の棄滅や財資の費糜の如き形に現れたる浅薄至極の諸点を攻撃して、以て仏教を破し得たりとしてゐる人々である。是間に立ちて、我が三峰の斥仏諸文は異彩を放つ大文字である。

三峰は是の如き仏教観の下に、国家教政に於て排仏興儒を主張し、同時に『朝鮮経国典』の著ありて、大に文教の統一振作を力説し、言聴かれ謀用ひられ、李朝の教化政策を確立するに至ったのである。

陽村権近は、麗末の文臣で李朝に仕へ太祖の朝に提学となり、鄭三峰と提携して李朝文教の基を開いた。彼は初め高麗が滅びるや、忠州に退居して清節を以て自ら持し、太祖が数回徴しても起たなかったが、太祖の二年、太祖が忠南の鶏龍山に幸する時、召に応じて行在所に至りて、定陵の碑文を撰し、其の儘に李朝に仕へて文柄を秉り、大凡太祖の発する宣命辞令等、其手に出でぬはない。是の如き彼の履歴は、後世から其の操守に就いて幾分疑を容れられて居り、冶隠吉再、耘谷元天錫の様な清節一貫の気概に欠けて居る。

彼の儒仏二教に対する態度も、恰も其出処進退に似て甚だ鮮明を欠けるは奇とせざるを得ない。彼は儒学上の著述としては『四書五経口訣』『五経浅見録』『入学図説』があり、外に前述三峰の大著「心気理篇」に註を施して儒の道を闡明した。併しながら彼の儒学の造詣に関しては古来異論がある。

李栗谷も彼は未だ朱子学深奥に看到せず、所説浅薄なるを免れないと評して居る。彼は儒学者としては固より未だ其大と深とを許さるべきでない。独り学者としての価値に大ならざるのみならず、儒仏二教に対して鬼面菩薩面態度の使ひ分をなすは、稍や学者としての面目に関すると思はれる。即ち彼は当時の権臣にして学界の棟梁たる鄭三峰に対しては、彼が如く尊敬を払ひ筆を極めて其人物其排仏主張に随喜讃歎しながら、他方僧侶とは広く交り深く交り、寺刹の為に文章を製してやり、太祖の臣となるに至りては、太祖の信仏に共鳴して頻りに詩文を作りて仏の功徳を讃し、旨を奉じて諸種寺刹の記経巻の序跋、僧侶の碑文を製して居る。

彼の排仏の説は、其実確乎たる信念の下になされたものでもない。彼は丁度麗末の李牧隠の如き人で、学者よりは文人たる資質を多く有して居る。尤も彼の如きは李朝初世の学者に共通の態度であって、仏教が国教であった高麗の滅亡後、未だ幾もあらず、縦令国家教政に於ては漸く仏教を抑へんとはしてゐるが、猶国王王妃を始め宮中の皆々は堅く仏を信じ、士人の家庭亦、内房には依然として崇仏の習慣やまない。是の如き時世に於て、鄭三峰其人の如き鞏固なる確信を有する人でなければ、場合により態度を使ひ分け、時には尊仏の文も書き、時には排仏の説も述べるのである。

斯く灰色の学者が儒だ仏だと弁論してゐる中に、時はずんずん進行し経過して、李朝の教政は益々儒教を国教とし、他教を一切異端邪教となす実際的施設を進め、斥仏揚儒は一体にして不二たる思想が儒者界を支配するに至り、学者の態度も一定して、一様に朱子学の純一無雑な色彩に由りて染めらるるに至った。

権近の儒学説や弁論は、三峰と何等異る所もないから、之を略することにする。

第二講　李朝の儒学

一　国初の儒学

前に述べた豪傑儒鄭道伝が其の斥仏の大文字、乃至『経国典』に於て立言し、随唱者権近等が同調した斥仏興儒の意見が、太祖により採用せられ、之に次で科挙に及第した能文王太宗、一層力強く之を実際の施設に現はし、次で李朝の堯舜と呼ばれし世宗は、其の初年に李朝第一の崇文王として最も文教の興隆に力を効し、彼に由りて李朝文化の基礎がおかれたと謂ふも過言でない。斯くの如く、開国以来、世宗王の初年の政治まで一貫して盛に文教を奨励し、従て成均館太学の教育も欝勃として育英の実を挙げ、学者輩出した。

彼の安晦軒（安珦）の系統を引くと称せらるる金江湖（金叔滋）は世宗朝の文臣で、其門下に金佔畢斎（金宗直）出で、金佔畢斎の門下大に振ひ、金寒暄堂（金宏弼）・鄭一蠹（鄭汝昌）等出で、寒暄堂の門下に金慕斎（金安国）・金思斎（金正国）・趙静庵（趙光祖）が出でた。就中、李朝国初の文運興隆の功労者として、別洞先生尹祥あるを忘れてはならない。

彼は太宗の朝に登科して後、成均館の大司成となり、前後一六年間勤続して、一代の名賢皆其の教誨を受けざるはない。朝鮮の如き政治的功名心に富むだ人の多い国柄に於て、斯く永く清よくはあるが華やかではない教職に駐って、菁莪の天職に安定した別洞先生の如きは、其の志操の高尚なる、蓋し異数と謂はねばならぬ。彼自身赫々たる著述を残しては居ないが、其の李朝文運の発興乃至儒学の発達に間接に寄与した貢献は広大なりと謂はざるを得ない。別洞先生の大司成一六年久任と相並んで文教に特筆すべき事件は、世宗が其の三年、王子珦（文宗）を立てて王世子と定めた時の儀式に於て、儒服して太学に入り謁聖し、爾後此を以て立太子の定式となした一事である。是の儀式は王世子をして孔子の弟子となり、其の他日王となるの時に於ても、吾師の教に従ひて政治を行ひ、以て治国の実を挙げんとの誓ひをなさしむるの意義で、最も明白に儒教を国教と樹てた宣言と見做すべきである。

世宗王の晩年は、又一変して非常の信仏王となった。色々の堂塔伽藍は王の寄進喜捨によりて、或は修理せられ、或は再建せられた。次で世祖王に至り、英邁の資を以て大に仏教を信奉し、一時仏刹法会の盛観、麗朝の昔に回らんとするの景況を呈した。成宗王は全く崇文尊儒の王で、色々の抑仏の施設と文教進展の政事の為に、仏教愈々衰へ、儒教益々優越となり、一代文運の盛を鳴らした。成宗朝に最も注意すべき学者は石軒柳崇祖である。

彼は多くの経書の諺解を作りて漢学の普及を図った外に、中宗六年には『性理淵源撮要』を著し、宋の学者の諸々の性理に関する著述中より特に要核と認むる所を抜粋して之を編纂したもので、大部のものではないが、極めて便利に気の利いた本である。是本が一小冊子なる割合に朝鮮儒学史に看過すべからざる一著述であると云ふのは、後に稍や詳述せんとする如く、程復心の理気説を採録したる一事であって、而して程復心の理気説は李退渓の四端七情説の先唱者であるからである。

（国初の儒学は儒教哲学と）いふ標準から観ると、格別偉大なる者は未だ無い。即ち尹別洞は教育家であり、金江湖・金佔畢斎は詩人文章家或は広義に於ける文学者であり、金寒暄堂・鄭一蠹は小学を篤信して一意堅実に躬行実践したる徳行家である。金思斎・慕斎は経済の方面に於て寧ろ所長がある政治家である。柳崇祖も教育家といふ方、むしろ彼の人物の多くの部分を表はす。

斯くて燕山君の暴政となりて、儒も仏も共に無前の乱暴な虐待を受け、寺刹は廃され撤され、成均館太学文廟までも撤せられて嘸楽の場所に編入せられ、文学者儒者達も燕山君の遊楽の輿を舁がせられた。中宗に至りては反動政治となり、燕山君の破壊した秩序の恢復を図るに急なるの余り、治を求むるに熱心にして、遂に閲歴科第に拘束せられず、広く人材を求め、趙静庵（趙光祖）を抜擢して、其言を聴き其計を用ひ、中宗一〇年より一四年一一月迄五ヶ年の間、静庵等をして最大胆に儒者政治を実行せしめた。

併し学者と政治家とは素質を殊にし、経学と経綸とは違ふが為に、朝野挙って儒者輩の膠柱的議論と執拗なる道徳説に当てられ、一四年一一月所謂己卯の士禍起りて、一網打尽に静庵一派の学者は拿捕せられ、刑死した。

趙静庵は其の人物風采事蹟、頗る我国の菅公に似てゐる。其身は寃死したけれども、後世之を尊んで李朝随一の大賢となし文廟に従祀せられ書院に享祀せられ、芳名国と共に伝はったのである。併し静庵の学は寒暄堂（金宏弼）に出で最も小学を尚び、理気性理の攷窮に於ては未だ造詣深しとは言はれず、且つ歿年纔に三八歳であったから、学者としての修業も亦未だ充分に到らず、彼が一時書生を代表して最大胆に学者政治を実行した事以外には、李朝儒学史上に重要地位を占むるものではない。

然し静庵一度朝に立ちて、縫腋の身を以て人主の心を動かし、四、五年の間学者政治を行った為、一時書生学者の意気大に揚り、学問さへ修めれば富貴功名手に唾して取るべしと信じ、都鄙向学心勃然として興った。然るに静庵の徒党が己卯の冬、一網打尽に殲滅せられてからは、人心再度沈衰して力めて学問を口にせず、学者として指目せらるるを避け、向学心復た頓挫するに至った。

併しながら静庵其人は儒学者として大をなすに至らなかったが、彼一出して挙世学問に真剣となった結果に原因をおくとも見るべく、己卯の士禍に士気一時頓挫せるに拘らず、久しからずして儒学大発展の時期到来し、李朝は文字通りの儒学者輩出して、朝鮮開闢以来未だ曾てなかりし深き儒教哲学の思索攻究が流行し、其産物として立派な明理の文を後世に残すに至った。是れ即ち、李栗谷（李珥）が李朝の学者を評して（栗谷全書・巻三一）栗谷語録に於て、

問我朝学問、亦始於何代。曰。自前朝末始矣。然権近入学図似齟齬、鄭圃隠号為理学之祖、而以余観之、乃安社稷之臣、非儒者也。然則道学、自趙静庵始起。至退陶先生、儒者模様已成矣。然退陶似遵行聖賢言語者、而不見其有自見処。花潭則有所見、而見其一隅者也。

（弟子が問うた、李朝の学問はまた何時より始まったのでしょうか。栗谷先生が答えられた、我朝の学問は高麗朝の末葉より始まる。だが権近の入学図説にはおそらく齟齬があるであろう。鄭夢周は本朝理学の祖と称されるが、わたしのみるところ、政治家であって儒者ではない。とすれば道学は趙光祖に始まり、李退渓先生にいたって儒者の模様を完成したというべきであろう。だが退渓先生は聖賢の言語を遵行する者であって、主張には独自のところがない。また徐敬徳には独自の見解があるが、真理の一端をみる者にすぎない）

と言った所以である。

併し彼栗谷の如き聡明公平な人にして、尚且つ我が三峰鄭道伝を挙げざるは、余の遺憾とする所であるが、栗谷の所謂道学を我が謂ふ所の儒学と解釈すれば、甚だ妥当な批判である。而して兎に角、趙静庵其人は自身尚道学者たるに至らなかったが、既に然るべき傾向を有し、其傾向が彼以後益々顕著となりて、充分なる資格を有する道学者が輩出するに至り、李退渓出でて乃ち此に朝鮮に於ける儒学者の典型が完成せられて、同時に朝鮮の儒学発達の極巓に達したのである。

二　退渓以前の儒学

中宗晩年に至りて、大に己卯の挙を後悔し、士気の培養に努め、明宗継ぎて、益々学問を奨励し、遺逸を求めて之を優遇した。斯くて儒学の大家相継ぎて輩出し、晦斎李彦迪は金頤真子（金徳秀）に学び、中宗より明宗に至る間の人で、花潭徐敬徳は李灘叟（李延慶）・晦斎に従遊し、退渓李滉は晦斎の影響を受け花潭に私淑し、栗谷李珥は退渓に啓発せられ又花潭に私淑し、蘇斎盧守慎は中宗・明宗・宣祖三代に跨り李灘叟に従遊し、叙上諸儒学者とは別派をなし、羅整庵の学説に左袒し、頗る禅学の臭味あり、河西金麟厚も亦其の志操の純潔と朱子に忠なるを以て一時に聞えた。

李晦斎（李彦迪）は夙に官場の人となりて、政治に参与し、門戸を開いて弟子を教へる機会に乏しく、当時の人、彼が儒学者として偉大なるを識る者も少かった。而して彼れ明宗の乙巳の士禍に失脚して江界に謫せられて死し、其の庶子李全仁、遺稿を整理して其の知友退渓に送りて言を求め、退渓之を閲して「与曺忘機堂論太極無極書」四篇に至りて大に愕き、晦斎が曠世の大学者たることを知るに至ったのである。而して退渓が一度之を推尊してから、学者皆以て大儒となし、遂に文廟に従祀せらるるに至った。

忘機堂（曺漢輔）が晦斎に寄せた書が今伝はらないのは、非常に朝鮮儒学史文献上の欠陥であるが、晦斎の書に就きて観れば、忘機堂は多く禅学の影響を受けた学者である。周茂叔の『太極図説』の劈頭の「無極而太極」を解して、主意は無極に在り、無極の属性たる太虚寂静は即ち道の極致である、人々心中の無極を見得て之を体現するが即ち道徳である、と考へて居るのである。

而して晦斎は之に対して、純朱子学の見地に立ちて之を難じた。理気は宇宙の二元であるから、無極而太極と無極と太極と相並べて初めて理気二元を立てることが出来るのである。若し無極を言ひて太極を去り、若しくは無極を主として太極を従とする時は、理に偏し、反対に太極を言ひて無極を言はず、若しくは太極を主として無極を従とする時は、気に偏するのである。又吾人道徳修養の実際から言ふも、日常五倫五常の実践を積聚して漸く聖賢の境涯に達すべきものであるから、「敬以直内、義以方外」の努力以て、徳性を涵養せなければならぬ。決して一時に泯然として寂静に入り、忽然として大悟する等の事はあるべきではない。

晦斎の此の趣旨を述べた駁論は、勿論朱子の学説の外に、又は上に出でた所があるものではないけれども、如何にも義理明白、行文流暢、幽を抉き微を闡き、洗錬を極め、若し朱子其人をして作らしむるも、此以上巧妙なることは困難ではないかと思はしめる程である。晦斎は充分に完全に朱子学を理解した人である。恐らく彼は其の意味に於て朝鮮開闢以来の第一人であって、「与曺忘機堂論太極無極書」は、朝鮮人の手に成れる最初の価値ある哲学的論文だと謂ふことが出来る。

花潭（徐敬徳）は李栗谷も評した如く、朝鮮では珍しい独創的思索家である。是点に於ては遥に李退渓をも凌駕してゐる。但し彼は思索の人で、記述の人でも講演の人でもない。其の著述の如きも今日伝はる所は眇たる数十葉の『花潭集』一冊の外はない。然り而して量に比して価値の大なる点に於て、『花潭集』の如きは朝鮮の学術的文献中に類稀なものである。

花潭は宇宙観に於て朱子の理気二元論を排斥せないけれども、理気二元の上に更に太虚一元を立て、太虚を以て元気であるとなして居る。即ち花潭は朱子派よりもむしろ張横渠派に属すと謂はなければならぬ。朱子は理気二元を立てて居るけれども、同時に「此理あれば便ち此気あり。但だ理は是れ本」と云って、理を以て一層根本的となすのに、花潭は太虚一元の気即ち是れ宇宙の物如実在であって、其が機に由りて動静開闔生克して現象に発展する所に於て、乃ち理を見るのである。換言すれば、理は気が内包的に有する形則《フォーム》であると言ふのである。花潭の所謂機は、本と静なる気が自然に動に遷る契機であって、一度気が動に遷れば便ち此に理が発見される。従て気は体で理は用である。而して万物皆太虚一元気の発展であるから、現象即ち実在、諸法即ち実相である。万物には生死はない。一元から出でて、一元に還るだけである。生死と観するは、畢竟気の聚散に外ならない。

花潭の言（花潭集・巻二・原理気）を引けば、

倏爾として躍り忽爾として闢く、孰れか之をしてしからしむるか。自ら能く爾かるなり。亦自ら爾からざるを得ず、是を理の時と謂ふなり。『易（周易）』に所謂感じて而して遂に通ず。『庸（中庸）』に所謂道自ら道たり。周（周濂渓）の所謂太極動いて而して陽を生ずる者なり。動静なく闔闢なき能はず、其れ何の故ぞや。機自ら爾かるなり。既に一気と曰ふ、一自ら二を含む。既に太一と曰ふ、一便ち二を涵む。一は二を生ぜざるを得ず、二自ら能く生克す。生ずれば則ち克し、克すれば則ち生ず。気の微よりして以て鼓盪に至るは、其の生克之をしてしからしむるなり。

（倏爾躍忽爾闢、孰使之乎。自能爾也。亦自不得不爾、是謂理之時也。易所謂感而遂通、庸所謂道自道、周所謂太極動而生陽者也。不能無動静無闔闢、其何故哉。機自爾也。既曰一気、一自含二。既曰太一、一便涵二。一不得不生二、二自能生克。生則克、克則生。気之自微以至鼓盪、其生克使之也）

とあるもの即ちこれである。

道の本原は天より出づるが故に、道徳の極致は彼太虚の澹然たる虚静を養ふに外ならず。花潭は自ら我居を評して瀟洒仙居に類すと云ひ、又好みて魏伯陽の『周易参同契』を読んだ。静は動の本であるから、人能く虚静の天真を養へば天地の自然に合して道自ら其の中に存するのである。

花潭の学説は後に退渓出でて、朱子に純ならずとなし之を闢斥したけれども、栗谷は大に之を推尊した。併し彼の学説が朱子学に盲従せない為に、李朝の儒学が朱子学に帰一する傾向の盛なるに花潭の学派は益々衰へ、後人多く花潭が気を認めて理となし、朱子学の正しき立場から云へば、花潭の認めて理となしたるものが反りて気でなければならぬと云って、之を批斥してゐる。然し其は同時に、花潭の方からも朱子並に朝鮮の大多数の儒者が理を認めて気となすを斥揮し得べきものである。

盧蘇斎（盧守慎）は中宗の朝に登科し、明宗の乙巳の年、尹元衡の獄に当り正言を以て職を削られ殺されんとしたが、漸く死一等を減ぜられて、全南の珍島に放竄せられ、謫中に在ること前後一九年。尹元衡の党失脚するに至りて、宥されて京師に還り、宣祖の立つに及びて、異数の抜擢を蒙り、七年にして宰相となった。

彼は儒学者としてよりも、詩人及び一種の風骨を有する政治家として知られてゐる。即ち彼の珍島に在るや、一飯君を忘れずの丹誠世を動かし、折に触れ時に感じて詠したる詩は擲地金玉の声あり、一章出づる毎に士林伝誦して高風を欽した。然し彼は一九年の謫居に於て、詩文の閑文字の外に、大に心性を鍛錬し覇気を払去して洒々落々悠然として形骸を外にするの境涯に到るを得たのである。即ち彼はこの長き長き閑日月裏に在りて、独り宋儒の著書の外に又好みて仏書を耽読して、仏理を暁ったのである。是れ抑も蘇斎をして、よく長き間の謫居の苦楚と無事とに屈せず、反りて益々其人物を玉成せしめたものであらう。余は、彼は政治家及び詩人たる外に、其の謫中の作たる「人心道心弁」及び陳南塘の「夙興夜寐箴」の註に由りて、儒学者としても価値を与へらるべく、殊に滔々として五〇〇年挙世皆朱子を宗とする間に在りて、幾許なりとも朱子の埒外に活動せんとせる点に於て、一異彩を放つものと認めるのである。

蘇斎は謫中、「夙興夜寐箴」を読みて大に省発する所あり、註を施して之を時の大家李退渓と金河西（金麟厚）とに送って、其の批評を求めた。そこで二氏は精細に読みて、其の学術的価値に就いては充分鑑賞したが、同時に一ヶ処の註の文句に於て大に意見を異にするものあるを発見した。即ち蘇斎の註に対して、二氏は同様の反対意見を有したのである。是に於てか、端なく三氏者の間に往復弁論が開始せられて、単調なる李朝の儒学界に時ならぬ花を咲かせた。

蘇斎は箴の中の

事至れば斯こに応じ、則ち為に験す。明命赫然として常目之れに在り。事に応じて既に已めば、我は則ち故との如し。方寸湛然として凝神息慮す。動静循環は惟の心是れ監す。静存動察弐なる勿れ、三なるなかれ。

（事至斯応、則験于為。明命赫然、常目在之。事応既已、我則如故。方寸湛然、凝神息慮。動静循環、惟心是監。静存動察、勿弐勿三）

の一節に註釈して、

心の物たる、活かざれば則ち滞る。故に応接の後、事物已でに過ぐるも、心或は之と倶に往くことあり。或は其の為に縛らるることあれば、則ち応ずる所は当たると雖も、其の情已でに勝つ。而して此心の用、復た其の正を失ふ。其れ何を以て将来酬酢の地をなさんや。必ず其れ一物才づかに過ぐれば、真体前に依りて、其の光霊を聚め、其の思念を絶し、明鏡止水の如く、毫釐姸蚩の痕なく、虚明静一の象あれば、鬼神と雖も、其の際を窺ふを得ざるものあり。此れ静にして存養するなり。

（心之為物、不活則滞。故応接之後、事物已過、心或与之倶往、或為其所縛、則所応雖当、其情已勝。而此心之用、復失其正矣。其何以為将来酬酢之地哉。必其一物才過、真体依前、聚其光霊、絶其思念、如明鏡止水、無毫釐姸蚩之

痕、有虚明静一之象、雖鬼神、有不得窺其際者。此静而存養也）

と言った（蘇斎集・内集上篇・草創録・夙興夜寐箴解初本）。之を覧た退渓は、「聚其光霊、絶其思念」の一聯句を以て、之を禅学に陥るものとなして再考を促して、

此の両語、禅学を犯せり。請ふ、之を去れ。何如。

（此両語犯禅学。請去之。何如）

と申遣はした。蓋し退渓は之を以て禅家の寂照を意味するものとなしたのである。是に於てか、蘇斎も退渓の注意を納れて之を

聚定妙用、放退閑思。

（妙用を聚定し、閑思を放退す）

と訂正し、更に実は以前に一老僧が訪来りて一泊して帰った時に、其の齎し来った法語集中に在った語で、大変面白いと思った為に、遂に知らず覚えず筆に上ったのである。併し現在は禅を学ぶ所の学者もないのだから、禅学からの語を使った所で、別段気に病むにも及ばないではないか云々と附加へて弁明した。

然るに河西や退渓は、今禅学を学ぶものがないから、禅学の語を使用して差支ないといふ訳には行かない。今後いつまで学禅者の出でざるを保証することが出来やう、苟も禅の意味に紛ぎらはしい語は使はない方が善い、と反対してゐる。

所が此の退渓と河西の蘇斎の「夙興夜寐箴解」に対して執拗に反対するのは、実は唯だ「聚其光霊、絶其思念」の八文字が悪いと云ふ単純なる訳ではなく、蘇斎の学問の根本的傾向に対して反省を促さんとするのである。蘇斎は謫居一九年の工夫弁道に由りて、いつとはなしに朱子学よりは一歩進むだ唯心論的思想を抱くに至り、即

ち終に羅整庵の学説を以て朱子の本意を最合理的に発展せしめたもので、正統朱子学派の承述発揮者であると信じたのである。是に於て、河西・退渓等とはどうしても儒学の根本観念に相合せざるを致した。

即ち蘇斎は其の人心道心説に於て最明瞭に其の所信を披瀝して、彼れ整庵が理一分殊の説を立てながら、人心道心の説明に於て猶未だ徹底せざりしを遺憾とし、自ら整庵の説を推し広めて人心道心説を作して曰く。道心とは天理の心に具はるものである。然り而して其の発する場合には必ず形気の作用を待たなければならぬ。そこで其の発動した所のものを人心と謂ふのである。人心の人は形気の作用を意味する。既に形気の作用に由りて発動するからして、時ありては節に中り、時ありて節に中らない。故に人心は危しと謂ふのである。而して道心即ち天理の心に宿る所のものは、未発以前の消息であるが故に、甚だ幽微ならざるを得ない。是に於て惟精の工夫に依りて人心の間を察して、形気の私をして勝たしめず、惟一の工夫によりて天理の正を守りて雑なからしめなければならぬ。故に惟精は心発して動ける場合に於ける工夫であって、惟一は心未発にして静かなる場合に於ける工夫である、と斯う説いてゐる。

是に至りて蘇斎の説は明かに退渓・河西等、純粋朱子派の人々とは相合せざるに至った。何となれば、朱子学派に在りては、人心道心共に心の動処を指して謂ふものとなすからである。蘇斎が整庵の学説を承けて惟一の工夫を静裏に在りとなすは即ち、儒家の静坐を坐禅観心と一様に解釈するものであって、此に彼の学問の要処が存在し、又此に彼が「夙興夜寐箴」の註に於て「聚其光霊、絶其思念」といふ文字を使用するに至った張本があるのである。

蘇斎は境涯から来た実際的修養工夫から自然に禅学に流れて、退渓等からは学問の不醇を挙論せられたが、併し其れ丈彼に依りて、朝鮮儒学史の単調を聊なりとも破ることを得たのは吾々の愉快とする所である。

金河西（金麟厚）の学説は大体退渓等と同様であるから、之を説くことを省き、直ちに李退渓に移る。

三　李退渓と李栗谷

蘇斎（盧守慎）は李朝儒学者の仏教を解し仏教を悦び、遂に其の儒書の解釈にまでも幾分の禅味を加ふるに至った最後の人である。前出の如く、彼の同時代の学者李退渓・金河西等の如きは、力を極めて彼の好仏的思想を攻撃したのである。斯くて爾後益々仏教は学者の揮斥すべきもの、近づくべからざるものとなりて、李朝儒学者は愈々仏教に対して食はず嫌ひとなり果てた。蘇斎が「夙興夜寐箴解」に退渓・河西の禅にまぎらはしき嫌ありとの非難に対して、

近世禅を学ぶ者亦無し、何ぞ懼れん。然れども吾輩戒めざるべからず。

（近世学禅者亦無矣、何懼焉。然吾輩不可不戒）

学び然る後流るるあり。学ばずんば又何ぞ流れん。大抵人学ばざるを患ふ。之を学べば必ず程朱を学ぶなり。程朱の訓戒、既に明にして且つ悉せり。其れ此を学んで而して彼を闢くを知らざる者あらんや。

（学然後有流。不学、又何流。大抵人患不学。学之、必学程朱。程朱訓戒、既明且悉。其有学此而不知闢彼者乎）

と答へ（蘇斎集・内集上篇・草創録・三子論夙興夜寐箴解往復録）、退渓等も之を否定せず、唯だ後世或は此事あらんを憂へしのみと言った。

然らば朝鮮の士流はなべて仏書を寺刹の書架に幽閉して、一歩も俗界に出づる能はざらしめ、彼等の机上には一冊の内典の置かるるを拒んだかと言へば、必ずも然りとは言へないのである。即ち儒学者と称すべき思想家圏

内の人々は、禅学を学び内典を繙くことは為ないが、文章家の所謂博覧以て琦瑰を窮め、一世をして眩せしめんと欲する者は、往々にして窃に仏書を以て帳中秘書となし、愛読措かず、時に這裏の文字や思想を窃取し来りて、時人を驚倒せしめて得々たるものがあった。

是の如き文士慊世の風は最近まで依然として存して、彼の正祖朝の水観居士李忠翊や先年物故した荷亭呂圭亭二氏の如きも仏書に依りて其の文思と文詞とを練り、脱俗奇抜にして一代の大家となった。是に於てか、仏教は朝鮮の思想界からは全く勢力を失って、唯だ文章界に随喜者を得るに止まった。

李廷亀の『月沙集』（別集）巻七に、玄石朴世采が「記少時所聞」として李朝の文章家諸氏が想と辞とを仏典に求めた者甚だ少からず、金乖崖（金守温）・張谿谷（張維）・李芝峰（李晬光）等の如きも皆之を免るる能はずと云ったは極めて我意を得て居る。

李朝に於ける儒学が朱子学に帰一し、思想及び信仰の統一が殆ど完成せんとする時に出でて、此の大勢に乗じて更に之を利導して、終に朝鮮に於ける儒学の最盛期を現出せしめた者は、我が李退渓其人であり、李退渓に道を問ふて而して其の学説にあきたらず、所謂心性の見に於て別派を打立てた者は、李栗谷其人である。二子の学を窮尽すれば、李朝儒学の二大宗を究め尽したもので、以後の諸子は大体に於て其の分流乃至反復者たるに過ぎない。

李退渓の行蹟の如きは、是の如き短篇に於て之を叙述すべくあまりに普通である。彼は晦斎・花潭・蘇斎等よりは後輩であって、其の沈潜なる思索と忠実なる研鑽とは、蓋し朝鮮の学者に於て第一人者であらう。彼の力によりて完全に朝鮮の儒学をして朱子学派に帰一せしめた。併し同時に学人の思想を拘束し、学界をして単一平板ならしめた責も亦、大に之を退渓に帰せねばならぬ。

退渓の学問は極めて善く朝鮮儒者の思索の型、広く言へば全朝鮮人の学問の型を代表して、要するに創思発明に付ては甚だ貧弱であり、畢竟朱子学の最忠実なる紹述者たるに過ぎない。従て経書の解疏に至っても、集註を以て金科玉条となし、朱子以前の古義を索隠せんとするに想到せなかった。是点に於て我国の荻生徂徠・伊藤仁斎二氏の如きは豪傑儒であって、遂に一派の見地を開いて、官学たる朱子派に対して大に民学の光炎を昂めたのである。是れ抑も日本人と朝鮮人との頭脳の違ふ所であって、将来も必ず永く消滅しない所の両者学風の差違をなすであらう。

此点に付いては李栗谷も余と同意見であって、曽て朝鮮の儒者を評して弟子問うて曰く、我朝の学問は何の代よりか始まると。栗谷答へて曰く、前朝の末より始まる。然れども権近の「入学図」は齟齬あるに似たり。鄭圃隠は号して理学の祖となせども、余を以て観れば、乃ち社稷を安ずるの徒にして、儒者にはあらざるなり。然らば則ち、道学は趙静庵よりして始めて起る。退陶先生［李退渓］に至りて、儒者の模様已に成れり。然れども退陶は聖賢の言語に遵行する者に似て、其の自見の処あるを見ず。花潭は則ち、見る所あって而かも其の一隅を見たる者なり、云々。

（問我朝学問、亦始於何代。曰。自前朝末始矣。然権近入学図似齟齬、鄭圃隠号為理学之祖、而以余観之、乃安社稷之臣、非儒者也。然則道学、自趙静庵始起。至退陶先生、儒者模様已成矣。然退陶似遵行聖賢言語者、而不見其有自見処。花潭則有所見、而見其一隅者也）

此に栗谷の退渓が聖賢の言行に遵行すと云ふは、専ら朱子を指すものに相違ない。併し是は独り退渓の学問のみならず、栗谷自身の学問も朱子以外に果して出づるものありや疑はざるを得ない。

退渓の李朝学界に於ける事業は、之を破邪・顕正の二方面から観ることが出来る。破邪といふのは、支那の陸

（陸九淵）・王（王守仁）・陳（陳献章）・羅（羅欽順）諸氏の学を斥闢し、朝鮮の盧蘇斎（盧守慎）・李蓮坊（李球）・徐花潭（徐敬徳）諸家の説を攻撃し、以て異学を闢いて廓如たらしめしを云ひ、顕正といふのは、中宗の朝に趙静庵（趙光祖）の一躓以来、兎かく萎縮した士流の風尚を振作して、復た講学に向はしめ、又学者の学修法を従来の低きより高きに昇る順序を一変して、高きより低きに下ることとなし、即ち従来朝鮮の学者は実践的修身書から着手して段々上りて哲学的原理の研究に進ましめたものを変じて、直に初から哲学的原理に向て究明を試みしめることとなし、以て能く深遠なる朱子の学説を真に諒解するに至らしめ、又出処を慎み進退を明かにして山林に在りて講学して楽みて以て老の来るを忘るるを以て儒学者の本色と立てたを云ふのである。

朝鮮の所謂両班級に属する家に、南人・北人・老論・少論の四色のあることは人の知る所であって、数から言へば南人に属する家最も多く、其次は老論、其次は少論、北人は蓋し最少であらう。人も知る如く、南人の宗として仰ぐ人物は柳西厓（柳成龍）であって、嶺南一帯の大両班の家多く之に属し、老論は宋尤庵（宋時烈）に刱まり、忠清京畿に蔓延して夙に国婚を通し最も善く政権に接近し、勢道を出すこと最も多かった。而して柳成龍を始め南人の勢力家は、多く退渓の門人に列し、宋尤庵は栗谷の孫弟子に当ってゐる。そこで後世に至り、南人は退渓を推尊して東海の孔子となし、老論は栗谷を以て東海の孔子となす。南人は李朝中世以後頻繁に起った政争に敗れてからしては、漸く政権に遠ざかり、里閭に在りて旧学を保存し旧慣旧産を維持し、固陋頑冥な者が中々多い。

日韓併合前後、時勢に通ぜない慷慨の儒士、多く嶺南南人の家から出た。彼等老儒生の机上には必ず『退渓集』があり、日夕奉読して天下第一之書となして居る。退渓の学問の勢力は依然今日に残ってゐる。

彼の安東郡礼安陶山面の退陶書院と退渓先生宗孫の居る処とは、今尚四民之を視るに聖郷を以てし、山木鬱蒼、渓流潺湲として自ら別天地をなして居る。

退渓の破邪方面の学説中、支那の異学、即ち陸象山（陸九淵）・王陽明（王守仁）・陳白沙（陳献章）・羅整庵（羅欽順）に対する難弁は、朝鮮の儒学には深い関係がないから、姑く之を省き、此処には簡単に彼が蘇斎・蓮坊・花潭三氏の学を斥闢したる弁論を叙する。

前に述べた如く、盧蘇斎（盧守慎）の学は羅整庵の『困知記』から悟入して、人心と道心とを以て直に情と性となし、道心は即ち性なるが故に純善であり、人心は即ち情なるが故に以て善たるべく、又以て悪たるべしとなすのである。之に対して退渓は、情は性の動を指して謂ふものであるから、蘇斎の説に従へば、人心道心は性の動静を謂ふこととなって、道心を理の発、人心を気の発となして、飽くまで理と気とを並立せる二元二作用二素と観んとする退渓の説と乖離せざるを得ざるに至るのである。退渓は是点、即ち理気観に於て蘇斎の自身の説の内に在りて既に矛盾あることを指摘して曰く（退渓集・巻一七・重答奇明彦・別紙）、

寡悔［盧蘇斎の字］は既に理気を以て一物となせば、則ち亦当に道器を以て一物となすべきに似たり。而して其詩に曰く、元来、道と器とは隣にあらず云々と。是又道器を判して二致にして相干渉せずとなすなり。

（寡悔既以理気為一物、則似亦当以道器為一物矣。而其詩曰、元来道与器非隣云云。是又判道器為二致不相干渉）

即ち退渓の立場から言へば、道は理より出でたるものにして、純粋至善である。器即ち有形的原質は気の構成する所にして、理に循へば善、然らざれば悪に陥り易し。而して道と器との二元の合作せる者、即ち宇宙間の有生的森羅万象である。従て決して無形の理から有形の器が生ずる訳もなく、有形の器から無形の理の生ずる訳もない。若し蘇斎が道心人心を体と用、静と動と観れば、道も器も矢張同一元の異なる現れとならなければならない。是点に於て蘇斎の学説に論理的矛盾があるといふのである。

是は勿論、理と気の定義から溯って決定してかからねばならない問題であるけれども、何分当時の李朝儒学者間に在っては、既に理気の定義は朱子の立てたるものを公認して、飽くまで二元論を固執して居るのであるから、退渓の弁難を論理的なりと認めて、寡悔の学説は異学にして雑学なりと定めらるるに至ったのである。

李蓮坊（李球）は老子の学を喜んだ人と思はれる。今其の集の伝はらない為に、詳しく其の学説を知る能はざるを遺憾とする。蓮坊は一体心には体と用との区別すべきものがない。世人が之を体用ある如く観るのは、実は心の動と静とを観て誤りいふのである。而して所謂一定不変、至善なる道といふものは、心の動静なき以前の虚湛霊光なる妙諦である。即ち心源湛然として未だ動かず而かも静かならしめんともせざる端的の面目が道であるといふのである。是は道家者流の所謂太極の上に無極の絶対一元を立てて、一陰一陽の動静する以前に道の本体を置かんとする流派に属するものである。

然るに退渓は之を駁して、道の妙処は『易』に之を示すが如く、太極動いて両儀を生じ、其の絶えず一陰一陽一動一静、即ち静を以て体を現し、動を以て用を現しつつある所の間に在りて、此の外別に何等妙処の道と称すべきものがない。既に静なる観念を認めるならば、又特に尚ほ静ではあるが体ではないと称して、無体なる観念を認める必要はなく、動を以て用と称するをば強いて用にあらずとなして、無用なる観念を認むるの必要はない。畢竟、蓮坊の説は『易』の理を観得て精ならざるに出づるのであると云って居る。

花潭（徐敬徳）の太虚を立つる気根元説に対して攻撃して曰く、花潭は終に理の字に看到ることが出来なかった。即ち形器の一辺だけを見て、其の形器に内包的に賦在する所の理に就ては看得なかった。朱子が嘗て理と気とが何れが更に根本的なるかの問に対へて（朱子文集・巻四六・答劉叔文）、

若し理上に在りて看れば、則ち未だ物あらずと雖も、而かも已に物の理あり。然れども但だ其の理あるのみ、

未だ嘗て実に是物あるにはあらざるなり。

（若在理上看、則雖未有物、而已有物之理。然亦但有其理而已、未嘗実有是物也）

と言った。朱子の考へには、むしろ理を以て気より一層根本的と観てゐる。花潭の気根元説は、先賢の思想に合せない。

蓋し蘇斎・蓮坊及び花潭等の三人は、何れも朱子派が理気二元説に拘泥して、必ず心性の理を一々機械的に理と気とに分析して説明し、却りて実相に遠ざかるに鑑みて、或は羅整庵或は道家或は張横渠に拠りて、理と気は朱子派の認めるが如く、根本的に二元的なるのではない。更に竿頭一歩を進めて、道の本体即ち道其自身に想ひ到れば、理気未判以前に在りて理気を超越したるものである。学者是見地に看到せなければ、未だ実相に悟入したものでないと主張したのである。

されば花潭の如きも、退渓からは気を観て未だ理を観ずと攻撃せらるるに拘らず、一旦現象界に入り来れば、一切心性の活動を悉く理気の合作用と認識し、決して或心作用は理の発作、或心作用は気の発作と理気を断落的に観る弊はない。而して是の点、実に花潭が栗谷に影響を与へた所である。

退渓の理気の絶対的二元観は、其の四端七情の論争に於て最も明白に極端に達したのである。併しながら退渓が当時学界の第一人者たるを以て、斯の如く深刻に弁駁を加へたから、三氏者は後世からしても醇儒として見られざるに至った。

退渓の顕正論の中、最も重要なるものは、有名なる四端七情論である。是は彼と高足門人奇高峰（奇大升）との間の論争であって、蓋し朝鮮に於ける儒学上の論争中の最大なるものである。四七論争の起原は、中宗・明宗朝頃の金思斎（金正国）の弟子鄭秋巒（鄭之雲）なる者が嘗て其の弟の為に「天命図説」なる一書を作りて、之を其隣家に住せる退溪に示した。退溪之を閲して多少の修正を加へて、允可を与へた。秋巒そこで我が原図と退溪の修正図とを併せて、明宗の九年に之を世に公にした。

是図は天命と性から漸次、人の性情善悪を生ずるに至るまでの朱子派の学説を図に表したのである。然るに秋巒の原図には四端七情を説明して、

四端は理に発し、七情は気に発す。

（四端発於理、七情発於気）

と云へるを退溪は訂正して、

四端は理之発。七情は気之発。

（四端理之発、七情気之発）

となした。

本図が一度発表さるるや、学界の評論紛々たり。遂に明宗一四年に至り、奇高峰が退溪に対し質疑書を送り、退溪之に答へ、斯くて連続問答して明宗の二一年、即ち退溪の没前四年まで至った。退溪の没後に至りても、李栗谷（李珥）・成牛渓（成渾）・張旅軒（張顕光）・宋尤庵（宋時烈）の諸氏盛に之に論評を加へ、平板にして単調なる李朝の儒学界に波瀾を捲起し、実に退溪・栗谷二大学宗の学説の分岐点をなし、更に進んで南人と老論との学派の分るる根本観念を形成するに至った。

前から屢々述べた如く、退溪は最も徹底せる理気二元論者である。宇宙論に於て然るのみならず、心性現象を説明するに於て亦同様である。されば性を以て純理体となし、情を以て理気合体となす。仁義礼智は性である故に、理である。情の発動は理気の合用である。而かも情の中に四端［惻隠之心・仁の端、辞譲之心・礼の端、是

非之心・智の端、羞悪之心・義の端」と七情［喜、怒、哀、楽、愛、悪、欲」があり。四端は仁・義・礼・智の表現する端で、乃ち純善である。七情は善たり或は悪たることがある。四端が既に純善であるが故に、善たり悪たる気よりして発すべからず、必ず理からして発せなければならぬ。七情は或は善或は悪である。則ち純善なる理よりして発すべからず、必ず気よりして発せなければならぬ。

斯かる形式的論理法から、退渓は遂に情中にありて理発気発の区別を立てなければならぬと考へ付いた所が、偶々『朱子語類』（巻五三）孟子の四端を論ずる箇条に、

四端は是理之発、七情は是気之発。

（四端是理之発、七情是気之発）

と云へるを発見し、是を以て朱子晩年悟得の定説となして確信を得、乃ち「天命図説」に修正を加へたのである。然るに奇高峰（奇大升）は師説を肯ぜずして疑を発して曰く、四端は是れ純善であるから、之を理発と謂ってもよいが、七情は善悪混ぜるも決して純悪ではない。尭舜孔子の大聖人たるを以ても、尚ほ矢張七情のない訳には行かない。但だ聖人は七情を完全に節制して、其の発動をして中和を得て純善ならしむるだけである。従て七情を以て専ら盲目的な気の発動となすのは当らない。七情は理と気との兼発であって、若し気にして完全に理の制を受けて理に従った場合には即ち聖人の七情となり、之に反して気が理に勝つ場合には凡人の七情となりて、危くして悪に陥り易いと。要するに、七情を以て気のみの発動となすか理気の兼発となすかが、二氏の論争点である。

斯くて相互難詰弁論の末、高峰が最後に送った「四端七情総論」を以て局を結んだ。其中に曰く（両先生四七理気往復書・下篇・四端七情総論）。

孟子の所謂四端なる者の若きは、則ち情の理気を兼ねて善悪ある上に就いて、其の理に発して不善なき者を剔出して之を言へるなり。蓋し孟子は性善の理を発明して而して四端を以て言をなせば、則ち其の理に発して不善なるものなき又知るべきなり。朱子又曰く、四端は是れ理の発、七情は是れ気の発と。夫れ四端は理に発して不善なし、是を理の発といふ、固より疑ふなかるべし。七情は理気を兼ね善悪あり。則ち其の発する所、専ら是れ気ならずと雖も、而かも亦気質の雑なからず。故に是を気の発と謂ふ。此れ正に気質の性の説の如し。蓋し性は本と善なりと雖も、気質に堕つれば偏勝なからず。故に之を気質の性と謂ふ。七情は理気を兼ぬと雖も、理弱く気強し。他［気をいふ］を管摂し得ずして、悪に流れ易し。故に之を気の発と謂ふなり。然れども其の発して節に中る者は、乃ち理に発して不善なければ、則ち四端と初より異ならざるなり。

（若孟子之所謂四端者、則就情之兼理気有善悪上、剔出其発於理而無不善者言之也。蓋孟子発明性善之理、而以四端為言、則其発於理而無不善者、又可知也。朱子又曰、四端是理之発、七情是気之発。夫四端発於理而無不善、謂是理之発者、固可無疑矣。七情兼理気有善悪、則其所発、雖不専是気、而亦不無気質之雑、故謂是気之発。此正如気質之性之説也。蓋性雖本善、而堕於気質、則不無偏勝。故謂之気質之性。七情雖兼理気、而理弱気強。管摂他不得、而易流於悪。故謂之気之発也。然其発而中節者、乃発於理而無不善、則与四端初不異也）

洵に曖昧模稜と謂はなければならぬ。折衷的態度であって、其実依然師説に従はんとはせない。而して師退渓も亦、之に対して酬いる所がなく、七年間の大論争が真に龍頭蛇尾に終った。而して其論争の主点は、何等の決着を見なかった。後に至り、李栗谷は高峰の説に基き、更に之を徹底的に完成した。

案ずるに、是の理発気発説は朝鮮に在りては退渓を以て創始とするが、支那に在りては既に程復心の理気説ありて、明白に四七理発気発を主張し、前出中宗朝の大司成柳崇祖が中宗六年に『性理淵源撮要』を著すや、亦た之を収めた。余は必ず退渓も是書を見るに及べるを想ふ。然るに退渓は一言も程復心の理気説に及ばず、専ら『朱子語類』を引用してゐるのは、彼の朱子に忠なるの致す所である。程復心の理気説は今之を省き、唯だ柳崇祖の『性理淵源撮要』は朝鮮に於て退渓四七論の先駆をなしたことを記するに止める。

退渓は四七論に於て端なく高弟と大論争を起し、延いて当時の諸多学者に及べるのみならず、又為学の法に就ても当時の嶺南の鉅儒曺南冥（曺植）と合せず、頗る南冥の攻撃に逢った。蓋し退渓は晦斎（李彦迪）に私淑して儒学の哲学的方面に殊に趣味を有し、最も真西山（真徳秀）の著せる『心経』を愛し、此に由りて遂に悟入する所があった。そこで門人を教へるにも『小学』『大学』『論語』等の如き儒教の実践門より入門せしめず、劈頭に先づ『心経』を課して心性の理に於て正解あらしめ、然る後降りて実践門に向ひ入らしめることとした。曺南冥は退渓と対立して嶺南を両分して門徒が盛であった。学問の深遠博大なる、到底退渓に及ばないが、是点に於て退渓を肯ぜず、斯の如きは或は為学の正路を失はんかと攻撃した。嘗て其となく所信を述べて曰く（南冥集・行状・鄭仁弘撰）。

通都大市の中に遨遊すれば、金銀珍玩有らざる所なし。尽日街衢を上下して其価を談ずるも、終に自家々裏の物にあらず。却って吾が一匹の布を用て一尾の魚を買取り来るに如かざるなり。今の学者性理を高談して而かも己に得るなきは、何ぞ以て此に異ならんや。

（遨遊於通都大市中、金銀珍玩靡所不有。尽日上下街衢而談其価、終非自家家裏物。却不如用吾一匹布、買取一尾魚来也。今之学者高談性理而無得於己、何以異此）

と。されば南冥は専ら敬義を主として五倫五常の平易なる実践からして功を積みて終に聖賢の地にまで到達すべしとなして居るのである。

退渓の此の主知的学風は後世李朝儒者に影響する所頗る大にして、遂に世を挙げて苟も学者と言へば性理を高談し滔々して、孔子の学の本領たる実践倫常の方面の篤実なる工夫を閑却するに至った。

又退渓が一代の盛望を負ひて、有為の君宣祖大王の寵招を受けつつも、常に逡巡趑趄して敢て朝に立たず、山林の一老学究を以て満足した行蹟も亦、後世李朝の儒者に所謂真学者の典型を示し、其に跡に倣ふ者が南北東西に相接し、自ら山林儒と高標し、朝廷も亦優遇して濫りに官位を進め、死して書院に享祀せらるるに至った。是れ即ち嶺南に儒生の一団が発生して、朝廷に対して侃々諤々の議を立て朝廷も之に強圧を加ふる能はざるに至りし淵源である。退渓の学は南人に遺り、退渓の行動は嶺南儒生に範を垂れた。

退渓と高峰との四七論出でて、一世の学者多く此の渦中に投じ甲賛乙駁したが、中にも退渓と並びて李朝儒学者の両宗と立てられ、老論党の始祖宋尤庵の学祖たる関係上、其の学説は老論に信奉せられ、後老論が久しく官場を壟断した結果、遂に李朝の官学と成ったとも観るべき李栗谷との学説の分岐点も、主として此に在るのである。

李栗谷（李珥）の説は、奇高峰（奇大升）の説を論理的に完成したものである。栗谷は其の学友にして実践躬行家として極めて有名であり、後同じく文廟に従祀せられた牛渓成渾と書を往復して、屢々四端七情に就いて研鑽を重ねた。而して二人共にどうしても退渓の説に賛成するに至らなかったのである。

栗谷の説に曰く。心の体が是れ性で、心の動が是れ情である。情に七情がある。孟子の所謂四端といふは、七情中に於て善なる所の情を取出したものである。従て七情の外別に又四端なるものがあるのではない。則ち七情も亦理気の共同発動にして、四端も亦理気の共同発動である。一々の四端の発に於ても亦七情発動の場合と同じく端的に理と気とを認めることが出来る。栗谷曰く（栗谷全書・巻二〇・聖学輯要・窮理章）。

凡そ情の発するや、之を発する者は気なり。発する所以の者は理なり。気に非ざれば、則ち発する能はず。理に非ざれば、則ち発する所なし。

（凡情之発也、発之者気也。所以発者理也。非気則不能発、非理則無所発）

即ち栗谷・牛渓の考には、一切の心の動即ち是れ情であって、心は理と気とより成るが故に、一切の情も亦是れ総べて理と気の発動其のものでなければならぬ。決して理だけ発動したる四端、気だけ発動したる七情といふものがあるべき道理がない。退渓の四七理気互発説は四端が心内の衝動より発し、七情が心外の衝動より発するが如きを観て、以て先入の見となし、遂に此の矛盾に陥ったのである。衝動が心外から来るは勿論であるが、其の情に感ずる所の正邪と情の動く所の過不及と適度とに由りて善悪が分れるのである。決して初より七情は悪に傾いて四端と截然たる区別のあるものではない。且つ又四端七情を以て道心人心と同様の観をなすも亦当らない。道心は人間天賦の本性に原き本性は純理である。人心は躯殻の私に原く故に、気を主とする。されば道心人心に於て道心を理発、人心を気発と言ふは妥当である。栗谷は更に進みて其の大宇宙小宇宙論より道の本源に及びて高調して曰く（栗谷全書・巻一〇・答成浩原壬申）。

天地の化、若し理化するものと気化するものとあらば、則ち吾が心にも亦当に理発する者、気発するものあるべし。天地既に理化気化の殊なし、則ち吾が心安んぞ理発気発の異あるを得んや。若し吾心は天地の化と異なると曰はば、則ち愚の知る所にあらざるなり。

（天地之化、若有理化者気化者、則吾心亦当有理発者気発者矣。天地既無理化気化之殊、則吾心安得有理発気発之異乎。若曰吾心異於天地之化、則非愚之所知也）

これは極めて哲学的に高遠にして同時に妥当な観念であって、最も明白に退渓の四七理発気発説に対して有利な地歩を占めて居るといふことが出来る。李退渓が朱子の理気性情論を最も形式論理的に徹底せしめて行く所まで行って見たに対して、栗谷は哲学的に並に心理的立場から形式論理の進行を妥当と認めなかったのである。二者の議論は朝鮮儒学史に於ける最も興味あり価値あるもので、且又其の後世に与へた影響の最大なるものである。

四　退渓・栗谷以後の儒学

栗谷の学説は成牛渓（成渾）・金沙渓（金長生）・金慎独斎（金集）等に由りて賛成せられ祖述せられて、直ちに慎独斎の高弟宋尤庵（宋時烈）・宋同春堂（宋浚吉）に至った。宋尤庵は儒学者であって同時に朝鮮に於ける大なる政治家である。最近二〇〇余年間朝鮮の政界に最も勢力のあった老論派は彼を以て開祖となすは、人の知る所である。尤庵は但だに李退渓の四七説を攻撃するのみならず、進んで退渓が常に引用する所の『朱子語類』中の四端理発、七情気発の語を以て記者の誤に出づるものと認むるに至った。尤庵の著『宋子大全』（巻一三〇）に「朱子言論同異攷」があり、此に論及して、

大抵、『礼記』及び子思は、統べて七情と言ふ。是れ七情皆性より出づる者なればなり。性即理なり。其の性より出づるや、皆気発して理之に乗ず。孟子七情中に於て純善なるものを摭出して、之を四端と謂ふなり。今乃ち朱子の説に因って四端七情を分ちて、以て理の発・気の発となす。安ぞ朱子の説の或は記者の誤に出づるを知らんや。

（大抵礼記及子思、統言七情。是七情皆出於性者也。性即理也。其出於性也、皆気発而理乗之。孟子於七情中摭出純善者、謂之四端。今乃因朱子説而分四端七情、以為理之発気之発。安知朱子之説或出於記者之誤也）

と言って居る。尤庵は栗谷の説を一層論理的に徹底的に説き進めて、終に四端七情共に理気の共発であるが故に、七情に善悪ありとすれば、四端も亦同様に善悪ありとせなければならぬ。朱子自身にも曽て四端亦有善悪の説があったのである。蓋し四端七情共に同じく気発して理之に伴ひ、理気の共同作用に属するとすれば、四端にも亦善悪ありといふ宋尤庵の説も、論理的には誤謬なりと言ふことは出来ないことになる。併し斯くまで徹底せしめた説は多くの学者の同意を得ず、老論派の四七論は栗谷の説に大体帰一すと言ふことが出来る。

他方、退渓門派を観るに、退渓の歿後、其の学統を継続せる者に、鄭寒岡（鄭逑）・金鶴峰（金誠一）・李艮斎（李徳弘）・趙月川（趙穆）等がある。併し今其の集を覧るに四七論に及べる者がない。然るに寒岡の高足に張旅軒（張顕光）がある。亦嶺南の大儒で、門徒も頗る盛であった。『旅軒集』を覧るに、四七の議論があり、而かも奇異なるは彼は退渓の説に従はずして反りて栗谷の説を取りてゐることである。是に由りて之を観れば、鄭寒岡其人も果して師説に従ったか否か疑ふべきである。

旅軒は「経緯説」を著して、理気二元の関係を述べた。従来、退渓・栗谷等は往々人と馬との譬喩を以て理と気との関係を説明し、人は自ら行くことが出来ない、必ず馬に乗りて始めて行くことが出来る。理も亦単発することは出来ない、必ず気に乗じて始めて活動することが出来ると云ってゐる。旅軒は曰く。此の比喩も尚理気の関係を説きて到らざるものである。何となれば、人と馬とは本来二物であるのに、理と気は具体的人間の場合に於ては、別々な二個の活動をなすことが出来ないからである。されば情の発動に於て理発・気発の二種あるを許さるべきではない。情といへば悉く理気の合作用であって、七情の外、別に四端のある訳ではない。四端も其実、七情の中に含まれるのである。即ち喜と愛とは仁に配すべく、悪と恕とは義に配すべく、哀と懼とは礼に配すべく、欲は智に配することが出来る。

斯くの如く退渓の四七論は、其の高足門弟よりも猶信受せられなかったかと思はれるは、奇高峰の場合の外、鄭寒岡に付いても想像の余地がある。張旅軒は寒岡の高弟として大に嶺南に門戸を張るに至りては、退渓の説に従はずして栗谷の説に従ったのである。

李葛庵（李玄逸）の子密庵（李栽）の弟子たる大山李象靖は英祖朝の儒者であって、其の一一年文科に及第し、官刑曹参議に至り、後慶北安東に退居して子弟を教へ、一時学名嶺南に高く、或は小退渓を以て称せられた。大山は専ら忠実に退渓を祖述し、其の理気四七論に於ても大に退渓の説を主張した。大山は「四端七情説」を作りて、其説を述べた。

初に『中庸』『楽記』及び程朱等の語を引いて、渾淪に理気を観れば、決して七情以外に四端がある訳ではない。心が未だ発動しない時には、一性湛然としてゐる。心が発動するに至って、理気相用ひ合って七情を現し、四端も亦其中に包含せられる。併しながら四端と七情とは等しく之を情、即ち心の発動であるとは言ふが、其の渾淪即ち総体無差別的方面より転じて差別的方面を観ると、著しく相異るのである。即ち四端は純善であって、七情は善悪相混じてゐる。既に純善である、則ち性命の正より出でなければならぬ。善悪相混ず、則ち形気の私より出でなければならぬ。其の関係は道心と人心との関係と相同じい。所謂性命の正といふのは、理である。形気といふのは、気である。絶対的の意味に於ては、理は気なくして情に発し、又気は理を離れて動くことはないが、姑らく分開して説くときは、主たる所を指して四端は理発、七情は気発と曰ふも不可なることがないと。今日尚、嶺南の儒生等は四七論に於て、多く大山の説に従って居る。蓋し退渓の正統と謂ふべきである。

宋尤庵の上足高弟に権遂庵［権尚夏、又号寒水斎］あり、遂庵に二上足がある。李巍巌（李柬）・韓南塘（韓元震）、即ち是である。巍巌・南塘の間に人の性と物の性の異同論が起り、遂に湖学・洛学の分派をなし、学派の別が終には湖党・洛党の党別をなすに至った。

遂庵の学は尤庵に承け、尤庵は栗谷を宗として居る。栗谷は人と物との性に就いては明かに差別を認め、理の一方から観るときは、人と物と相通ずと謂ふべきであるが、気稟の偏と全がある。人は五行の全徳即ち仁義礼智信を内包的に具全するが、物は僅に其の一部を具ふるに過ぎない。

斯くて栗谷は曾て曰く（栗谷全書・巻一〇・与成浩原）、

人の性の物の性に非ざるは、気の局なり。

（人之性非物之性者、気之局也）

人の理即物の理なるは、理の通なり。

（人之理即物之理者、理之通也）

朱子も亦（朱子語類・巻九七・程子之書三）、

之を理同じと謂へば、則ち可。之を性同じと謂へば、則ち不可。

（謂之理同則可。謂之性同則不可）

と曰った。されば性と命とは、自ら其の意義を異にせなければならない。人物共に天の賦する所の命を享有して居る。併し其が各気稟に従て性を成すに至っては、一様なることが出来ない。栗谷を祖述する寒水斎は曾て巍巌に書を与へて、人と物とは性に於て一様ではない。物は如何に其性を実現しても、人の如く善美を完成する能力がないと論じた。韓南塘は正しく師寒水斎の説を承けて、人と物とは其の道を同じうせざるが如く、其の性に於ても相等しくない。縦令今人と物との心が未だ動かず、湛然として善悪を超越する場合に於ても、尚二者の間、霊昧清濁区別の種子がなければならぬ。若し是場合を指して本心となし、人の本心と物の本心とは相異らずと言はば、是れ既に禅家に堕ちて儒者の見ではないと云ひ、此に「禅学通弁」を作った。

其の意は、巍巌の人物同性論を斥闢するに在るのである。仏氏は心と性とを同一視し、理を認めて気を認めず、心の霊覚が気質の清濁に由りて、全不全のあるを看過し、終に心の思ふ儘に行動して善悪に拘局せざるを以て得道者の真面目と考へ、理性を以て気質を節制して之を変化せしむべきを思はない。是れ巍巌が気稟の局と全、偏と円とを看過して人物同性を論ずると相同じ。巍巌の病は実に禅家の仏性が人、物、有生、無生に遍在する説を信ずるに根するのである。斯くて巍巌、南塘二氏の学説相分れ、南塘は忠清道清州に居るから湖学と謂ひ、巍巌は京城に居るから洛学と謂った。

巍巌の人物同性論は、理路頗る単的である。寒水斎の所謂命と性とを混じ、南塘の所謂理の遍きを見て、而して気の偏全を遺れたものである。

巍巌は曰く。人と物は共に天地陰陽五行に由りて化生せられ、皆健順五常の徳を賦せられて居る。されば或は物によりて、五常の徳粋然として具備し、或は雑然として具備して居る。然しながら単的に本心を指して言ふときは、固より皆五常の徳を有せないものはない。されば同じく之を人に就いて観れば、如何に至悪の人と雖も、其心に一物来らば、湛然として未発なるときは聖人の心地と異る所がない。是れ即ち、人の本心が個々の気稟の清濁霊昧を超越して、直ちに陰陽五行の徳を享けて粋然として至善なることを証するのである。人間の至悪者と聖人との本心が既に相斉しければ、同様の理路に因りて、人と物との本心即ち性に至りても亦、異らざるを悟ることが出来る。要するに、人物の性が其の本原に於て善にして相同じきを肯ぜざるは、不知不識、楊氏の説を襲ふものである。孟子に従て性善説を徹底せしむれば、人と物とは性一本であって、善なりとせなければならぬと。

斯くて湖洛二学相持して下らず、時の朝士或は湖学を奉じて乃ち湖党となり、或は洛学を奉じて洛党となり、学派の争転じて政党の争となった。然しながら栗谷・尤庵・寒水斎、嫡々の正統は、則ち湖学に在るは前述せるに拠りて明かである。

四七論、人物同性論の外、尤庵と尹明斎（尹拯）・尹白湖（尹鑴）・許眉叟（許穆）等との間の種々の礼論は、専ら儒教の応用的方面に属し、哲学的問題として取扱ふべき性質のものでないから、茲には之を省略する事にする。

南塘・巍巌の後、醇儒を以て許される大家は、陶庵李縡の如き、其の翹楚である。李星湖（李瀷）・柳磻渓（柳馨遠）・丁茶山（丁若鏞）の如きは、博識該綜に於ては偉とすべきが、醇儒以外の型に属すべきであらう。陶庵は老論の名家であって、純乎として朱子を奉じ、人物性論に就きては湖学に属して居る。彼は機会ある毎に朱子に帰一して、岐路に彷徨すべからざるを学者に誨告して居る。

陶庵以後、所謂儒生儒士と称するものは、雲の如く林の如くであるが、特筆すべき醇乎たる儒学者は、余の寡聞浅見なる、未だ之あるを知らない。南人は則ち李退渓・李大山を祖述して聖人の道この外に出でずとなし、老論は李栗谷・宋尤庵を祖述して以て朱子の正統を得たりとする。現在に於ても慶尚南北道の儒生は多方南人に属し、性理の学を研究して心性を磨き、操守頑固ではあるが、其の修養に至りては観るべきものがある。忠清道及び京城の老論少論の世家は政治に趣味を有し、詩文に長じて居るが、性理学に至っては嶺南儒生の深きに及ばない。是れ嶺南儒生の自ら高しとする所以である。

以上略叙せるが如く、朝鮮の儒学は其の学説史から観れば、極めて簡易にして又単調である。高麗の昔より千篇一律に朱子学の天地に汩没して、学者の学説も畢竟朱子の真義に合するか否かを論議するに過ぎない有様であった。従て朝鮮の儒者の価値は、学説よりもむしろ其の社会的政治的に国家及び社会に及ぼせる勢力に於て観なければならぬ。換言すれば、人心を支配せる力に於て偉大なりしものである。而して其の政党と学派と結合せるに至って最も顕著となった。併し同時に益々思想に於ては固着し、其の進歩発展性を失ふに至った。併しながら前後六四〇年、朱子学一度将来せられてから、終に他学派の興起を見ないで已んだといふことは、其の選択の当否は別問題として、即ち如何に儒学の諸学派中、最穏健中正なるは朱子学であるとしても、斯く単一思想を以て満足したる朝鮮人は、此処にも其の国民性の特色の有力なる示顕を為して居るものであると謂はなければならぬ。

李退渓

序　言

朝鮮の儒学を研究して、李退渓に至るに及びて、始めて学問道徳兼備の偉大なる儒学者に遭遇することが出来る。否、独り儒学といふ狭き観点よりでなく、広義の文学全般から謂っても、『退渓集』を得て、此に始めて崇拝するに足る高度の水準に達せる朝鮮の文献に接する歓喜に浸るを覚える。実に李退渓は朝鮮の雲の如く林の如き学者群に在りて、宛ら明月の群星に於ける、古柏の雑木に於ける、岱宗の衆山に於けるが如くである。むしろ其の心術に就いて観れば、相類を殊にするが如き観さへもある。

人も知る、朝鮮は高麗光宗より李朝高宗の甲午大改革まで、製述・明経二科を以て士を試みた国である。斯くてはやく儒学と科挙とが結付き、後大元の科制に倣って、朱子学を官学と立てるに至りて、乃ち朱子学と科挙とが完然に一致し、朱子学を治むることは一方から観れば、科挙の準備をすることになった。否、大多数の学人の心術は応科の為に朱註の経書を学び、朱子の言論文章を攻究するのであった。

故に朝鮮の儒学は既に本質的に名利之学となり、朝鮮の儒学者は為学の出発点から既に名利之徒であった。勿論、是は独り朝鮮の学者に就いて言ふべき所ではなく、抑も支那の儒学其物も、漢孝武皇帝が諸子百家に抜いて之を国家の正学と認めて、其の学力思想を以て士を取るに至りてから、既に官吏学と密に相合致し、従て儒学者の名利之念に繋縛せられざらんことを望むは、猶火の熱からず、水の冷かならざるを望むが如きであった。名利之途は狭くして又険である。故に能く之を突破して此世を我世と楽む者は甚だ少い。是故に多数の学者は落伍して此に一転して或は厭世憤世し、往々高踏勇退名利を視ること土芥の如きを言ふに至る。故に支那の儒学者も亦多く是れ名利之徒である。

更に溯りて孔門の教科を観るに、其の六芸を主として門人を教へられた事は疑なく、而かも其六芸は、恐らく孔子独自の創設的教科ではなく、縦令其の教科書の内容には幾許の変更は加へられても、矢張周の上代の庠序国学の制度に拠られたもので、周の上代の庠序国学にありては、六芸を以て国子を教へて定期之を賓興して以て官吏に登用したものであらう。故に孔子自身も晩年までは常に君を求めて遑々焉たり、又門人も夫々師蔭に依り門閥により能く仕へて禄を得た。所謂「学也禄在其中（学べば禄その中にあり）」（論語・衛霊公）であって、孔門に在りても学と禄と相当程度に結著いてゐたことは想像せられる。君子儒小人儒の別や、就職を辞した閔子騫・漆雕開が称讃せられた『論語』の記載は、皆此を証するものである。併し吾々は儒学が官吏之学であり、儒者が名利之徒たる間は、猶此を真に尊敬するに足る学たり学者たりとなすことは出来ない。孔子は姑く之を舎き、孔子門弟中、顔回が群を抜いて吾々の崇敬を受ける所以も此にある。希顔（顔回を仰慕すること）こそは儒者修行の最高境地であらねばならぬ。

勿論儒教にありては、人生全部を修行の道場と視る。人生の一々境遇に処して宜しきを得て謬らざるが、即ち上達の正道である。是点に於て教の立前は、大乗仏教の煩悩を断ぜずして涅槃に入ると説くと契合するものがある。従て官吏といふ生活も、人生修行の一境遇であるに相違ない。併し官吏が決して人生の全部ではない。其の官吏たらんが為の故に学問し、官を得て喜び、官を失うて哀み、我が学ぶ所は名利之念を掃ひて求道するに在りながら、実際生活は、孜々汲々として名利場裏に優者たらんとするに在り、謂はば一生を所学と実際との矛盾の連続に終るが如きは、寧ろ学者の悲劇、悲劇の学問と謂はねばならぬ。儒の教は人倫五常を実践して、利義の弁を厳明にし、自ら疚しくなく、自ら恥づる所なき生活を積み、以て終に心の所欲に従て不踰矩境地に到達するを以て第一義と立て、最広義に於ける人間に向て、人間としての完成の道を最穏健に最欠点なく説いたものである。従て儒学儒教は所謂儒者の専業的に之を壟断すべき筈のものでなく、士農工商皆儒者と称して毫も差支なきものである。

朝鮮は開国以来、支那文化を模倣して、其の利病共に充分に之を受けたのであるが、就中、国域狭小なる為に、朝廷の専制政治がよく行届き、無形の思想も有形の生活状態も、朝廷の思のままに一色に統制せられた。謂はば、人生社会を構成する種々の成分の内、政治一成分だけが絶対優越となりて他を抑へて、其の発達を不可能ならしめた。遂に政治に関与するを得る特権階級が発生し、儒学は其の階級の専有物となり、此に完全に儒学と官吏之学と合一不二となるに至った。是故に朝鮮の学人にして其の為学の出発を官窠獲得に置かぬ者はなく、官吏となれば実際事務は之を刀筆の吏輩に委して、我等は「格君心」とか「正名分」とか謂ふが如き政治的空論に其日其日を送り、無知なる庶民を剥いで以て我が生活に奉ずる。若し夫れ道学者と自称して官場に見切を付けた人達も、大抵下第秀才の転身で、本の心術は矢張名利にあるから、彼等の身分相当に名利を謀るを忘れず、或は憂世の空論を上書して名を売り官銜を授けられ、或は郷曲に武断して私利を図る。朝鮮の儒生と称する輩の心術の陋劣なるは、決して腐敗せる官吏に譲らない、儒学が名利之学となり、学者が名利之徒となった事が、朝鮮の政治の堕落し腐敗する重大原因の一であった。

是の如き古来朝鮮の学風士風の間にありて、真に名利之念を掃去りて学者の本分に帰り、都塵を避けて田園に栖遅し、外は経伝、内は心、孜々として聖学を攻究し、年と共に工夫純熟して境界進み、幾百の門徒に大賢と仰がれ、幾多の貴き述作を遺し、歿して文廟に従祀せられた我が退渓先生の存在することは、炎熱溽暑の日、風穴窟に逍遥して洋々響来たる名手の琴曲を聞くが如くである。

朝鮮の儒学は李朝に至りて本筋に発達の道に入りたのであるが、李朝儒学も詳かに言へば、之を三期に別つことが出来る。第一期は国初から李退渓（李滉）以前迄、第二期は李退渓から宋尤庵（宋時烈）以前まで、第三期は宋尤庵から国季までである。

李朝国初にありては、高麗朝儒学を其儘継承して、太学を中心として朱子学を官学と立て、他方仏教の国民教化に対する勢力をば、日に月に奪収して、駸々として単一儒教、而かも朱子教の国家及び社会となすべく進んだのである。併し此期間は猶国家刱業建設の時期を去ること遠からず、所謂学者と称する者も、学究的道学者的型よりも政治家として太祖・太宗の事業に参画し、創業功臣に属する者多く、従て朱子学説の哲学的深奥の研究及び闡明については未だ到らぬ所があり、云はば儒者とは称すべきも、道学者・儒学者とは称すべきに非ざる人達によりて代表さるべき時代である。若し此時代の学者を求むれば、彼の惨毒な政争に罹りて悲惨な末路を遂げた中宗朝の趙静庵（趙光祖）、明宗朝の李晦斎（李彦迪）は其の翹楚である。

然るに、李退渓出づるに至るに及びて、初は尋常士流の家庭の習俗に従て、科挙に応じて官場の人となったけれども、既にして中宗・明宗以来の幾度かの士禍に鑑み、深く此世の実際が純真なる儒者政治を行ふには余りに事情複雑で、人心陰険なるを悟り、又儒者の事業は学問中途で朝廷に出でて治人の地位に就くよりは、修養の功を極めて、内省して自己の境界が古人と差なきを信じ得る地位にまで到達し、而して其の修養の必要をば今人及び後人の有心者に伝ふるに於て一層醇正にして貴きものであると信じ、乃ち専ら辞退不出を以て処身の経となし一生を捧げて道学の究明及び実践に委した。是に至りて李朝の儒者の型式一変して、事功派以外に悠然として山林に蔵修する道学者の出現を見、学問講習の最適最高処も京城から山秀水清の田園郷に移るに至り、同時に程朱子の理学の奥蘊理気心性の原理も徹底的に究明せられ、遂に朝鮮の儒学をして発達の頂点に到達せしめたのである。

略ぼ同時に、李退渓に対して朝鮮の二大儒宗と称せらるる李栗谷（李珥）があり、宰相の才幹があり、其の経綸の識見に於て古今に卓越してをった。学者としての栗谷は、理学上の研究に在りて、退渓の進み到れる処まで進み到りて、而して更に別個の理気論を打立てたのである。斯くて退栗二氏は相並んで、朝鮮の儒学発達の双頂峰である。二氏以前は此の頂に到るまでの上り道であり、二氏以後は此の頂上と山腹との間を或は上り或は下る往来である。此期間には二氏を中心として、其の同輩門人に儒学者輩出し、或は事功に或は道学に絢爛として、李朝学術黄金時代を現出した。

栗谷の生存時代、宣祖の初期に、既に政争漸く激し、朝臣二党に分れんとし、彼は極力之を調停せんとして力及ばず、彼の死後、朋党の分裂益々明瞭となり、光海君を歴、仁祖の世となりて、丙子の役に清朝に降服し、次いで孝宗立つや、大明の為の国讐と其の瀋陽囚裏の怨に報いんが為、実際的には無謀ではあるが、道学的には所謂春秋の大義を伸ぶる所の討清北伐の空想を抱くに至り、其説に共鳴する宋尤庵を抜擢して顧問となし、日夜謀議を凝らした。尤庵は忠南懐徳の一山林道学先生を以て一躍して孝宗の重臣となり、水魚の誼を締するに至った。彼は栗谷の学統を紹いで、政党に於ては西人である。彼に対抗して勢力を競はんとする東人の一党派があり、絶えず諍議を惹起した。其の諍議の主題目となれるに礼論と経義とがあり、西人の先達宋尤庵・宋同春堂（宋浚吉）等に対して、東人の首領で同じく山林儒たる尹白湖（尹鑴）・許眉叟（許穆）等が議論を闘はした。是に至りて縦令礼論及び経義上の諍議の真動機は政権争閲の名利一窠に在るも、兎に角相争ふ所の表面の題目及び事実は礼論及び経義となってゐるから、乃ち是に至りては、学説と政党と結付くに至ったものと謂はなければならぬ。

宋尤庵は遂に東人の学祖とする退渓の理気説に向って反駁を試み、其の結果泝りて朱子の言論に及びて、朱子の著書に就いて朱子の言論の時処による異同を攷究した。爾来東人は益々主理の退渓説を固執して、西人の学祖とする栗谷の主気に陥りて朱子学の正統を逸せることを攻撃した。斯くて朱子学一色の朝鮮学界に、主理・主気二大学派を生じ、礼論と相俟ちて政党と学派の結合を実にし、以て国末に至った。されば李朝儒学の第三期は宋尤庵を以て代表し、無数の学者は或は之に随唱し、或は之に反対して、其位地を造るに至った者である。

以上は李朝に於ける儒学の三期の有する意義であるが、其の中にも第二期が最重要期であって、此期に至りて朱子学が完全に理解せられて朝鮮のものとなりて、此に朝鮮儒学発達の最高点に達し、同時に学説の分岐を孕み、以て次期の千波万波重畳を起す因となった。而して第二期を代表する最大の学者は我が李退渓である。

一　生　涯

李退渓の家は慶尚北道真宝の李氏で、高麗末期県の吏属を以て司馬試に及第し、後其子の脩が貴くなった為に密直使を追贈せられた碩を第一世とし、退渓は第七世に当るのである。第二世脩は明書業から出身して、恭愍王朝の紅賊の乱に鄭世雲に従て京都を回復し、安社功臣に録せられ松安君に封ぜられた。第三世云侯は中訓大夫軍器寺副正、第四世禎は中直大夫善山府使、第五世継陽は進士、第六世埴は進士、埴は即ち退渓の父である。埴の弟堣は松斎と号し、官参判に至った。埴は四〇歳にして歿し、屢次科挙に応じて志を得ず、村郷の一学究として終った。埴は先妻金氏に二男、後妻朴氏に五男があり、朴氏出の第三男瀣は官大司憲参判に至り、第四男澄は顕れず、第五男が即ち我が退渓である。名は滉、初字は季浩、後に景浩と改めた。

燕山君七年辛酉［一五〇一］一一月二五日、慶尚北道安東郡礼安の温渓の里第に生れた。翌年父埴歿し、母朴氏孤養した。六歳に至り、隣家の老夫に就いて『千字文』を習ひ、一二歳の時、叔父松斎李堣に就いて『論語』を学んだ。彼は額角豊広であって、松斎最も彼を奇愛し、綽名して広顙と呼びなし、我が李氏の門戸を持するは是児なりと言った。稍長じ郷校に上るに及び、同郷の先輩で李朝名臣の一人聾巌李賢輔に就いて質疑し請益した。彼が一生を通して教を受けた師は松斎と聾巌二人の外にない。併し二人も共に幼学の師たるに過ぎない。彼は正に朝鮮儒門の散聖である。

一九歳の頃、『性理大全』若干冊を手に入れて寓目するを得、既に恍然として道学の端緒に就いて見る所があった。詠懐に曰く（年譜）、

独愛林廬万巻書、一般心事十年余。邇来似与源頭会、都把吾心看太虚。

（ただ林廬の万巻書のみを愛して、この一心事は十年余も継続している。最近、道の本源と会したらしく、総じて吾心を太虚とみている）

既にして『周易』を読むに至りて、独究窮思寝食を忘れ、遂に健康を害し、爾後羸弱多病の体質となった。二七歳、進士試に及第し、更に母夫人の希望に従て、科挙の業に従事し太学に遊び、此に河西金麟厚と親交を締した［退渓の泮宮就学には、一回説と二回説があるが、姑く年譜に従て一回とする］。

中宗二九年甲午（一五三四）、三四歳で文科に及第し、承文院副正字となり、既にして正字に陞った。時に彼の李朝有名の奸臣龍泉金安老が権を擅にし、彼を悦ばず、既にして職を免ぜられた。幾くもなく安老が失脚し、復た出でて官途に就いたが、三七歳、母夫人の喪に逢ひ官を去り、礼を尽し服闋りて、三九歳、弘文館に入り、

王の経筵に侍するに至った。弘文館は玉堂と通称し、最清要宦とせられて居る。此時、蘇斎盧守慎と同僚となった。其後官位順調に進み、彼も亦官事を悉して余念もない。

然るに中宗末年となり、継妃文定王后と世子仁宗との間の関係に因りて、時象甚だ穏ならず、機を見るに敏なる金麟厚は中宗三八年（一五四三）、玉堂修撰を辞して乞暇帰郷し、一往返らざるの意を示した。彼、此を送りて長句を贈り、亦其の志を表した。此詩は彼の操守を知るに関係あり、詩亦絢爛縦横、壮年時の彼の文藻の盛を充分に発揮してゐる（退渓集・巻一・詩）。

「送金厚之修撰乞仮帰覲仍請外補養親恩許之行」

（金厚之修撰の、仮を乞うて帰覲し仍りて外補養親を請い、恩許せるるの行を送る）

君不見鯤魚化作垂天翼、九万搏風竟奚適。下有区区斥鷃輩、搶楡控地皆真楽。又不見魏瓠種成実五石、不願為瓢憂濩落。何況作尊浮江湖、却笑荘生未甚達。我昔与子遊泮宮、一言道合欣相得。君知処世如虚舟、我信散材同樗櫟。富貴於我等浮雲、偶然得之非吾求。風雲感激偶一時、玉堂金馬接跡追時流。恩栄合沓謬所当、歳月紛綸閲江浪。道山同読未見書、我歯已衰君方壮。抽玄関発奥蔵、経世謀猷兮賁国文章。旨賜宮醞塵飛鞚、珍分御厨廩継倉。昔人已云不敢当、矧余焉能不愧顔。秋風蕭蕭吹漢水、我夢夜夜白石青雲間。青雲白石我尚阻、海山千里君先去。君言欲作反哺烏、乞得専城有蟹無監処。人生至楽君有之、具慶堂前舞綵衣。此外万事何足道、儻来軒冕如塵微。不羨図凌雲、不須擁旌麾。子真巌耕名已振、原憲蓬居道非吝。須知王式本不来、莫怪邴曼終難進。送君帰、掻我首為君歌、薄薄酒。相思莫惜寄玉音、我詩聊贈千金帚。

（君は、鯤魚が鵬鳥に化し、垂天の雲のような翼を動かして高飛し、九万長空を風を搏っていずこかへ飛んで行く故事（荘子・逍遥遊）を知らないはずがあるまい。だが下方では小さな斥鷃どもが、楡樹を飛びこえ地上に降りてはそれを真の楽しみとしている。また魏の大瓠は成長すれば五石を容れるが、恵子は瓢が大きすぎて無用と憂えた故事（荘子・逍遥遊）をよく知っていることであろう。なんぞいわんや、酒樽をつくって江湖に浮かべることもできるからには、かえって荘生の論理がいまだはなはだしくは達せざることを笑っていいのかもしれない。わたしは以前、君と時を同じくして成均館に遊学したことがあるが、一言して道が合うのを知り相得るのを歓んだ。君は処世が虚舟のごときを知り、我は散財が樗櫟に等しいことを信じる。富貴はわたしには浮雲に等しく、偶然に得たとしても自ら求めたものではない。風雲感激はたまたま一時のことであるが、玉堂金馬門にあっては学士たちが跡を接いで時流を追っている。恩栄は重なるが適当なところを謬りやすく、歳月は紛綸と変幻するがまさに江浪のようである。かつて道山において君とともに未見の書を読んだが、いまやわたしはすでに衰え君はまさに壮年の盛りである。朝廷ではともに玄関を抽き奥蔵を発して、国家の行政文書をつくり経世謀猷に努めた。快馬をもって宮中の美酒をたまわり、自家の倉には御厨の珍味や俸給の穀物が満ちたこともある。昔人はすでに〝自分には実力がなく、どうしても受けることができない（あえてあたらず）〟といって賞賜や爵位を固辞したが、ましてわたしの場合、なおさら顔に愧じないことなどできはしない。昨今は蕭々とした秋風が静かな漢水を吹き動かしているが、わたしは毎夜、白石青雲間に遊ぶことを夢みている。青雲白石はわたしにはなお手がとどかないが、君は先に海山千里に去っていく。君は作反哺烏となって両親に恩を返したいといい、好物の蟹はあるが通判はいないところ（欧陽脩・帰田録）で自然の楽しみを享受することを乞う。人生最高の楽しみといえば、父母がともに健在であって、長寿を祈って堂前に彩衣に舞うことであろう。それ以外の万事はまったくいうに値しないし、苟且の官位爵禄などはまさに微塵のようである。まさに凌雲を図るを羨まず、旌麾を擁すべきではあるまい。漢の鄭樸は巌石の下に耕して名声は京師に振るい（法言・問神）、孔子の弟子の子思は蓬居しながら道を追求し、貧乏を恥じとはしなかった（荘子・譲王）。漢の博士の王式は本来、職に就くを願わなかった（漢書・儒林伝）ことを知るべきであり、逆に漢の邴丹は名声はあったが、終には進みがたく、官秩の過六百石を肯んぜずして自ら免去したという。君の去るを送っては心が落ち着かないが、餞別の薄酒をささげる。惜しむことなく手紙をくださることを願って、浅陋ではあるがわが詩をもっていささか送別の言としたい）

此年一〇月、成均館司成に拝し乞暇省墓し、其後屢次召さるれども、岳立して疾を以て出ない。是頃から彼の処世の方針は一変して、極めて消極的となり、辞退を主として出仕を避けた。彼の老友思庵朴淳の撰した彼の誌銘、門人鄭惟一の撰した「言行通述」には皆此間の彼の心事を写して居る。

中宗薨じ、仁宗継いで昇遐し、明宗即祚し、生母文定王后摂政となり、奸邪李芑・尹元衡等が権を秉るに至りて、官場復又危険を極め、大獄連起し、士流相踵いで惨禍を蒙った。彼も実に危かったが、幸に李芑の姪李元禄が素と彼を知り、彼を尊敬して居って、為に彼の人と為りを弁じて、免官に止まり、纔に免るることを得た。当時如何に彼の身命が危かったか、又如何に李芑・尹元衡の一派の禍網を張ること周密に陰謀到らざるなかりしか、彼の門人李艮斎（李徳弘）が「渓山記善録」（艮斎集・巻六）に録する彼の語によりて知ることが出来る。李朝の士禍の一例に供するに足る。

先生自言。吾乙巳年間、拝応教在玉堂。堂中一二人、言尹大妃不可垂簾。某曰然則摂政者誰。曰大臣。曰不可。家有主母。豪奴悍婢、不可与弱子抗。況三代之後、人心不古。恐不当効周公之事。昔宋朝為相者、有若韓琦之賢、而亦未免垂簾之政。況於其下者乎。某須臾起如厠。二人坐夾室、呼景浩来、少年聴処、何以発此語如是乎。某曰公言則公、不可隠黙。同席聴者、具陳於元衡輩。明日二人即尽奪告身、継之賜死。而独不及某。蓋必元衡輩疑其附己而棄之。元衡本与某同年、平生一不相問。心甚銜之、終無奈也。

（退渓先生は自ら話された。〝わたしは乙巳年（一五四五）、弘文館応教を拝して玉堂にあった。堂中一二人が、〝文定王后尹氏は垂簾政治を行うべきでない〟といった。誰が摂政するのがよいかと問うたところ、大臣が適当という。わたしは〝そうすべきではない。家に主母があれば、豪奴も悍婢も弱子ともども主母に抗うことはできない。いわんや三代後にあっては、人心がすでに古と同じでない。おそらくは周公の事に倣うべきでないであろう。昔宋王朝の賢相、韓琦であっても、垂簾の政を阻止することができなかったという。ましてそれ以下の者であればなおさらであろう〟と応え、すぐさま立ちあがって厠に行った。二人は夾室に坐して、大声でわたしを呼び、〝年少者は年長者の意見を聴くべきところ、なんぞもってあのようにいうのか〟と詰問する。わたしは〝諸公の言は公であり、隠黙することができないからである〟と返答した。同席して会話を聴いていた者が、尹元衡輩に詳細を具陳し、その結果、翌日には二人はことごとく辞令を奪われ、相継いで死をたまわった。だがわたしには累がおよばなかった。思うにかならずや尹元衡輩は、わたしが自分に味方したかもしれないと考えて捨ておいたのであろう。尹元衡はわたしと同年であるが、一生を通じてまったく関係をもっていない。味方にしようと思ったようだが、わたしの望むところではなく、どうしようもなかったであろう〟と)

宜なり、爾後彼が京城を嫌ふこと嶺海の如く、官場を畏るること刀山湯池の如きや。彼是に至りて、切に退去の既に晩れしを悔い、明宗元年丙午（一五四六）、乞暇帰郷し、疾を移し官職を解かれた。其秋、養真庵を退渓の東巌に旁ひて築き、自ら退渓と号し、復た世事を顧ざるの意を示した。翌々戊申年（一五四八）召され、特に乞ひて山水の勝に名高き忠清道丹陽郡守となり、未幾に兄瀣が忠清道監司となりて来ることとなったを避けて、慶尚北道豊基郡守に転じた。

此に在職中、監司を通して上書して、高麗忠烈王朝の宰臣朱子学将来の祖、安珦の読書の地に即いて設けられた、白雲洞書院に扁額及び書籍を賜はることを乞ひ、実行せられた。即ち紹修書院であって、実に李朝賜額書院の濫觴である。蓋し当時既に李朝の学政は漸く文具形式に堕し、各郡県の唯一公立学校たる郷校の教職の位地は、士大夫有識者流の賤視して、之に就くを恥とする所となった。従て士流子弟も此に入学するを屑しとせなくなった。彼の沈方伯への上書に曰く（退渓集・巻九・上沈方伯）、

滉窃見、今之国学、固為賢士之所関。若夫郡県之学、則徒設文具、教方大壊。士反以游於郷校為恥。其刓敝之極、無道以救之。可為寒心。

（わたしの窃かに考えるところ、現在の国学はもとより賢士の重んずるところである。だが郡県の郷校はただ形式を具えるだけであって、教化は大いに壊れ、郷士はかえって郷校で学ぶことを恥としている。学校制度の凋敝は、容易には救う方法がない。まことに寒心にたえないところである）

併し当時猶権威のあった国学即ち成均館も、亦後には文具となって了った。彼は宋元の先蹤を追ひ、新に国家公認の書院を興して名賢を崇祀し、兼ねて郷士蔵修の処となし、以て此の教学機関の重大欠典を補填せんと謂ふのである。

然るに是時彼の議用ひられてより後、其の設立濫に流れ、村々里々書院の設けあらざるなく、其の流弊の趣く所、書院長が真摯に子弟を教導するよりも、此に出入する所謂儒生輩の横議し飲食する処となり、終に地方党論の源窟となり、民瘼をなすに至り、粛宗甲午（一七一四）には諸道の私建書院を禁じ、英祖辛酉（一七四一）には大凡粛宗甲午以後の創設に係る書院は皆撤毀せしめ、最後に大院君の戊辰年（一八六八）の書院大撤廃となりて大部分撤毀せられ、只だ文廟従祀者と忠臣の書院四八ヶ所を残した。

按ずるに、後期に至りては書院は確に民瘼となった。併し書院の設置に由りて、所在山林に蔵修して出でざる学者等をして、其の郷の子弟の教導に膺るの機関を作り、又名賢尊崇の美風を奨めて、益々学者の精進を励まし

た効果は、之を認めなければならぬ。後世に至りて生ぜる弊瘼の如きは、物久しければ其の当初に期待せる効能の長成よりも、之に附帯する弊害の愈々増大する朝鮮の国情の致す所であって、必ずしも書院の制度其物を咎めるには当らない。

明宗の庚戌（一五五〇）、彼五〇歳、兄の瀣も終に士禍の犠牲となって了った。彼益々世路の崎嶇を覚り、寸進尺退任命召令ある毎に、疾に託して出でない。即ち彼は中宗二九年甲午（一五三四）に及第し、其後一〇年たった中宗三八年癸卯（一五四三）から明宗一三年戊午（一五五八）に至る一六年間に、或は辞職し或は召命に応ぜざるもの二七回、以後引続き大官に拝せらるるもの十数回であったが、多くは允許も得ないで、退京帰郷して任に就かなかった。併し当時の慣例に従って、彼の官位は一辞令の発せらるる毎に愈々進み、五二歳には通政大夫成均館大司成に陞され、五六歳には弘文館副提学、五八歳末には特に嘉善大夫に陞され、工曹参判に除せられた。翌年早春、郷に帰り官を辞するや、明宗は同知中枢府事を授け、道長官に命じて薬餌食物を給せしめた。而して彼は此頃、学問の工夫愈々蔗境に入り、弟子知人と道学に関する往復弁論頗る盛であった。

庚申（一五六〇）六〇歳の晩、陶弘景の名に因む陶山書堂成り、自ら陶翁と号した。此から六七歳まで終に京城に入らない。退渓が中年以後、処世の方針、専ら進取を棄てて退蔵を守り、以て如是危激多事な当世にありて、幸に無事以て道学上の自己の天分を尽さんと決意して動かざる心事は、彼の著『古鏡重磨方』に見ることが出来る。

此書は宣祖四年（一五七一）、彼の門人等の災木する所で、彼が支那古来の諸箴銘中、特に処世の指針として緊切なものを集めて、以て日常座右に供へたものである。「湯盤銘」「武王席四端銘」「金人銘」に始まりて韓退之・司馬光・程伊川・張横渠・朱子・真西山・張南軒其他、唐宋名人の箴銘を網羅してゐる。其の中例へば「金人銘」「崔子玉座右銘」「魏下蘭座右銘」「白居易座右銘」「劉禹錫陋室銘」「韓退之五箴」「李至続座右銘」等は、皆進を戒め退を勧め、取を厭ひ不欲を奨め、むしろ老子の教に合するものである。実に中宗朝以来の李朝士禍の惨劇は、終に彼をして処世訓を老氏にまで索むるに至らしめたのである。明宗大王は彼の賢にして学に邃きを飽聞し、必ず之を召して左右に置かんと欲し、屢次誠意を披瀝して之を礼召したが、彼の決意は巌の如く、毅然として動かすことが出来ない。明宗深く之を歎じ、嘗て招賢不至を以て題となして、近臣に命じて詩を賦せしめ、又窃に駙馬礪城尉宋寅をして、彼を陶山に訪ひて彼の逍遥得志の状を描かしめ、之を屏風にして思慕の意を寓した。明宗二〇年(一五六五)、文定王后歿し尹氏一派失脚し、明宗は鋭意士論を容れて政教を改革せんとし、翌丙寅(一五六六)彼六六歳、資憲大夫工曹判書兼弘文館大提学芸文館大提学知成均館事同知経筵春秋館事に除せられた。蓋し儒臣としては無上の栄職である。彼病を以て辞して就かず、又郷里をも出ない。然るに翌年(一五六七)二月、嘉靖皇帝崩じ新帝即位し、詔使将に朝鮮に至らんとする。大臣李浚慶等啓して、文学の名流を集めて以て詔使の応酬に備へることとし、王堅く彼の出京を要めた。彼不得已、六月京に入ったが、未だ粛拝にも及ばず、三日目に明宗突如昇遐し、宣祖新に即位した。七月、彼は大行王行状修撰庁堂上卿に任ぜられ、又礼曹判書兼同知経筵春秋館事に拝せられた。一辞して允されず、再辞して允されず、翌月やうやく病を以て免ぜられ、即時東陶山に帰って了った。之に対して士流の時論、彼が明宗の山陵葬事未だ訖らざるに、強ひて辞官郷に去れるを難じて囂々として已まない。彼の高弟奇大升憂へて書を遣はして、彼に説を求めた。彼之に答へて、心事を披瀝した。曰く(退渓集・巻一七・答奇明彦・丁卯九月二一日)、

適得来書、責以古義、羞死何言。……滉之為人不亦異乎、滉之処身其亦難矣。何也。大愚也劇病也虚名也誤恩也。……以大愚而欲実虚名、則為妄作。以劇病而欲承誤恩、則為無恥。夫挟無恥以行妄作、於徳不祥、於

人非吉、於国有害。滉之不楽仕常退身、豈有他哉。……古之君子明於進退之分者、一事不放過。少失官守、則必奉身而亟去。彼其愛君之情、必有所大不忍者。然不以此而廃其去者、豈不以致身之地。義有所不行、則必退其身、然後可以徇其義。当此之時、雖有大不忍之情、不得不屈於義所揜也。

（たまたま学兄からの来書をうけとった。来書は古人の義をもってわたしの非を責めている。非常にはずかしく、弁解の余地もない。……わたしの人となりには異なるところがあって、そのため処世立身もまったく容易ではない。なぜか。大愚であり劇病であり、虚名があり誤恩があるからである。……大愚でありながら虚名を実にしようとすれば、妄作であろう。また劇病にもかかわらず誤恩をうけようとすれば、無恥以外の何物でもあるまい。無恥を顧みず妄作をなせば、徳行を傷つけ、他人を不幸にし、国家を害するであろう。わたしが仕官を楽しまずつねに退身を願うのは、まさにそのためである。……古代の君子は進退の分に明らかであって、一事も放過しない。職守にすこしでも過失があれば、かならず辞職してすみやかに帰郷した。愛君の情においては大いに忍びがたきところがあったであろうが、ために辞職を断念しなかったのは、身をおく地がなかったからである。君臣の義に行われないところがあれば、かならず身職を退いてのち、その義にしたがうことができる。そのときにあたっては、大いに忍びざるの情があっても、かならずや義にもとづいてわが身を処さなければならない）

要するに、彼の意は到底当時の時務に対して、我が体力才力共に之を担当する資格なきが故に、強請して官職を免ぜられ、一旦免官を得た以上、寸時も京城に留まるは其の義にはあらず、片時も速に帰郷するを以て出処の宜となすべきであるといふのである。本書は彼の出処進退に関する年来の意思を総算的に発表したもので、従前幾十篇の同種類の往復書中、最も真摯なものである。

併し這回の彼の帰郷に対しては、士流間に相当に議論がありて、栗谷の如きも稍や其の果敢に慊らない意を漏

してゐる。是時如何に彼が退京帰郷を急いだか、彼の人に語る所を李艮斎は「渓山記善録」（艮斎集・巻六）に録して曰く、

先生己巳之退、言於人曰。吾在都中、病益深痼、日且寒沍、毎念田画隠黙。官京師遇寒疾、不汗五日必死。豈独嶺海之外能死人之語。常以死於城中為懼、未嘗一日安寝。及出都門、心目暫開。因自慰之曰、此後雖死於道中、何恨之有。

（退渓先生は己巳（一五六九）の自らの退官について、ある人にこう話された。〝わたしは都中にあって、病はますます深まりなかなか治らなかった。毎日は寒くいまにも凍りつくかのようであり、つねに郷里を思い隠遁を願った。京師に官して寒疾にかかったが、寒疾は五日たって汗が出なければかならず死すという。嶺海の外はよく人を殺すというが、人を殺すのはただ嶺海の外だけではないようである。つねに城中に死にはせぬかと恐れ、いまだかつて一日も安寝しなかった。都門を出るにおよんで、心目はやっとはれた。深く安堵して〝今後、道中に死んだとしても、どうして恨みなどあろうか〟と独語をいい、自らを慰めた〟と）

然れども彼の難進の意、如斯に堅固なるに拘らず、彼が当代第一の学者たると賢者たるとの名声は鬱然として闔国を動かし、国王は九重に坐すれども、常に之を聞くこと雷の耳に轟くが如くである。李栗谷の「石潭日記」（栗谷全書・巻二八・経筵日記）に戊辰（一五六八）四月、洪暹を以て右議政となすや、附記して曰く、

暹有文名、無操守、容身保禄而已。是時輿望、属于李滉。召命重畳、滉不至。乃以暹卜相。士林失望。

（洪暹は文名はあったが、品行志節が堅正でなく、容身保禄のみをこととした。当時の衆望は李滉にあり、宣祖はたびたび招命したが、李滉は応じなかった。そこで洪暹を右議政とした。士林は大いに失望した）

尹斗寿の『梧陰遺稿』（巻三）「雑説」にも当時退渓の士林間の人望を述べて曰く、

退渓入来時、卿士大夫朝夕候其門、争相現謁。退渓一皆接見、小無閑歇。最後、往見李相原吉。李相曰、公之入城已久。何不早為相見耶。退渓答以接遇無閑之事。李相顰蹙曰、往在己卯、士習如是。其間亦有羊質虎皮、終有媒禍之端。如趙静庵外、吾不取也云。

（退渓が入京したとき、卿士大夫は朝夕その門にうかがい、争って相現謁した。退渓は専らみな接見し、途切れることがなかった。接客が終わって最後に、大臣李浚慶を訪れた。李大臣は〝先生は入城されて久しい。どうして早くいらっしゃらなかったのか〟と質した。退渓は接遇閑なしをもって答えた。李大臣は眉をひそめて、〝先の己卯（一五一九）士禍のときも、士習は現在と同様であった。その間には内実の伴わない羊質虎皮の輩もいて、それがついには士禍を誘発した。趙光祖以外は、とるべきではないであろう〟といわれた）

彼の人望京城士林を傾け、遂に彼の老友知己たる大臣李浚慶をしてさへも警戒せしめた程であった。併し彼の是の人望を得たるは、他人の之を得るとは異なり、其の学其の徳の自ら之を致す所であった。

宣祖大王は有為の資を以て新に即位し、賢を致さんと欲する念切であり、其の元年（一五六八）正月、彼を崇政大夫に陞せ、議政府右賛成に拝した。彼固辞すれども、召命愈々懇篤にして背き難く、七月都に入りた。是時都人士識ると識らざるとを問はず、大賢出で来るとなし、額手して相慶した。乃ち大提学知経筵に拝せられ、王の彼に向って期待する所甚厚かった。彼上疏して、時務六条を陳べた。一に曰く「継統を重んじて以て仁孝を全うす（重継統以全仁孝）」、二に曰く「讒間を杜じて以て両宮に親しむ（杜讒間以親両宮）」、三に曰く「聖学を敦くして以て治本を立つ（敦聖学以立治本）」、四に曰く「道術を明らかにして以て人心を正す（明道術以正人心）」、五に曰く「腹心を推して以て耳目を通ず（推腹心以通耳目）」、六に曰く「修省を誠にして以て天愛を承く（誠修省以承天愛）」である。王之を嘉納した。其後時々経筵に侍して、進講啓沃する所が多かった。然し彼の志は常に山林に在り、王が彼に期する所愈々篤くして、退意愈々牢く、其年一二月に至り、最後の御奉公の意味で、『聖学十図』并箚子を上った。王之を嘉納し、屏風を作りて日夕留意講究して措かない。

翌年（一五六九）、政府の最要職とも謂ふべき吏曹判書に拝せられたが、辞して受けず、又頻りに田里に放帰せしめられんことを乞うた。偶々文昭殿の議が起り、彼以て国家祀礼の大事となりて、特に錬思して上書した。前に仁宗薨去の時、尹元衡等は文定王后に媚びて、仁宗の神位を文昭殿に祀らないで、別殿なる延恩殿に祔したのである。何となれば、仁宗を文昭殿に祀れば、諸侯五室の制に依りて文昭殿内の五位、太祖と世祖・睿宗・成宗・中宗の高・曾・祖・考の内世祖を祧せなければならぬことになるからである。明宗朝に既に此の違礼の処置について士論の痛憤があった。明宗も亦嘗て仁宗は当に文昭殿に祀るべきものなることを言はれた事があった。

是に於て宣祖新元の初に是議が起ったのである。退溪は翰林史官等と文昭殿を創めた『世宗実録』と『文昭殿儀軌』とを精密に調査し、又支那の古代の礼書及び宋代の慣例をも参照して『廟図』及箚子を上った。退溪の意見は、仁宗を入祀して世祖を祧すべきは勿論ではあるが、今となりては明宗をも亦入祀すべきが故に、宜しく東偏に新に一間を立てて以て此に明宗の神位を奉安すべきである。斯くすれば室は六であるけれども、仁宗と明宗は兄弟であるから、依然四代となりて、諸侯五室の制の意には違はない。但し本朝の文昭殿は世宗刱廟の当初から、太祖は北に居りて南向し、昭二位は東に居りて西向し、穆二位は西に居りて東向してゐる。而して廟の制度は南北に短く、東西に長く出来てゐる。若し明宗を入祔せんとすれば、更に南を補って加設の室を足さなければならない。然るに朱子の『周祫』九図『宋祫』一図に拠れば、祫は必ず東向としてある。故に是際、五神主の位置を改めて、太祖は中央にありて西壁東向し、睿宗・中宗の二昭は南にありて北向し、成・仁・明宗の三穆は北にありて南向することにしたが善いであらう。斯くすれば、祫の位地も古礼に合し、又殿の南を補ふの必要もなきに至る。かういふのであった。

然るに相臣等は彼の説を以て、世宗の孝思を遺れて一四〇年間慣行の制礼を一朝に改易するものとして反対し、為に議遂に行はれないで了まった。彼甚だ恨むべしとなし、又李栗谷等の如き達識者も甚だ朝廷の姑息を慨した。是に至りて彼の帰志愈々堅く、三月に至り、判中枢府事の散官に除せられ、一夜入闕して王と対坐して王の下問に答へ、或は道学に関し、或は王者の用心に関し、或は臣下の人物に関し、縷々として知る所を悉して言上した。其の大要は『聖学十図』に就ての説明と、王の士林を愛護するを望むと、李浚慶が大事を託すべき社稷の臣なると、奇大升が学者として当代随一なる事等であった。但し彼の此の最後の宣祖への言上は、色々の利害関係から総べての人の賛成を得たとはいはれない。詳細は李栗谷の「石潭日記」に録されてある。

斯くて愈々素志を遂げて帰田の行に登るや、国の大賢、王の老臣を送らんとて祖餞の筵席、朝野名流を傾け、張幕は南大門から漢江まで続いた。

翌年（一五七〇）、上書して致仕を懇請したが、王之を允さなかった。而かも道業は孜々として一日も廃せず、奇大升との間にも屢次理学に関して往復弁論があった。一一月九日、時祭の為に温渓の宗家に赴いて斎宿し寒冒を感じたが、つとめて祭を訖へて家に帰り、それから荏苒として癒えず、遂に一二月二日に至りて疾革となり、翌日痢泄した。たまたま盆梅、床の側にあり、彼命じて梅盆を他処に移さしめて曰く（退渓先生言行録・巻五・考終記）、

於梅兄不潔、心自未安耳。

（自らの痢泄が梅兄を汚した。心中は穏やかでない、と）

子弟達に命じて、諸人から借りて居った書籍を録還して遺失なからしめ、孫の安道に命ずるに、慶州の『心経』

板本中の訛舛を釐正すべきを以てし、四日兄の子甯に命じて、「遺戒」を書せしめた。曰く（退渓先生言行録・巻五・考終記）、

一、毋用礼葬。該曹循例請用、必称遺令、陳疏固辞。一、勿用油蜜果。一、勿用碑石。只以小石書其前面云、退陶晩隠真城李公之墓。其後惟略書郷里世系志行出処、大概如家礼中所云。此事若托他人製述、相知如奇高峰、必張皇無実之事、以取笑於世。故嘗欲自述所志、先製銘文、其余因循未畢。草文蔵在乱草中、捜得用其銘可也。一、先世碣銘未畢、至此為終天之痛。然諸事已具、須稟於家門而刻立焉。一、人之観聴、四方環立、汝之行喪、非他例。凡事必須多問於人、家門郷里中幸多知礼有識之人、広詢博議、庶幾宜於今而不遠於古可也。其余処置家事数条。

（第一に、礼葬を用うることなかれ。工曹は旧例にしたがって礼葬を請うであろうが、かならず遺令と称して、上疏して固辞しなければならない。第二に、油蜜果を用うることなかれ。第三に、墓前に碑石を立てることなかれ。ただ小石上、前面に〝退陶晩隠真城李公之墓〟と刻み、後面に郷里・世系・志行・出処を略書し、おおむね『朱子家礼』の規定のようにしなければならない。墓誌銘のことは他人の製述に託せば、相知の奇大升のごときは、かならず無実の事を誇張し、世人の失笑を買うにちがいない。それゆえ、自らの墓誌銘を自筆しようと思い、先に銘文を製したが、墓誌は因循していまだ完成していない。原稿は乱草中にある。捜してその銘を用いればよいであろう。第四に、先世の墓誌銘はいまだ書き終わっていない。ここにいたっては終天の恨みである。だが諸事はすでに具われば、家門に稟けて石に刻み碑を立つべきであろう。第五に、人びとは各人の行為について、四方八方から細かく観聴している。汝の行う喪礼もその例外ではない。およそ何事かあれば、かならず多く周りの人に問わねばならない。家門郷里中には幸い知礼有識の人が多い。広く詢い博く議すれば、今礼にも合い古義にも違わないであろう。なおそれ以外の数条は、

いずれも家事処理に関するものである）

是日午後、諸生を見んと欲した。子弟が之を止めたが、彼

死生之際、不可不見。

（死生の際にあっては、接見しないわけにはいかない）

と言って、上衣を加へて之を引見し、語りて曰く、

平時以謬見与諸君終日講論、是亦不易事。

（平時、個人の見解をもって諸君と終日講論したが、実に得がたいことである、と）

七日、李徳弘をして占筮せしめたに謙卦「君子は終りあり（君子有終）」の辞を得、一同巻を掩て色を失った。翌朝（一五七〇年一二月八日）、命じて梅盆に水を灌がしめた。忽にして白雲屋を罩め、雪下ること寸許。須臾にして彼命じて臥席を整へしめ、扶け起さしめ、泊然として坐して逝いた。即ち雲散じ雪亦た霽れた。享年七〇歳。訃聞え、宣祖震悼し、朝を輟むること三日。大臣輔国崇禄大夫議政府領議政兼領経筵弘文館芸文館春秋館観象監事を追贈した。蓋し臣下として絶頂の位官である。之より先、宣祖は彼の疾革なるを聞き、内医を遣し薬を齎して赴き救はしめられたが、未だ到らずして彼逝いた。葬儀は一に第一等領議政の礼に循り、士大夫儒生の会葬する者三〇〇余人。門人等は服喪礼を竭し、中にも金富弼・金富儀・金富倫・趙穆・琴応夾・琴応壎・琴蘭秀等は心喪三年を持した。彼の葬儀に際して朝廷から遣はされた礼式官金就礪は、亦彼の門人の一人である。就礪は命令をかしこみ、すべて礼儀を盛大にせんと欲し、左右門人等は彼の「遺戒」を奉じて、いと質素に殆ど処士の其の如くに葬らんとし、其間の議論頗る紛々たるものがあつた。是事については、門人柳雲龍の『謙庵集』（巻四）「記師門喪葬時事」に詳しい。結局朝廷の命令に従ひ、彼の「遺戒」は実行が出来なかった。

万暦四年（一五七六）一二月、諡して文純公と曰ふ。之より先、既に万暦元年（一五七三）に伊山書院に位版を奉安し、翌年（一五七四）書院を陶山の南に建て、翌年（一五七五）陶山書院の額を賜はった。光海君二年（一六一〇）、金寒暄堂（金宏弼）・鄭一蠹（鄭汝昌）・趙静庵（趙光祖）・李晦斎（李彦迪）と共に、所謂五賢として文廟に従祀せられた。彼を主享し若くは配享する書院は全道四〇余ヶ所に上る。

彼に二子あり、長は寯、官軍器寺僉正に止まり、次は寀、早く没した。寯の子三人、安道・純道・詠道。安道は蒙斎と号し、官司醞署直長に止まったが、学徳あり、世人或は目するに退門の子思を以てした。惜矣哉、大成に至らず夭折した。四伝して守淵、号青壁なる者があり、時の慶尚道監司が其の能く家学を紹述する所以を以て啓して、官翊賛を授けられ、英祖朝、荘献世子代理中、遺逸を以て之を表旌した。一〇世の孫彙載、号雲山に至りて、学徳を以て名あり、蔭を以て仕へて漢城右尹に至りて、乙亥［一八七五］卒し、『雲山文集』一三巻が伝はってゐる。今の主人は李忠鎬といふ。一三世である。

退渓は一生、官情澹泊を以て終始したのであるが、其の私生活も亦之に似て居る。「言行録」（退渓先生言行録）巻三に「飲食衣服之節」を録して居るが、其の枯淡全く常人の堪へ得ざる所を持して夷然として居た。弟子金誠一は彼の直話を写して曰く、

先生嘗曰。我真福薄之人。啖厚味、則気如痞滞不安。必啖苦淡、然後方利腸胃。

（先生はかつていわれた。〝わたしはまことに福薄き者である。厚味を食べれば、気は塞がり快適ではない。苦淡の味しかうけつけず、腸胃の調子がよいのは苦淡を食べたときだけである〟と）

酒量は素と寛であったが、中年に痛断して大酔に至らなかった。惟ふに、彼が天性淡泊なる野味を愛して、かかる物を食して始めて其の腸胃に適順を感じたか否かは、わからない事であるけれども、彼の如き名利之念を断

絶した処世の道を執らんとすれば、居常の生活に於て自身より始め淡薄質素に狎れることは最も肝要な用心である。すべて人は家族をして随処に自得せしむることが出来れば、険夷に対して胸中に芥滞する必要はない。而して其の我自身の淡薄質素より始めるべきは勿論である。古今東西名利の士、一朝富貴窩裏に墜落して、終を令くする能はざるは、大抵此修養を欠き、佳味軽煖の習慣をして家族にまで浸潤せしめ、以て此窩中から脱出するに躊躇せしめ、遂に機を逸して末路の悲酸を致すは哀むべきである。但し彼の澹泊生活は、清貧に安ずる心掛からのみならず、又養生法からしても来る所あるが如くである。

退渓は晩年、殊に養生に留意して、之に関する書籍を渉猟し、自ら之を実践し、又人にも之を授けた。今彼の宗家に伝はる先祖遺墨中に彼の自筆の『活人方』一巻がありて、仔細に養生の心法から薬方及び体操まで説明し、殊に体操は綿密に一々図を描きて、其の方法を示してゐる。退渓の此の養生法重注は、彼の門人等に向ても影響を与へ、高弟柳西厓（柳成龍）の如きもいたく此方面に留意し、遂に錬丹術の攻究にまで及んだ［挿図参照］。

彼の生涯が淡泊清貧に安ぜること斯くの如くであるが、只だ彼が山水の自然を愛し、居を得意の境にトして、此に逍遥し此に読書講道し、其の志を乱すことなく老の将に至らんとするを忘れたことは、其の人品の高雅なる古人に恥ぢずと謂ふべきである。彼が壮年、外補を乞ひて丹陽郡守になったのは、丹陽亀潭の景勝を愛した為であったし、次いで嫌避して豊基郡に遷ったのも、小白山の幽邃を悦むだ為であって、両郡共に無類の貧郡である。而して二郡の勝景は彼の珠玉の詩文に依りて、益々顕れた。彼五〇歳に至りて、猶家を持たず、初め紫霞峰の中に住み、次で竹洞に移り、其の二月、始めて退渓の西に卜居を遂げ、喜んで詠じて（退渓集・巻一・詩・退渓）、

身退安愚分、学退憂暮境。渓上始定居、臨流日有省。

（身は退いて下愚の本分に安んじ、学は衰退して晩年の暮境に憂う。退渓の上に始めて住居を定め、流水を眺めながら日々反省に余念がない）

といった。併し固より極めて窮屈な、纔に膝を容るるに足るものであった。五七歳に至り書堂の好地を陶山の南に獲、山水清秀、平生求むる所に合すとなし、此に経営の志を起し、拮据三年、六〇歳に至りて始めて出来上り、「陶山書堂」と命じた。堂三間、外に軒を「巌栖」と曰ひ、斎を「玩楽」と曰ひ、精舎七間、「隴雲」と曰った。後に門人安東の富人の子鄭士誠が来学するや、父科為に精舎の西に別に一屋を作り処らしめ、之を「亦楽」と命じ、後「童蒙斎」と改め、諸生の寄宿舎に宛てた。是に至りて布置略ぼ整ひ、居処安定し、志伸び体胖、日夕図書を左右にし、子弟を教導し、我が境界を進め、真に富貴我に於て浮雲の如き生活に入ったのである。書堂の前に川があり、此に清瀬あり、又深潭あり、以て船を行るべく、以て綸を垂るべく、流に臨んで巌石盤陀以て坐すべく、以て筵することが出来る。彼清夜涼夕其の愛する所の子弟を伴ひて、或は流を遡りて月と酒に古詞を吟じ、或は袖を翻して舞雩の趣を追うた。此地今尚ほ山木蒼々、流水淙々、当時高人蔵修の迹を偲ぶに足りる。山水怪

奇突凸の態はないけれども、清雅幽邃夐として俗塵を惹かず、翠松古柏郷人の愛護を受くること三五〇年、山禽の和鳴と相俟ちて、山容水態、猶悠々然として得意の色深く、徳人の化の長く衰へざるを証してゐる。

彼が花木を愛し、最も梅を愛せるは、其の臨終時の梅兄云々の言にも徴すべきであるが、亦彼の性格の標致をも現すものと謂ふべきである。嘗て弟子金惇叙に答ふる書中（退渓集・巻二八・答金惇叙）、因みに南方の好梅種を送寄せ来らんことを附託した。今彼の集中、梅花の詩を選集して、『退陶梅花詩』一巻を伝へて居る。

彼の日常生活は山林道儒の模範的なものであって、孜々として学問工夫に精励し、孳々として弟子を教導し、夜以て日に継ぎ、造次顛沛も一念学を去ることがない。吾輩後世の学人をして忸怩として面赧なるを禁ぜざらしめる。其の詳細は愛弟子李艮斎（李徳弘）の「渓山記善録」に録せられてある。艮斎、彼の夕以後の起居を叙して曰く（退陶先生言行通録・巻三・行実第二）、

先生毎夕兀然黙坐、向晦宴息。夜分而起、擁衾而坐、因取燭看書。暁頭更小息而興。

（先生は毎日夕方、独り黙坐し、夜戌時ごろ就寝する。夜半子時ごろ一旦起き、夜着をかけて坐し、燭下に書を読む。明け方しばらく就寝して起床する）

艮斎は彼の六六歳一〇月に、彼に陶山精舎に侍して、詳細に其の起居を記したのである。蓋し彼は其の肝要なる修養の一として、毎晩夜気を養ふに特に意を用ひたのである。養夜気が聖学修養に導入せられしは孟子に始まりて、宋儒に至りては取りて以て澄心持敬の工夫を錬る要法となし、殊に真西山（真徳秀）は之を高調し、其の編著『心経』坤篇に「孟子牛山之木章」を載せて縷々之を敷衍し、嘗て又「夜気箴」を作り

不敢弛然自放於床第之上。

（どうしても弛然として自ら床第の上に横たわることはできない）

と言った。退渓の此の夕後の生活は後朝鮮の学者達に向て模範を垂れ、彼の孝宗朝の宋尤庵（宋時烈）も政党・党籍に在りてはむしろ退渓門流の反対派であったに拘らず、其の日常は殆ど彼に彷彿として居った。『宋子大全』附録巻一八（語録）「崔慎録」に尤庵の平生を録して曰く、

平居無事、則毎日向晦而就寝、令侍者櫛髪而睡。纔到二三更許、必擁衾而起坐。誦庸学孟子尚書等正文各数篇及朱文二三篇。鶏鳴則呼童明燈。或著述人家墓文、或裁答人書札、或考閲古今書籍。天欲明則滅燈還寝。日出即令進盥。

（平居無事なときは、毎日戌時ごろ就寝する。侍者に髪を櫛らせて睡る。わずか二、三更ばかり睡れば、かならず夜着をかけて起坐し、『中庸』『大学』『孟子』『尚書』など正文各数篇、および朱子の文章二三篇を暗誦する。鶏鳴になれば、童を呼び燈をつけ、あるいは人家墓文を著述し、あるいは答うべき書札を認め、あるいは古今書籍を考閲する。天が明らむころ、燈をけしてすこし寝る。日が出れば、すぐ起床して盥櫛する）

恐らく今日と雖も村郷に遺存する老儒達で、此の夜起静坐の行儀を例践する者も、決してすくなくあるまい。

二　学　説

退渓は朝鮮儒門の散聖であって、当代にありて師承する所がない。専ら宋儒の著書に依りて直に朱子に私淑したのである。即ち彼は一二歳の時、叔父松斎から『論語』を受け、一三歳に至りて之を畢り、後自ら経伝を攻究し、一九歳の時始めて『性理大全』首尾二巻を得て、心大に悦び、吾が心を師として日夕之を読誦窮理し、此に

やや入学の門径を得るに至った。而して彼が道学に対する見解が其の端緒に就くを得たるは、『朱子大全』を手に入れた時であった。是れ嘉靖癸卯、中宗の三八年（一五四三）であった。

彼の『朱子書節要』自序に曰く、

夫子既没、二王氏及余氏、裒稡夫子平日所著詩文之類為一書、名之曰朱子大全、総若干巻。而其中所与公卿大夫門人知旧往還書札、多至四十有八巻。然此書之行於東方、絶無而僅有、故士之得見者蓋寡。嘉靖癸卯中、我中宗大王、命書館印出頒行。臣滉於是始知有是書而求得之、猶未知其為何等書也。因病罷官、載帰渓上、得日閉門静居而読之。自是漸覚其言之有味、其義之無窮、而於書札也、尤有所感焉。

（朱子が逝去したのち、王埜（王潜斎）と王遂（王実斎）と余師魯の三人が、朱子が平日著述したところの詩文の類を編輯して一書とし、書名を『朱子大全』とした。総じて若干巻である。朱子が公卿大夫・門人知旧と往復した書札は、そのなか四八巻にも達している。だが『朱子大全』は東方ではほとんど行われず、そのため本書を知る朝鮮の読書人も多くはなかった。嘉靖癸卯（一五四三）、我が中宗大王は書館に命じて本書を印出頒行させた。わたしはそこで始めて本書を知り購入したが、当時はその詳細についていまだ十分には知識がなかった。罷官ののち退渓に帰り、門を閉じ静居して本書を熟読した。爾後しだいに、その言に味があり、その義に窮まりがないことを覚え、とりわけ書札において、尤も感じるところが多かった）

退渓が癸卯年後、乞暇帰郷し、退渓上に栖遅したのは、己酉（一五四九）四九歳の年、豊基郡守たりし時、病を以て監司を通して三度辞表を呈し、遂に回報を俟たず、行橐蕭然只だ書籍数篋を以て官を去り、郷に帰りて了った時であって、爾後壬子年四月、玉堂校理を拝するまで、静読窮理の生活を継続した。されば彼の学の其の門戸を正開するに到りたのは、四九歳から五二歳の間に在るのである。彼は決して早熟の学者ではなかった。是れ彼が居常知友門人との往復に、半生以上を無意義に断送したことを痛悔して措かない所以である。癸丑年五三歳、当時彼と対立して慶尚道の南区に門戸を開いてゐた、曺南冥（曺植）に与ふる書（退渓集・巻一〇・与曺楗仲植・癸丑）に曰く、

滉資稟朴陋、又無師友之導。自少徒有慕古之心、身多疾病、親旧或勧以放意遨適、則庶可以已疾。復縁家貧親老、強使之由科第取利禄。滉当彼時実無見識、輒為人言所動、一向措身於誕妄之地。偶名薦書、汨没塵埃、日有不暇、他尚何説哉。其後病益深、又自度無所猷為於世。然後始乃回頭住脚、益取古聖賢書而読之、則向也凡吾之学問趨向、処身行事、率皆大謬於古之人。於是惕然覚悟、欲追而改塗易轍、以収之桑楡之景、則志慮衰晩、精神頽敝、疾病又従而纏繞、将無以用其力矣、而不可以遂已也、則乞身避位、抱負墳典、而来投於故山之中、将以益求其所未至。

（わたしは天資稟賦が質朴粗陋であり、また賢師良友の教導もない。少年期よりむなしく慕古の心はあったが、身体は疾病が多く、親戚旧友はその治癒を願って自由放任を勧めた。また家は貧しく親は老いるため、科挙に合格して利禄をとることを強いた。わたしはそのとき、実に見識もなく、別人の勧めに動かされて、一向に身を荒誕虚妄の地においた。俗なる薦書に署名し、つまらぬ官務に埋没して、日々暇もなく、それ以上なにもいうべきことがない。病は官職に身をおいてますます重くなり、また世道に猷りなすところがないことも自ら悟った。始めて脚をとどめ頭を回らして、古聖賢の書籍をとって真剣に読みはじめた。読んだところ、わたしの過去の学問趨向・処身行事は、おおむねみな大いに古人と齟齬している。惕然として覚悟し、往日の損失を追いて塗を改め轍を易え、それによって晩年の光景を収めようと決心した。だが思慮は衰退し精神は頽廃し、疾病も纏わりつき、まさにその事に力をいたす方法がない。だからといって自己の決心を完全に放棄することもできない。わたしはただ辞職を請い、墳典を抱負して故山

の中に来投し、それによってそのいまだ至らざるところを追求したいと考えている）
本書は彼の衷情を披瀝したものである。而して此に謂ふ所の「抱負して故山の中に来投し」た墳典は『朱子大全』である。
『朱子大全』に次いで彼の為学の所依典となったものは、真西山（真徳秀）の『心経』である。彼嘗て李徳弘に語りて曰く（艮斎集・巻五・渓山記善録上）、
吾得心経、而後始知心学之淵源。故吾平生信此書如神明、敬此書如厳父。
（わたしは『心経』を得て、そののち始めて心学の淵源を知った。それゆえ、平生神明のごとく本書を信じ、厳父のごとく本書を敬った、と）
猶詳細は嘉靖四五年（一五六六）に書かれた有名な彼の「心経後論」に述べられてゐる。而して彼が『心経』を見るを得たのは、彼が成均館游学中であった。「心経後論」に曰く、
滉少時遊学漢中、始見此書於逆旅而求得之。雖中以病廃、而有晩悟難成之嘆、然而其初感発興起於此事者、此書之力也。故平生尊信此書、亦不在四子近思録之下矣。
（わたし李滉は、少年期かつて漢中に遊学し、最初に『心経』を逆旅にみ、求めてこれをえた。中年期は多病をもって研究することができず、晩悟難成を嘆いたけれども、学問研究に興味を感じはじめたのは、実に本書の力にあずかるところが多い。それゆえ、一生涯にわたって四書（孔子・曾子・子思・孟子）や『近思録』と同様に、本書を尊信した）
彼が始めて成均館に游べるは二三歳の時であるから、彼の此書を見得たのは『朱子大全』に先だつこと二六年である。されば彼の学は『心経』に由りて開かれ、『朱子大全』によりて成ると謂ふことが出来る。彼が斯く

『心経』を尊信する所以は、此書が朱子為学の根本たる敬の義を精説し、学者の心を治むる方法を指示して、最緊切的当なるが為である。蓋し朱子が道問学を以て門風となしてから、学者往々にして支離に流れ文義の末節に趨き、徳性を尊まず、践履に確実を欠くの憾がある。此書は是等末学に向て頂門の一針を与へ、以て朱門端的の工夫を懇示したのである。彼の「心経後論」は専ら此意を述べたもので、其の終に曰く、

故滉窃以謂、今之学者当知、博約両至、朱子之成功、二功相益、吾儒之本法。

（それゆえ、わたし李滉はひそかにこう考えている。今の学者はまさに、朱子の成功は博文と約礼を兼備するところにあり、吾儒の本法は博と約の二功を併用するところにあることを知らねばならない、と）

是れ彼が弟子を教ふるや、先づ『心経』を取りて之を心解せしめ、予め朱子学の動もすれば陥り易き弊を拯ひ、為学の正路を啓示する所以であった。「言行録」（退渓先生言行録・巻一・読書）金睟の録に、

問、小学近思録心経、何書最切。先生曰、小学体用倶備、近思録義理精微、皆不可不読。而初学用工之地、莫切於心経。

（問い〝『小学』『近思録』『心経』は、どの書が最も重要か〟にたいして、先生は〝『小学』は体用がともに備わり、『近思録』は義理が精微であり、どれも読まねばならない。ただ初学の入門書としては、やはり『心経』が最適であろう〟と答えられた）

とある。されば『心経』一書は即ち退門の初学入門の書であって、而して『朱子大全』は即ち其の正法眼蔵真典乗である。故に黄仲挙に答ふる書に（退渓集・巻二〇・答黄仲挙問目・心経）、

夫真西山議論、雖時有文章気習、然其人品甚高、見理明而造詣深。朱門以後一人而已。

（真徳秀の議論は、ときには文章気習が感じられないことはないが、その人品ははなはだ高いだけでなく、理を明ら

かにみ、造詣もいたって深い。朱子以後の第一人者ということができるであろう）

と謂って、真西山其人をも絶賛し、又「言行録」（退渓先生言行録・巻一・読書）金誠一の録に

先生於書無所不読、而尤用心於性理之学。章章爛熟、句句融会、講論之際、親切的当、如誦己言。晩年専意朱書。平生得力処、大抵自此書中発也。

（先生は読書を酷愛し、読まなかったところはないが、最も性理の学に心を用いた。程朱理学の書を章々句々、丁寧に読みすすめ、講論の際、親切的当なことは、己言を誦するようであった。晩年には朱子の書札を専門的に研究した。平生得力のところは、おおむねその書中から発したという）

とありて、是意を明にしてゐる。

退渓に『朱子書節要』二〇巻の著あり。古今朱書を節要するもの此書最も早く、且つ最も要を得て居る。此書を熟読すれば、能く退渓其人の学説より始めて、詩文の原づく所、進みては其の出処進退、乃至知旧門人に接する態度等に至るまで、一々朱子を学んだものなることを諒知し、如何に彼が善く朱子其人の生涯の全部を学びて精神を得るに至ったかを知ることが出来る。即ち退渓の学説を知らんとすれば、溯りて『朱子大全』に就かなければならない。『朱子大全』を解し了れば、退渓の学説も其の外に出づるものがない。但だ今は姑く彼が一生力を竭して表現し発揮した其の心得体認せる所のものを以て彼の学説となして、之を概説せんとするのである。

但し若し朝鮮の学者に就いて彼の学問に向って影響とまでではなくとも、刺戟若くは方向を与へた者を求むれば、慕斎金安国と晦斎李彦迪とを挙げなければならない。慕斎が驪川に謫居中、退渓は之を訪ひて問道した。時に中宗二八年癸巳（一五三三）、彼三三歳であった。彼の「年譜」に曰く、

秋下郷、道経驪州、見慕斎金先生。是行随権忠定公橃同行。慕斎名安国、時罷官居驪州梨湖村。先生晩年自

言、見慕斎、始聞正人君子之論。

（秋、郷挙に参加すべく故郷に帰った。道は驪州を経由して、金慕斎先生に見えた。この行は権忠定公橃と同行した。慕斎は名は安国といい、当時、罷官して驪州梨湖村に住まいした。先生は晩年、〝慕斎に見えて、始めて正人君子の論を聞いた〟といわれた）

三三歳は彼の成均館に游んで『心経』を得て、既に聖学の端緒を求め得た時である。慕斎の撃発は啐啄同時、走馬加鞭の効があったであらう。彼は六一歳の時、李晦斎（李彦迪）の遺子李全仁の依頼に応じて、晦斎の遺什を整理し、「太極問弁」四篇を見るを得、愕然として驚き、襟を正して反復熟読し、東方亦此の精微の地に悟入せる学者ありしかと感歎し、遂に仰いで山斗となした。韓百謙の『久庵遺稿』（上）「晦斎論太極図後跋」に曰く、

百謙未及遊退渓之門、而猶得私淑諸人。窃聞先生毎於函丈間、講劘晦斎先生与忘機堂論太極図書数篇、未嘗不三復詠歎。以為闡明理気之源、妙合天人之道。蓋吾東方理学之初祖、前乎此所未嘗有也。

（わたしはいまだ退渓の門に遊んだことはないが、なお退渓に私淑して師と仰いでいる。ひそかに聞いたところによれば、退渓先生は書札上、晦斎先生が曺忘機堂と『太極図説』を論じた書数篇について論じて、いまだかつて再三詠歎しなかったことがないという。曰く、〝理気の源を闡明にし、天人の道に妙合している。けだし吾が東方理学の初祖であって、これ以前いまだかつてあらざるところである〟と）

然し是頃は退渓の学問既に成り確乎として立つ所あった時代であるから、晦斎の数篇論文に依りて其の学説に特に変化や向上を及された訳ではない。唯だ従来未識なりし晦斎の此の如き精微なる研究と暢達明晰なる文章とに接して、大に敬服すると同時に、一層自ら勉励するに至ったのみである。而して晦斎が後、文廟従祀の莫重の栄典に浴したのは、退渓の此の絶大の推奨が其の原をなしたのである。

『聖学十図』は彼六八歳、宣祖元年（一五六八）一二月、長く朝廷に留るの意思はないけれども、年壮有為なる新王の知遇に感激し、老臣匪躬の節を全うすべく、畢生の蘊蓄を傾尽して聖人の学の必要を一〇図に現して上りたものである。彼は是図に序を冕して、為学の原則を「思」と「学」の二字に発揮したのである。「思」とは聖経賢伝の旨を思ひ尋ねて而して独り文冊上に止らず、翻りて之を吾が心裏に反求して、以て聖賢が果して我を欺かざることを体認するのである。「学」とは理を宿す所の事を習って、一々之を実行に表はすのである。されば退渓の為学の工夫は先づ書に就いて理を窮め、次に心に求めて其理を体認し、而して之を信じて一々践履の実際に移すものである。退渓の序（退渓集・巻七・進聖学十図箚并図・序）に曰く、

抑又聞之。孔子曰、学而不思則罔、思而不学則殆。学也者、習其事而真践履之謂也。蓋聖門之学、不求諸心、則昏而無得。故必思以通其微。不習其事、則危而不安。故必学以践其実。思与学、交相発而互相益也。

（そもそもまたこう聞いたことがある。すなわち、孔子は〝学んで思わざれば則ち罔く、思うて学ばざれば則ち殆うし〟という（論語・為政）。学とは、その事を習って真に実践することである。けだし聖門の学は自己内心の探求がなければ、昏くて収穫がないため、かならず思ってその微を通じなければならない。他方、その事を学ばなければ、危うくて疑惑が決しないため、かならず学んでその実を践まなければならない。思と学は、こもごも相発してたがいに相益するものである）

而して是等「思」と「学」との二者を通して一貫する所の必要は即ち「敬」である。故に語を続けて曰く、

持敬者、又所以兼思学、貫動静、合内外、一顕微之道也。其為之之法、必也存此心於斎荘静一之中、窮此理於学問思弁之際。不睹不聞之前、所以戒懼者、愈厳愈敬。隠微幽独之処、所以省察者、愈精愈密。

（〝持敬〟すなわち敬を持すとは、また思と学を兼ね、動と静を貫き、内と外を合せ、顕と微を一にする工夫のこと

である。その具体的な持敬の方法は、かならず心を恭敬専一の中におき、理を学問思弁の際に窮めなければならない。そのとき、見もせず聞きもしない前にあって、戒懼するところは、いよいよ厳いよいよ敬になり、隠微幽独のところにあって、省察するところは、いよいよ精いよいよ密になるであろう）

「敬」とは静にして一なる心の状態であって、周濂渓（周敦頤）以来、宋の道学嫡伝の心法である。故に本一〇図中にも専ら敬を説くもの、「敬斎箴」「夙興夜寐箴」の両図あり、之を最後に置いて、以て全体を綜括した。一〇図とは、「第一太極図」「第二西銘図」「第三小学図」「第四大学図」「第五白鹿洞規図」「第六心統性情図」「第七仁説図」「第八心学図」「第九敬斎箴図」「第十夙興夜寐箴図」である。

「第一太極図」は濂渓自作の図で、『太極図説』を附した。「第二西銘図」は横渠の『西銘』をば元の程復心が図にしたもので、『西銘』の文を附した。「第三小学図」は彼自ら『小学』の目録によりて作製し、「小学題辞」を附した。「第四大学図」は李朝国初の学者権近の図を取りたもので、『大学』経文首章を附した。「第五白鹿洞規図」は朱子の「洞規（書院学規）」（朱子文集・巻七四・白鹿洞書院掲示）を退渓が図表したもので、朱子の「洞規後序」を附した。「第六心統性情図」は上中下三図より成り、上一図は程復心の作、中下二図は退渓の自作で、附するに復心の「心統性情図説」を以てした。「第七仁説図」は朱子自ら「仁説」（朱子文集・巻六七）を述べ又作図せる所のもので、附するに「仁説」を以てした。「第八心学図」も亦程復心の作る所、附するに復心の「心学図説」（心経附注・巻首）を以てした。「第九敬斎箴図」は王魯斎（王柏）が朱子の箴を図表せるもので、附するに「敬斎箴」（朱子文集・巻八五）を以てした。「第十夙興夜寐箴図」は陳南塘（陳柏）の箴をば彼が図を作りたもので、附するに本箴を以てした。

退渓は自ら説明して一〇図を前後二段に分ち、第五図までを以て前半とし、その旨を本於天道、而功在明人倫、懋徳業。

（天道にもとづく。目的は人倫を明らかにし、徳業を盛大にするにある）

と釈し、後半の旨を

以上五図、原於心性、而要在勉日用、崇敬畏。

（以上五図は、心性にもとづく。要は日用を勉め主敬を重んじ、慎独を尊ぶにある）

と釈した。

但し本図初には「仁説図」を第八に、「心学図」を第七においてあった。然るに其の発表せらるるや、当時学界の論題となり、李栗谷も亦之を批評し、彼に書を送りて、順序を変更して第七と第八とを転換するの可なる旨を言った。彼も亦其の宜しく然るべきを思ひ之を改めた。

今栗谷の説の趣意を想像して見ると、「仁説」は仁の概念を説明し、仁は即ち道である。「心学図」は専ら修養を説き、修養は即ち仁を為すに至る所以である。故に先づ須く仁の概念を明かにして然る後に修養を説くべきであるといふのであらう。

又「第六心統性情図」中下二図も、初は「虚霊知覚」等の文字を左より右に向て排列した。然るに人の之を異例と評したに因りて、改めて右より左へと排列した。又同「心統性情上図」も、初は程復心の原図に従って、四徳・四端・四行［木、仁、惻隠。火、礼、辞譲。金、義、羞悪。水、智、是非］の外に土を信に配して、

稟土之秀、具実之理、曰信。誠実之心、信之端。

（土の秀を稟け、実の理を具えたものを、信という。誠実の心は、信の端である）

と記した。然るに後奇大升が『性理大全』中より、程子が「信には端がない（信無端）」と論じて、信は四徳

一々に内在的に誠実として含まるるに止まり、一徳として性を成すこと、仁・義・礼・智の如くではないと云へる語を発見して、李咸亭を通して退溪の注意を促し来った。退溪乃ち熟思して程子説に従ひ、図の下に細書して、

臣謹按、程子云、信無端。此有信之端。窃恐当従程子説。

（謹んで按じるに、程子は〝信に端なし〟という。上図は〝信之端〟としたが、おそらくは程子の説に従うべきであろう）

と云った。是の如く人言に聴いて、其の過を改めて毫も固執し芥滞する所なき光風霽月、日月の蝕の如き大徳の気象は、朝鮮の学者間人を通して退溪の独得の境地であって、彼が道徳に於ては古今第一と称せらるる所以である。尹斗寿の『梧陰遺稿』（巻三）雑説にも同様の記事を載せてある。即ち

丁卯年五月、恭懿殿未寧。明廟令政院考服制以聞。時退溪在京、以為在礼嫂叔無服、自上合無服。衆莫敢違。奇高峰以遠接従事、追後入城曰、仁廟君臨一国、今上自有継体之服。豈可援嫂叔之礼乎。退溪聞而思之曰、明彦之言是也。倉卒失対、吾不免罪人云。此言朝廷皆已知之。故丁丑年十一月国喪、雖有一二異議、定為継体之服、上下無間。高峰之精詣、退溪之服義、一国頼之。其利博哉。

（丁卯年（一五六七）五月、恭懿殿（明宗の兄の仁宗の王妃、仁聖王后）が危篤に陥った。明宗は政院に命じて、葬礼を調べ上聞させた。当時、李退溪は京城におり、〝礼制によれば、嫂叔の死には喪服の必要がない。明宗は喪服を着るべきではない〟と考えた。あえて反論する者は誰もいなかった。奇大升は外交に従事し、退溪の後をおって京城にはいり、〝仁宗は先の朝鮮王であり、明宗はその継体の王である。当然、継体の服制を採用しなければならない。喪服は嫂叔の礼によるべきではないであろう〟と意見をのべた。李退溪は聞いてしばらく考え、〝学兄の指摘は正しい。慌てたので答えを誤った。わたしは罪人たるを免れない〟と応じた。両者の応答は朝廷のみな知るところであっ

たゆえ、丁丑年（一五七七）一一月の仁聖王后の国喪のときには、一二の異議はあったが、定めて継体の服をなし、上下に異論はなかった。奇大升の精詣と李退渓の服義、一国はこれに頼り、その利はまさに小さくなかったというべきであろう）

実に宋尤庵（宋時烈）・尹白湖（尹鑴）等後の党論の主動者たる学者が、退渓の如き徳量があったならば、朝鮮の中世以後の礼論や経義を題目とする党争の惨劇は其の幾割かを減じ得たであらう。

されども是等は要するに瑣末の点に過ぎず、大体として『聖学十図』は朱子学の本体論・心性論・修養論・実践論をば最簡切鉤要に具体的に図示し説述したものとして、当代及び後世の朝鮮諸儒によりて承認せられ、退渓の最大業績と称せられてゐる。殊に東人即ち南人派の学者は之を尊崇すること宛ら経伝の如く、機会あれば引用して以て聖学の心要となしてゐる。例へば正祖朝の判書艮翁李献慶の如きも、「辞正言論聖学十図書」（艮翁集・巻一二）を上りて各図の大意を説明して、好学尚文なる王の為学修養の参攷に供した。

而して本図は何時しか支那にも流伝して其の学人に尚ばれ、大正一五年（一九二六）、北京尚徳女子大学の幹事趙荃海等、本図が道学の精微を発揮して余蘊なきを以て、名手に託して写さしめて、木に刻し之を拓して屏風用として売出し、其価を以て同大学の拡張経費に充てんとし、其の趣意書中因みに退渓の学に言及して曰く、

李先生之学、恪宗程朱正軌。大之極於修斉治平之要、小之致力於夙興夜寐動静語默之微、而一以主敬為宗旨、本末兼該終始一貫。雖其声華徳教不能普及天下、然亦可謂継往開来闢異反正之大儒。

（李退渓先生の学は、程朱の正軌を忠実にまもり、大きくは修斉治平の要をきわめ、小さくは力を夙興夜寐・動静語黙の微にいたし、専ら主敬をもって宗旨とし、本末兼該し終始一貫している。その声華徳教はあまねく天下におよんではいないが、継往開来・闢異反正の大儒の一人に数えねばならない）

以下、本図に表説せられた退渓の学説を系統的に概説する。

『太極図説』は、宇宙本体論から直ちに人性を演繹し出して、以て道徳の根原を人性の本然に於て発見したものであって、彼が『近思録』に倣って本図を一〇図の劈頭に掲げたのは、彼の学問が遠く『中庸』に源して、中頃濂渓に重興し、終に朱子に至りて汪流せる所謂道学の正系を紹いで、極めて哲学的なることを表明してゐるものである。即ち彼は道学に従事する所の者の透過すべき第一関をば、人々個々一太極を具有し天地の至理粋然として本性に帰宿するが故に、能く是理を窮めて吾性を尽せば、天命を果して天人合一の極致に到達するを得ることを悟覚する処に設けたのであって、朱子が是図を賛して「道理大頭脳処」「百世道術淵源」（性理大全・巻一）と言った思想に循則したのである。従て厳密に言へば、罕に性と天道とを言ふ孔子の教学に対して、為学の順序相叶はざるものがなくもないが、併し此は仏教に対して儒学をば極めて哲学的に説き做さざるべからざる時勢に直面せる宋代道学の当然の学風と謂ふべきで、朱子に忠実なる彼が躊躇なく此の先軌に従ふのも亦当然である。然れども朱子も退渓も窮理尽性に到る所の工夫は、必ず『小学』『大学』に教へる所の日常践履の実際と相俟ちて始めて完成せられるものとなすの一事は之を忘れてはならない。是れ禅学と雑ふべからざる地頭、即ち根本的要点である。故に退渓は特に附言して、

蓋学聖人者求端自此、而用力於小大学之類。及其収功之日、而遡極一源、則所謂窮理尽性而至於命。

（けだし聖人を学ぶ者はこれより始めて、『小学』『大学』の類に努力しなければならない。努力が功を奏する日、その源流を追遡すれば、『周易』説卦伝にいわゆる〝理を窮め性を尽くして以て命に至る〟であろう）

と云ってゐる。

『太極図説』の説く所の、天命の太極が人に来りて本性となる原理を演繹すれば、天地の大徳たる生が人の大

徳仁となるが故に、仁を為して始めて人となるを得とせなければならない。斯くて聖学の第一義は求仁の外にないこととなる。

是に於て『西銘』を第二図においた。『西銘』は「理一分殊」を説いて、理より言へば天地一体、万物同根、固より彼我の差別あるべきではないが、其の具体的に物に賦するに当りては、分殊万別なるが故に、自ら親疎遠近がありて、人の仁を為すに順序があり差等がなければならぬ。是れ本来仁の性質しかあるのである。

第一図に理を説き第二図に仁を説き、窮理尽性と求仁とを発揮して、道学の二大理想を標榜した。次いで「小学図」「大学図」及び「白鹿洞規図」を掲げて、是等理想を実現する工夫其物が畢竟人倫を明にし徳業を務むる外に出でざるを明にした。実に此の具体的人生の実際を離れては道徳の存在を認められないのであるから、如何に性・理・仁の根原は天に在りといふも、其の人間界に於て実現せられて道徳となるには、必ず人倫五常の実際を通さなければならぬ。而して其の為に種々の徳業が起りて、此に道徳実践の教となるのである。前にも引いた第五図「白鹿洞規図」の終に付記した、

以上五図、本於天道、而功在明人倫、懋徳業。

（以上五図は天道にもとづく。目的は人倫を明らかにし、徳業を盛大にするにある）

と謂へるも是意に外ならない。又第四図「大学図」にも附記して、第一・第二図は「大学図」と「小学図」の思想の本源を示し、下六図は「小学図」「大学図」の田地であり事功であると言ってゐる。

明人倫務徳業の工夫は、之を簡明直截に其の要領を竭せば、一個「持敬」に帰し了はる。故に彼は「大学図」附言に

敬者又徹上徹下著工収効、皆当従事而勿失者也。故朱子之説如彼、而今茲十図、皆以敬為主焉。

（また〝敬〟は上（道理）より下（実践）までつらぬいて追求すべきものであって、みな従事して体現し、絶対に失ってはならない。それゆえ、朱子は上のように説き、またわれわれの聖学十図もみな〝敬〟をもって主とするのである）

と云ひ、以下第六図より終まで一に皆「持敬」の工夫の発揮に外ならない。蓋し宋儒が敬を尊崇して動静一貫の工夫の綱領と立てたのは、濂渓が『太極図説』に

聖人定之以中正仁義而主静、立人極焉。

（聖人は自らの中・正・仁・義をもって万事をさだめ、静を主として人極すなわち道徳の根本法則を立てた）

と云って、人心の未発湛然として静なる時、即ち是純粋太極の如是なりと説きしに淵源し、以後の学者亦是静時の心の状態を存養して、如何なる場合にも心の主一を喪失せざる所謂「持敬」を以て修養第一義と立てるに至った。而して濂渓主静の思想が道家・禅家の修心の工夫から来ること多きは、先人の既に之を闡明せる所である。併し乍ら「持敬」の実践が能く心の動静を貫いて妄想の起るを遮防し、心地を惺々浄明ならしめ心の能用をして最精最明最強ならしむるは言を俟たない。

「第六心統性情図」は、心動かず湛然たる状態の持続せらるる時は宛然たる性其物で、未だ悪の陰影がない。其の動くに至りて始めて、或は偏倚に流るることあるを免れない。故に居常須く敬即ち主静を持して、未発の不偏不倚の状態を存養し、其の已発に当りては精細に省察を加へて、以て中和を失はざらしむべしと説く。

「第七仁説図」に於ては、求仁の本は「克己復礼」（論語・顔淵）に在り、復礼すれば則ち公、能く己私を祛りて公に在れば、仁其の中にあり。又之を義理の心・私利の心、又道心・人心とも謂ふ。公と私、義と利との間の区別を峻厳にするは、惟だ平居荘敬自ら持し、一念の起る所に就いて精しく省察する者にして、始めて之を能く

すると述べて、「第八心学図」と共に「持敬」の工夫が学者日常の第一要義なるを反復した。「第九敬斎箴図」「第十夙興夜寐箴図」は徹頭徹尾「持敬」の工夫を切言したもので、「敬斎箴」は表裏動静の各項目を挙げて、事々物々一切時一切事に念々此工夫の忘るべからざるを言ひ、「夙興夜寐箴」は特に時間的に夙興より夜寐に至るまで、此工夫の間断なかるべきを言ひ、斯くて第十図を説明し訖りて

以上五図、原於心性、而要在勉日用、崇敬畏。

（以上五図は、心性にもとづく。要は日用を勉め主敬を重んじ、慎独を尊ぶにある）

と結んだ。

『聖学十図』は退渓の林下明窓五〇年、凝神研鑽の余得たる所の、道学の心要を披瀝せるもので、実に老臣骸骨を乞ふに当りて、人君の知遇に感激して、蹇々匪躬の至誠を献じた者で、李栗谷の『聖学輯要』と相並んで、朝鮮儒学の至宝である。

今再び其の要領を鉤して約説する。先づ道の本原を天命に発見して、道徳が先天的に人性に帰宿するを証し、道徳仁義の決して本性以外に存在するに非ず、性を尽す者即ち善を尽すに外ならずとなし、儒教の理想は之を学問的に言へば窮理尽性、之を実践的に言へば求仁に在り、此の理想を実現する所の工夫修養が即ち聖学であって、其の根本原理・心要妙訣は、一切処一切時にありて、至公無私なる本性の体をして、其の儘に的然として働いて、曇ることなく乱るることなく損すること勿らしむるに在るのである。而して畢竟此は本性の実現に外ならざるが故に、人々個々本賦的に此の能力を其心に備へてゐることを認めなければならない。是を「心統性情」と称するのであって、心よく性を存養して以て到処に其の本来面目を発揮せしめよといふのである。

是意味を一層精密に組織立てたのは次に述べんとする四端七情理気発説であって、畢竟心王をして心を構成す

る理と気とを管束して、常に理即性をして気即情を指導する地位に在らしむべしと謂ふのである。斯くて修養問題の終局核心は心の作用に帰一して了ふ。

心をして常住専一無放、其の静に其の動に、其の夙興に其の夜寐に、其の独在るに其の衆と在るに、間断なく省察し畏慎して、性情理気の間に於ける令従の関係を乱すこと勿からしむる工夫に外ならない。此を「収放心」といひ又「持敬」といふ。敬の一字は、汎人事に対して理を究め知を致すより、翻りて其の理を心に求めて、而して体認を通して真実理解に進み、遂に之を自己の行為に実現するに至るまで、知と体認と行とを貫いて修養の要訣となるのである。

三　四端七情理気発の論争

朱子の宇宙論・心性論は理を以て一層根本的となす理気二元論である。故に心は理気を兼ね性情を統べる。而して心の作用に善があり悪がある。然るに理は汎事物に於ける当然の条理法則であるが故に、其自身未だ悪はない。人生の悪は気からして生じ、気こそは人生の悪素悪種と謂はなければならぬ。然らば則ち、何故に気に悪種が存在するか。朱子の蔡季通（蔡元定）に答ふる書（朱子文集・巻四四）に曰く、

人之有生、性与気合而已。然即其已合而析言之、則性主於理而無形、気主於形而有質。以其主理而無形、故公而無不善。……以其公而善也、故其発皆天理之所行。以其私而或不善也、故其発皆人欲之所作。此舜之戒禹所以有人心道心之別。

（人の生あるは、性と気が合したからにすぎない。だがその既に合したところについて析言すれば、人の性は理を主として形をもたないが、気は形を主として質をもつ。人の性は理を主として形をもたないから、公であって不善などない。……公であって善であるから、その発はみな天理の行うところである。人の気は私であってときには不善があるから、その発はみな人欲のなすところである。これが、舜が禹に戒めるに際して、人心と道心の区別があるゆえんである）

是れ恐らく朱子の本問題に対する最後の解決であらう。

理は即ち、事物当然の条理であるから、彼此我他を超越して至公無私である。故に理が発動して以て起る所の一切の念慮及び行為は、之く所として当然ならざるはなく、即ち善である。之に反して、気は即ち形質の原であって、所謂個体観念の種子である。故に初から彼と我とを区別して、彼我の調和を碍ぐ。故に気が発動して以て起る所の一切の念慮及び行為は、或は我の為に彼を顧みざるに至り、所謂人欲の所作、一進すれば彼を害しても我を利し、以て悪に陥るのである。

此に注意すべきは、朱子が既に理発・気発の字を用ひ、又理発即ち道心、気発即ち人心の思想を表した事である。而して朱子学は一に皆是体験体認の学問であって、決して観念の遊戯ではないのであるから、此の蔡季通に与へし回示も、朱子の工夫修行の体験からの信念を披瀝した所のものである。朱子学の正系を紹述し、自ら醇朱子学派を以て任ずる李退渓は朱子の此思想を承けて、更に之を心理的に推衍を試みて、性の発なる情に就いても理発と気発とを具体的に区別して、「四端理之発、七情気之発」の説を立てた。

是に於て端なく当時学界の論議を惹起し、一波万波を生じ、波瀾重畳三〇〇年未決の論案となり、其の趨く所、遂に党争と結著いて、南人派は彼の説を奉じ、老・少論派は多く彼に反対する論主李栗谷の説を奉じ、以て今日

天命新圖

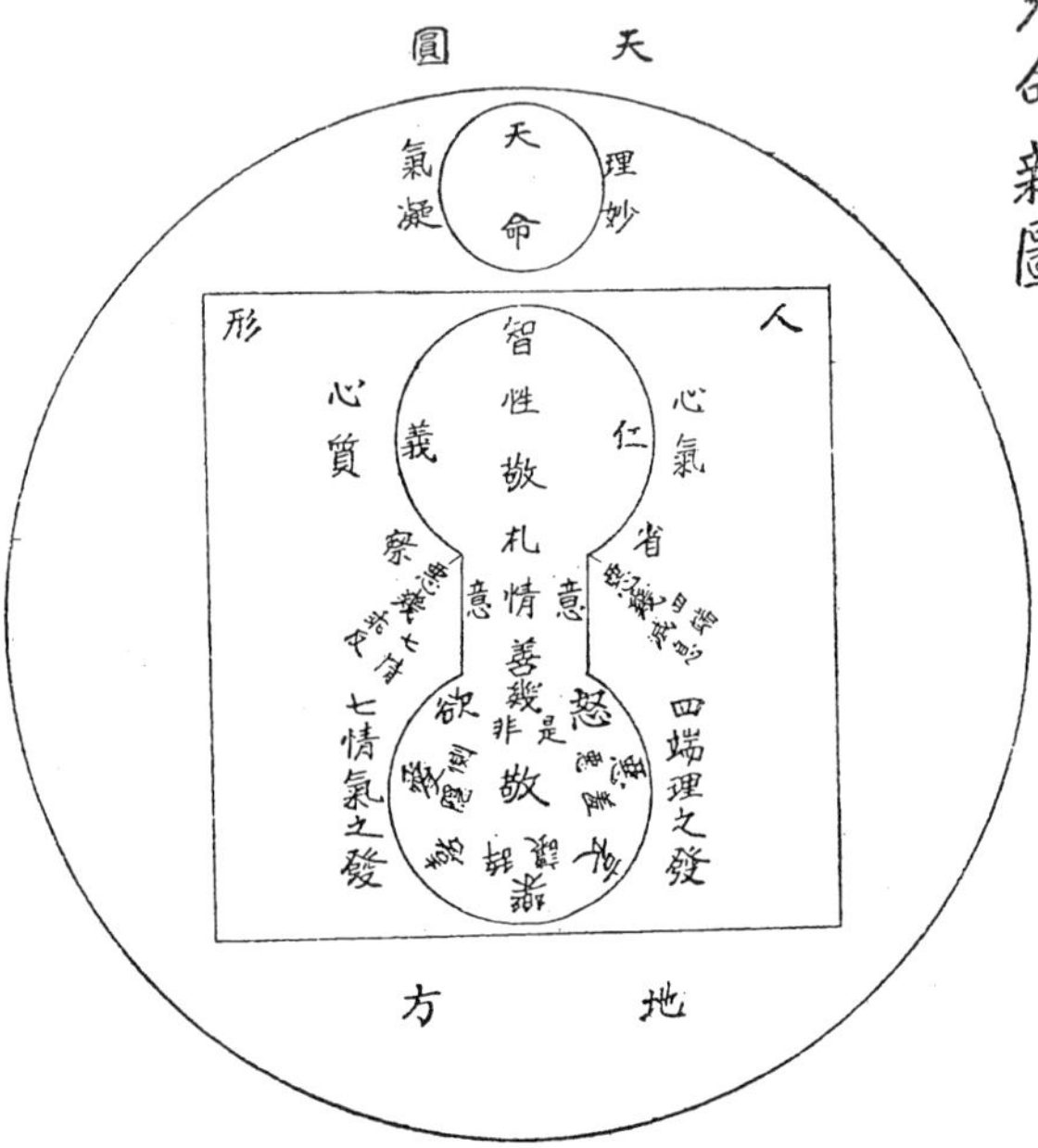

に至ったのである。

今我々が朝鮮の儒書を繙けば、苟くも道学について一見識を立てる程の者に、四七是非を論ぜないものはない。我々は本論争を通して、退渓の理気心性論の秘奥を徹底的に叩悉することが出来る。

正徳己卯中宗一四年（一五一九）に、時の清流慕斎金安国の弟、思斎金正国も職を罷められて、高陽郡芒洞に退居した。学に熱心な秋巒鄭之雲は其の家相近きを以て、日夕思斎に就いて学んだ。後秋巒は弟之霖に授学の便利の為に一図を作りて、天命心性の理を具体的に説明し、之を「天命図説」と名け、又解説をも附した。後退渓の西門の寓が秋巒と近く、嘗て偶然此図を観ることを得、例によりて沈潜玩索して若干の訂正を加へて、之を秋巒に返し、後序をも添へた。明宗九年（一五五四）に至りて、秋巒は退渓の序をも附して、之を世に公にした。是に於てか議論が起った［図参照］。

図の情圏の左右に「四端理之発、七情気之発」の一〇字を註してある。元と是は秋巒が「四端発於理、七情発於気」と註したものを退渓が修正したのである。然るに此の一〇字が理と気とが心中に在りて互に単独に発動して、以て情となることを主張するに対して、諸学者の議論を惹起した。其の反対論者の主なる者は、彼の門人に名を列する奇高峰（奇大升）と、彼を先輩として尊敬する李栗谷（李珥）であった。但し栗谷は当時其学猶未だ熟せずとなして、老先輩に対する敬意の上から之を発表することを差控へ、退渓の歿後に至りて、乃ち大に之を公にした。

明宗一四年己未（一五五九）、高峰が先づ第一書を送りて退渓之に答へ、爾後緩漫に継続して明宗二一年（一五六六）、即ち退渓の歿前四年に迄及んだ。後の学者二氏の往復書を集めて、『四端七情分理気往復書』と称し単行してゐる。本論争は初より退渓は守備的態度なるに対して、高峰は攻撃的態度に出て気炎頗る昂り、博弁宏辞を極めて居る。故に後の学者、往々高峰を以て論争の勝者となす。併し必ずしもさうでもない。

但し退渓は其の答書（退渓集・巻一六・与奇明彦大升・己未）に於て既に改むる所がありて、前引一〇字を

四端之発純理、故無不善。七情之発兼気、故有善悪。

（四端の発は純理、ゆえに不善はない。七情の発は気を兼ねる、ゆえに善悪がある）

と換えることを肯じた。然し其後また高峰の書に答へるに当りて、『朱子語類』（巻五三）輔漢卿（輔広）の録、孟子を論ずる条項に「四端是理之発、七情是気之発」とあるを発見し、彼の前説が朱子と符合するを知りて、必ずしも訂正するの要を見ずと言った（退渓集・巻一六・答奇明彦論四端七情第一書）。実際「四端之発純理」「七情之発兼気」といふのは甚だ儱侗で、理発気発といふと相応しない。此は改めないものとして討窮を進めなければならない。

但し茲に一言退渓の為に弁じなければならないことは、彼は答奇大升第一書（退渓集・巻一六・答奇明彦論四端

七情第一書）に、

性情之弁、先儒発明詳矣。惟四端七情之云、但倶謂之情、而未見有以理気分説者焉。

（性と情に関する弁説は、先儒が悉に明らかにしており余すところがない。だが四端七情については、情というのみであり、理と気を分けて説をなす者をみたことがない）

と云って、四七理気互発説を以て極めて独創的となし、前人に未だ之を看破し道破せる者なきかの如く信じてゐた。然し此の説は当らない。

第一に彼が後に発見した如く、朱子に既に此の説があり、又同一の語があり。次で黄勉斎（黄榦）も人の問に答へて、性動いて情となるや善悪生ずるを説明して、

及其感物而動、則或気動而理随之、或理動而気挾之。由是至善之理聴命於気、善悪由之而判矣。

（心が物に感じて動くとき、あるいは気が先に動いて理がそれに随い、あるいは理が先に動いて気がそれを挟む。かくして至善の理が命を気に聴き、善悪がそれによって分かれるのである）

と言ひ、猶未だ理発気発を四端七情に配当しないけれども、理気の各単独発動に就いての根本観念は相同じい。又元の程林隠（程復心）の性情説には、

理発為四端、気発為七情。惻隠羞悪辞譲是非四者、正情無有不善。喜怒哀楽愛悪欲七者、中節則公而善、不中則私而悪。

（理が発動して四端になり、気が発動して七情になる。惻隠・羞悪・辞譲・是非の四者は正情であり不善はない。喜・怒・哀・楽・愛・悪・欲の七者は、節にあたれば公かつ善であるが、節にあたらざれば私かつ悪である）

と云って、正に四七理気互発説を述べてゐる。

而して林隠の此語は既に中宗朝の儒臣柳崇祖の編次した『性理淵源撮要』に採録してある。猶李朝初の大提学権陽村（権近）が麗末に於て著作した『入学図説』にも、説いて猶麤なるも略ぼ同意を述べてゐる。又明宗当時既に将来せられた『学蔀通弁』にも、四端を道心にあて七情を人心にあて、道心は義理の発、人心は気稟の発と説いてある。

故に奇高峰も退渓に上る書に於て之を述べて、当時の学人は大抵四端七情の区別を理発気発を以て説明してゐると云ってゐるのである。併し退渓が自ら明白に独創的意見であるといふのは、彼が「天命図説」校訂当時にありて、尚未だ『朱子語類』の此の処に気が付かなかったのは勿論、林隠の性情説も猶之を看るに及ばず、権近の『入学図説』は曾て寓目せるも説得て詳ならざるが故に、格別重きをおくに足らぬとなしたのであった。退渓は重に礼安の僻郷に間居し心を師として沈潜工夫したが故に、西来の新書を購求するの便を欠き、往々在京の友人門人等に依頼して纔に未見の書を伝送して貰った有様であった。されば此の四七分理気説の如きも、彼が秋巒の「天命図説」に就いて独り沈思窮理して刱思的に発明せるものと観るべきものである。故に彼が高峰に送った第二書にも、

今図中分属本出於静而、亦不知其所従受者、其初頗亦以為疑。思索往来於心者、数年而後乃定。猶以未得先儒之説為慊。其後得朱子説為証、然後益以自信而已。非得於相襲之説也。

（いま理気分属の図示は、秋巒鄭之雲のアイデアに出るが、秋巒が誰の説に従ったか不明であり、最初すこぶる疑問視した。思索すること数年にして心は定まったが、自説を証明する先儒の説を発見することができず、遺憾に思っていたところ、その朱子説の証拠をえて、自説に自信を深めた。決して相襲の説にもとづいて自説を展開したわけではない）

と云ってゐる。此は其儘信ずべきものであらう。

退渓の四端理発七情気発の説は、之を二様に解釈すべき様である。其一は、心は兼理気ではあるが、心の作用を精細に吟味すれば、理の発動の部分と気の発動の部分と区別して認識することが出来る。四端即ち純善なる心の作用は之を理の発動とし、七情即ち善悪相雑なる心の作用は之を気の発動とし即ち単的に四端理之発、七情気之発と道破了したのである。彼の高峰に答ふる第一書（退渓集・巻一六・答奇明彦論四端七情第一書）は最も明白に此思想を述べてゐる。

故愚嘗妄以為、情之有四端七情之分、猶性之有本性気稟之異也。然則其於性也、既可以理気分言之。至於情、独不可以理気分言之乎。惻隠羞悪辞譲是非、何従而発乎。発於仁義礼智之性焉爾。喜怒哀懼愛悪欲、何従而発乎。外物触其形而動於中、縁境而出焉爾。四端之発、孟子既謂之心、則心固理気之合也。然而所指而言者、則主於理、何也。仁義礼智之性、粋然在中、而四者其端緒也。七情之発、朱子謂本有当然之則、則非無理也。然而所指而言者、則在乎気、何也。外物之来、易感而先動者、莫如形気、而七者其苗脈也。安有在中為純理而才発為雑気、外感則形気而其発為理之本体耶。

（そこで、わたしはかつてみだりにも次のごとく考えた。すなわち、情に四端と七情の別があるのは、性に本性と気稟の不同があるのとすこしも異ならない。そうであれば、性においては、すでに理気を分言することができる以上、情についても、理気をもって分言することができるにちがいない。そもそも四端――惻隠・羞悪・辞譲・是非はどこから発するのかといえば、仁・義・礼・智の性に発する。また七情――喜・怒・哀・懼・愛・悪・欲はどこから発するのかといえば、外物が身体に触れて心中に動き、境を通して出る。だが四端の発については、孟子がすでに心と断ずるからには、心はもとより理気の合である。理気の合にもかかわらず、指していうところが理を主とするのはなぜか。仁・義・礼・智の性が粋然として中にあり、四者はその端緒であるからである。また七情の発については、朱子がもともと当然の則があると説明している以上、理がないことはない。それにもかかわらず、指していうところが気にある（気を主とする）のはなぜか。外物の出現に際して、感じやすく先に動くのは、形気が一番であり、七者はその苗脈（或流）であるからである。とすれば、心中にあっては純理でありながら、発すれば気を雑え、あるいは形気に外感しながら、発したのは理の本体であることなどあるはずもあるまい）

此は退渓の四七説の最要点を説表したものである。尤も後の学者達も指摘する如く、此に本然性気質性を挙げて以て四端七情を比喩し、以て理気互発の例証となさんとした事は、思想の洗錬を欠いてゐる。何となれば、気質性は本然性を内包的に含むもので、本然性は気質性裏の純理を指すに外ならないからである。此を以て理気相対する互発の情たる四端七情の譬となすのは当らない。此の比喩を正しとすれば、七情は四端を包含し、ただ七情中の善一辺を剔抉したものとならなければならない。只だ此処は性に理を主とした本然性と気を主とした気質性のあるが如くに、情にも理発気発の四七があると軽く譬を引いたものと解すべきである。

退渓の心中理気互発の此の思想は、遠く朱子其人の心性説にありて、既に認め得らるる所のものであって、心兼理気といふは砂糖水の如く、水と砂糖とが全体的に相混じ一滴として砂糖と水とで構成せぬはないといふが如き有様ではなくて、反って饅頭に於ける餡子と包皮との如く、気の包皮の央に理の餡子が存在するが如く考へられた様である。『朱子語類』巻五襲蓋卿録［甲寅所聞。朱子晩年に属す］に心性を説明して、

心以性為体、心将性做餡子模様。蓋心之所以具是理者、以有性故也。

（心は性を体とし、心は性を餡子のように包んでいる。けだし心がこの理を具えるゆえんは、性を有するためである）

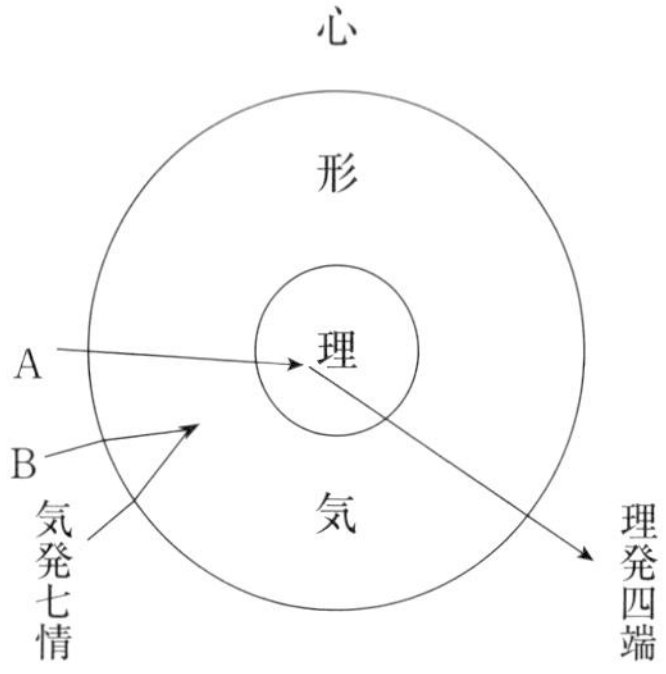

従て心の外界の刺戟に反応する有様も上に図示するが如く、Ａなる刺戟は形気即ち五官を透して直に奥の理に感じ、理此に発動して、之に応じ四端となりて現はれる。惻隠羞悪辞譲是非を理発といふ所以。又Ｂなる刺戟は形気を感動せしむること強大なるが為、理に感ずるに至らずして直ちに外に発して情となりて現はれる。喜怒哀懼愛悪欲を気発といふ所以。然るに此の解釈は、気質之性の外に本然性の単独発用を認めることになり、形而上的観念をば直ちに具体的人心の実際にも応用せんとするものであって、実際の心の作用は大小無限、種々皆理気の倶発共同作用ならざるものはない、重要点を看落したものである、といふ非難に出逢ふことを免れない。

そこで退渓は第二の解釈を出して稍や暈して之を緩和せんとした。心は理気を兼ねるが故に、実際上、心上にありて起滅する一切の情は、理気の合用でない所のものはない。然し乍ら、理は其の本質が至公純善であるが故に、其が具体化する場合にありても、其自身からしては私も悪も生ずべきではない。之に反して、気は既に私を以て其の本質となしてゐるから、動もすれば発して悪に流れる可能性を具へてゐる。然らば則ち、心の発即ち情について本質的に公に善にして何等私と悪の萌芽を有せない所のものは、其の起源に遡りて之を理から発すと謂はなければならない。之に反して、私に流れて悪となりやすく常人に在りては多く危険なる情は、之を気よりして発し来ると謂はねばならぬ。故に四端も七情もともに理気の倶発ではあるけれども、其の中に就いて主たる所を指して之を理発、気発と謂はんとするのである。退渓が高峰の反対論に接して更に之に第二書（退渓集・巻一六・答奇明彦論四端七情第二書）を送った中に、

夫四端非無気、七情非無理。非徒公言之、滉亦言之。非徒吾二人言之、先儒已言之。非先儒強而言之、乃天所賦人所受之源流脈絡固然也。然其所見始同而終異者無他。公意以謂、四端七情皆兼理気、同実異名、不可以分属理気。滉意以謂、就異中而見其有同、故二者固多有渾淪言之、就同中而知其有異、則二者所就而言、本自有主理主気之不同分属、何不可之有斯理也。

（そもそも四端は気がないわけではなく、七情は理がないわけではない。ただ公（高峰）がそう主張するだけではなく、わたし自身もそう主張している。ただわれわれ二人がそう主張するだけでなく、先儒もすでにそう主張している。これは先儒が強いてそう主張したのではない。天の賦し人の受けるところの源流脈絡自体がもとよりそうなっているからである。それにもかかわらず、われわれの見解が初めは同じでありながら終わりに異なったのは、ほかでもない。公が四端七情はみな理気を兼有し、同実異名であって、理気に分属することはできないとするのに対し、わたしが異中に同あるをみて、多く渾淪して説明しながらも、同中に異あるを知っては、同中、もともと自ずから主理主気の不同分属があっても不可ではないとするからである）

と云ってゐる。之を先引第一書に較ぶれば、理気を分別すること甚寛で、只だ主とする所に因りて名を異にするとなしてゐるのである。併し此にも七情即ち四端、四端は七情中に包含せられてあると言はない以上、理と気の各単独なる発動を承認するは依然として渝らない。故に理気互発説の根本思想は畢竟第一の解釈、即ち理と気とを視ること砂糖水に於ける砂糖と水との如くなる処に存する。

成程、砂糖水の一滴と雖、水と砂糖との混合物ならざるはないが、併し砂糖水の甘きは決して水からして来るものではなくて砂糖の有する味であり、又潤と冷とは決して砂糖から与へられるものではなくて、水の固有の味である。故に砂糖水の単一味の味に就いても、矢張砂糖の味と水の味とを区別することが出来る。

心に於ける理気亦然り、善の原理は理に存し、悪の原理は気に存する、理は善の源、気は悪の源である。理の体用と気の体用とは判然として混ずることを許されない。故に情の純善なるものは之を理発となし、情の危きものは之を気発となして、相区別せなければならぬ。是の互発説の根本に横はる観念は、理気打成一心、其の倶発以外に一切心用なしと直截簡易に主張する奇高峰と如何にしても合ふことが出来ないのである。

奇高峰は先づ古人の説に憑りて、性情心を種々の方面から観て、具体的人心の場合には決して理気互発の事のあるべからざるを弁じた。即ち、性情の関係は朱子（朱子語類・巻五）が

性纔発、便是情。情有善悪、性則全善。心又是一箇包総性情底。

（性のたちどころに発したものが情であるが、情には善悪があるのに対して、性はまったく善である。心はまた、一個の性情を包総するものでもある）

といひ、又

性情心、惟孟子横渠説得好。仁是性、惻隠是情、須従心上発出来。心、統性情者也。性只是合如此底、只是理、非有箇物事。

（性・情・心については、ただ孟子と張載のみがうまく説明している。仁は性（心の理）、惻隠は情（心の用）であって、まさしく心上から発出する。〝心は性情を統べるものである〟（張子語録）。性は当然そのようであるべきものであって、理であり、一個の具体的な事物ではない）

と云へるにより断ずべく、性が発して情となるといふ其の性は本然性天地の性、換言すれば純粋理体と視るべき性ではなくて、気質の性、即ち本然性の堕ちて形質中に宿在する所の具体的個人の性である。従て如何なる情と雖、一切理気の倶発ならざるはなく、又善悪ならざるものはない。是の処高峰の反対説の焦点である。高峰（両

先生四七理気往復書・上篇・高峰答退渓論四端七情書・第五節）曰く、

若就性上論、則所謂気質之性者、即此理堕在気質之中耳、非別有一性也。然則論性而曰本性曰気稟云者、非如就天地及人物上分理気而各自為一物也。乃以一性随其所在而分別言之耳。至若論其情、則縁本性堕在気質、然後発而為情、故謂之兼理気有善悪。

（もし性自体についていえば、いわゆる気質の性は、この理が堕ちて気質の中にあるのみであって、別に一性があるわけではない。とすれば、性を論じて本性（本然の性）といい気稟（気質の性）というのは、天地や人物に即して、理気を分けて各自一物とするという意味ではない。一性についてその所在にしたがって分別していうにすぎない。その情を論じるときは、本性が堕ちて気質にあり、気質の性が後に発動して情となるため、理気を兼ね善悪ありというのである）

されば退渓が七情を以て、外物が専ら形気に感じて而して形気之に応じて発する所の情なりとなすは、非であって、却って七情も四端と等しく、心中の理が外界の理と相契発して而して情となりて現はれるものである。従て此際にも亦心中の理の発をも認めなければならぬ。故にすべて情は本来善なるべきものである。『中庸』が性を以て中となし、発して節に中るを和と云へるは、情の本質の和なることを言ったものである。従て七情も本質的には善ではあるが、其の発して節に中らない場合に限り、悪に流れるのである。

然らば四端と七情とは全然同一物であって、其の異名を立てるのはむしろ誤謬とすべきか。高峰は、七情は即ち性の発して作す所の情の総名で、四端は七情中から特に純善なる所のものを剔撥して、以て称するもので、全く七情の節に中るものと同実にして異名なるに過ぎないとなす。

若四端七情、初非有二義云者、蓋謂四端既与七情中発而中節者同実而異名、則推其向上根源、信非有両箇意思也。

（わたし奇大升が前に〝四端七情にはまったく二義がない〟といったのは、けだし四端はすでに七情の中で発して節に中るものと同実異名であれば、その向上根源をおしても、まことに両箇意思があるわけではないからである）

斯くて高峰の四七論はよく論理的に一貫してゐる。但し初に四端が理発で気を雑へざることを承認して、第二書（両先生四七理気往復書・上篇・高峰答退渓論四端七情書・第一節）に

所謂四端是理之発者、専指理言。所謂七情是気之発者、以理与気雑而言之者也。而是理之発云者、固不可易。是気之発云者、非専指気也。

（いわゆる〝四端は理の発〟というのは、専ら理をさしていい、いわゆる〝七情は気の発〟というのは、理と気を雑えていったものであって、〝理の発〟はもとより不易の命題であるが、〝気の発〟は専ら気をさすものではない）

と云ってはゐるが、是は百歩を譲りて出典『孟子』に従て四端の純善無悪、理の順発して気の之を障することなきを認めて、遂に理発と実質的には異らざるを言ふに過ぎないので、高峰の真意は前述「四端七情、皆是れ情であって、異名同実、皆理気の倶発なり」と云ふに在るのである。

斯くて高峰は理発気発を退渓の第二の解釈たる、単に主とする所重きをおく所に就いて区別せるに外ならずとなす妥協的弁明にも同意を与へない。何となれば、退渓の此解釈も畢竟、第一の解釈を肯定する予件の上に成立する所のものであるからである。何となれば、理と気といふものは観念的には之を分つことを得るが、具体的事物にありては断じて之を分開することが出来ない。一切時一切処に理に由りて気が導かれ、気によりて理が顕れるのである。気なき理の時なく、理なき気の作用はない。然るに退渓は之に反して、具体的事物上にも単理単気の発現を認めるからである。高峰の第一書（両先生四七理気往復書・上篇・高峰上退渓四端七情説）に

夫理、気之主宰也。気、理之材料也。二者固有分矣。而其在事物也、則固混淪而不可分開。（理は気の主宰、気は理の材料であって、二者にはもとより分別がある。だが事物中にあっては、混淪して分開することはできない）

といひ、次で第二書（退渓集・巻一六・答奇明彦論四端七情第二書）に退渓が四七理気互発の意味を申明して、

由是観之、二者雖曰皆不外乎理気、而因其所従来、各指其所主而言之、則謂之某為理某為気、何不可之有乎。（かくのごとくみれば、四端と七情は理気にほかならないといっても、そのよりて来るところによって、それぞれ主とするところをいえば、一方を理とし他方を気としても、不可などないであろう）

と云へるに対して、重ねて論駁して（両先生四七理気往復書・上篇・高峰答退渓論四端七情書・第六節）、

按此数段極論四端七情之所以然、正是一篇緊要処。然太以理気分開説去、而所謂気者、非復以理与気雑而言之、乃専指気也。故其説多倚於一偏。（按ずるに、この数段は四端七情の然るゆえんを極論しており、まさに一篇の緊要なところである。だが理気を過度に分開して論を展開するのみならず、言及される気の概念も理と気を雑えていうものではなく、専ら気を指している。それゆえ、その説は多く一偏にかたよっている）

と云ふ所以である。斯くて自然の結果、高峰は事物上にありては元と無為無象無迹なる理は気を離れては之を認める事が出来ない。只だ気の過不及なく合理的な発現の迹に就いて観念的に理を察すべきのみである。従て具体的事物上にありては、理発といふことは存在しないことになる。

是に至れば、高峰の理気説は朝鮮の徐花潭（徐敬徳）や明の羅整庵（羅欽順）の主気説に酷似し、退渓とは匆論、溯りて朱子の理気説とも合はないことになる。故に二氏の論争は其の根蔕に既に主理となり主気となるべき

素因を具へ、如何に之を継続しても、爛漫として一に帰すべき望はないのである。又仮りに其処まで根本的に論及せず、之を姑息的に糊塗しても、退渓の七情気発の主張は『中庸』の「喜怒哀楽之未発謂之中、発而皆中節謂之和」に於ける喜怒哀楽が七情を謂ふものなる以上、其が未発の中、即ち性即理の発をも含みて如何にするとも理気の倶発なるを掩ふべからざるに対して扞格して其の説を得ず。又高峰の「一切情、皆是理気倶発」の主張は、『孟子』が四端を以て明ら様に仁義礼智の本然性の発現と説きし所と合致を許されない。故に高峰は退渓説弁駁の主点を七情気発において反復力説し、退渓は又高峰の攻撃を禦ぎつつ、四端の理発なるを高調して、相手の弱点を突くことを忘れない。

斯くて退渓高峰共に其の意見を演衍推拡し去れば、難点に逢著するを免れず、又当時学界の諸士も本論争のあまりに長く、且又高峰の固執して譲らない態度について非難する者もあり、或は以て高峰の売名の衒気に出づとなす者さへあった。

退渓其人も門人格の高峰の此の態度については多少不満を感ぜないでもなかった。「答鄭子中」(退渓集・巻二五)に、

滉甚重明彦之為人。其既得了又退加工、只此一事人所不及処。但其豪気未除、於義理之学、尚未見細意研精。才見人説話、有不合己見処、便奮筆作勢、一向攻他、胡説将去、似有立己求勝之意。恐此不是小病。

(わたし滉は奇大升の為人を非常に敬重する。かれはすでに学問に令名が高いにもかかわらず、また退いて研鑽をくわえているが、ただこの一事は別人の及ばざるところである。だがその豪放の気はいまだ尽きず、義理の学も細意な研究がなお十分でない。他人の説話を聞いて、自説に合わないところがあれば、ただちに筆を奮い勢を作して一向にその人を批判し、胡説も辞さず、論戦に勝ちを求めて止まない。思うにこれはわずかな欠点ではないであろう)

といひ、又「答黄仲挙」（退渓集・巻二〇）には

吾輩間中又起此争弁、自相攻撃、殊為未安。前日来書、有明彦不肯竪降幡之語、正使不降、恐難更与争鋒。姑蔵之巌穴、以待後世之公論如何耳。

（われわれ当事者は、突然に四七の争弁が起こって自ら相攻撃するにいたり、不安のただ中にある。前日のお手紙によれば、奇大升は敗北を認めようとしないといわれるが、かれが下らなければ、ふたたび論戦を繰り広げることは難しいであろう。しばらく往復書を巌窟に蔵し、後世の公論いかんを待ちたい）

と云った。同様に高峰に向っても、姑く此の論争を輟むるの得策なることを勧告する友人もあった。是に於て両氏論争も漸く其の終末に近づかんとし、高峰は最後の妥協案の意味で、退渓の「四端理発而気随之、七情気発而理乗之」といふは、猶「四端主理、七情主気」を固執する嫌があるから之を改めて、

情之発也或理動而気倶、或気感而理乗。

（情の発するとき、あるいは理が先に動いて気がこれと倶にし、あるいは気が先に感じて理がこれに乗る）

となすべきを以てした。退渓冷然之を拒み、詩を作りて答へて曰く、

両人駄物重軽争、商度低昂亦已平。更剋乙辺帰尽甲、幾時駄勢得匀停。

（両人が背負う荷の軽重を争い、秤の高低はすでに水平である。ふたたび乙辺をとって甲に帰せば、いつ均衡をえることができるだろうか）

高峰を以て無用の弁を続けるものとなすのである。

高峰は是に於て、更に一層の妥協的態度を以て「四端七情後説」（両先生四七理気往復書・下篇）及び「四端七情総論」（両先生四七理気往復書・下篇）を作りて退渓に送った。総論に曰く、

夫既有是心而不能無感於物、則情之兼理気者可知也。感於物而動而善悪於是乎分、則情之有善悪者亦可知也。……若孟子之所謂四端者、則就情之兼理気有善悪上、剔出其発於理而無不善者言之也。蓋孟子発明性善之理、而以四端為言、則其発於理而無不善者又可知也。朱子又曰、四端是理之発、七情是気之発。夫四端発於理而無不善、謂是理之発者、固可無疑矣。七情兼理気有善悪、則其所発雖不専是気而亦不無気質之雑、故謂是気之発。此正如気質之性之説也。

（朱子がすでに〝この心ありて、物に感ずるなき能たわず〟（朱子文集・巻六七・楽記動静説）といえば、情が理気を兼ねることを知ることができる。また〝物に感じて動き、善悪ここにおいて分かる〟（同上）といえば、情の善悪を有することも知ることができる。……孟子の四端のごときは、情の理気を兼ね善悪を有するところについて、その理に発して不善のないものを剔りだして述べたものである。けだし孟子は性善の理を発明し、四端をその根拠としたが、そのことよりいって四端が理に発して不善がないことも確かである。朱子はまた〝四端はこれ理之発、七情はこれ気之発〟（朱子語類・巻五三）といえば、四端が理に発し不善なきことを理の発ということは、もとより疑うべくもない。七情は理気を兼ね善悪を有すれば、その発するところはただ気のみでないけれども、気質の雑がないわけではない。気の発というゆえんである。このことはまさに気質の性の説とよく似ている）

併し是は全く妥協せんが為の妥協説で、双方の面目を立てんとして、実は双方の主張を倶に潰して矛盾に満ちたものにして了ったものである。即ち是に依れば、退渓の七情気発の主張は廃されたが、同時に高峰の四端理気発の主張も斥けられた。退渓の説の根本たる理気各自に発動して情の源を成すといふ主張も抹せられ、高峰の理気倶発せざれば、情起らずといふ根本主張も消された。誠に曖昧模糊たる理気説となりて、折角退渓の林下五〇年沈潜し得たる源頭理気の大議論も、単に便宜主義の方便的命名説の如くに片附けられたのであった。但し退渓も既に長き執拗なる高峰の弁論に厭きたから、此れ幸と此の妥協案を容れて、丙寅至月初六日［明宗二一年（一五六六）］本論争最終の書（退渓集・巻一七・重答奇明彦）を送りて、畢竟両人が本同末異に帰せるを喜び、

其言是理之発者、専指理言、是気之発者、以理与気雑而言之。滉曾以此言為本同末異者、鄙見固同於此説、所謂本同也。顧高明因此而遂謂四七必不可分属理気、所謂末異也。苟向日明見崇論、如今来両説之通透脱洒、又何末異之有哉。

（高峰のいわゆる〝理の発は、専ら理を指していい、気の発は理と気を雑えていう〟について、わたし滉はかつて本同末異と述べたことがあるが、拙見はもとよりこの説と同じであって、これがいわゆる本同である。高峰はこれにもとづいて、ついに〝四端七情は絶対に理気に分属することはできない〟と主張されたが、これがいわゆる末異である。まことに過去の明見高論であっても、われら両説のような通透脱洒はなかったにちがいない。また末異などがあるはずもなかろう）

四七論争此に完結した。誠に龍頭蛇尾の感がある。

されば退渓は此の後に至りても決して其の四七理気互発の根本主張を変更してゐない。無言の裏に其の晩年定論なることを表明してゐる。『退渓集』巻二九明宗一九年甲子（一五六四）、金而精に答ふる書に此の問題に言及して、

性即理也、而理与気合為心、故心性不可分先後説。若四端七情、則一主理、一主気、相対互説。与心性説自不同。

（性はただちに理であって、理と気が合して心をつくる。それゆえ、心性については先後を分けて論じることができない。だが四端七情の場合、一は理を主とし、一は気を主として、相対互説しなければならない。自ずから心性説と

異なるゆえんである）

といひ、同巻三六明宗二一年丙寅（一五六六）李宏仲の問目に答へて、

情之発或主於気、或主於理。気之発、七情是也。理之発、四端是也。

（情が発するとき、あるいは気を主とし、あるいは理を主とする。気が発すれば七情であり、理が発すれば四端である）

といって、毫も「天命図説」を変更する所なく、更に降りて前述彼の最後の大作『聖学十図』にありても依然四端の情を以て本と理自体の単発となし、七情を以て本と気の単発となす。是れ退渓学説の根本義諦を成すもので、如何にして糸毫だも変更することの出来ない所のものである。

「第六心統性情図」の中図と下図は彼の自作に係り、明白に四端と七情を別情となし、四端を定義して「理発而気随之」とし、七情を定義して「気発而理乗之」とし、依然として理発気発を留め、中図の説明に

其中図者、就気稟中指出、本然之性不雑乎気稟而為言。子思所謂天命之性、孟子所謂性善之性、程子所謂即理之性、張子所謂天地之性、是也。其言性既如此。故其発而為情、亦皆指其善者而言。如子思所謂中節之情、孟子所謂四端之情、程子所謂何得以不善名之之情、朱子所謂従性中流出元無不善之情、是也。

（その中図は、人の気稟において、先天本然の性が稟受した気と雑らないことを示している。子思のいう天命の性（中庸・第一章）、孟子のいう性善の性（孟子・告子）、程子のいう即理之性、張子のいう天地の性（正蒙・誠明）がそれであり、それぞれ性をいうことはすでにこのようである。それゆえ、性が発して情となるとき、その情はまったく善でないものはない。子思のいう〝節に中る〟の情（中庸・第一章）、孟子のいう〝四端〟の情、程子のいう〝何ぞ不善をもってこれに名づくをえん〟の情（性理大全・巻三三）、朱子の〝性中より流出してもともと不善なき〟の

情（同上）がそれである）

即ち、彼は具体的性即ち気質之性の中に於て、依然本然之性の観念的に存在するを認むるのみならず、進んで其の本然之性自体が気質を仮らず、能く単独に発動して直遂して情となることを肯定してゐるのである。之に対して下図の説明には曰く、

其下図者、以理与気合而言之。孔子所謂相近之性、程子所謂性即気、気即性之性、張子所謂気質之性、朱子所謂雖在気中気自気、性自性、不相夾雑之性、是也。其言性既如此。故其発而為情、亦以理気之相須或相害処言。如四端之情、理発而気随之、自純善無悪、必理発未遂而掩於気、然後流為不善。七者之情、気発而理乗之、亦無有不善。若気発不中而滅其理、則放而為悪也。

（その下図は、理と気を合して説明している。孔子のいう〃相近〃の性（論語・陽貨）、程子のいう〃性即気、気即性〃の性（二程遺書・巻一）、張子のいう〃気質の性〃（正蒙・誠明）、朱子のいう〃気中にあるといえども、気は自ずから気、性は自ずから性、相夾雑せず〃の性（朱子文集・巻四六）がそれであり、それぞれ性を説明することはすでにこのようである。それゆえ、性が発して情となるとき、また理気の相待つあるいは相害するところをもっていう。四端の情は、理が発して気がそれに随い、自然に純善であり悪はない。だが理が完全に発動せず気の覆うところとなれば、不善に流れる。七情は、気が発して理がそれに乗り、また不善がない。だが気が発動して節に中らずその理を滅すれば、情は放蕩に流れ悪をなす）

是に於て退渓が四端は理発即ち道心、七情は気発即ち人心となす思想極めて明白である。但し彼は中図にありても四端と七情とを掲げ、七情が四端を包む如く示してゐる。下図にありても四端七情を掲げるが、四端を上にし七情を下にし、其の類の異なる情なることを示してゐる。

恐らく退渓の真意は、中図にありては、七情に包まるる如くにして、実は直接本然性が感じて発動する四端を示すに在り、下図にありては、本然性の発動と別類に属する気質之性其自体の、而も気の発動なる七情を示すに在るのである。従て退渓の理気説の立場から観れば、中図にありては四端のみを掲げ、下図にありては七情のみを掲げるべきであった。

兎に角、彼が心中の理の単独発動説を執りて動かなかったことは、此二図によりても疑がない。従て栗谷等理を以て全く無為無活動、只だ気に乗せられて、気の作為し活動した迹に現はれるとなす主気学派と、其説の合致を見る能はざるは勿論である。而して退渓は『朱子語類』中、輔広録の「四端是理之発、七情是気之発」の一二字を以て、朱子其人の思想の此に在るの左券となしてゐるのであるが、実に朱子が心中に於ける理気二元の互発を述べた言論は一再に止らない。

李朝末期嶺南の大家李寒洲（李震相）の『理学綜要』巻九の四端項に於て、

按、理発之説、原於楽記、而朱子又詳著之。論語註曰、四時行、百物生、莫非天理之発見。論中庸鬼神曰、他皆実理処発見。論孟子性善曰、亦就理之発処説。解通書誠幾説曰、実理発見之端。論中節之情、亦曰、即此在中之理発形於外。……若乃道心之発於理、四端之為理之発、又更僕、而不可悉数者也。

（按ずるに、理発の説は『礼記』楽記にもとづき、朱子が詳しくそれを補足した。『論語集注』には〝四時がめぐって百物が生じるのは、天理の発見（流行の実）でないものはない〟（巻九）といい、『中庸』鬼神を論じて〝それはみな実理のところに発見する〟（朱子語類・巻六三）といい、『孟子』性善を論じて〝理の発するところについて説く〟（朱子語類・巻九五）といい、『通書』誠幾説を解して〝実理発見の端〟（性理大全・巻二）といい、中節（節に中る）を論じて〝すなわち、この中にある理が発して外にあらわれることである〟（朱子文集・巻三一・答張敬夫）と

いう。……道心が理に発し、四端が理の発であることなどは、用例がきわめて多く、ことごとく枚挙することができない)

と云って、退渓説を支持してゐる。『朱子文集』(巻五八)「答陳器之」の如きは、最も明白端的に四端の発を心理的に説明して、微塵も理発即ち本然性の発現なるに疑を容るべき余地がない。曰く、

蓋四端之未発也、雖寂然不動、而其中自有条理、自有間架、不是儱侗都無一物。所以外辺纔感、中間便応。如赤子入井之事感、則仁之理便応、而惻隠之心於是乎形。如過廟過朝之事感、則礼之理便応、而恭敬之心於是乎形。蓋由其中間衆理渾具、各各分明、故外辺所遇随感而応、所以四端之発各有面貌之不同。

(けだし四端は未発のとき、寂然として動かないけれども、内部には自ずと条理があり、自ずと規模があって、渾然として一物もない(カオス)状態ではない。それゆえ外辺でわずかに感じれば、ただちに中間が応じる。たとえば赤子の井に落ちようとするをみて感じれば、仁の理がただちに応じ、惻隠の心が形成される。また廟朝を過ることに感じれば、礼の理がただちに応じ、恭敬の心が形成される。その中間は衆理が渾具し、それぞれ分明であるため、外辺に遇うところは感じるにしたがって応じる。これが四端の発におのおの外貌が異なるゆえんである)

又『朱子語類』巻六潘時挙及び甘節の録は、是れ朱子の歿年前七年癸丑以後の所聞に係るものであるが、其の中にも矢張四端が性の直発なることを精説してゐる。

要するに、宇宙に於ける二元で、人心に於ても二元である理気が相離れざるが儘に相混ぜず、詳に人心の作用を観れば、猶歴然として其の或物は理に発し、其の或物は気に発することを分別すべく、単に心用の一語を以て之を掩ひ去ることは出来ない、といふ朱子の理気説は、同じく朱子の心の湛然不動、所謂未発の中の状態に於て、略ぼ本然之性の体段を認むべしといふ思想と同一範疇に属するもので、其の学説の最奥最深、殆ど神秘的なる処

であって、此処に復性の工夫の実践の著手処が開けるのである。而して其は此の形気を超越した理念の強い力を認め、理念に依りて形気を支配し行かんとするもので、此こそは朱子学に於ける仏教思想の大きな浸入である。

四　異学の揮斥

退渓は朱子学の純正系を以て自任するから、朱子学の擁護と丕闡とに就いては確乎たる信念と盛なる意気とを有し、其の同時代の名ある学者にして学説の朱子と一致せざる者及び支那の非朱子派の学者に対しては、諄々として揮斥の弁を奮ったのである。彼が異学として攻撃を加へた朝鮮の学者は、徐花潭及び其の弟子、盧蘇斎・李一斎であって、支那の学者は陸象山を始とし、陳白沙・王陽明・羅整庵に及んで居る。而して一度退渓から揮斥せられてから、後世朝鮮学者の意見も略ぼ此に準則を取ったから、是等諸氏の学は朝鮮学界にありては少くとも公然には講ぜられざるに至った。

徐花潭

花潭徐敬徳は開城学派の学祖で、退渓の稍や先輩である。専ら師心独究、理気未判以前の宇宙一元に思到り、遂に朱子の理気説に慊らず、横渠の太虚説に従って太虚即ち元気を以て宇宙の物如となし、此の一元が不可知の機会によりて動いて、無始より無終に亙りて無限の活動を営むに至り、其の活動の迹に即いて理が現はれる、畢竟、理は気の一面を指したに過ぎないと主張した。花潭には数多くの門人があり、門人等は彼を尊崇すること山斗の如くである。

併し花潭の野生的学風は其の思索の組織的なる其の表現の学的なるに於て、到底退渓に比較すべくもない。単に彼は古拙味豊かなる郷土芸術の彫刻の如くである。故に退渓は「答南時甫」（退渓集・巻一四）に於て花潭を評して、

花潭其質似朴而実誕、其学似高而実駁。其論理気処、出入連累全不分暁原頭処。如此下学処可以類推。

（徐敬徳は、人品は素朴にみえるが実は荒誕であり、学問は高くみえるが実は雑駁である。理気を論じたところは、論弁は出入連累するがまったく原頭のところをわかっていない。かくのごとければ下学の方面についても類推することができるであろう）

と云った。又「非理気為一物弁証」（退渓集・巻四一）に於ても、花潭の理気を以て更に気一元に帰するを駁撃して、孔子及び程朱の語を挙げて之を証し、殊に朱子「答劉叔文」（朱子文集・巻四六）に「理と気はかならずこれ二物である（理与気、此決是二物）」とあるを以て最有力なる証憑となして、花潭に迫り、又花潭が気は聚散ありて有無はなしといふをも攻撃して、理こそは有無を超越して常有であるが、気は聚りて形はれ散じて尽くるものであると云ってゐる。

盧蘇斎

蘇斎、名は守慎。中宗朝、文科状元。曾て玉堂にありて、退渓と同僚となり、親交を締した。明宗乙巳（一五四五）の士禍に順天に謫せられ、既にして珍島に遷され、在島一九年明宗二〇年（一五六五）始めて放宥に遭ひ、宣祖に用ひられ大臣に至る。前後一五年、坐して朝廷を鎮め、李朝名相の一に数へらる。

蘇斎は謫裏に「人心道心弁」「夙興夜寐箴解」を著した。彼は謫裏の生活に於て頗る禅学に感染し、従前学び来った格物致知の朱子学を以て緩漫支離となし、往々此意を其の著中に現はす所があった。退渓以て黙すべからずとなし、其の不醇を指摘して反省を促した。

蘇斎は其の著「夙興夜寐箴解」の稿（蘇斎集・内集上篇・草創録・夙興夜寐箴解初本）を脱するや、之を退渓と金河西（金麟厚）とに送りて批評を求めた。其の内（第四章の）

事応既巳、我則如故。方寸湛然、凝神息慮。

（事情の応酬はすでにやみ、わたしは依然として前のようである。心は静かであり、精神を聚め雑念をのぞいている）

を註釈して、

必其一物才過、真体依前、聚其光霊、絶其思念、如明鏡止水、無毫釐妍蚩之痕、有虚明静一之象。

（一物がわずかに過ぎれば、真体は前に依りながら、その光霊を聚め、その思念を絶し、明鏡止水のようである。毫釐妍蚩の痕はなく、虚明静一の象があるのみ）

といふを観て、退渓は「聚其光霊、絶其思念」の八字を以て禅学に近しとなし、之を祛ることを勧めた（退渓集・巻一〇・与盧伊斎寡悔守慎・甲寅・別紙）。蘇斎之を肯じて、

聚定妙用、放退閑思。

（妙用を聚定し、閑思を放退する）

とせんと答へた（蘇斎集・内集上篇・草創録・三子論夙興夜寐箴解往復録）。

蓋し「聚其光霊」と云へば、禅学に於ける一心の妙用明々朗々、一個不可思議底あるが如きより来りて、甚だ

見性明心の禅語に近似し、又「絶其思念」は心外無法より出でて、無念無想一切外境を遮障する意味ありて、亦禅語に近い。畢竟蘇斎が居常持する所の頓悟観心の旨が端なく此に露顕したのである。

退渓は蘇斎の修正に向っても尚不充分なりとなし、宜しく軽々地に説過して

収斂妙用、屏止間思。

(妙用を収斂し、閑思を屏止する)

と改むべしと言った(退渓集・巻一〇・答盧伊斎・庚申・別紙)。併し蘇斎は之に従はなかった。退渓の修正を以て蘇斎の語に比すれば、醇乎たる道学の語法で、「収斂」「屏止」共に先儒の用例もある。河西も退渓に同意し、蘇斎の反省を促した。

又第六章(蘇斎集・内集上篇・草創録・夙興夜寐箴解初本)

日莫人倦、昏気易乗。斉荘正斉、振抜精明。

(日が暮れて人が疲れれば、昏乱の気は虚に乗じて入りやすい。それゆえ学者は心を厳粛に、容を誠敬に、儀を正斉にととのえて、精神を振抜する)

を釈して、

日既嚮晦、則雖強有力者、不得不疲其体。体少疲、則気便沈矣。学者於此、尤警惕焉。検其内外、以起発精采光明、則主常活而不為灰木之帰矣。

(日がすでに晦にむかえば、強く力がある者でも、身体は疲れざるをえない。身体がすこし疲れれば、気はただちに沈む。学者はそれに、もっとも恐懼警戒する。その内外を検し、もって精采光明を起発すれば、心の本体は常活して、灰木に帰することはない)

といふに対し、退渓は「以起発」の三字を以て禅学の病ありとなし（退渓集・巻一〇・答盧伊斎・庚申・別紙）、

以起発三字、非振抜之精明之之謂乎。所以謂三字有病者、正為恐至於撐眉努眼、握拳作気、以期見於通身汗出、豁然大悟処故也。蓋精采光明、是志気清定、自然発生耳。若欲起発而得之、則是有事焉而又正也、勿忘而又助也。非禅而何。

（〝以起発〟の三字は、〝振抜精明〟の意味であろうか。わたしが〝三字には欠点がある〟といったのは、眉を撐え眼を努し、拳を握り気を作し、それによって通身汗出して、豁然として大悟するのを期するにいたることを恐れたためである。蓋し〝精采光明〟とは、志気が清定し、自然に発生する結果以外の何物でもない。もし〝起発〟を通して精采光明を得ようとすれば、それは事が終わったのにまた正し、忘れていないのにまた助けることである。禅学でなければ何であろうか）

退渓の著意極めて精細である。敬以て内を直すべく、敬を以て内を直すべきに非ざると全く同旨で、宋学と禅学との重要分岐点である。蘇斎も仍りて

提起此心、則此心常活而不為灰木之帰矣。

（この心を提起すれば、心は常活して、灰木に帰することはない）

といふ平庸に改めた。

退渓が斯くの如く、蘇斎の「夙興夜寐箴解」の一字一句に孜々として修正の意を致す所以は、宋学に似て非なる禅学の学界に浸潤せんことを恐るる為である。其の真意は、則ち禅学の揮斥にあるのである。故に金河西も退渓に同意して（蘇斎集・内集上篇・草創録・三子論夙興夜寐箴解往復録・聚其光霊絶其思念の条）

世無学禅者、亦不可不以為慮。又安知自今有流於禅者乎。諺称不可以無盗而畜不吠之犬、不可以無鼠而畜不

捕之猫。可戒可戒。

（世をあげて禅学を学ぶ者がなくても、それについて深く用心しなければならない。また今後、禅学に流れる者があるかもしれないからである。俗諺によれば、〝盗人がいないからといって吠えない犬を飼うことはできず、鼠がいないからといって鼠を捕まえない猫を飼うことはできない〟というが、まさに戒むべきところであろう）

と言った。

蘇斎は曩に玉堂にあるや、一日王の経筵に侍して『書経』を講じ、人心道心を説くこと朱子の説の如くであった。既にして珍島に謫せられ、愁裏にも学問工夫を怠らず、遂に禅学に於て安心の処を得、次で又当時新に将来せられた羅整庵の『困知記』を読むに至りて、乃ち前説を翻して道心を未発、人心を已発と解し（蘇斎集・内集下篇・懼塞録・人心道心弁）、

整庵又不備挙詳著以恵後学、尤可惜也。然今以其説推之、道心即天理具於心者。而其発也以気、故謂之人心。便有中節不中節、故危。而其未発則無形、故微。見其危而知其微、所以必加精一之功。精者察人心、即所謂察夫二者之間而不雑也。在学者則動時功也。一者存道心、即所謂守其本心之正而不離也。在学者則静時功也。

（羅欽順はまた、備挙詳著を通して後学を裨益することに失敗したが、それはもっとも惜しいところである。しかるにいま整庵説をもっていささか推衍すれば、道心とは天理の心に具わるもの（未発）のことであるが、その発するのは気をもってするため、それ（已発）を人心という。節に中るものと節に中らざるものがあるため、人心は〝危〟であるが、未発であれば無形であるため、道心は〝微〟である。その危をみてその微を知るには、かならず〝精〟〝一〟の功を加えなければならない。精とは人心を察することにあたり、いわゆる二者の間を察し、雑じらないようにすることである。学者にあっては動時の功に属している。一とは道心を存することにあたり、いわゆるその本心の正を守

りて、離れないことである。学者にあっては静時の功に属している）

と説明した。蓋し当時蘇斎は最も禅に耽り、老宿名禅の遥々海を超えて来訪して、彼と幾夜道話を累ねる者も少くない。禅の見地に立ちて道心人心を観て、之を未発即ち心之体、已発即ち気に乗じて動く心の用となして、惟一の工夫を以て静に心源を観照し、一旦忽然として噴地一発見性を了し、爾後喫飯運水一切作用即ち本心の妙用に外ならざるに至る、と解するを以て、禅旨に協ふものとするのである。羅整庵其人も中年禅に遊び、一老宿に逢うて、庭前柏樹子の話頭に参じ、兀坐精究、旦に達し、攬衣起たんとして恍然として省あり、汗通身に流る。後転じて聖学に入り、理気心性の説に於て一家の法門を開く。道心人心を以て性と情とに当て（困知記・巻上）、

凡静以制動則吉、動而迷復則凶。

（およそ静（体、道心）によって動（用、人心）を制すれば吉であるが、動いて静に帰るを知らざれば凶である）

と称して、重きを静時の惟一の工夫におき、略ぼ釈氏の明心見性と択ぶ所がない。蘇斎の経歴も整庵に類し、道心人心の説も亦其の蹤を襲うたものである。一度蘇斎の「人心道心弁」出づるや、当時の儒者の名ある者、李恒・盧禛・羅士慄・金千鎰・南彦経・尹澍等は、書を致して此を反駁した。併し蘇斎は以て其説を改むるには足らずとなした。

退渓は蘇斎の説の原く所を看破し、奇高峰に答ふる書に於て（退渓集・巻一七・重答奇明彦・別紙）

往者人言寡悔頗悦禅味、中間又聞其尊信困知記。……若寡悔誤処、似是従禅学中錯入路頭来、往者所聞為不虚矣。故如来諭所謂語類輯註之類、皆不取、乃厭窮理之煩、而欲径趨簡捷、此尤可憂之大者。

（過去に盧守慎はすこぶる禅味を悦ぶと噂され、のちまた『困知記』を尊信すると聞いたことがある。……盧守慎の誤るゆえんは、おそらく禅学に立脚して考察するところにある。先に聞いたことは虚読ではなかったようである。そ

れゆえ、学兄の手紙の指摘するところのごとく、盧守慎は語類輯註の類をとらず、窮理の煩瑣を嫌い、径趨簡捷にしたがわんとしたのであろうが、これはもっとも憂うべきところにほかならない）といひ、又人心道心已発未発説の謬れるを断じて（退渓集・巻一七・答友人論学書今奉奇明彦）、

夫限道心於未発之前、則是道心無与於叙秩命討、而性為有体無用矣。判人心於已発之後、則是人心不資於本原性命、而情為有悪無善矣。如是則向所謂不可見之微、不可測之危、二者之間隔断横決。欲精以察之、則愈精而愈隔断。欲一以守之、則愈一而愈横決。其視朱子説体用精粗工夫、功効該貫無遺者為如何哉。

（そもそも（羅欽順『困知記』のごとく）道心を未発の前にかぎれば、道心は叙秩命討（人事）にかかわることがなく、性は有体無用となる。また人心を已発の後にさだめれば、人心は本原性命にもとづくことがなく、情は有悪無善となる。かくのごとければ、『困知記』にいう〝見るべからざるの微、測るべからざるの危〟、二者の間は隔断横決せざるをえない。精に察せんとすれば、精であればあるほどいよいよ隔断し、一に守ろうとすれば、一であればあるほどいよいよ横決するからである。朱子説は、体用精粗工夫は功効が該貫して遺すところがないが、羅欽順の人心道心已発未発説は朱子説にくらべて、いかにみるべきか）

と云った。

蓋し蘇斎説の道心を静にして未発の心、人心を動いて発せる心となし、一以て未発を養ひ、精以て已発に察する工夫は、其自体には決して捨つべからざる高き修養的価値を具へて居て、決して単なる文字の沙汰ではないが、併し人心道心共に已発に就いて言ったものなることは誣ふることが出来ない。古代の哲人に心の未発已発の概念の未だなかったことは何人も知る所である。

斯くて退渓門にありては蘇斎の説に左袒する者はなく、奇高峰は後に「論困知記」の一篇を草して、整庵の理

気論をも批評して朱子の正学に対して異学なりと断じた。

李一斎

一斎李恒は在野の儒者として、一時奇高峰（奇大升）と相並びて湖南を上下に両分し一斎は上道に在りて門戸を開き、高峰は下道にありて学を講じ、声誉蔚然として聞えた。

而し一斎は元と武人出身で、壮年折節斯学に従事した人であるから、其の工夫も単的簡約を尚び、理気渾一観を主張し、性気不二説を唱へた。仍りて奇高峰・金河西（金麟厚）と往復論弁して敢て下らない。高峰其の説を以て退渓に報じ、退渓乃ち純朱子学の見地からして一斎の説を揮斥した。

理気二元論を主理説を以て統一せんとすれば、理は一層根本的となりて、理の具現する材料と力の方面を称して気と謂ふこととなりて、理気二分観を理一観に帰するを得べし。又羅整庵の如く主気説を立てれば、理は気の活動の迹に現はるる形式的条理に過ぎないこととなりて、気一元を以て統一する事が出来る一斎の説は主理にも主気にもあらず、理気二元対立するが儘に其の実は一物なりと立説するのである。

故に彼の説を窮むれば、理気は実在の二面であって、此の二面を離れて実在を見ることの不可能なると同時に、理気は隔離せる二物ではないことになる。而し一斎の観たる実在といふは、眼前歴々の具体的物を意味し、具体的物に於て理と気は渾然一体となりて、決して分界なしといふ処まで進むべきものである一斎の高峰に答ふる書（一斎集・書・答奇正字書）に曰く、

太極之論、古人云、雖専言理、而気在其中。雖専言気、而理在其中。理気雖二物、而其体則一也。蓋一而二、二而一者也。

（太極の論の場合、古人は〝専ら理を論じても、気はその中にあり、専ら気を論じても、理はその中にある。理気は二物であるけれども、その体は一である〟という。けだし一にして二、二にして一なるものにほかならない）

理気既に本体論的には界分がない、従て形而上なる道と形而下なる器にも亦分界がない。道即ち器にして、器即ち道である。

退渓は道器の区分すべきを挙げて、禹景善の問目に答へ（退渓集・巻三二・答禹景善問目）、

易曰、一陰一陽之謂道。陰陽非道、所以一陰而一陽之理即道。如此章許多事物非道、所具於事物之理斯為道。既謂之道、安得以形而下者当之耶一斎之説、一出一入、令人不可捉摸。所見不明、固応如此。

（『周易』繫辞上に〝一陰一陽をこれ道という〟とあるが、陰陽それ自体は道ではなく、一陰一陽するゆえんの理がすなわち道である。この章のごとく、多くの事物は道ではなく、事物の中に存在する理がすなわち道にほかならない。すでに道というからには、形而下のものをあてることができないからである。李恒の説は一出一入し、きちんと理解することができない。所見が不明であれば、当然そうならざるをえないであろう）

理気本と一物たりの説については、朱子の劉叔文に答ふる書（朱子文集・巻四六・答劉叔文）を引いて理気の決して是れ二物なるを高調し、理気本と一物と云ふは具体的物を看て、未だ物の理を看得ざる説なりとなした。一斎には又、心先づ動くか性先づ動くかの問題に対して、心先づ動くの説がありて、退渓一派の反対を招いた一斎は心は性情を統べ理気を兼ねるものではあるが、能く性情に対して、一個の存在を有し、其の固有の作用を感又霊感と称する。されば一切の精神感動及び感応は、先づ外界が心の感即ち知覚に入来るに由りて始まらなければならない。苟も此の霊感に入来らざる以上、如何なる強度の刺戟を有する外界と相対しても、感応は起らないのである。故に性先づ動くにはあらず、心先づ動くのであると。

金就礪（字而精）一斎の是説を許草堂（許曄）から聞き、再三師退渓に質す所があった。退渓も此の心先動説は他一斎の種々の説に比して頗る精密で、又論理的なることは認めるが、併し尚一斎が朱子の語（朱子語類・巻五）に

動処是心、動底是性。

（動くところが心であり、動くものが性である）

とあるを看透し能はざるの致す所となした。即ち性は心の内に存するが故に、性の一切動静は心を空間として起滅する外はない。又心は性情を統べ性即理であるが故に、一切の心の動静は動静する所以の理に因りて起らなければならない。されば心の外には性はなく、又性動かずして心独り動くこともない。而して動静する所以の理由を内面的に観れば、性に帰せざるべからざるが故に、性動いて而して心動くと見るを得べく、動静する処について外延的に観れば、心の動静とせなければならぬ。金就礪は詳細に此を述べて、退渓の印可する所となった。曰く（退渓集・巻二九・答金而精・所引）、

朱子曰、動処是心、動底是性。処底両字上看透体認出、可知其然也。夫心之所能動、実性之所以動也。心非性無以為動、不可謂心先動也。性非心不能自動、不可謂性先動也。

（朱子は〝動処が心であり、動底が性である〟という（朱子語類・巻五）。その〝処〟と〝底〟の二字上より看透し体認すれば、そのしかるを知ることができる。すなわち、心がよく動くのは、実に性が動くためである。心は性がなければ動くことができないゆえ、〝心が先に動く〟ということはできない。性は心がなければ自ら動くことができないため、〝性が先に動く〟ということもできない）

陳白沙、王陽明

陸象山（陸九淵）の学に就いては、退渓は居常之を排斥したけれども、其は唯だ朱子の言論を踏襲せるに止まりて、此に別に述べるの要もない。

此頃、陳白沙（陳献章）・王陽明（王守仁）の著述が朝鮮に将来せられて、学者の興味を唆った。退渓は二氏の説は畢竟禅学の換面出現となし、断々乎として之を排斥した。同じ頃に陳建の『学蔀通弁』も齎されて学界の大なる歓迎を受けた。宣祖の愛臣で退渓の知友柳希春の「経筵日記」（眉巌集・巻一六・経筵日記・癸酉）宣祖六年癸酉（一五七三）三月一七日経筵の講後、眉巌と宣祖との談話に曰く、

講畢。……語及王守仁自聖無忌、詆訾朱子。中国好怪者、従而和之。陳建著学蔀通弁、此実闢異端之正論、宜令校書館開板、又於湖嶺亦然。

（講義が終わって、……話題は次のテーマにおよんだ。すなわち、王守仁は気兼ねすることもなく自らを聖人と称し、朱子を詆訾してやまない。中国の怪異を好む者も、それにしたがって唱和している。陳建は『学蔀通弁』を著した。これは実に異端をしりぞける正論である。宜しく校書館に命じて開板すべきである。また湖嶺でも同様にしなければならない、と）

但しこれより先き、退渓は既に陶山に退隠して了ったから、斯かる西来の新書に接する機会極めて少く、終に此の『学蔀通弁』をも見ることが出来なかった。其は明宗一七年壬戌（一五六二）頃、門人李楨に答ふる書（退渓集・巻二一・答李剛而）中に程篁墩（程敏政）の『道一編』と陳建の『学蔀通弁』とを挙げて、恨むらくは皆未だ之を見ざるなりと云ひ、次で六六歳丙寅明宗二一年（一五六六）「心経後論」を作るや、亦趙士敬によりて、『皇明通紀』中より録示せられて篁墩の説の誤謬を指摘した陳建の説を知り、

因為之著学蔀通弁編年考訂、以究極同異是非之帰云。

（それゆえ、わたし陳建は『学蔀通弁』を著して朱熹と陸九淵の学説を編年考訂し、両者の同異と是非を論じ、その帰するところを明らかにした、云々とその説にいう）

と云へるに拠りて疑がない。従て退渓の非陽明弁は其の自得に出でたもので、『学蔀通弁』に憑りたものではあるまいと思はれる。

退渓は「白沙詩教伝習録抄伝因書其後」「抄医閭先生集附白沙陽明抄後復書其末」「伝習録論弁」の三篇（いずれも退渓集・巻四一・雑著）を著して、白沙・陽明の学説を批判し又排撃してゐる。

白沙については、彼は好んで静坐を尚ぶも、実は濂渓・明道・伊川嫡々相伝の存心涵養以て喜怒哀楽未発の場合の藹然として偏倚する所なき気象を体認する「持敬」と殆ど相等しき、静坐とは全く其趣を異にし、心を以て心を観、遂に何物か灼焯たる光霊の如きを見、一時に大悟を期する坐禅に陥れるを指摘し、更に白沙が虚無即ち無欲を尚び、一物の執著するなきに到らざれば道に入り得て深きこと能はずとなすを排して、

静坐之学、発於二程先生、而其説疑於禅。然在延平朱子、則為心学之本原、而非禅也。如白沙医閭、則為厭事求定而入於禅。

（静坐の学は二程先生に発するが、その説は禅と疑われるところである。だが李侗や朱熹は静坐を心学の本源ととらえて、禅とはまったく違うとしている。わたし李滉のみるところ、陳献章や賀欽などは、世を厭い安静をもとめて禅に入った者といわざるをえない）

と云った（退渓集・巻四一・雑著・抄医閭先生集附白沙陽明抄後復書其末）。「厭事求定」は正に格物窮理の学と相異る要点である。白沙が林君に与ふる書（陳献章集・巻三・与林友・二）に、

学労攘、則無由見道。故観書博識、不如静坐。

（真剣に学んで疲れ乱れれば、それによって道に到達することはできない。それゆえ、観書博識は静坐におよばない）

といひ、又林緝熙に与ふる書（陳献章集・巻二・与林郡博・七）に

終日乾乾、只是収拾此而已。

（終日、乾々として怠らず、ただこの理を収拾するのみである）

と云ひて、此理は一心の外に在らず、一心を観じ窮めて何事についても無碍自由なるを得るは、即ち此理を収拾したものである。然らず一々事物に即いて理を観て之に応ぜんと欲せば、遂に理と心と一致する時なく、安心の境界に到達することは出来ないと指示したのは、正に退渓の批評が適中してゐる。

退渓は先づ大体論として象山・白沙・陽明を一括して、其の心即理の法門は心外汎天下の事物を以て皆心の自由を妨げ本来の作用を障碍する者であるが故に、之を去りて単的に心に即いて理を求むべしと唱道するから、其説を推拡すれば五倫五常も亦遺棄して顧みざるに至るべしと痛論し、次に陽明の致良知説に反対した。

陽明は常に父に事へて孝、君に事へて忠なるの誠さへあれば、是れ即ち天理の復活、人欲の浄尽である。故に一々君に事ふるの節目、父に事ふるの節目を講求せずとも、只だ其の誠心を以て父に対し君に対すれば、期せずして万行忠たり孝たらざるはない。若し然らず、内に誠心なくして、徒に外許多温凊奉養の節儀を学ぶも、畢竟是れ扮戯に過ぎない。と説いてゐる。

退渓は之を批評して、忠孝が誠心を根本となすは勿論ではあるが、併し乍ら各種忠孝の儀則礼節其物も決して漫然扮戯の其の如くに世に行はれるのではない。所謂是れ民彝物則天理の節文であって、事君事父の天理即ち誠

心を最善く具現し、仁義礼智の人性に合致するものである。之を実践することに由りて、心内の天理は益々発展して強められるので、決して天理実現の妨碍物視すべきではない。陽明の説一歩を進めば、釈氏の作用是道と大差なく、礼節を以て成立維持の要素となす所の人倫五常さへも、不必要物と視做すに至るであらう。

陽明徒患外物之為心累、不知民彝物則、真至之理、即吾心本具之理。講学窮理、正所以明本心之体、達本心之用。顧乃欲事事物物一切掃除、皆攬入本心衮説了。此与釈氏之見何異（退渓集・巻四一・雑著・伝習録論弁）。

（王守仁およびその門徒は外物が心累となるのを恐れるが、民彝物則は真至の理、すなわち吾心本具の理であって、講学窮理はまさに本心の体を明らかにし、本心の用に達するゆえんであることを知らない。かえって事々物々を一切掃除して、みな本心のなかにとりこみ、混ぜて説きつくそうとする。これでは釈氏の見と何ら変わらないではないか）

又知行合一論に対しては、陽明が感官上の好悪と義理上の理解とを一同に看做せる誤謬を指摘した。陽明の好んで言ふが如く、好色を好み悪臭を悪むが如きは、誠実に之を好悪するが故に、其の好悪も殆ど実行と一致し、眼前に好色あれば喜んで之を取り、悪臭あれば之を避ける。然しながら義理上の事柄に至りては、学んで而して後に之を知り、知りて勉強して然後に始めて之を実行することが出来る。世上義理の正しきを知りて、而かも之を知るに止まりて、敢て之を行はざる者如何に多きか。若し又知行合一を主観的に解し、単に本心を主として説き、本心さへ誠に知れば、之を行に現はすに至らずとも、行へると同じとなさんか、世間には滑稽な事が実に多く現はれることであらう。

故大学借彼表裏如一之好悪、以勧学者之毋自欺則可。陽明乃欲引彼形気之所為、以明此義理知行之説、則大不可。故義理之知行、合而言之、固相須並行而不可欠一。分而言之、知不可謂之行、猶行不可謂之知也。豈可合而為一乎。……若如其説専事本心而不渉事物、則心苟好好色、雖不娶廃倫、亦可謂好好色乎。心苟悪悪臭、雖不潔蒙身、亦可謂悪悪臭乎（退渓集・巻四一・雑著・伝習録論弁）。

（それゆえ『大学』伝六章があの表裏のない好悪（好好色と悪悪臭）を借りて、学ぶ者に〝自ら欺くなかれ〟と勧めるのは、実に正しい。だが王守仁があの形気のなすところ（私意）を引いて、この義理知行の説を明らかにしようとするのは、まったく正しくない。義理の〝知〟と〝行〟は、合わせていえば、もとより相互に連係し相互に並行し、その一を欠くことができない。だが分けていえば、知は行ということができず、行は知ということができない。断じて〝知行合一〟ということはできないであろう。……いま王守仁の説くごとく、専ら本心を事として事物に関わらなければ、心がまことに好色を好むとき、娶らず倫を廃しても、また好色を好むということができるであろうか。心がまことに悪臭を悪むとき、全身不潔であっても、また悪臭を悪むということができるであろうか）

要するに、朱子の晩年、門弟子等往々文義の末に没頭して、義理の源頭践履の実際に対して疎忽なる弊に陥り、朱子自身も之が為に歎を発したのである。併し乍ら是の如きは末流の弊であって、朱子の本意に非ざるは論を俟たない。陽明は此の朱門の流弊を取揚げて之を誇大にし、以て朱子学の不可祛の本質的なるものとなし、象山に承けて「心即理」を唱へ、専ら天理を本心に即いて求め、工夫の約を図るに専にして、人事にも亦至当の条理が存在し、事に即いて理を窮めざるべからざるを遺れた。是の如きは、一時の反動的機会的学説と視るべく、百世不易の正学を立つるには足らない。退渓の陽明学に対する批判は大体是の如くである。

故に朝鮮の学界は後世に至るまで、彼の批判を奉じて陽明学を以て異学となし、或は異端となし、縦令若干少論派の士流の家庭が朝鮮陽明学の巨擘少論の大姓鄭霞谷（鄭斉斗）の学統を承けて往々之を奉ずるあるも、只だ陰微に之を尊信するのみにして厳に世に秘した。従て朝鮮の学者の公にした陽明学の批判は滔々として皆其の排斥であり、其の基く所は『学蔀通弁』にありて、退渓の弁論と大差あるを見ない。

独り純祖朝の折衷派の学者南人派の偉才、茶山丁若鏞の非王学論は其の著眼点を殊にし、陽明の学説の不合理を指摘して「致良知弁」を作り異采を放ってゐる。序でに之を附録する。茶山は先づ「致良知」の三字が象山の「尊徳性」と同じく陽明学の宗旨なるを挙げて、良知の字義に及んで曰く（与猶堂全書・第一集・巻一二・致良知弁）、

孟子曰、人之所不慮而知者其良知也。程子曰、良知出於天、不繫於人。即良者自然之意也。故不糞而肥謂之良田、不駁而馳謂之良馬。良也者本善之謂也。

（孟子は〝人が慮らずして知るところ、それが良知である〟といい（孟子・尽心上）、程子は〝良知は天より出て、人に繫らず〟という（二程遺書・巻二上）。すなわち、良は自然を意味している。それゆえ、肥料を施さないのに肥沃なのが良田であり、調教をしないのによく馳せるのが良馬である。良とは本善の謂いにほかならない）

然るに陽明独り良知に於て之を致すといふ。然らば致すの字義は如何。

夫所謂致者何謂也。彼不自来而我為之設法以来之、曰致也。吾不可自得而求彼以相助使之至、曰致也。

（そもそも〝致〟とはどういう意味か。かれが自ら来ないとき、わたしがそのため法を設けて招き寄せるのを、致という。またわたしが自得することができないとき、かれの助けをもとめていたらせるのが、致ということである）

是に於て良知を致すと称するは妥当ではない。良知なれば致すに及ばず、致す所のものは良知ではない。

良知者既已良知、何為致之。余故曰、良則不致、致則非良。既良而復致之、天下無此事也。

（いわゆる良知が本当に良知であれば、どうしてそれを致すのか。わたしはそれゆえ、〝良であればすなわち致さず、

致せばすなわち良ではない。すでに良であってまたそれを致すことなど、天下にはない〟という）

五　退渓の文藻

明宗晩年、鋭意賢士を求め、吏曹に命じて経明行脩の人を薦めしめ、吏曹六人を以て之に応じた。李恒・成運・林薫・金範・韓脩・南彦経である一斎李恒も召に応じて上京し、偶々逸士南冥曺植と逆旅に会して晤言し、因みに退渓の批評に移り一斎曰く一斎集・附録・遺事・出退渓語録）、

景浩由文章而入、其学問誤矣。

（李滉は文章より入り、その学問は正しくない、と）

南冥其の一流の辛辣なる皮肉を以て答へて曰く、

其学問、公与吾之所不知者乎。公但論公之弓角而已。吾但論吾実学而已。何可与論景浩学問之浅深邪。

（李滉の学問は、学兄とわたしの与り知るところではあるまい。学兄はただ弓角を論じるのみであり、わたしはただ実学を論じるにすぎない。何ぞともに李滉の学問の深浅を論じる資格などあろうか）

一斎の此の批評は当らないでもない。退渓は初め科挙の準備に汨没し、力を詩文に傾注し、既に詩文に於ても優に一家を成したのである。されば学成りた後に至りても、其の文章があまりに巧妙なるが為一斎の如き武人あがりの武骨学者は之に目眩し心惑ひて、其の学問さへも疑ふに至ったのである。

されば当代の学者の退渓を評する、学問文章兼備を以て称せない者はない。李栗谷の「石潭日記」（栗谷全書・

巻二八・経筵日記一・隆慶四年庚午・一二月辛丑）にも、
滉之学、因文入道。義理精密、一遵朱子之訓。諸説之異同、亦得曲暢旁通、而莫不折衷於朱子。
（李滉の学は、文に因りて道に入ったものである。義理は精密であり、専ら朱子の訓説にしたがっている。諸説の異同は、またよく通じ滞ることなくしているが、いずれも朱子の学説に折衷しないところはない）
と云ってある。実に退渓は学者として大なる通才である。
力めて自ら韜晦したけれども、闇然日章、各方面に亙りて天分の極めて豊贍なること蔽はんとして蔽ふことが出来ない。彼の詩・文章及び書に就いて、門人鄭惟一は『退陶先生言行通録』（巻一・言行通述）に述べて曰く、
先生喜為詩。楽観陶杜詩、晩年尤喜看朱子詩。其詩初甚清麗、既而剪去華靡、一帰典実、荘重簡淡、自成一家。為文本諸六経、参之諸子、華実相兼、文質得中、雄渾而典雅、清健而和平。要其帰、則又粋然一出於正。筆法初踵晋法、後又雑取衆体、大抵以勁健方厳為主。人得一字、如宝百金。詩文之美、書法之妙、挙世靡不師法。亦可見有徳必有言、通材無不能。而此則先生之余事爾、烏足為先生重軽哉。
（退渓先生は詩作を好まれ、陶潜や杜甫の詩を楽しみ、晩年は尤も朱子の詩を喜んだ。先生の詩は当初、清新美麗にすぎたが、しだいに華靡を去り、典雅朴実に帰した。荘重簡淡、自ら一家をなすということができるであろう。また先生の文章は、六経を根拠とし、諸子を参照した。華実は相兼ね、文質は中をえ、雄渾でありながら典雅、清健でありながら和平である。その帰を要すれば、粋然として一に正に出づということができるであろう。先生の書法は、初め晋法を継承したが、後来また衆体の長を雑取し、剛健有力・端正謹厳を旨とした。人々はその一字を得れば、百金を獲得したごとく重宝した。総じて先生の詩文の美や書法の妙については、世をあげて師法としない者はなかった。先生がまさに、徳あればかならず言あり、通材能たわざるなき偉人であったことをみることができるであろう。だが

これらは先生求道治学の余事にすぎない。真に評価すべきところではあるまい）

誠に之を悉してゐる。蓋し退渓は才力内に充溢し、唯だ学問の力を以て之を抑へて、能く重厚和粋渾雅、毫も軽浮誇靡の趣なからしめたものである。故に詩・文・書、之くとして佳ならざるはない。然れども強ひて言へば、退渓は学問第一、文章第二、書第三、詩第四と品すべきであらうか。或は書詩甲乙なく共に第三となすべきか。勿論道徳は学問中に含まれる。

真に退渓の文章は、仮りに彼の理学の造詣を除外しても、既に悠然として大なる作家の域に入りてゐる。英祖正祖頃の嶺南の文章家、活山南龍万の「語録」（活山集・附録・活山先生語録）に退渓の文を評して、

退渓之文、無往不可。其詩亦極佳。雖以文章、独歩東国、可也。

（退渓の文章は、往くところ不可がない。その詩もきわめて優れている。文章をもってしても、東国に独歩することができるであろう）

と云った。必ずしも好む所に阿ねる者と謂ふことは出来ない。

蓋し朝鮮学者の文章論は、朱子学が官学と立てられし以来、朱子の文章論に循りて、道文一致説に帰一した。所謂文は貫道の器で、文章の真価値を説道におかんとするのである。従て作者にして内に道徳備はり経伝に明かならざれば、高級なる文章は製し得ないのである。而して朝鮮に於ける道文一致の文章は、退渓に至りて略ぼ其の完璧に達した。故大提学鄭万朝氏も朝鮮文章の正系退渓に至りて極まる、学文者須らく範を退渓に取るべしと云って居られた。

退渓の書法、亦勁健方厳重厚、気品規格共に書家に伍して充分である。されば当時、退渓体と称へて珍重し、景福宮を重修するや、其の殿額門題皆彼の書を用ひた。彼の詩は初年の作は陶杜の遺韻ありて、詩人の詩たるを

失はなかったが、晩年刻意朱詩を学ぶに至りて、典実荘重道味豊かにして他の企及すべからざるものあるけれども、所謂道学者の什に入るべきものも少くなくなった。然れども是等はもとより彼の余事に過ぎない。

許筠の選次した『国朝詩刪』に録する五言、

「次友人寄詩求和韻」（退渓集・巻三）

性僻常耽静、形羸実怕寒。松風関院聴、梅雪擁炉看。世味衰年別、人生末路難。悟来成一笑、曾是夢槐安。

（性僻はつねに静に耽り、形は羸せて実に寒を怕る。松風は院を関ざして聴き、梅雪は炉を擁いて看る。世味は衰年別れ、人生は末路難し。悟来りて一笑を成し、曾てこれ槐安を夢む）

「晩歩」（退渓集・巻一）

苦忘乱抽書、散漫還復整。曜霊忽西頽、江光揺林影。扶筇下中庭、矯首望雲嶺。漠漠炊煙生、蕭蕭原野冷。田家近秋穫、喜色動臼井。鴉還天機熟、鷺立風標迥。我生独何為、宿願久相梗。無人語此懐、瑶琴弾夜静。

（忘るるに苦しみて乱りに書を抽き、散漫して還ってまた整う。曜霊はたちまち西に頽ち、江光は林影を揺する。筇を扶いて中庭に下り、首を矯げて雲嶺を望む。漠々として炊煙生じ、蕭々として原野冷ゆ。田家は秋穫近く、喜色は臼井を動かす。鴉還りて天機熟し、鷺立ちて風標迥かなり。我生は独り何の為ならん、宿願は久しく相梗ぐ。人の此懐を語るなし、瑶琴、夜静に弾く）

二首は彼の晩年作を代表するもの。彼の詩純静と称せらるる所以か。而して比較的壮齢の作に陶詩を撫するあり。

丙申年（一五三六）「感春」古詩（退渓集・巻一）、

清晨無一事、披衣坐西軒。家僮掃庭戸、寂寥還掩門。細草生幽砌、佳樹散芳園。杏花雨前稀、桃花夜来繁。紅桜香雪飄、縞李銀海翻。好鳥如自矜、間関哢朝暄。時光忽不留、幽懐悵難言。三年京洛春、局促駒在轅。

悠悠竟何益、日夕愧国恩。我家清洛上、熙熙楽閒村。隣里事東作、鶏犬護籬垣。図書静几席、煙霞映川原。渓中魚与鳥、松下鶴与猿。楽哉山中人、言帰謀酒尊。

(清晨に一事なし、衣を披て西軒に坐す。家僮は庭戸を掃き、寂寥は還って門を掩う。細草は幽砌に生じ、佳樹は芳園に散ず。杏花は雨前稀なり、桃花は夜来りて繁る。紅桜は香雪のごとく飄い、縞李は銀海のごとく翻る。好鳥は自ら矜るがごとく、間関として朝暄に哢る。時光は忽として留まらず、幽懐は悵みて言いがたし。三年京洛春、局促なること駒の轅に在るがごとし。悠々もついに何の益あらん、日夕国恩に愧づ。我家は清洛上にあり、熙々として閑村を楽しむ。隣里は東作を事とし、鶏犬は籬垣を護る。図書は几席に静まり、煙霞は川原を映す。渓中に魚と鳥あり、松下に鶴と猿あり。楽しいかな山中の人、ここに帰りて酒尊を謀る)

退渓の文は疏誥・上表・弁論・学説・碑誌及び寒暄・世事各種各体、皆縦横自在文字豊富にして、規格典雅厳正、能く言はんと欲する所を悉し、些の遺憾もない。されども就中、彼の書を以て朝鮮人の作に係かる漢文中最上乗のものとせなければならない。朝鮮の学者にも亦私と意見を同じうする者が少くない。嶺南に於て小退渓と称せらるる大山李象靖は『退渓書節要』を作り、丁若鏞は『陶山私淑録』を作りて退渓書を抜粋し、真宝李氏益斎も亦『退渓書節要』を編した。

蓋し退渓が世を経るに従って、愈々益々朝鮮の学者から崇拝せられ来った所以は、其の学術醇粋道徳高大、優に大賢の域に入るとせられるに因るが、更に他の有力な原因として、退渓書が能く退渓の学と人とを明々白々地に表して、之を読む者をして数百載の下、面のあたり其人に接するが如く景仰欽慕の念、油然として起るを禁ずる能はざらしむるが為である。

鄭惟一は退渓の文は六経から入って諸家に参し、古文の神髄を得たと云ひ、且つ退渓が尤も工を朱子書に用ひ

て、之を研究すること最も深しと云った（退陶先生言行通録・巻一・言行通述）。即ち、

平生於朱子書用功最深。以朱子論学切要之語、多在於知旧問答書中、而学者多患其汗漫、於是取其尤親切緊要者、節約成書、略加註解。自是人知受用朱子書矣。

（先生はつねひごろ、朱子の書札についてもっとも深く研究された。朱子の論学切要の語は多く知旧問答書中にみえるため、その汗漫を嘆く者も少なくなかった。そこで先生はそのもっとも親切緊要なところをとって、節約して書をつくり、また註解をすこし添えた（『朱子書節要』がそれである）。書の完成後、人々は朱子書を受用することを知った）

蓋し朱子の諸著述中、特に其の知旧門人との問答往復の書中に於て、朱子の学術文章の精髄及び人物の真面目を端的に発見し、之を節要して学者に向って受用を勧めたのは、退渓に始まるのである。明の高攀龍は万暦の進士で『朱書節要』を編したが、固より退渓より後である。而して退渓其人の文章も朱子書から悟入したる所が多い。前引南活山は曰く（活山集・附録・活山先生語録）、

世称退渓為東方朱子。今読其書、豈不信哉。語勢句法、恰似朱書。観者不覚有優劣。欲読朱書者、宜且読退渓集。

（世に退渓を称して東方の朱子というが、いまその書を読むに、まことにそのとおりであると思う。退渓の語勢句法はあたかも朱書のようであり、読者は両者に優劣があるとは思わないにちがいない。朱書を読もうと欲する者は、あわせて退渓集も読むべきであろう）

彼は朱子書を学びて其の神髄を得た者である。

吾々が退渓書を読みて感ずる所のものは、第一に漢文漢字を完全に手に入れて、古文の文字・道学上の辞・詩

歌の語句・故事故典すべて自由自在、手に随って駆使し、如何なる複雑な思想微妙な人事でもいとすらすらと思の儘に発表して、全く道学文章兼備する退渓其人の諄々たる弁説を聴くが如きこと、第二に行文の自由を極めて、而かも一点鄙俗の気味なきのみならず、処々適当に古雅清逸な字句と、超脱高踏的思想とを点綴して、以て全篇の調子を高尚にし、風韻を朗逸にしてゐること、第三に知旧門人の問目に対して、常に全力を傾注して之に回示を与へ、謙譲裏に標峙する所を失はず、識見の高朗と研究的良心の明敏と後進誘掖提撕の純情に溢るること等である。退渓書は、『本集』巻九より巻四〇までと『続集』巻三より巻七までに亙り、殆ど退渓全集の五分四を占めてゐる。

退渓、嘗て癸亥年（一五六三）に友人李湛仲久に答へて、李湛の彼の著『朱子書節要』の批評に及んで曰く（退渓集・巻一〇・答李仲久・癸亥）、

晦庵書節要蒙示病処、甚荷不外。……然来諭云、義理之精深、事為之酬酢、切於吾身与吾心者、所当先取、而其間或有不緊而見収云云。此固然矣。然而必欲尽如此説、恐未免又堕於一偏之病也。夫義理固有精深処、其独無粗浅処乎。事為固有緊酬酢、其無有間酬酢乎。……故或問於亀山曰、論語二十篇、何者為要切。亀山曰、皆要切。正為此爾。然則是書所取如来諭所当先者、固已不勝其多矣。其或彼此往復之際、亦有道寒暄、叙情素、玩水遊山、傷時悶俗等間酬酢、似不切之語、間取而兼存之、使玩而味之者、如親見先生於燕間優逸之際、親聆音旨於謦欬談笑之余、則其得有道者気象於風範神采之間者、未必不更深於専務精深不屑不緊者之徳孤而無得也。非独此耳。滉読此書以来、乃知師友之義如此其至重。惟其義重故情深、情深故有許多相周旋款叙之言。若以為非論義理、不切身心而尽去之、則何以見古人師友之道、若是其重且大乎。嘗得南時甫書、挙節要中答呂伯恭書、数日来蝉声益清。毎聴之未嘗不懐高風也一段云、若此歇後語、取之何用。滉答説、今

不能記得、其大意、若曰作歇後看、則歇後。作非歇後看、則非歇後云云。大抵人之所見不同、所好亦異。滉平日極愛此等処、毎夏月緑樹交蔭、蝉声満耳、心未嘗不懐仰両先生之風。亦如庭草一間物耳、毎見之輒思濂渓一般意思也。

(『晦庵書節要』、不足の点を懇切に指摘たまわり、深く感謝する。……だが来信には〝義理の精深、事為の酬酢、吾身や吾心に切実なところについて、まずもって取らねばならないにもかかわらず、書中にはかえって緊要ならざるものも収録されている〟云々という。ご指摘はもとより正しい。だがかならず完全にご指摘のごとくしようとすれば、おそらくはまた一偏に堕すの病を免れないにちがいない。そもそも義理にはもとより精深なところがあるが、同様に粗浅なところもないわけではなく、事為にはもとより緊要な酬酢があるが、同様に閑暇な酬酢もないわけではないからである。……それゆえ、或人が楊時に〝『論語』二〇篇、どれが切要か〟と問うたとき、楊時が〝全部切要である〟と答えたのは、まさにそのためである。かくして本書の取るところは、来信にいわゆるまさに先にすべきものが、当然ながらすでにその大多数を占めている。書中にはまた、彼此往復に際して、寒暖を問い情誼を叙べ、玩水遊山・傷時悶俗など閑暇な酬酢があり、一見、切要ならざる語辞のようであるが、間取して兼存した。それは本書を玩味愛読する者に、燕間優逸の際に先生に親見するごとく、先生の音旨を謦欬談笑の余に親見聆聴していただきたいと考えたためである。そうすれば、有道者の気象を日常の風範神采の間に体得することが、いまだかならずしも、専ら精深を務めて緊要ならざるを一顧だにしない者の徳が孤にして得ることなきよりさらに深くないことはないであろう。独りそれのみではなく、わたし李滉は朱子書を読んで、やっと師友の義がかくのごとく至重であることを知った。すなわち、その義が重いゆえに情が深く、情が深いゆえに多くの相周旋款叙の言があった。もしも義理を論じるにあらず、身心に切ならずと考えて、ことごとくそれを去れば、古人師友の道がかくのごとく重くかつ大きいことをみることはできないにちがいない。かつて南時甫が書札を寄こして、『晦庵書節要』巻四に引く「答呂伯恭」の〝数日来、蝉声はますます清し。これを聴くごとに、いまだ嘗て高風を懐かずんばあらず〟（朱子文集・巻三三）の一段（ただ一七字のみを引く）について、〝そのような歇後（省略）の語に何の意味があるか〟とわたしの編修を批判したことがある。返書の正確な内容についてはいま記憶していないが、その大意は〝歇後とみれば歇後であるが、歇後でないとみれば歇後ではない〟云々と答えたと思う。大抵、人のみるところは同じでなく、好むところもまた異なっている。わたしは平日これらのところを非常に愛する。夏月ごとに緑樹が蔭を交え、蝉声が耳を満すとき、心はいまだかつて両先生（孔子と朱子）の風尚を懐仰しなかったことはない。また庭草のような一間物についても、みるたびに周敦頤の愛蓮のことを思いだしている）

此に退渓の『朱子書節要』編纂の趣意を見るべく、是れ実に本書が是種書中にありて殊彩を放ち、後人が編者に向って敬服措く能はざる所以である。退渓が朱子書を観たと全然同様な観方を以て退渓書を観て、尤も興味津々として尽きざるを覚えるのである。

退渓書は毎篇皆佳金玉の珍什であるが、私一個の意見として、就中巻一五に収むる所の李聾巌の子、碧梧李大成文樑に答ふる書二二篇中の小品短篇を最神品に推したい。洵に風韻清逸、間淡不多の文字、珊々琅々として佩玉の清音を雲間に聞くに似てゐる。朱子書中と雖、是の如きの好看的文字は恐らく多くはないであらう。其の二三を抄出する。

承柬慰寂。前日雖受公給看竹聴琴、所得亦殊不悪。近日独棲、観雨観漲、奇変千状、足娯病眼。但壇塘新砌不牢、並為山泉暴齧、頽壊狼藉。西湖淇澳両君幸免、而江城僅移安於傷損之余。浄友則雖存一二、無術可保。誠恐伯仁由我而死、良自惋懊。山泉一番肆壊之後、洗新清激、鏘鳴金玉、儘可一来共聴。因聞渓斎霾漏、有妨書籍、明間当入理曬、未的復出在何日也。余俟面笑、難以書伝（退渓集・巻一五・答李大成・第一一書）。

（来信を承けて寂寞を慰めた。前日は学兄の招きに応じて、竹を観賞し琴を傾聴したが、実に得がたい経験をした。感謝する。近日来、独り棲居して、雨が降り水がみなぎるのを観察した。その奇変千状は、わが病眼を十分に娯しませてくれた。ただ壇塘は新砌になり牢固ではなく、山泉の突然の侵蝕のため、倒壊し狼藉をきわめた。西湖淇澳両君（梅と竹）は幸いにも損害をうけず、江城（香草）はわずかに傷損の余を安全なところに移植した。浄友は一、二を存するけれども、おおむね保護する方法がない。まことに〝王導が〝周顗は私に由りて死す〟と泣いた〟故事のごとく、わたしのため損傷をうけたかもしれぬ、と悔やまれてならない。山泉は一番思うがままに破壊したのち、また清新透徹になり、流水は金玉を打ち鳴らしたごとき涼しげな音をたてている。思いのまま一来して共に聴くのがよいであろう。渓斎は雨漏りし、蔵書を濡らしたと聞いたので、明日は入って整理し曝書しなければならない。またいつ外出することができるか、いまだ明らかではない。書信では伝えがたいため、余事は直接お目にかかるのを俟ちたい）

又

昨日、偶乗肩輿出江舍、梅或蓓或開、杜鵑乱発、山杏亦如之。虚堂対雨、終日悵望而返。光陰不肯略従容、而賞心楽事一何未諧之甚耶（退渓集・巻一五・答李大成・第一四書）。

（昨日は、たまたま肩輿に乗って江舎を出た。梅花はあるいは半開しあるいは全開し、杜鵑花は争って乱発し、山杏花もまた同様である。だが虚堂（心）はまさに陰雨のようであり、一日中、失意のうちに景色を眺望し、むなしく帰宅した。時間の流れはすこし従容とすることも許さないが、賞心楽事とはどうしてこのようにまったく調和しないのであろうか）

又

日者、抽身孤往、玩水尋山、秋興満目、野菊明香、令人意適忘倦、不知蹇驢之踸踔也。凌雲台清絶縹緲、異境可愛。半日夷猶、招其旁近諸人、則必不能任意脱去。帰途狼狽、老病何堪。茲致看竹、不問主人。如有怪者、以是告之、幸甚。葛仙之遊、寤寐佇思、念後雖遅、当依示。但又聞安東両官近欲来訪、不知定在何日、恐或連作掣肘也。若不禁興発、則或又作孤往、亦未可知耳（退渓集・巻一五・答李大成・第二二書）。

（往日、身を抽いて孤往し、水に玩れ山を尋ねた。秋興は目に満ち、野菊は明香である。心情は暢適し疲倦を忘れ、自らのよぼよぼとした足取りをすこしも思いおこさない。凌雲台は清絶高遠であり、愛すべき異境である。半日ゆっくりりし、旁近の諸人を招いた。招いたからには、気ままに脱去することができない。帰途狼狽し、老病何ぞ堪えんと嘆く。旧知の竹園に寄り竹をみたが、主人には挨拶しなかった。怪しむ者があれば、このことを告げていただければ幸甚である。孤往後、寝ても覚めても葛仙の玩遊のことが念頭を去らず、後世遅しといえども、まさにその教示に依るべしと思う。だが聞くところによれば、安東の両官が近く来訪するという。正確な日時はわからないが、あるいは相連なって掣肘をなすかもしれない。遊興の大発を禁じられなければ、あるいはまた孤往したいが、可能か否か、いまだ定かではない）

嗚呼、真に文は其れ人なるか。若し夫れ退渓明理の文は、奇高峰との往復を第一に推すべく、又門人中、其の所見の尤も穏健中正なるを以て、他日の大成を嘱望した者に李文樑（字大成）の婿黄俊良あり、次で鄭惟一あり。而して俊良早く逝いて師の深惋をなし、惟一専ら師の勧勉を受けた。二人に答ふる書は尤も懇切で、親愛の至情を現してゐる。今是等の書を観れば、当年老先生が其の老眼病身を以て、門人等の問に対して、斯くも委曲を悉して諄々として回教し、幾多の図書を参攷し、幾多の紙を費せる誠意悃情に対して、吾人平生の心掛の及ばざること誠に遠きを恥ぢなければならない。退渓書は其の気魄に於て固より朱子書に企及すべからざるも、文学的趣味に至りては、幾度繙くも飽くことを知らない。蓋し文章の妙を窮めたものと謂はなければならない。

朝鮮の儒者、或は退渓の「心経後論」一篇を以て、集中第一の文字と月旦する者がある。宋浚吉『同春堂別集』（重刊本）巻一「経筵日記」孝宗八年一〇月（一四日）心経講筵に曰く、

上曰、心経後論極好。浚吉曰、人謂李滉文集中第一也。

（孝宗は〝退渓の「心経後論」は非常によい〟といわれた。宋浚吉は〝或人は李滉文集中第一といっております〟と答えた）

併し是は畢竟、彼の朱子学説を紹述する点を主として批判したものである。

六　朱子と退渓

朝鮮の学者、朱子に対する退渓・栗谷・尤庵三人者の心情を品評して曰はく、退渓は朱子を学び、栗谷は朱子を慕ひ、尤庵は朱子に党すと。名評と謂ふべきである。

退渓は朝鮮儒門の散聖である。当代に師承なく、直に溯りて朱子に私淑した。彼は往々朱子を称して単に先生と謂ふこと、「答李剛而」の四端七情を論ぜる場合の如くである。彼が支那朝鮮を通じて、最醇粋なる朱子学者なる事は前述四七理気発説に依りて、之を知ることが出来るが、独り学説文章に於てのみならず、退渓の生涯其物も常に朱子を学び、其の出処進退及び持身接人等、一に朱子の先蹤を履まんとせること誠に顕著なるものがある。

退渓の出処を観るに、中宗二九年甲午（一五三四）文科に及第し後、一〇年を経た癸卯（一五四三）から明宗一三年（一五五八）に至る一六年間に、辞職又は召命に応ぜざるもの二七回、其後引続き大官に拝せらるること十数回であったが、多くは許可を受けざるに退京して郷里に帰臥した。其の最も表々たるものは、前にも述べた明宗昇遐して宣祖即位し、当年丁卯（一五六七）七月、礼曹判書兼同知経筵春秋館事に拝せらるるや、再辞して允されず、翌月纔に移病して免ぜらるるや、明宗の因山未だ訖らざるに急匆東帰し、為に一世の厳批を惹起した事であった。此時、彼は奇高峰の質問に対して心事を披瀝して答へたのである（退渓集・巻一七・答奇明彦・丁卯九月二一日）が、矢張朱子の先蹤を引いて（退渓集・巻一六・答奇明彦）、

細観程叔子朱夫子以至剛大名行於世、毎事不放過、如彼而不嬰於世患者、徒以纔遇未安処、力辞而得遂其志故也。

（細かに程子と朱子が至剛の大名をもって世事を処理するのをみれば、あらゆることを軽々しく放過しないのにもかかわらず、あのように世上の禍を犯さないですんだのは、わずかでも不安なところにあえば、ただちに力辞して自らの志を実現することをえたからである）

と云った。是れ彼が程朱二子の出処に就いて看破した骨髄であって、彼が一生努力して之に則り循った所である。実に朱子は紹興一八年（一一四八）に一九歳で登科して官に就いてから、七一歳で卒する迄前後五二年、官職を以て外に在りしは九年、京官となりて朝廷に立ちしは僅に四〇日、余他は常に田里山中にありて、天下第一の学究として其の徒と共に講論著作の業に従ったのである。故に朱子の召命を受けて之を辞退したもの九〇回、官職を辞したもの五、六〇回、終に任命に応ぜざりしもの八回であった。

丁若鏞の『陶山私淑録』に退渓の出処進退の義を論ずるものは、確に一隻眼を備へて居る。即ち、退渓は虚名

を負うて朝に立てば、趙静庵（趙光祖）が惨死した彼の中宗己卯の士禍の迹を追うて、自身失脚して禍網に罹るのみならず、彼を推挽した当時の清流も亦一時に惨禍に陥るを憂へたのである。退渓が老友朴思庵に答へて出仕を拒む書の終に、因みに己卯士禍の原因に言及して、当世の士流亦相共に慎まざるべからざるを切言して曰く（退渓集・巻九・答朴参判淳・丙寅）、

独不見博者乎、一手虚著全局致敗。今欲奨進虚名、動一時観聴、而不得実用、正是一虚著手、寧可不虞其敗局乎。況近世士林之禍、率因虚著而作、覆車在前、故踵後者尤難進歩。病人聾耳、猶聞浮囂之徒、動以小己卯目之。此乃載禍相餉之言。涚不幸而当虚著之局、及至於敗、未知諸公其得晏然而已乎。

（そもそも博戯は一手の虚著が全局の失敗をいたすが、それをみたことがないことはあるまい。いま虚名によって推挙をうけ官職に任じられ、一時の観聴を動かさんと欲しても、実事に無用であれば、まさに一虚の著手である。むしろその敗局を虞るべきであろう。ましてや、近世士林の禍はおおむね虚著が原因でおこっている。覆車が前にあるゆえ、後を踵ぐ者はもっとも歩を進めがたい。わたしは重病を患い耳もあまりよく聞こえないが、浮囂の徒がややもすれば小己卯（一五一九）をもってそれを目していると聞く。これはすなわち禍を載せながら饗応することにほかならない。わたしは不幸にして虚著の局にあたっているが、敗にいたるにおよべば、おそらく諸公らも晏然として日を過ごすことができないにちがいない）

茶山（丁若鏞）は此に就いて更に深く彼の心事を抉撥して曰く（与猶堂全書・第一集・巻二一・陶山私淑録）、

先生撰静庵記実之文、而以担世取敗、嗟咄歎惜、三致意焉。噫先生方且以静庵為戒矣。雖聖上側席而俟之、公卿挙笏而望之、都民加額而迎之、先生肯留連濡滞、使聖志或厭、而小人得乗其間、至於一敗而塗地哉。即先生龍徳深潜、確乎不抜、非直康済自家而止、実欲弘済乎当時在朝之善類。而諸公見不及此、招徠之請、日

陳紝纊、責勉之書、交飛凋壑。先生其肯幡然哉。

（退渓先生は趙光祖の実記を撰し、かれが世務を担いながら政争に敗れたことをもって嗟咄歎惜し、その原因について再三熟考した。ああ、先生はまさに趙光祖の故事をもって儒林の戒めとしようとしたのである。先生は、聖上が席を側らに設けて俟ち、公卿が笏をあげて望み、都民が額前に双手をそろえて拝し迎えても、あえて動こうとせず無位無官にとどまったが、それは聖上があるいは政を厭い、小人がその間に乗じるをえて、最終的に一敗地にまみれさせようとしたためである。先生は龍徳をもち深く潜み、志操を堅固にして確乎として抜かず、ただ自家を康済するだけでなく、当時在朝の善類を弘済しようとした。諸公の見はそれにおよばず、招徠の請は日々玉座につらなり、責勉の書は交々凋壑を飛んだが、先生はまったく動ぜず、決心を変えることはなかった）

正に眼光紙背に透るもので、益々退渓進退の聡明、単に明哲保身の外に、よく大勢を達観し、党禍を未然に防がんとしたことを見るに足る。

斯くて退渓の行蔵（出処進退）は、後の李朝学者に向って生活の典型を垂れ、爾後小退渓輩出し、彼等は自ら山林儒と称し、仕へずして其事を高尚にし、其の学徳の声誉聞ゆるや、江湖朝廷之を景仰して名賢となし、大なる郷先生として其の徳化四方に普被するに至った。退渓の出処進退が之を朱子に学びしのみならず、其の中年以後の生活の全班も亦、朱子の其に彷彿たるものがある。

朱子は其の生計固より裕ならず、箪瓢屢々空しく、往々諸生の遠方より至る者と豆飯藜羹を共にしたのであったが［黄勉斎撰・朱子行状］、尚ほ或は武夷九曲に武夷精舎を構へ、或は晩年には竹林精舎を営み、境幽に居間にして学者蔵修の処たるに適して居た。退渓も家素と裕ならず、官遊も只だ清廉以て貫き、而かも在職年数幾許ならず、故に家計常に清貧であった。然れども拮据経営、初に寒栖庵を築き、晩年陶山書堂成り、花に灌ぎ竹に聞き、十分に思索著作の閑静境を得て満足したのである。

且つ又朱子と同じく出仕の歳月は幾許もないけれども、学名実に闔国を圧し、従学者遠近より相踵ぎ、往々書堂の側に廬を作りて寄宿し、晩年に至りても、丁度朱子が偽学の禁の為に門人を謝しつつ、既に遠方より来った者は還し遣るべきに非ずとなして、留めて講学せると同じく、之を拒まずして教授した。彼が禹景善（禹性伝）に与へた書中に曰く（退渓集・巻三一・答禹景善）、

吾自以懵学老病之人、本無開門授徒之意。間有来者、或有故則拒而去、或無故則不能尽去、而留者往往有之。如君輩及近日之事是也。

（わたしは自らを無知にして年老有病の者と考えているため、もともと開門授徒の意などない。ただ間々来たる者があり、理由がみつかれば拒絶して帰したが、理由がなければすべて拒絶することもできず、留まる者も往々にしてないことはなかった。君輩および近日の事はまさにこれである）

全く朱子と同意である。

而して朱子は常に其の及門の門人達を呼ぶに友人を以てし、決して門人弟子とは称せなかった。又之を教へるとは言はず、共に講論すと言った。其は以て共に倶に講究切磋すべき者と思ふ為である。金誠一の録せる『退渓先生言行録』（巻三・交際）に曰く、

待門弟子、如待朋友。雖少者、亦未嘗斥名称汝。送迎周旋、揖遜致其敬。坐定、必先問父兄安否。

（先生の門弟子への対応は、朋友への対応と同様である。年若き弟子にも、いまだかつて斥言して汝と称することはなかった。送迎周旋には、揖遜してその敬をいたした。坐位が定まれば、かならず真先に父兄安否を問うた）

彼の門人に対するも亦朱子と同様である。

朱子は間世の天分を以て、壮より老まで窮理研経須臾も怠らず、晩年には双目殆ど明を損じ、又偽学の禁の為に杜門逼塞、寂寞たる境にありながら、其の易簀に至る迄、嘗て工夫と鉛槧とを輟めず、『大学』註は殆ど臨終まで之を校訂し、「誠意」の章は実に其の絶筆なりと伝へられる。されば晩年門人に与ふる書中にも屢々当時の境界を写して、しかも工夫の日進純熟することを謂って居る。退渓も元と強健ならざる体質を以て、老来胃腸の痼疾を得、眼力も亦衰へ、多く瞑目静坐して、反って心裏に向って此這個を求めた。然しながら其の味は年一年より深かった。「答李仲久」（退渓集・巻一〇）にも、

至如老病這漢、不待数紙、眼霧体疲、強之不輟、往往別生他苦、不得不為之休罷。已到此境、常事不怪。最是精神耗敝、日間雖有些少看得、転眄之頃、失去無留。畢竟何益。但於看時有味、覚得孟氏芻豢之言真不我欺。此意一年深似一年、以此不能頓廃耳。

（わたしのごとき年老多病の者にいたっては、文字を読めば数紙を待たずして、眼は昏霧し体は疲労するのが常である。強いて読みつづければ、往々、他の苦しみをいたし、結局は休罷せざるをえない。完全にこの境界にいたれば、これは常見の事であって、怪しむに足りない。もっとも嘆かわしいのは、精神がまったく耗敝しており、昼間いささか看得があっても、転目眄目をする間に、全部忘れ去ってしまうことである。読書をしても畢竟、何の益もない。ただ読書のとき思いもかけぬ味があって、『孟子』告子上の芻豢の言、すなわち〝理義の我が心を悦ばす〟がまことにわたしを欺かなかったのを実感することは、紛れもない事実である。この感覚は一年ごとに深まっている。にわかに頽廃しないのはこのためであろう）

と云って、而して死するまで工夫研鑽を已めなかった。

退渓は易簀の前月即ち宣祖三年庚午（一五七〇）一一月に、奇高峰に書を送りて、「物格」「知致」と「無極」

「太極」の極字の説とを改める事を通知した。即ち彼は従前、極字を理と直解し、無極を訓して無なる極となし、又「物格」の格を已到と解したのであった。今之を改めて「格物」「物格」を釈して（退渓集・巻一八・答奇明彦・別紙）、

然則方其言格物也、則固是言我窮至物理之極処、及其言物格也、則豈不可謂物理之極処、随吾所窮而無不到乎。

（しからばすなわち、『大学』が〝格物〟を講じるときはもとより、（〝物に格る〟と読み）文意はわたしが窮めて物理の極処に至るというのであろう。また〝物格〟を講じるにおよんでは、（〝物格る〟と読み）文意は物理の極処がわたしの窮めるところにしたがって到らないところがない、ということができないであろうか）

となし、事物に在る所の理を窮尽すれば、其の理昭々然として我胸中に到りて一点の疑なく、我はよく事物の理の儘に之を処して罣碍なきを得るといふ意味に改めた。

又「無極而太極」（太極図説）は黄勉斎（黄榦）の説を取りて、極を以て至高に居りて四方に標準たる至極の意となし、唯だ太極と言へば形状方所あるが如く惟はるるを避けて、極無しの意を以て無極と称するのであると改め、極無くして太極と読むことにした。此間の事は、李艮斎の「渓山記善録」に詳述し、大儒の研究的良心を千載に伝へてゐる。

朱子は詩文の大作家たるを以て、人に対するや力めて之を韜晦し、敦樸なる道学者を以て自ら処らんとしてゐる。従て知旧門人等の詩文に努力するを以て、斯学の邪径に趨りて不必要事を勤める者となした。又容易に金石文の需に応ぜす、常に文章は明経中より出来るものと唱へた。程欽国に与ふる書中にも（朱子別集・巻二・書・程欽国）、

往年誤欲作文、近年頗覚非力所及、遂已罷去、不能留情其間、頗覚省事。

（わたしは往年、作文に誤って執着したが、近年には力のおよぶところでないことをすこぶる自覚し、ついに罷め、その間にさほど心を留めていない。すこぶる時間の節約を覚えるゆえんである）

と言ってゐる。退渓亦朱子を学び、決して自ら文章家を以て居らない。殊に碑銘墓碣の需に対しては、敢て当らずと称して、極力之を謝絶した。明宗の壬子年頃の書と惟はれる「答宋台叟麒寿」に其の先人碑銘の至嘱を辞して曰く（退渓集・巻九・答宋台叟）、

滉平生絶無知識、唯自知其不足則甚明。以魯鈍之資、加之早年多病、専不読書。朝廷采虚名、置之文翰之列職、使難逭時有雕篆之効。当時不甚知恥。数年退間、見古人述作如彼、而吾之冒濫如許、毎一思之、愧甕汗背。

（わたし李滉は平生、絶えて知識がない。確実に知っていることといえば、わずかに自らの知識不足のみである。魯鈍の天資にくわえて、早年多病であり、一途に読書したこともない。朝廷は虚名をもって文翰の列におき、時には作文に力をつくすことを余儀なくされた。当時は、はなはだ恥を知るわけではなかったが、数年来退官隠居して、古人の述作を繙き、わたしの行動がそれに反することを知って、ひとたびこれを思うごとに、慚愧をいたし背に汗した）

彼が晩年、朴思庵の謙遜席を譲ったことの為に大提学に拝せられることになった時、五回辞して漸く許されたのであるが、其の辞表の趣意も亦不文にして到底文衡を秉る能はずと言ふに在った。

朱子の交友親旧に対する温情は、極めて藹然たるものがありて、彼の書中到処に之を発露してゐる。然るに一旦道と学とを論ずるに至りては、何人に対するを問はず、態度俄に一変して厳粛となり、些少の異見をも決して看過せず之を追窮して、己れの信ずる所を道尽さずんば止めない。甚しきは数三往復の末、遂に合はざるを発見

する時は、殆ど学問上の絶交を宣言すること、「答包敏道」（朱子文集・巻五五）に、放心を求むるについて弁論して終に合はず、敏道の禅学の窟窠を出る能はざるに対して、

但道既不同、不相為謀、不必更紛紛。今後但以故人相処、問訊往来足矣。

（だが道が完全に異なるときは、互いに謀事をなさないという。さらに紛々とする必要はあるまい。今後はただ旧友としてつきあうのみである。問訊往来すれば十分であろう）

といへるが如き、又朱子書中陸象山派と、歴史研究から進んで功利を重注する呂祖謙・陳亮・葉適一派とに対する徹底的森厳辛辣なる攻撃は、吾人をして朱子の剛正なる一面に驚歎せしめる。

退渓も此に類する所が少くない。温良恭謙辞譲、彼の如きを以て、道の異なるに当りては断乎として其の説を枉げない。例へば盧蘇斎（盧守慎）の「夙興夜寐箴解」及び「人心道心弁」の批評、徐花潭（徐敬徳）の学説に対する批評の如く、又当時彼と相対して嶺南南部に門戸を開いた曺南冥（曺植）を評して、

其所論曺楗仲之為人、亦正中其実矣。其於義理未透、此等人多是老荘為祟、用工於吾学、則例不深邃、何怪其未透耶。要当取所長耳［退渓集・巻一九・答黄仲挙・戊午］。

（学兄の論じるところの曺植の為人は、基本的には事実に符合している。だが〝義理はいまだ透せず〟については、かれらは多く老荘思想によりて祟られ、儒学の研究はおおむね深くない。そのいまだ透せざるを怪しむ必要などないであろう。要は長ずるところをとればいいのである）

と云ひ、殆ど相与に謀らざるの意を示してゐる。

朱子は聖学の道統を序でて、孟子より直ちに二程子に至り、而して自ら以て二程の統を継ぐ者を以て任ぜること、「中庸章句序」に於て明白である。朱子に斯くの如き偉大なる自任あるが故に、其の知旧友人との往復に在

りても、往々堂々として其の絶大なる自任を書表して、人をして驚歎せしむるものがある。例へば「答趙然道」（朱子文集・巻五五）に、陸象山の死を聞いて、世人が朱子との弁論の終結を見ざりしを惜むと云ふとあるに対して、

蓋老拙之学雖極浅近、然其求之甚艱而察之甚審、視世之道聴塗説於仏老之余而遽自謂有得者、蓋嘗笑其陋而譏其僭。豈今垂老而肯以其千金易人之弊帚者哉。

（わたしの学はきわめて浅近ではあるが、道を求めることは非常に艱く、道を察することは非常に細かである。世上の仏老の余に道聴塗説して、にわかに自ら得るありという者を視ては、もともとその陋を笑いその僭を譏ったものである。いま老境に入ったからといって、あえて自らの千金を他人の弊帚と交換することなど、あろうはずもあるまい）

と云った。されば朱子は其の晩年、呉伯豊（呉必大）逝き、蔡季通（蔡元定）逝き、彼の道統を継承して其の道を光大にする者復た之れなきを知るや、頓に心裏寂寞を感じ、自ら浩歎を禁ずる能はず、黄勉斎に与ふる書（朱子続集・巻一・書・答黄直卿）中、先づ伯豊を懐うて、

此理要処無多説話、不知如何人自不暁。以此追念伯豊、愈深傷惜。

（此理の要処には多くの説話がない。如何なる人か、自ら悟らないかもしれない。こう考えて呉必大を思いおこし、いよいよ深く傷惜した）

といひ、之に次いで更に深歎を発して、

古之禅宿有慮其学之無伝而至於感泣流涕者、不謂今日乃親見此境界也。

（往古の禅宿には、自学が伝わらないことを歎いて感泣流涕する者があったとか。今日になって自らその境界をみる

（とは思いもしなかった）

と云った。

退渓は未だ嘗て朱子の道統を継げりとは言はないけれども、窃に我が学問が朱子の正系を得たることを信じて疑はないことは、到処之を発泄して匿すことがなかった。而して其の学は沈潜窮理、幾多の歳月を累積して、初めて自得の境涯に到達し、此理の解悟と此理を心裏に反求すると所謂致知と体認並到りて、敢て先儒に対して恥づるを要せざるを自信するに至ったのである。是意をば、彼は時々堂々乎として説破明言して、人をして驚かしめる。例へば四七論争に高峰に与ふる「後論」（退渓集・巻一六・答奇明彦論四端七情第二書・後論）に於て、

滉窃以為此乃看理到解悟処、説理到極至処。在滉則積十年之功、僅得其髣髴、而猶未能真知。

（わたし李滉の考えるところ、これはすなわち理をみて解悟に到るところであって、理を説いて極至に到るところにほかならない。わたしは一〇年の功を積んだが、わずかにその彷彿をえたにすぎず、なおいまだ真知に達してはいない）

と云った。『退陶先生言行通録』（巻二・学問第一）金誠一の録に

先生年益高病益深、而進学益力、任道益重。

（退渓先生は年齢が増すにつれて病気もますます深くなったが、学を進めることは反って勤勉をくわえ、道を任じることはますます自信を強めた）

とあり、弟子等も皆退渓の此の偉大なる自信自任を認めてゐるのである。鄭惟一は

先生学問、一以程朱為準。敬義夾持、知行並進、表裏如一、本末兼挙、洞見大原、植立大本。若論其至、吾東方一人而已。

（先生の学問は、完全に程朱理学を準則とした。敬義をもって夾持し、知行をもって並び進めただけではない。表裏は一のごとく、本末は兼ねて挙げ、また大原を洞見し、大本を植立した。その至るを論じれば、吾東方の第一人である）

と賛美し（退陶先生言行通録・巻二・学問第一）、曺芝山（曺好益）は唯に朝鮮に於て千古の一人なるのみならず、中国を通観するも、朱子以後聖学の境地此に匹敵すべき者はないとなしてゐる（芝山集・巻五・雑著・退渓先生行録）。

朱子既歿、門人各以所聞、伝授四方、多失本旨、其流漸差、浸浸入於異端。斯道正脈、已絶於中原。退渓生於海外数百載之下、博約両進、敬義夾持、不為他歧之惑、而粋然一出於正、以嫡伝朱子之道。不但吾東方未有其比、雖中原、亦不見其髣髴者。実朱子後一人也。

（朱子が歿したのち、門人はそれぞれ聞くところをもって四方に伝授し、多く本旨を失った。その流れはしだいに違い、浸々として異端に入り、斯道の正脈は、もはや中原に絶えた。退渓先生は海外数百載の下に生まれ、博と約を二つながら進め、敬と義を夾持し、他歧に惑うことなく、粋然として専ら正に出で、それによって朱子の道を嫡伝した。わが東方に同様な者をみないだけでなく、中原にも類似する者をみない。実に朱子後の第一人者である）

李艮斎（李徳弘）は退渓が周孔程朱の道を紹いで、海外朴陋の郷を化して鄒魯道義の方となした功は、決して晦翁の下に在らず、百世斯文の祖となすべしと歎服してゐる。実に退渓は朝鮮古来の儒者学者と称せらるる人達、即ち高麗朝の李牧隠（李穡）・鄭圃隠（鄭夢周）より始め、李朝の権陽村（権近）・金佔畢斎（金宗直）・金寒暄堂（金宏弼）・鄭一蠹（鄭汝昌）・趙静庵（趙光祖）・李晦斎（李彦迪）・徐花潭（徐敬徳）・李一斎（李恒）・曺南冥（曺植）等に於て、唯一人晦斎を除けば、学術の醇正と造詣の深きとに推服したと思はれる者はないのである。晦斎の為には、特に行状を撰して学行を讃美した。併し晦斎の著述中後世に伝ふべき価値あるものは、「太極問弁」四篇だけであって、「大学章句補遺」の如きは退渓の賛成せない所である。到底著作の量に於て質に於て退渓とは同日に論ずべくもない。

若し退渓をして其の真に自任する所を直説せしめたならば、道学に於ては朝鮮開闢以来前後にただ我一人なることを信じて疑はなかったであらう。彼が先代及び当代の朝鮮の学者の学問に対する鋭き批評は、須く是意を以て之を読みて始めて彼の態度を諒解することが出来るのである。

彼に是の如き深き自信と重き自任があったが故に、居常私かに其の学統を伝へんと期した黄俊良仲挙が猶若くして早世するや、哭して慟し、次に望を嘱する鄭惟一子中に書を送りて之を哀惜し、又奨勉を加へて曰く（退渓集・巻二六・与鄭子中）、

滉盛年不学、及此志力衰邁之日、始有管窺之幸。索居窮山、無与切磨。在前猶有都中数朋友往還尺紙、得以相発、今則相戒絶之。黄仲挙所見雖未深密、猶甚能勤懇、為益不少、今又已矣。所望於今、惟在子中、而相見無可講、相別無誨帖。此無他、滉自懶廃而然。亦恐子中之於為学或不継曩日之誠切也。如何如何。

（わたし李滉は年富力強のときには為己の学に努めず、年老力衰にいたって真剣に道を学びはじめた。だが窮山に居をさだめてからは、ともに切磋琢磨すべき相手もいない。前にはなお都城の数名の朋友と尺紙を往還して、相啓発することをえたが、現在は相戒めて連絡を絶った。思えば黄俊良の所見はいまだ深密でなかったけれども、よく勤勉懇切であり、道を裨益することは少なくなかった。だがかれはもういない。現在唯一の希望は、子中、君のみである。だがわれわれは相見えても講ずべきテーマがなく、相別れても教えあう書札がない。これはほかでもない、わたしが懶惰荒廃するためであろうが、あるいは君の為学の努力が往日の誠切におよばないからかもしれない。畢竟いかん）

退渓の人物は之を朱子と比較すれば、朱子の天分、博大深閎、豪気堂々、而して工夫極めて周密、独り道学のみならず、政治上にも確乎たる主義定見を有し、又之を実地の行政に運用する手腕をも具へ、規模の宏大にして多方面なるとは、其の大小広狭、到底対比すべき所ではないが、併し真の学者として温良恭謙粋然として玉の如く、一点の玷玼の指摘すべきもなく、深く自己の天分を知りて、而して一意邁進、一切の野心乃至功名心を弊履の如くかき棄てて、以て其の天分の実現に積工努力して、遂に之に成功し、其の学徳一代を風靡せしのみならず、世を逐うて益々光輝を放ち、日本支那にまで崇拝者を出し、朝鮮の群学者中、独り爛然として明月の中天に懸る如くなるを以て観れば、少くも彼は朝鮮の朱子たるに於て欠ける所はないと謂ふべきである。

然るに此に彼の高足の一人、芝山曺好益の退渓観は、又別に一隻眼を具へたものがある。芝山は退渓を以て学説に於ては勿論朱子を祖述したけれども、其の聖学の理想とする所は反って顔子にあり、従て人物の近き所を言へば、朱子よりも寧ろ顔子にありと謂ってゐる。芝山は曰く（芝山集・巻五・雑著・退渓先生行録）、

退渓真是以能問於不能、以多問於寡、有若無、実若虚、犯而不較者也。近見諸公称退渓、皆説学朱子。其実先学顔子。其資稟蓋相似。

（退渓先生はまことに『論語』泰伯にいわゆる〝能でありながら不能に問い、多でありながら寡に問い、有でありながら無のごとく、実でありながら虚のごとく、犯されてもしかえしをしない〟者である。最近、諸公はみな退渓を称して〝朱子に学ぶ〟というが、その実、先生は先に顔淵に学んでいる。その資質がけだし相似るためであろう）

同じ事を艮斎李徳弘は退渓の口から聞出して、之を「渓山記善録」に書記してゐる（艮斎集・巻五・渓山記善録上）。

問顔子之不違仁。先生曰、顔子之心、渾然天理、専一無撓、如鑑未塵、如水不波。其工夫勉勉循循、至於三

月之久、而無一毫私意之干、無一刻怠忽之間。惟有些子未化却底、故或於三月之後、則未免一番間断底、意思纔間断了、便更知之。此未達聖人才一間処。問、先生能免間断否。答曰、吾於静中荘敬之際、雖或似免放倒、若宴飲酬酢之時、或未免一二間断走作。此余平日所以惶恐惕若、不喜赴人会飲之招。然当郷人之請、若無緊故、未嘗不赴。其既往也、不設楽、不諠譁、惟各一行酒、而後必答礼酌。主人雖卑行小子、亦開顔温語、尽歓而返。惟酒無量、只是浹洽而已。

（わたし李徳弘が『論語』雍也にみえる顔子の〝其の心三月、仁に違わず〟について問うたところ、退渓先生はこういわれた。すなわち〝顔子の心は天理と渾然一体であり、専一であって撓れるところがなく、鑑のいまだ塵にまみれず、水のいまだ波立たないようである。その工夫は勉々としてはげみ循々としてしたがい、三月の久しきにいたっても、一毫私意の干すことも一刻怠忽の間もない。ただいまだ聖人になりきれぬところがすこしあるため、あるいは三月ののち、間断するところがあるを免れず、意思がわずか間断して、ふたたびそれを知って深く反省する。これが顔子のいまだ聖人に達しないわずかなところである〟と。わたしがまた〝先生はよく間断するを免れるや否か〟と問うたところ、先生は〝わたしは静中荘敬の際には、あるいは放倒するを免れるかもしれないが、宴飲酬酢のときには、あるいはいまだ一、二間断して羽目をはずすを免れない。これがすなわち、わたしが平日、惶恐惕若し、喜んで他人の会飲の招きに赴かざるゆえんである。だが郷人の招請には、特別な理由がないかぎり、いまだ嘗て赴かなかったことはない。酒宴にすでに赴けば、楽みを尽くさず喧しく騒ぎたてず、ただ宴席の人にそれぞれに酒をすすめ、かならず礼酌をうける。主人が卑行小子であっても、また笑顔をもって温語し、尽歓して返る。酒には適量がないゆえ、ただ浹洽する（和らぎなごむ）をもって斟酌すべきであろう〟と答えられた）

委曲述尽、彼が居常飲食の節に至るまで、顔子を目標として工夫修養した事を明にしてゐる。

既に斯の如し、故に彼に最もよく親炙した門人等は、殆ど吾師の境地の聖賢、少くとも大賢に到れりとなして疑はない。艮斎更に記して曰く（艮斎集・巻五・渓山記善録上）、

趙月川言於徳弘曰、先生有聖賢躯殻。徳弘曰、先生有平実白直底道理、有虚明洞澈底心事。豈特躯殻哉。

（趙穆は〝退渓先生には聖賢の躯殻がある〟という。わたしはこれにたいして、〝先生には平実白直の道理があり、虚明洞澈の心事がある。豈ただ聖賢の躯殻のみならんや〟と応じた）

蓋し儒者が顔子を極尊して、孔子は直ちに之を学びて庶幾することを得ざるも、顔子を学べば、則ち能く聖人の模様を得べしとなすは、周濂渓に始まる。『通書』聖蘊第二九章、

子曰、予欲無言。天何言哉、四時行焉、百物生焉。然則聖人之蘊、微顔子殆不可見。発聖人之蘊、教万世無窮者顔子也。

（孔子は〝予れ言うこと無からんと欲す。天は何をか言うや。四時は行り、百物は生ず〟といわれた（論語・陽貨）。かくのごとければ聖人の蘊は、顔子がいなければ、現れることができなかったにちがいない。聖人の蘊を発し、万世無窮を教えたのは、まさに顔子である）

と云ひ、又濂渓邵州に知となり、新に文廟を建つるや、独り顔子を以て之に配した。故に二程子の初めて入門するや、「顔子所楽是何乎」の題を出して文を草せしめた。是正に儒学を以て体験自得の学となせる画期的教育法と観るべきである。明道・伊川是に於て豁然として入道の門戸開けしを悟覚し、爾来二人者一生の学問修養此に集注したのであった。

而して最もよく顔子の境涯を得た者は、疑もなく明道であった。故に張横渠も「伯淳優於正叔（明道は伊川より優れている）」と曰ひ、朱子も「明道所処是大賢以上事（明道の処る所はこれ大賢以上事なり）」と曰った。正し

く明道の処る所は是れ大賢以上顔子の境地であった。故に明道の語中、顔子に就いて述ぶる所極めて精にして、又其項目も多い。『二程全書』は大部分二子の語に分間なく、其の分間あるものは劉絢の所録の数十葉に過ぎない。然し此について観るも、明道の顔子を寤寐するの深きを知るに余ある。『河南程氏粋言』を観るも、其の確に明道の語と認めらるる所のものに顔子について述ぶるもの亦少くない。明道が顔子を以て学んで到るべき最高境地に達した大賢となし、聖人の理想境と隔つること一級となした所の意、歴々観る事が出来る。而して明道の観たる顔子は、則ち所謂聖人の体を具へて微なる者一行を以て名づくべきではない。故に明道は顔子を絶讃して

（二程遺書・巻一二）、

人須学顔子。有顔子之徳、則孟子之事功自有。孟子者禹稷之事功也。

（人はかならず顔子に学ばなければならない。顔子の徳があれば、孟子の事功は自然に立つであろう。孟子の事功は禹稷のそれに等しい）

と謂ってゐる。誠に「学顔」「希顔」こそは是れ儒者の最乗境である。是に至りて名利を脱し得喪を超え、道を楽みて以て老の将に至らんとするを忘るべきである。決して一行に名あり、一技に才あり、依りて以て強ひて售らんことを求むる人の窺知すべき境地ではない。退渓の学べる所希へる所、実に茲に在った。体微なりと雖、規模既に成れるを見るのである。

七　退渓の門人

朝鮮の学者の人を教へる方法は、退渓に至りて一大変化を見たやうである。彼以前までの学者は、前述開城の徐花潭（徐敬徳）を除けば、大抵は中宗朝の己卯の士禍の遺賢か、或は之に従遊した人達であったから、金寒暄堂（金宏弼）・趙静庵（趙光祖）以来の小学派の系統を継いで、『小学』一書を以て入学の門戸となし、専ら日常の践履に力を注ぎ、洒掃応対進退の節序を厳重に董督したのであった。

然るに退渓に至るに及びて、彼は其の沈潜刻意を累ねた窮理の一途に依りて独達するに至った所の学風を発揮して、人の根機が到底堪へ得られざるに非ざる限り、先づ根本原理を窮尽して、此に於て見得る所があれば、爾後諸多の義理は甚だ労せずして能く通悟することが出来る。須らく源頭先づ証領を要すとなした。例へば巨竹を割るが如くである。先づ其の最も厚く堅き根部を裂けば、以下は略ぼ力を加へずして、刀に従て割れる。是に於て退渓は好みて門人に課するに先づ『心経』を以てした。前にも引きし金睟の録せる『退渓先生言行録』（巻一・読書）に曰く、

問、小学近思録心経、何書最切。先生曰、小学体用俱備、近思録義理精微、皆不可不読。而初学用工之地、莫切於心経。

（わたし金睟が〝『小学』『近思録』『心経』は、どの書が最も重要か〟と問うたところ、先生は〝『小学』は体用がともに備わり、『近思録』は義理が精微であり、どれも読まねばならない。ただ初学の入門書としては、やはり『心経』

が最適であろう〟と答えられた）

又人によりては、先づ『易学啓蒙』を課することもあった。李徳弘の録に金士純（金誠一）が最初に『易学啓蒙』を学べるに対して、彼との問答を記して曰く（退渓先生言行録・巻一・読書）、

金士純学啓蒙書曰、此書於初学工夫似不親切。先生久之曰、若於此書熟読詳味久久、実体呈露、目前事物無非這箇、如何不親切。

（金誠一は『易学啓蒙』を学んで、〝この書は初学工夫において親切ではないようである〟といった。退渓先生はやや久しくして、〝この書を繰り返し熟読し細かに玩味すれば、実体は呈露し、目前事物は天理の発現でないものがない。どうして不親切であろうか〟といわれた）

同様の意味が又金誠一との問答にも見える（退渓先生言行録・巻一・教人）。

問、啓蒙等書似不切於初学、何如。先生曰固是。然学者亦不可不先知先儒有是説耳。

（金誠一が〝『易学啓蒙』などは初学者には肝要のように思えませんが、いかん〟と問うたところ、退渓先生は〝もとよりそのとおりである。だが初学者は先ずもって先儒にこの説があるのを知らねばならない〟といわれた）

但し初に『易学啓蒙』を授くるは退門の一般的ではなかった。上足柳西厓（柳成龍）の「師門問答日録」（謙庵集・巻四・雑著・師門問答日録・附文忠公師門問答日録）によれば、西厓の兄謙庵（柳雲龍）が『易学啓蒙』を受学せんとするや、彼は

不於切己処用工、而先推玄窅象数、終是躐等。

（密接に己に関連するところにおいて修養しなければ、先に玄窅象数を推したとしても、最終的には順序を飛びこえ、『礼記』学記の〝問学、等を躐えず〟に違反するであろう）

と答へて之を沮めた。矢張普通には最初に『心経』を課したものと見るべきである。

斯くて退渓は宣祖戊辰（一五六八）一一月の経筵に於ては、読書の順序を述べて、『小学』と『大学』とを一科として之を入学の門となすと言ったにも拘らず、実際其の親炙の門人を教ふるに当りては、下学而上達の古則を恪守せずして、往々上達を先にして以て根本原理を諦めしめたのである。『退陶先生言行通録』（巻二・学問第二）鄭惟一の録に曰く、

又曰、下学上達固是常序。然学者習久無得、則易至中廃、不如指示本原也。故先生之接引学者、頗指示源頭処。

（退渓先生はまた〝下学上達はもとより学問の常序であるが、学ぶ者は久しく習いて得ることがなければ、中廃にいたりやすい。本原を指示するにおよばない〟といわれた。それゆえ、先生は求学者を導くのに、すこぶる源頭のところを指示された）

是に於てか嶺南の学者靡然として風を成して、先づ『心経』『易学啓蒙』を読みて所謂道の根源に向って看破悟入することを努めた。

時に慶南晋州・河東に於て門戸を開いて、洒落豪放な気象を以て実学と自称して、慎密精微文雅の退渓と対抗した南冥曺植は、此の学風が学者を傷ふこと少からずとなし、往々人に向って之を攻撃した。『南冥集』（巻四・補遺）行録に曰く、

常与同志之士慨然曰、今之学者、毎病陸象山之学以径約為主、而其為自己之学、則不先読小学大学近思而做功、先読周易啓蒙。不求之格致誠正之次序、而又必欲先言性命之理。則其流弊、不但象山而止也。

（南冥先生は同志の士にこう慷慨されるのがつねであった。すなわち〝現在の学者は、つねに陸九淵の学問が径約を

もって主となすと憂えているが、自己の学問は却って、先に基本書の『小学』『大学』『近思録』などを研鑽せず、先に『易学啓蒙』を読む。格致誠正の次序をもとめず、先に性命の理を論ぜんとしている。かくのごとければ、その流弊はただ陸九淵のそれにとどまらないにちがいない〟と)
勿論其の意退門の学風を斥するに在るのである。又曰く（南冥集・行状）、
遨遊於通都大市中、金銀珍玩靡所不有。尽日上下街衢而談其価、終非自家家裏物。却不如用吾一匹布、買取一尾魚来也。今之学者、高談性理而無得於己、何以異此。
（通都大市の中に遨遊すれば、金銀珍玩がないところなどない。だが一日中、街衢を上下してその価格を談じたとしても、最終的には自家家裏の物でないであろう。まさに吾が一匹の布をもって、一尾の魚を買取り来るにおよばない。今の学者は性理を高談して己に得ることがないが、何ぞこれと異なるであろうか）
退渓は南冥の学術が老荘に由りて崇られ、儒道に於て正しく看到せざるを惜み、南冥は退渓の学の聖学の序を失するを咎めたのである。
無遠慮な南冥は曾て退渓に与ふる書中、此意を直写して其の注意を促した。温厚謹直な退渓は此批評に接して、以て同人の誡むべき所となし、晩年黄仲挙（黄俊良）の歿後、鄭惟一に与ふる書（退渓集・巻二六・与鄭子中）中、懇々衷情を披瀝した。曰く、
適得南冥曺楗仲書云、近見学者、手不知灑掃之節而口談天理、計欲盗名而用以欺人、反為人所中傷而害及他人。豈非先生長老無有以訶止之故耶。……南冥之言、真可謂為吾輩薬石之言。自今請各更加策励、以反躬実践為口談天理之本、而日事研窮体験之功。庶幾知行両進、言行相顧、不得罪於聖門而免受訶於高世之士矣。
（おりよく曺植の書札をえた。いわく、〝最近わたしは、学者が灑掃の節を知らずして天理を談じ、別人の名を盗用

して人を欺こうと計り、反って人に中傷され、害が他人におよぶことをよくみる。これはおそらく、先生や長老などに教訓制止する意思がないためであろう〟と。……曺植の言は、まことにわれわれへの薬石の言といわねばならない。今後諸君には、自己を鞭策激励し、反躬実践をもって口談天理の本とし、日々研窮体験の功に従事することを請いたい。そのとき、知と行が二つながら進み、言と行が相合し、罪を聖門にえず高世の士からの叱責を免れることであろう）

正に是れ朱子が晩年、其門人等に向って徳性を重んじて、実践に於て確乎として力を得べきを言ひ、又知旧門人との往復に、極力道の高遠裏に在らず、平常実地に在ることを力説せるものと全く符節を合する。朱子「答方耕道」（朱子文集・巻四六）に曰く、

向者妄謂自立規程、正謂正衣冠、一思慮、荘整斉粛、不慢不欺之類耳。此等雖是細微、然人有是身、内外動息不過是此数事。其根於秉彝、各有自然之則。若不於此一一理会、常切操持、則雖理窮玄奥、論極幽微、於我亦有何干渉乎。

（先日みだりにも自ら規程を定めようと考えた。内容は衣冠を正し、思慮を一にし、荘整斉粛にする。また慢らず欺かずなどがまさにそれである。規程はいたって細微ではあるが、人は自ら生身の体をもち、内外動息はこれら数事にすぎない。それは人としての正しい道にもとづき、それぞれ自然の不変の法則に応じている。一々理会し、切に操持しなければ、理は玄奥をきわめ、論は幽微をきわめるといえども、自らに何の関係があろうか）

前にも言った如く、朱子の学は唯知の学ではない、事物に対して只だ客観的知解の開けるを以て、為学の目的達せりとなすものではない。所謂心の学問であって、書中の一々の義理尽く我が心内の事を指して言ふに外ならない。故に学者は必ず翻りて之を心裏に向って反求し、其の理を体認して始めて真解に到ったもので、其の実践

に至るは則ち是の次であるとなすのである。

故に朱子も学人が但だ書冊の上に就いて理義を看得し、口に筆に喋々説述しても、以て這箇を得たりとは許さないのである。朱子の書中、「反身」「体験」「体認」「体当」等の文字の頻出する所以である。此に至りて始めて義理と我と一致して間隔なく、理我の対立泯びて、物理昭々として我が胸中に到り、退渓の所謂物格知致の境に到達するのである。道徳修養に於ける知行の始終は、是の一功夫を橋梁とせなければならない。胡敬斎（胡居仁）は善く此を看得した。『居業録』（巻八）に曰く、

又問、存養属知属行。曰、存養乃知之本。行之事、此未行之行也。

（或人が〝存養は知に属するか行に属するか〟と問うた。わたしは答えて〝存養はすなわち知の本である。正確にいえば行の事ではないが、また行にも属する。これはいまだ行わざるの行である〟といった）

退渓も夙に朱子心学の此肝要点を看破して、自ら修め人を導くに当り、切々として体認体験の一路を高調力説してゐる。此意は「聖学十図」の疏にも詳しく、門人との問答には機会さへあれば、之を反復してゐる。『退陶先生言行通録』（巻二・学問第一）金誠一の録に曰く、

又曰、延平黙坐澄心体認天理之説、最関於学者読書窮理之法。

（退渓先生はまた、〝李侗の黙坐澄心して天理を体認するの説は、学者読書窮理の法に関係することがもっとも深い〟といわれた）

是の如くなるが故に、退渓の学者をして先づ道の本源を会得せしむると云ふは、決して単に之を哲学的概念として理会せしむるには非ず、反って之を明白なる心裏の体験として証得せしめんとするに在るのである。故によく退渓為学の真諦を領し得た者にありては、彼の徒に高遠に騖せて実践の定力実力に於て得る所なき弊には陥らな

い筈である。退渓が平居中夜昧爽、衾を擁して静坐黙思、泥塑人の如くなるも、全く工夫を這裏に凝らして、単的に孔顔程朱の胸臆に躍入して心を以て心を領せんとするものである。

退渓の門人に接するや、親切懇篤にして説理極めて明晰、又能く随機発微、聴者をして心服し体認め、手の舞ひ足の踏む所を知らざるに至らしめ、真に斯道鉗鎚の老手であった。柳雲龍の『謙庵集』（巻四・雑著・師門問答日録）に「附文忠公師門問答日録」の一編があり、師弟間授受の消息を伝へてゐるが、就中柳雲龍・柳成龍兄弟との問答は、尤も精采奕々、老師の面目躍如たるを見る。曰く、

成龍曰、人誠能於日用之間、当事弁察、是則従、非則去、若此不已、知識亦従以開豁向上去。此意何如。先生曰、此是学者切己工夫。苟義而必為、利而決去、則何患学之不就。

（柳成龍が〝人がまことによく日用の間にあって、事ごとに弁察し、是のとき従い、非のとき去り、このように已まざれば、知識もまたそれにしたがって開豁向上していくであろう。この意はいかん〟と問うた。退渓先生は答えて〝これは学者の切己（密接に己に関係させる）工夫である。義のときかならず為し、利のとき決然と去れば、学問が成就しないことなどあるまい〟といわれた）

是れ是非の察より竿頭一歩を進めて利義の弁に及んだものである。

成龍曰、昔人養心、多患除去思慮不得。兄曰、凡人見父母妻子饑寒、自多念慮、心輒動了。先生曰、儒者於事物上、便有当行道理。若悪其念慮紛擾、便決然於父母妻子饑寒、則是釈氏断滅人倫之心、是甚道理。儒釈之分在此、不可不察也。

（柳成龍は〝昔人の養心は、多く思慮を除去することができないのを憂えた〟と主張し、柳雲龍は〝だが人は父母妻子が飢寒するのをみるや、自然に多く念慮し、心はただちに動く〟と反論した。退渓先生は〝儒者は事物ごとに、当

然行うべき道理がある。その念慮が紛擾するからといって、父母妻子の飢寒に決然とすれば、釈氏の人倫を断滅する心とすこしも変わらない。間違いなく道理に背いている。儒釈の分はここにある、かならず察しなければならない〟と話された）

是れ思慮の問題より進んで儒釈の別に進み、釈氏の心外に理を認めざるを指摘したのである。

二十五日食後、挟大学而進。兄持酒肴、小設酌、成礼而罷。成龍問、学以変化気質。若至純熟、気稟之偏、可全変否。先生良久曰、学者固所以変気質。然全変則未易。故孔門弟子、如子貢子路、雖親炙聖人、皆得成材、皆因其気質而進、就其偏処、則終未尽得去。是則似難変也。然先儒曰、気質之用小、学問之功大、在乎篤行而已矣。

（二五日食後、柳成龍は『大学』を挟んで先生のところに進み、柳雲龍は酒肴をもち、小宴をもうけ、礼を尽くした。酒礼が終わって、柳成龍は〝学はもって気質を変化させるが、純熟にいたれば、気稟の偏は全変することができるか否か〟と質問した。先生はやや久しくして、〝学はもとより気質を変ずるゆえんである。だが全変するのは容易ではない。それゆえ孔門弟子、たとえば子貢や子路は、聖人に親炙して、みな有用な人材に成るをえたが、みなその気質によって進み、その偏処については、ことごとく去ることをえたわけではない。まことに気稟の偏は変化しがたいようである。だが先儒によれば、気質の用は小さく、学問の功は大きく、ただ篤行にあるのみという。そのことは疑うべくもないであろう〟と答えられた）

真に是れ啓発の極致、謹んで之を聴いた退門第一の秀才、若き柳成龍は正に感奮興起して、双頬紅潮を呈したことであらう。

退渓は善く門人を教導するのみならず、又最も門人を愛した。其の病患災厄失意等を聞いては、懸々懐うて寤寐安からず、遂に夢にさへ之を見るに至った。「答柳応見（雲龍）」（退渓集・巻三五）の一書に、最も師の誠意の溢るるを見る。

前見辱報、所患非軽、毎深懸懸。頃者夜夢、吾不知以何事到安東黌舎、留数日、忽念及公、将伻人問候、又念欲往見、則有力疾応接之弊、不往見、則情未尽、方思忖如何。未遣人而寤。自怪何以有此夢也。其翌日児子来、示公与渠簡。簡云、前患快復、且有湖山煙雨之興之言。心甚喜慰、乃知所夢之有以也。

（前信によれば、患ったところは軽くないとのこと、学兄の病情のことが心配でしかたがない。最近、夜に夢をみた。わたしは夢の中で、なぜか安東黌舎に行き、数日逗留した。急に学兄を想起し、人を遣わして問候しようとした。また自ら往けば、学兄に病体をおして応接させることになりかねないし、往かなければ、情誼を尽くすことができない、などと思案もした。夢中いろいろ忖度したが、いまだ人を遣わさずして目が醒めた。醒めて、なぜこの夢をみたのかと自ら訝った。翌日、わが児子が来て、学兄の書信を示した。書信には、〝前患は快復した〟といい、かつ〝湖山煙雨の興〟の言辞もみえる。心ははなはだ喜慰し、すなわち夢みるところにも理由のあることを知った）

亦師弟間情誼の一美譚となすに足りる。

退渓の門、済々として多士、能く一方の学者となるもの、十指累屈して尚余ある。而して就中退渓は最も錦渓黄俊良に嘱望し、錦渓早世して、文峰鄭惟一に期待した。併し文峰も後来、能く大成して師の衣鉢を継いだとは言はれない。又退渓は宣祖大王への最後の面啓に奇高峰（奇大升）を挙げて、其学当代随一と薦めた。後張谿谷（張維）も高峰を以て退門第一人となし、其の「高峰先生集序」に、

我東道学、莫盛於退陶。及門之士、傑然為聞人者甚衆。而高峰奇先生為之冠。……初従河西金先生游。年三十二歳、始拝退陶。自執弟子礼、而退陶恒遜師席、毎遇微言邃旨、輒以叩之先生、而他門人莫得与焉。

（朝鮮の道学は、退渓の門下より盛んなるはない。及門の士には、抜きんでて名声が世間に聞こえた者が非常に多い。奇大升先生はその冠たる者である。……初め金麟厚先生に従学し、三二歳になって、始めて李滉先生を拝した。自ら弟子礼をとったが、李滉先生はつねに師席をゆずり、微言邃旨に遇うごとに、ただちに奇大升先生に問い、他の門人は与ることをえなかった）

と云ってゐる。蓋し高峰は錦渓・文峰の如く、純退門の門弟子ではない、中年転来の従游者である。其の学問も前師河西（金麟厚）の影響を受ける事が大きい。其の四七理気倶発説さへも、原と之を河西より受けた者であるといふ説もある。且又高峰の人物学問は一種の習癖がありて、退渓の恭謙温良粋玉の如き人格からの陶冶を体得したといふ事も出来ない。

又具柏潭（具鳳齢）・趙月川（趙穆）は徳行の学人と謂はれて居るけれども、彼等も亦師学の精髄を伝へてもゐない。されば近世老論派の大家で広州徴岳山中に在りて学徒に教授した呉老洲（呉熙常）は嘗て、

退渓間居授徒、門下儘多賢雋。然苟論伝先生衣鉢者、則殆其無之矣［老洲集（巻二四・雑識）］。

（退渓は閑居して門徒に学業を教授し、門下は俊才を多く輩出した。だが先生の衣鉢を伝える者といえば、ほとんどないといわざるをえない）

と歎じた。

但し事功にありては、西厓柳成龍あり、鵝渓李山海あり、薬圃鄭琢あり、何れも宰相に至り国事の重に任じた。道学には寒岡鄭逑あり、月川趙穆あり、艮斎李徳弘あり、師の歿後、嶺南に在りて学統を墜さなかった。而して門人中、其の後世子孫が所謂名賢の子孫と称して、地方に特権階級として大なる勢力を奮ひ、他方師門宗家の藩屏となったものは、柳西厓一門・鄭寒岡一門・金鶴峰一門であった。併合前までは宛然吾国の小諸侯の如く、土

田臧獲を広占して郷曲に武断して居った。嶺南の一部に退門八賢の説があり、奇高峰・趙月川・鄭寒岡・李艮斎・雪月堂金富倫・日休堂琴応夾・柳西厓・鶴峰金誠一を以て宛てて居る。何れも一時嶺南湖北に在りて退渓門人として声誉を博した人々である。

退渓の門人録に名を載せてゐる者は百人に近い。多くは嶺南の士流に属し、皆師説を以て金科玉条となして之を紹述し、退渓を視ること宛然朱子の如くである。後英祖朝には大山李象靖出でて、小退渓とも謂はれ、遥に退渓に私淑して門戸甚昌であった。今日尚嶺南の儒生は『退渓集』を以て天地間第一書となし、先生を視るに曠古の大賢を以てしてゐる。然し退渓が朝鮮の産した学者としてはあまりに偉大であって、此に相応する後継者の出なかったのと、嶺南人の気風が堅実で保守的であるとの為、爾後嶺南に出た雲の如き大小の学者は何れも退渓の学説を忠実に復説するに止まり、終に一個半個の創見を出す者がない。近来の嶺南の名流で官吏曹判書に至った純祖朝の凝窩李源祚は、嶺南の学風を評して曰く［凝窩集（巻一一・集古録）］、

畿湖学者、多由自得、故不無疵類。嶺中学者、惟事蹈襲、故全没精彩。与其蹈襲而無実見得、無寧自得而有些罅隙。

（畿湖［京畿・忠清のこと。老少論派、多く居住する］学者は多く自得によるため、疵瑕があるが、嶺中学者はただ踏襲をこととするため、まったく精彩がない。踏襲して実見得がないよりは、自得して欠点があるほうがよくはなかろうか）

八　退渓の著述

『退渓集』五九巻〔正四九巻、別一巻、外一巻、続八巻〕

退渓歿するや、直後友人柳眉巌（柳希春）等は宣祖に上言するに、退渓は曠世の大儒であるから、其の隻言片語も宜しく後世に伝ふべきを以てし、宣祖乃ち地方官に命じて之を裒集せしめた。然るに未久に壬辰の兵乱作りて、其の事業成るに及ばなかった。

後門人趙月川（趙穆）等が更に力を竭して此に従事し、彼の歿後三一年、宣祖三三年（一六〇〇）に至りて、終に業を畢へた。『退渓集』の完刻印行については、門人中月川最も功ありと謂はれる。宣祖甲戌（一五七四）陶山書院建てられ、翌年額を賜はるや、趙月川を以て配享した。主として月川の此功を多とした為である。「続集」八巻は六代孫李守淵の裒輯する所、英祖二二年丙寅（一七四六）工を訖へた。

『周易質疑』一巻　写本

艮斎李徳弘が『周易』について先生に質疑した所のものを裒録したものである。尚未定稿で格別観るべきものもない。

『啓蒙伝疑』一巻

易の象数占筮に関する退渓の蘊蓄を傾けたもので、中に珍しく朱子の説に疑を挿み、自見を唱へた処がある。明宗の丁巳（一五五七）に書成り、宣祖の庚子（一六〇〇）に刊行した。

『三経四書釈義』八巻

退渓が七書について諸家の訓釈を聚めて之を証訂し、又門人の嘗て問弁した所を研究して一々之を手録したものである。然るに本書は一度壬辰の兵燹に燬失してしまった。後戊申（一六〇八）冬、慶尚道監司崔瓘が陶山書院に展謁するに当り是事を聞及び、必ずまた裒刻して以て後世に伝へざるべからずとなし、広く士友公私間に求めて讐校を加へ、己酉（一六〇九）春に至り、業訖へ災木した。門人琴応壎が此の始末を識した。今官本七書諺解と比較対照して見ると、退渓の読方解釈の精透にして優る所あるを見るべきもの少くない。

『古鏡重磨方』一巻

朱子の詩（朱子文集・巻六・送林熙之詩五首・第五首）に

古鏡重磨要古方、眼明偏与日争光。明明直照吾家路、莫指并州作故郷。

（古鏡は重磨に古方を要すも、眼明にしてひとえに日と光を争う。明々として直ちに吾が家路を照し、并州を指して故郷となすなし）

是詩意に従て命名したもので、古書について「湯盤銘」より朱子・真西山等の箴言に至るまで以て心を磨き徳性を涵養するに資すべきものを裒集して、以て座右の鑑に供したものである。退渓自ら詩を作りて是意を発揮して曰く（退渓続集・巻二・題古鏡重磨方）、

古鏡久埋没、重磨未易光。本明尚不昧、往哲有遺方。人生無老少、此事貴自彊。衛公九十五、懿戒存圭璋。

（古鏡は久しく埋没し、重磨するもいまだ光ること易からず。本明なお昧からざるは、往哲に遺方あればなり。人生には老少なく、此事は自彊するを貴ぶ。衛武公は九五、懿戒（詩・大雅・抑）は圭璋に存す）

宣祖四年（一五七一）に鄭寒岡が之を剞劂に付した。

『退渓喪礼答問』一巻

退渓が平日門人等と喪礼に関して答問した所を裒集したものである。特に観るに足るものもない。寧ろ『退渓集』の往復書中、彼の礼説の詳細を知るべきものが多い。

『心経釈疑』四巻

『心経』が退門学徒に向って初中終を通して必修教科書であった事は、前に述べた如くである。退渓が之を講ずるに際し、李徳弘・李咸亨等が難解の処を手記しておいて、後之を蒐めたものが即ち本書である。粛宗朝に至り、王が宋尤庵・宋同春堂に命じて之を官刊せしめた。

『朱子書節要』二〇巻

退渓が朱子の知旧門人との往復書四八巻中より抜粋して編纂したものである。其の価値については、前に之を詳述した。退渓が本書を脱稿したのは、明宗一三年戊午（一五五八）四月、五八歳の時であった。書成ってからも篋底に蔵して世に公にせなかった。然るに彼の最愛の弟子で最も学に熱心な黄錦渓が之を借覧して以て『近思録』に並ぶべき貴き書となし、嘉靖辛酉明宗一六年（一五六一）星州牧使たる時、洪曇と相図りて臨皐書院の活字を借りて之を印出し、「晦庵書節要」と命名した。後柳仲郢が定州の牧たる時、明宗一九年（一五六四）秋、定州に於て印行し書名を「朱子書節要」と改めた。退渓歿後、宣祖五年（一五七二）奇高峰等門人達が謀りてまた災木した。年を歴るに従て、益々広く世に行はれ、『西厓集』（巻一一）「答鄭景任」によれば、宣祖の末年には嶺南一帯殆ど家々本書を蔵せざるはなき有様であった。

『朱子書節要記疑』一五巻

『朱子書節要講義』一二巻

二書共に退渓の『朱子書節要』講義を李徳弘の筆記したものである。或は漢文を用ひ、或は諺文を交へてゐる。併し朱子書に関する退渓の解釈は『退渓集』中門人との往復にも散見してゐるから併せ看なければならない。

『宋季元明理学通録』一一巻

退渓が宋の朱子より元明の蔡虚斎・鄒立斎に至るまで朱子学派に属する諸学者の行状及び語類をば簡約に裒録して以て自己考閲の便に供したものである。退渓の歿後、門人等が此を発見して宣祖九年（一五七六）安東府で刊行した。

『朱子行状輯註』一巻

黄勉斎の撰した「朱子行状」を主とし、外に『宋史』等諸書から采りて、逐事分註を加へたものである。本書は朝鮮には湮び、日本に伝はった。

『語録解』一巻　写本

退渓及び柳眉巌（柳希春）並に二氏の門人等の『朱子語類』の難語難句の解釈を集めたもので、編者は不明である。

右一三種の外、『自省録』『聖学十図』『天命図説』『四端七情分理気説』『退陶梅花詩』『陶山記』等は各単行本として刊行せられて居るけれども、皆『退渓集』中に収められてある。又彼の宗孫の家に先祖遺物と題する彼の自筆の遺什一五冊伝来してゐるけれども、道学に関するものは甚だ尠い。但し之を披けば、雲章爛然彼の書の妙に驚歎せざるを得ない。

九　退渓と日本朱子学者

茲に退渓と日本朱子学者との関係、むしろ退渓の日本朱子学に与へた影響についても、説述すべき筈であるが、併し此は内地の斯学諸彦の研究発表に譲るべきものと思ひ、今は省略した。

李朝儒学史に於ける主理派主気派の発達

緒言

朝鮮の儒学は、高麗忠烈王一六年［一二九〇］、文成公安珦が王に随って燕都に在り、新刊朱子の書を抄写し、開城に持還りて、之を太学に於て倡道して、千載不伝の道緒、此に在りとなし、次で彼の後進の儒臣白頤正、権溥、禹倬、尹莘傑、李瑱、辛蔵等が之を承けて程朱の諸書を講じてより、既に早く朱子学に由りて統一せられ、爾来高麗李朝を一貫して約六二〇余年、他の異学の公然唱道せらるるを見なかったのである。併しながら、麗末李初、太学の盛運に伴ひて儒学の研究益々発達し、逐代朱子程子の理学が精確細密に理解せられ、理学の術語も正しく自由に使用せられ、進みて李朝の盛代となりては、高遠深邃にして難解な朱子哲学も、略ぼ完全に朝鮮に移植せられて朝鮮のものとなるに至った。而して此頃から学者の間に、漸やく学説上の是非論争が始まったのである。

其の論争は礼の論と学理の論である。固より朱子学の範囲内に在りての論争であるから、言はば朱子の説の解釈の相違とも視做すことも出来る。併し乍ら、朱子の如き数多き著述を遺した特偉なる大家に在りては、同一門徒中に師学に対する見解の相違から起る、深き高き、或は論理的な或は心理的な論争を見るも当然であり、而して同時に其等の論争が儒学其のものの進歩発達を孕むものである。

李朝儒学史の論争に在りて、礼論は此に姑く之に触れず、学理上の論争の最大なる所のものを挙ぐれば、第一に四端七情理発気発の討議であって、初に李退渓（李滉）と其の従遊奇高峰（奇大升）との間に行はれ、一旦終局を見た如くであって、而して死灰再燃、李栗谷（李珥）が奇高峰側に荷担して立ち、此に退渓・栗谷二大学派を形成して朝鮮学界を縦断し、後政党の争激するや、退渓の門徒は柳西厓（柳成龍）を棟梁として多く相率ゐて南人に赴き、栗谷の門徒は西人に投じ、後更に西人が老論少論に分裂し、畢竟退渓の四七説は南人の奉ずる学説となり、栗谷の四七説は老論の奉ずる学説となり、此に学説と党議と結び著き、党争の終に絶えざりしが如く、四七論争も曾て熄まず、所謂朝鮮学界に於ける三〇〇年未了の論案となった。

本春澐然として物故した、前朝鮮学界の大なる遺老、故経学院副提学尹喜求氏は、嘗て朝鮮儒学者の頭脳の七、八分は四七論に向って費され、朝鮮儒学に関する著述の核心は即ち四七論に在ると言った。朝鮮儒学の二大学派は主理派と主気派であって、而して二流派の流出でし天池原泉は即ち退渓・高峰二氏の四七論である。此から一派は東南流して嶺南学派となりて、主理と発達し、一派は西南流して畿湖学派となりて、主気と発達した。

第一章　李退渓・奇高峰の四七論争

正徳己卯中宗一四年（一五一九）、思斎金正国も兄慕斎金安国と一緒に、所謂己卯名賢の一人として微譴を蒙りて、黄海道監司を罷められ、高陽郡芒洞に退居し、晴耕雨読の生涯に入り、静に時機を竢って居った。其の時に齢尚若きも篤学の名あった秋巒鄭之雲は其家居近きが故に、日夕思斎の門に至りて教を受けた。後中宗三二年丁酉（一五三七）、官場復た一回転して、思斎朝に還るや、秋巒は弟之霖に授けんが為に、『性理大全』中朱子の天人の道を説けるものを解し易く図に著し、之を「天命図説」と名づけた。秋巒は之より先未定稿の時分、此図を思斎及び慕斎に呈示して教を乞うたに、二人共に別に意見がなかった。後秋巒も京城に移居し往々学人と攻磨するに当って、「天命図説」を出して以て其の学説を述べた。

然るに、秋巒の居と退渓の寄寓とは、偶然程近かった。退渓は此頃も西大門内に住んだのである。明宗八年癸丑（一五五三）、退渓は姪子寯の「天命図説」なるものを披き観るを見、初めて之を看、其中に色々謬見も交るを発見し、其の作者の隣居秋巒なるを聞き、遂に秋巒と相見、「天命図説」に付いて意見を交換し、退渓は例に依りて沈潜思索して若干の訂正を加へ、又後叙をも添へた。翌年、秋巒「天命図説」を完成し退渓の序をも附して、之を世に公にした。

本図説は天命によりて理気妙凝して人物発生し、各性情を具へて善悪現はるる、周程朱子等の宇宙論・道徳説を図説したものである。其の間、性発して情となり、情に四端あり七情ありの説明に於て、秋巒の旧図は

四端発於理、七情発於気。

（四端は理に発し、七情は気に発す）

とありしものを、退渓は訂正して

四端理之発、七情気之発。

（四端は理之発、七情は気之発）

となした。然るところ、此一〇字が心中に於ける理と気とが互に単独に発動して情となるを主張するに対して、端なく時の学者の議論を惹起すに至った。而して反対論者を代表して退渓に書を送りて論戦を開いた者は、即ち奇高峰である。

高峰は今退渓門人中に録せらるるけれども、彼の退渓に道を問へるは学問上の見解既に開け文章も一家を成し

た時であって、退渓も決して彼を黄錦渓（黄俊良）や李艮斎（李徳弘）・趙月川（趙穆）等の如く、初から仕立てた弟子達とは同様に視做してはゐなかった。高峰は請益者であって文字通りの退渓門徒ではない。明宗一四年己未（一五五九）に先づ高峰其第一書を送り、退渓之に答へ、爾後緩漫に連続して明宗二一年（一五六六）、即ち退渓の歿前四年に迄及むだ。後の学者、二氏の往復書を集めて「四端七情分理気往復書」と題した。

朱子の宇宙人生観は、理を以て一層根本的と視る所の理気二元論であることは言ふまでもない。故に心は理気を兼ね、而して心の用に善悪がある。然るに、理は条理であって万事に於ける当然の法則を指すものであるから、本質的に悪の観念を容れない。然らば、人生の悪は専ら気から起り、気が即ち悪の種子とせなければならぬ。然らば則ち、何故に気に悪種の存在を認めなければならぬか。朱子の蔡季通（蔡元定）に答へる書（朱子文集・巻四四）に曰く、

人之有生、性与気合而已。然即其已合而析言之、則性主於理而無形、気主於形而有質。以其主理而無形、故公而無不善。……以其公而善也、故其発皆天理之所行。以其私而或不善也、故其発皆人欲之所作。此舜之戒禹所以有人心道心之別。

（人の生あるは、性と気が合したからにすぎない。だがその既に合したところについて析言すれば、人の性は理を主として形をもたないが、気は形を主として質をもつ。人の性は理を主として形をもたないから、公であって不善などない。……公であって善であるから、その発はみな天理の行うところである。人の気は私であってときには不善があるから、その発はみな人欲のなすところである。これが、舜が禹に戒めるに際して、人心と道心の区別があるゆえんである）

是れ恐らく朱子の本問題の最後の判断を端的に述べたものであらう。

理は即ち、事物当然の法則であるから、固より彼我差別を超越し、至公無私を以て本質としなければならぬ。故に理から起る所の一切の念慮及び行為は、行く所として当然ならざるはなく、即ち善である。之に反して、気は元気の概念に近似し、即ち活動するものである所の形質の原であって、個体生命の観念の種子である。生命と共に生じ、生命と共に滅する。故に我と彼とを区別する。故に気から起る所の念慮及び行為は、或は我に取りて利益であっても、彼に取りて利益ならぬこともあり、彼我の調和に乖ることもあり得る。若し一歩進みて、我の為に彼を顧みない処まで到れば、悪の素既に成立ったのである。

退渓は朱子の此理気本質説を承けて、更に之を一層心理的に推拡附衍して、情即ち具体的の心の働の根本に於ても、理の発した場合と気の発した場合の二種ありとなし、孟子の挙げた惻隠・羞悪・辞譲・是非の四端を以て理発となし、『中庸』や『礼記』に挙げてある喜・怒・哀・懼・愛・悪・欲七情を以て気発となしたのである。但し此に退渓の為に一言弁ぜなければならぬ所のものがある。退渓は彼の四端七情理気互発説を以て、深く前人未到の処を道破したと信じたのである。彼は高峰に答ふる第一書（退渓集・巻一六・答奇明彦論四端七情第一書または両先生四七理気往復書・上篇・退渓答高峰四端七情分理気弁）に、

性情之弁、先儒発明詳矣。惟四端七情之云、但倶謂之情、而未見有以理気分説者焉。

（性と情に関する弁説は、先儒が悉に明らかにしており余すところがない。だが四端七情については、情というのみであり、理と気を分けて説をなす者をみたことがない）

と云った。勿論、是言も此説の思想的根源は朱子の理気性情説に在るが、只だ明らかに文字に表して、所謂八字打開したのは我を以て初となす、といふ意に解すべきである。然るに、退渓は高峰と四七論争を開始した頃、偶々『朱子語類』（巻五三）孟子四端章広録四端を論ずる末一条に、朱子が四端七情を定義して明白に

四端是理之発、七情是気之発。（四端はこれ理之発、七情はこれ気之発）

と道破したのを発見して狂喜すると同時に、自然に「天命図説」校閲当時かく思った事の誤であったことを知った筈である。

然るに彼の「天命図説」校閲当時、即ち明宗八年（一五五三）頃に在りても、退渓が斯く四端七情を理気を以て分説する者、未だあるを見ずと云ふのは、実は当らないのである。遠き支那の事例は之を尋ぬるに及ばず、彼の李朝国初に成りて広く読まれた権近の『入学図説』の「天人心性合一之図」に於ては、四端を以て理之源即ち性の発にして純善、七情を以て気之源即ち心の発にして善悪あり、と明白に四端と七情とを別種の情となし、略ぼ理発気発とまで説き到らんとしたるがあり。降りて中宗初年、大司成を久任して文教に大功のあった、柳崇祖が中宗六年（一五一一）王謁聖の時翌日王に献じた『大学箴』の「明明徳箴」の中に

理動気挟四端之情、気動理随七情之萌。

（四端は理が最初に動き気がそれを挟み、七情は気が最初に動き理がそれに随う）

と定義を下して、四端七情理気発を区別し、更に性理の諸書から抜粋して編纂した『性理淵源撮要』に於て、黄勉斎（黄榦）・程復心の四七説を載せて以て彼の説の原づく所を示した。即ち勉斎の答李公晦書には尚未だ四端七情と明言はせないけれども、心の物に感じて動くに当りて、理の主として動くと気の主として動く別がありて、善悪生ずとなして

及其感物而動、則或気動而理随之、或理動而気挟之。由是至善之理聴命於気、善悪由之而判矣。

（心が物に感じて動くとき、あるいは気が先に動いて理がそれに随い、あるいは理が先に動いて気がそれを挟む。かくして至善の理が命を気に聴き、善悪がそれによって分かれるのである）

と云ひ、程復心の性情説に至りては、明白に四端七情を理発気発に区別して

理発為四端、気発為七情。惻隠羞悪辞譲是非四者、正情無有不善。喜怒哀楽愛悪欲七者、中節則公而善、不中則私而悪。

（理が発動して四端になり、気が発動して七情になる。惻隠・羞悪・辞譲・是非の四者は正情であり不善はない。喜・怒・哀・楽・愛・悪・欲の七者は、節にあたれば公かつ善であるが、節にあたらざれば私かつ悪である）

と云ひ、又「心統性情図」を製して是意を図説した。又当時人として読まざるなき『大学章句』経一章第四節に雲峰胡氏（胡炳文）は、

性発為情、其初無有不善。心発為意、便有善有不善。

（性が発動して情になるが、情にはもとより不善などない。心が発動して意になるが、そのとき善不善が生じる）

と云って、正に権陽村（権近）『入学図説』の所説の原をなしてゐる。

故に李栗谷は退渓の説を以て黄勉斎に原くとなし、奇高峰は秋巒の「天命図説」を以て雲峰胡氏を本とすとなし、嘗て之を秋巒に糺して秋巒亦然りと答へた。是の如く四七理気互発説は決して退渓の独創に出づる所のものではなくして、反りて当時の学界に在りては寧ろ普通の説に属したのである。

故に奇高峰の退渓に上れる第一書（両先生四七理気往復書・上篇・高峰上退渓四端七情説）に

近来学者不察孟子就善一辺剔出指示之意、例以四端七情別而論之。

（最近の学者どもは、孟子が善一辺のみを抜きだして指示した意味を察せず、おおむね四端と七情を区別して論じてやまない）

と云ひ、又最後の書（両先生四七理気往復書・下篇・高峰答退渓再論四端七情書）に重ねて是意を詳述して、

常疑性情之説而問之於人、則皆挙胡氏之説以応之。大升心以為疑而問之曰、情無不善、四端固然、若七情又何為有不善耶。応之者曰、七情乃発於気耳。大升尤以為疑、又従而再問之他人、則其説皆然。随問輒然無復異趣。

（わたしはつねに性情の説を疑い、よく人に問うたが、みな異口同音に雲峰胡氏の説をあげてそれに応じた。深く疑問に思い、或人に問うた。〝胡氏の述べるとおり情に不善がないのであれば、四端も当然そうであろう。だが七情のばあい、なぜ不善があるのか〟と。或人の答えは〝七情は気に発するからだ〟という。わたしは納得できず、別人に同じ質問をぶつけたが、答えはみな同じであり、まったく異趣がなかった）

と云った。是に由りて之を観れば、退渓の自説を以て前人未発となすは当らざるが様である。

併し考ふるに、退渓が高峰に対して偽りを言ふとも思はれぬ。畢竟、退渓が「天命図説」校訂当時に在りては、彼は未だ『朱子語類』中の彼の一二字語は勿論、程復心の説も看るに及ばず、又柳崇祖の『大学箴』も『性理淵源撮要』も尚未だ看ず、唯だ陽村の『入学図説』は之を看たるも重きを措かなかったと解せなければならぬ様である。即ち彼は答奇高峰第一書（退渓集・巻一六・答奇明彦論四端七情第一書）に、

近因看朱子語類論孟子四端処末一条、正論此事。其説云、四端是理之発、七情是気之発。

（最近、『朱子語類』の孟子四端を論じたところの末一条が、まさにこのことを論じていることを知って自説に確信をもった。朱熹によれば、〝四端はこれ理之発、七情はこれ気之発〟という）

と云って、語類中よりの互発説発見は近来に属することを言ひ、又門人趙月川（趙穆）が四七論争に就いて意見を述べて略ぼ高峰に賛成せんとするや、彼此に書を与へて為に之を弁じ（退渓集・巻二三・与趙士敬）、其中に、

至四七分理気、本非吾説、乃考亭元有説如此。近又見程林隠心統性情図、正用此説、亦録在別紙。可更虚心

游意、勿遽揮斥而看。恐可信鄙説非出於妄見也。

（四端七情を理気に分けるのは、もともと自分の説ではなく、朱熹自身が自ら説かれたところにほかならない。近頃、また程復心の心統性情図が朱熹説を用いているのを発見した。別紙に録したとおりである。虚心に考察することを心がけ、放縦に陥らないようにすれば、わたしの意見の妄説でないことが信じられるであろう）

と言ひしに由りて、程復心の説も纔に近頃之を看るに及べるを知られ、又「答金惇叙」（退渓集・巻二八）に陽村の『入学図説』を評して、

陽村学術淵博、為此図説極有証拠。後学安敢妄議其得失。但以先賢之説揆之、恐不免啓学者穿鑿傅会之病耳。雖然、此亦未易言也。

（権近の学問研究の内容は十分淵博であり、個別の図説には確乎とした根拠がある。後学がみだりにその得失を議することなどできはしないであろう。だが先賢の基準をもって揆れば、学者の穿鑿傅会の欠点を免れがたいかもしれない。そうはいっても、軽々しく批判をくわえることができないことは確かである）

と言った。蓋し退渓は多く礼安の僻郷に閑居し、西来の新書を購求する便を欠きたるが為に、往々在京の故旧門人等に依頼して未見の書を得て、新知識に接するの已むを得ない状況に在った。故に四七分理気説も、実際彼が「天命図説」に就いて独り沈思窮理し、剏思的に発明した所の学説と視做すべきであらうと思ふ。

彼の奇高峰に答ふる第二書後論（退渓集・巻一六・答奇明彦論四端七情第二書・後論または両先生四七理気往復書・上篇・退渓答高峰非四端七情分理気弁第二書・後論）の終に

滉山野樸学、於其相襲之説、専未習聞。往年忝国学、見諸生所習、率用其説。試従而広求得之、合衆説而観之。誠有不可曉処、多有悶人意処。錯看鑿認拘辞曲説、其弊有不可勝救者。独未見所謂四端七情分属理気之

説。今図中分属本出於静而、亦不知其所従受者、其初頗亦以為疑。思索往来於心者、数年而後乃定。猶以未得先儒之説為慊。其後得朱子説為証、然後益以自信而已。非得於相襲之説也。

（わたしは山居浅学のため、近世碩学が相襲したという俚俗の説など、いまだ聞いたことがない。往年、国学に居たとき、諸生の習うところをみて、おおむねその説を採用し、それを基礎に勉学を進め、衆説もあわせて参照した。確かに納得のできないところもあり、悩ませられるところも少なくない。また錯看鑿認拘辞曲説もあって、その弊害にはあげて救うべからざるものもある。だが独り四端七情分属理気之説については、いまだ聞いたことがない。そもそも理気分属の図示は、秋巒鄭之雲のアイデアに出るが、秋巒が誰の説に従ったか不明であり、最初すこぶる疑問視した。思索すること数年にして心は定まったが、自説を証明する先儒の説を発見することができず、遺憾に思っていたところ、その朱子説の証拠をえて、自説に自信を深めた。決して相襲の説にもとづいて自説を展開したわけではない）

と絮述して自説の来歴を明かにした。此は信ずべきものと思ふ。

然るに他方、奇高峰の反対説に就いても、此を以て高峰の発明に出づるに非ず、彼が湖南長城に退居中、近居の河西金麟厚に就いて道学上の質疑請益をなし、其の時河西の撃発する所に基くとなす説が行はれてゐる。宋尤庵（宋時烈）の撰した河西の行状（宋子大全・巻一五四・河西金先生神道碑銘并序）に

至於退渓李先生有四端七情理気互発之論、高峰奇先生深疑之質問於先生。沛然無所凝滞。遂以論弁於李先生殆数万言。世所伝退高往復書者是也。

（李退渓先生が四端七情理気互発之論を唱えたとき、奇高峰先生はそれを深く疑い、金麟厚先生に質問した。金麟厚先生の答えは沛然として滞るところがなかった。ついに奇高峰先生はそれにもとづいて李退渓先生と論弁することが

殆ど数万言に及んだ。世に伝えられる退渓高峰往復書がまさにそれである）
とあり、以後尤庵の門徒多く此説を唱へた。遂に正祖大王も此説を信じて疑はず。其の二〇年（一七九六）一一月、館学儒生の上疏に従て、河西を文廟に従祀するを允許したのも、少からず此の説が与りて力がある。正祖の集『弘斎全書』（巻一七三）日得録一三・人物三の項に朝鮮文廟従祀の人物を評論し河西を極崇して、
我東諸賢之従祀文廟者、孰非予所曠感而致敬。而最是先正金河西、独契予心。嘗以為東方理学之発前未発、直接洛閩之墜緒、実自河西始。
（文廟に従祀される我東諸賢は、いずれも予が心から感じ深く敬う人物であるが、最も先正金河西が予の心に契合する。東方理学が前人未発の説を発し、直に二程朱子の衰えた事業に接したのは、実に河西に始まると思うからである）
と言った。此は河西が四七理気共発の説を高峰に伝へ、高峰の説が李栗谷の理気説を啓き、朝鮮の理学をして其の発達の極に達せしめ、程朱の言はんとして未だ全く言はざりし所を道破するに至ったといふ意味である。
李退渓の四七分理気説は、此を初終両様に解釈することが出来る。即ち其第一は、心は理気を兼ねるけれども、仔細に心の作用に就いて吟味すると、自ら理の発動から起るものと、気の発動から起るものと区別して認識することが出来る。即ち純善にして悪の素を交へない心の作用なる所の四端は、是れ理の発動に属し、善悪相雑はる心の作用なる所の七情は、是れ気の発動に属する。丁度其は同じく性とは謂ふけれども、分けて言へば、本然之性と気質之性があると同様である。即ち理は静にして無作用で偏へに気に倚りて発動するものとは観ないで、理自体も発動して情となる作用を自有すと観んと欲するのである。是点は退渓の説の根本を成すもので、彼の答高峰第一書（退渓集・巻一六・答奇明彦論四端七情第一書）に明白に述べて、

故愚嘗妄以為、情之有四端七情之分、猶性之有本性気稟之異也。然則其於性也、既可以理気分言之。至於情、独不可以理気分言之乎。惻隠羞悪辞譲是非、何従而発乎。発於仁義礼智之性焉爾。喜怒哀懼愛悪欲、何従而発乎。外物触其形而動於中、縁境而出焉爾。四端之発、孟子既謂之心、則心固理気之合也。然而所指而言者、則主於理、何也。仁義礼智之性、粋然在中、而四者其端緒也。七情之発、朱子謂本有当然之則、則非無理也。然而所指而言者、則在乎気、何也。外物之来、易感而先動者、莫如形気、而七者其苗脈也。安有在中為純理而才発為雑気、外感則形気而其発為理之本体耶。

（そこで、わたしはかつてみだりにも次のごとく考えた。すなわち、情に四端と七情の別があるのは、性に本性と気稟の不同があるのとすこしも異ならない。そうであれば、性においては、すでに理気を分言することができる以上、情についても、理気をもって分言することができるにちがいない。そもそも四端——惻隠・羞悪・辞譲・是非はどこから発するのかといえば、仁・義・礼・智の性に発する。また七情——喜・怒・哀・懼・愛・悪・欲はどこから発するのかといえば、外物が身体に触れて心中に動き、境を通して出る。だが四端の発については、孟子がすでに心と断ずるからには、心はもとより理気の合である。理気の合にもかかわらず、指していうところが理を主とするのはなぜか。仁・義・礼・智の性が粋然として中にあり、四者はその端緒であるからである。また七情の発については、朱子がもともと当然の則があると説明している以上、理がないことはない。それにもかかわらず、指していうところが気にある（気を主とする）のはなぜか。外物の出現に際して、感じやすく先に動くのは、形気が一番であり、七者はその苗脈（或流）であるからである。とすれば、心中にあっては純理でありながら、発すれば気を雑え、あるいは形気に外感しながら、発したのは理の本体であることなどあるはずもあるまい）

と言った。退渓も高峰も一般朝鮮の儒学者推し並べて、程朱以前の孔孟の語をも此を程朱の思想を以て解釈して怪まず、此に孟子が惻隠の心、羞悪の心等と心の語を用ひしを以て、孟子も亦理気を兼ねて言ったものと断じてゐる。此は畢竟、朝鮮の学者の支那思想の歴史的研究に空疎なるの致す所である。其は兎に角、退渓の四七分理気説には其根本観念として、心の作用を次の如くに描き做してゐることを認めねばならぬ。

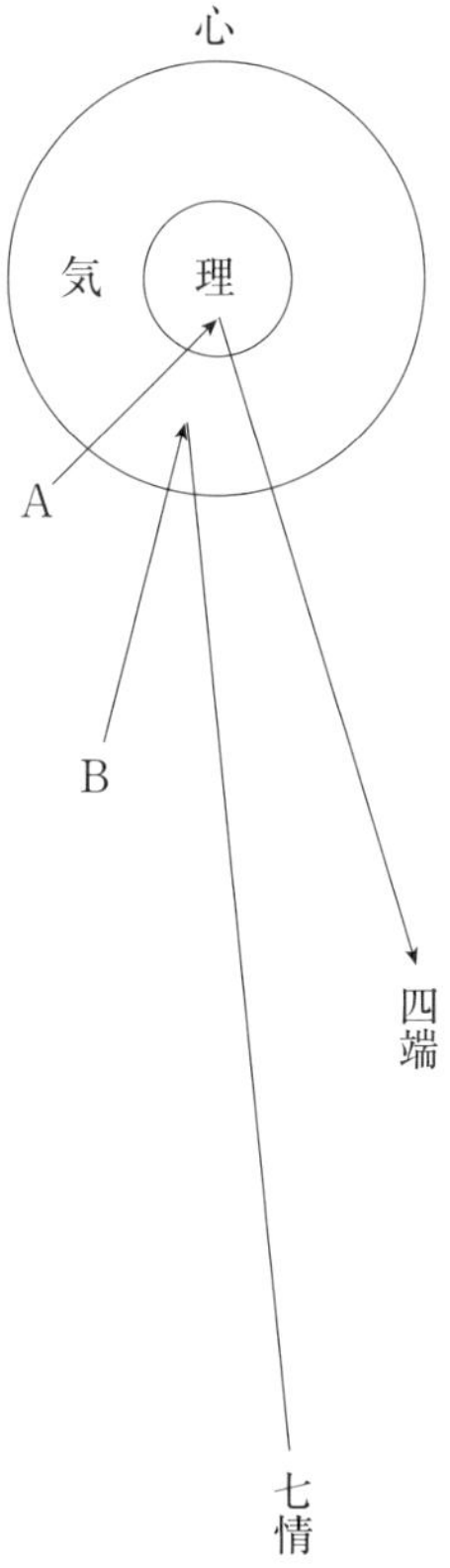

即ち丁度理と気を理性と感性の如くに考へて、プラトンの『ファイドーン』に現はれた霊魂よりの識と肉体よりの識の思想に相通じてゐる。

四端七情を道心人心に当てるのも、矢張此の思想の導く所である。理は即ち性であって、形気の奥に形気に包まれて存在してゐる。而して心が外物に接する時、Aなる或刺戟は形気即ち五官を通じて、直に奥深く理に感じ、理発動して此に応じ情となりて現はれる。即ち惻隠・羞悪・辞譲・是非の四端が、仁義礼智の性の発動から現れ出づる場合である。之に対して、Bなる或刺戟は形気を感動せしむること強烈なるが為に、更に奥探く理に感ずる迄に至らないで、直ちに外に発して情となりて現はれる。即ち喜・怒・哀・懼・愛・悪・欲七情が刺戟に応じて直発し来る場合である。是観念は丁度本然之性と気質之性に於て、本然之性は気質の内に宿るけれども、気質之性に就いて、気質を離れて純粋理体を抽象して之を本然之性と称するを得べきと同様である。四端理之発、七情気之発の一〇字は、即ち此意味に解釈しなければならぬ。斯くて此説は当然の結果として本然之性と気質之性は具体的には対立する二概念ではなくて、気質之性の概念が本然之性の概念を包括すべきものであるに拘らず、気質之性と離れて別に本然之性の発動を認めることとなるのである。具体的の心は理気を兼ねてゐるから、如何なる微細な作用でも理気の共発ならぬはないと観るべきであるのに、然るに斯く甚しく理気を分別して対立せしむるのは、形而上に於ける原理を具体的の心に向って機械的に応用するもので、例へば水は酸素水素の化合体であるといふを以て、水の作用に就いて猶酸素と水素の対立を認めんとするに類するを免れないのである。

奇高峰は先づ此を以て退渓に質した。是に於て退渓は第二の解釈を立てるに至った。心は本より理気を兼ねるが故に、具体的一切の情は理気の共発ならぬはない道理である。然しながら、理は其本質が至公純善であるから、其が具体化する場合に在りても、如何にしても私と悪とを生ずべき筈がない。之に反して、気は既に差別、私を以て其の本質とするから、其の具体化する場合に悪に流るる可能性がある。然らば心の発即ち情に於て、其の本質公に善に何等私と悪の萌芽を有せない所のものは、其の起源に遡りて之を理の発と謂はねばならず、之に反して動もすれば私に流れて悪となり易く、常人に在りては多く道徳的危殆を孕む所の七情は、之を気の発と謂はねばならぬ。換言すれば、四端七情共に理気の共発ではあるが、其中に就て主なる所を指して理発気発と謂はんとするのである。退渓が高峰の書に接して、第一答書に於ける「四端理之発、七情気之発」を訂正して、第二答書（退渓集・巻一六・答奇明彦論四端七情第一書）に、

四端理発而気随之、七情気発而理乗之。

（四端は理が先に発して気がそれに随い、七情は気が先に発して理がそれに乗る）

となしたのは、即ち此意味に解釈すべきである。退渓は高峰の反対説を熟読して更に第二書に於て弁じて曰く、

夫四端非無気、七情非無理。非徒公言之、滉亦言之。非徒吾二人言之、先儒巳言之。非先儒強而言之、乃天所賦人所受之源流脈絡固然也。然其所見始同而終異者無他。公意以謂、四端七情皆兼理気、同実異名、不可以分属理気。滉意以謂、就異中而見其有同、故二者固多有渾淪言之、就同中而知其有異、則二者所就而言、本自有主理主気之不同分属、何不可之有斯理也。

（そもそも四端は気がないわけではなく、七情は理がないわけではない。ただ公（高峰）がそう主張するだけではなく、わたし自身もそう主張している。ただわれわれ二人がそう主張するだけでなく、先儒もすでにそう主張している。これは先儒が強いてそう主張したのではない。天の賦し人の受けるところの源流脈絡自体がもとよりそうなっているからである。それにもかかわらず、われわれの見解が初めは同じでありながら終わりに異なったのは、ほかでもない。公が四端七情はみな理気を兼有し、同実異名であって、理気に分属することはできないとするのに対し、わたしが異中に同あるをみて、多く渾淪して説明しながらも、同中に異あるを知っては、同中、もともと自ずから主理主気の不同分属があっても不可ではないとするからである）

之を前に引用した第一書に比較すれば、理気を分別すること頗る寛で、惟だ主とする所に因りて名を異にすと謂ふのである。

併し七情即ち四端、四端は七情の中に包含せられると言はない以上、理と気との各自体の発動を承認することは依然として渝らないのである。従て理気互発説の根本は、畢竟第一の解釈、即ち理と気とは相異なる所の体と用とを有し、人心に於ける善の原理は理に存し、悪の原理は気に存し、理は善の源、気は悪の源とする観念に存すと謂はなければならぬ。是に於て、理気打成一心、其の共発の外、心用なしと立てる奇高峰と合することが出

来ない。

斯くて退渓の四七説は当然四端を以て道心、七情を以て人心となして、許東陽（許謙）の人心道心説を肯定した。東陽（四書大全・中庸章句序・小注）は曰く、

人心発於気、如耳目口鼻四肢之欲、是也。……道心発於理、如惻隠羞悪辞譲是非之端、是也。

（人心は気に発し、耳・目・口・鼻・四肢の欲がそれである。……道心は理に発し、惻隠・羞悪・辞譲・是非の四端がそれである）

退渓の「答李平叔」（退渓集・巻三七）に、

人心為七情、道心為四端、以中庸序朱子説及許東陽説之類観之、二者之為七情四端、固無不可。

（人心が七情であり、道心が四端であることについては、中庸序の朱熹説や許謙説ほかよりすれば、二者の七情四端であることにもとより不可などない）

と云ひ、又李宏仲（李徳弘）の問目に対へて（退渓集・巻三六・答李宏仲問目）、

人心、七情是也。道心、四端是也。非有両箇道理也。

（人心は七情であり、道心は四端である。七情・四端といい人心・道心というのに、異なる道理があるわけではない）

と云った。

退渓の説に反対する高峰は、まづ古人の定義を挙げて、心に理気互発の事のあり得べからざるを弁じた（両先生四七理気往復書・上篇・高峰答退渓論四端七情書）。性、情、心の関係に就いて、朱子（語類・巻五）は「性纔発、便是情。情有善悪、性則全善。心又是一箇包総性情底（性のたちどころに発したものが情であるが、情には善悪があ

るのに対して、性はまったく善である。心はまた、一個の性情を包総するものでもある）」と云ひ、又「性情心、惟孟子横渠説得好。仁是性、惻隠是情、須従心上発出来。心、統性情者也。性只是合如此底、只是理、非有箇物事（性・情・心については、ただ孟子と張載のみがうまく説明している。仁は性（心の理）、惻隠は情（心の用）であって、まさしく心上から発出する。〝心は性情を統べるものである〟（張子語録）。性は当然そのようであるべきものであって、理であり、一個の具体的な事物ではない）」と云った。而して所謂性発して情となるといふのは、本然之性天地之性、換言すれば、純粋理体の性を指すには非ずして、気質之性即ち本然之性の堕ちて気質中に宿在する所の具体的個人の性を指すのである。従て其の発動たる所の一切の情は、理気の合用ならざるはない。例へば朱子の「答鄭子上」（朱子文集・巻五六）に、最端的に天地之性と気質之性とを定義して、

気不可謂之性命、但性命因此而立耳。故論天地之性、則専指理言、論気質之性、則以理与気雑而言之。非以気為性命也。

（気はただちにこれを性命ということができないが、性命はこれによりて立つ。したがって天地の性を論じるとき、専ら理を指していい、気質の性を論じるとき、理と気を雑えていう。気をもってただちに性命とすることができないからである）

と云へる如くである。高峰も是点を更に力強く述べて（両先生四七理気往復書・上篇・高峰答退渓論四端七情書・第五節）、

若就性上論、則所謂気質之性者、即此理堕在気質之中耳、非別有一性也。然則論性而曰本性曰気稟云者、非如就天地及人物上分理気而各自為一物也。乃以一性随其所在而分別言之耳。至若論其情、則縁本性堕在気質、然後発而為情、故謂之兼理気有善悪。

（もし性自体についていえば、いわゆる気質の性は、この理が堕ちて気質の中にあるのみであって、別に一性があるわけではない。とすれば、性を論じて本性（本然の性）といい気稟（気質の性）というのは、天地や人物に即して、理気を分けて各自一物とするという意味ではない。一性についてその所在にしたがって分別していうにすぎない。その情を論じるときは、本性が堕ちて気質にあり、気質の性が後に発動して情となるため、理気を兼ね善悪ありというのである）

されば、退渓が七情を以て、外物が専ら形気に感じて、形気之に応じて発する所となすは当らない。反って四端と等しく心中の喜怒哀懼すべき所以の理が外界の理と契合して而して情となりて具現するのである。従て此の際に於ても亦、理の発をも認めなければならぬ。

愚謂四端七情、無非出於心者、而心乃理気之合、則情固兼理気也。非別有一情、但出於理而不兼乎気也（両先生四七理気往復書・上篇・高峰答退渓論四端七情書・第六節）。

（わたし奇大升は以下のように考える。すなわち、四端七情はいずれも心上から発出するものであり、また心は理気の合であれば、情（四端七情）はもとより理気を兼ねなければならない。別に一情があって、ただ理のみに出て気を兼有しない、などとしてはならない）

情の総べてが是れ性の気に乗じて発する所とすれば、情は本来善なりと認めなければならぬ。『中庸』が性を以て中となし、其の発して節に中るを和と云ったのは、情の本質の和なるを言ったに外ならない。従て七情も、本質的には善なるものの其の発して節に中らない場合に限りて、悪となるのである。

是に於て高峰は七情と四端とは同一情であるが、七情は性の発して成す所の情の全部の総名で、四端は七情中から特に純善なるもの、換言すれば、気の発が完全に理と一致したる場合の情を剔抉して言ったに過ぎないのであって、全く七情の発して節に中るものと同実にして異名なりとなすのである。

高峰の説は是処を要点となすから、其の第二書（両先生四七理気往復書・上篇・高峰答退渓論四端七情書・第七節）に於て明白に定義し、

若四端七情、初非有二義云者、蓋謂四端既与七情中発而中節者同実而異名、則推其向上根源、信非有両箇意思也。

（わたし奇大升が前に〝四端七情にはまったく二義がない〟といったのは、けだし四端はすでに七情の中で発して節に中るものと同実異名であれば、その向上根源をおしても、まことに両箇意思があるわけではないからである）

と云った。

斯くて高峰は退渓の理気互発説の第二の解釈、即ち唯だ主とする所に重きをおいて区別を立てたに外ならず、四端には全く気が働かず、七情には理が働かないといふのではないといふ妥協的解釈説にも同意しない。何となれば、此解釈も畢竟第一の解釈を肯定する予件の下に初て成立するものであるからである。即ち高峰は理と気とは観念的には之を分ち考へ得られるが、具体的人物の心作用に在りては、何時如何なる場合でも分開して見ることが出来ない。常に理に依りて気が導かれ、気に依りて理が現れるに外ならない。然るに退渓は事物上にも単気単理の発現を認めるからである。高峰の第一書（両先生四七理気往復書・上篇・高峰上退渓四端七情説）に

夫理、気之主宰也。気、理之材料也。二者固有分矣。而其在事物也、則固混淪而不可分開。

（理は気の主宰、気は理の材料であって、二者にはもとより分別がある。だが事物中にあっては、混淪して分開することはできない）

と大体論を掲げ、第二書（退渓集・巻一六・答奇明彦論四端七情第二書）に退渓が妥協的に、

由是観之、二者雖曰皆不外乎理気、而因其所従来、各指其所主而言之、則謂之某為理某為気、何不可之有乎。

（かくのごとくみれば、四端と七情は理気にほかならないといっても、そのよりて来るところによって、それぞれ主とするところをいえば、一方を理とし他方を気としても、不可などないであろう）

と説き去るに対して、あく迄、反駁を加へて、

按此数段極論四端七情之所以然、正是一篇緊要処。然太以理気分開説去、而所謂気者、非復以理与気雑而言之、乃専指気也。故其説多倚於一偏（両先生四七理気往復書・上篇・高峰答退渓論四端七情書・第六節）。

（按ずるに、この数段は四端七情の然るゆえんを極論しており、まさに一篇の緊要なところである。だが理気を過度に分開して論を展開するのみならず、言及される気の概念も理と気を雑えていうものではなく、専ら気を指している。その説が多く一偏にかたよるゆえんである）

と言ったのは、即ち理気の根本的解釈に相容れぬからである。

斯くて自然の結果、高峰は事物の実際に在りては、元と無形無迹なる理は気を離れては之を認められない、只だ気の過不及なく合理的な発現に就いて理体を察すべきのみである。従て事物上に在りては理発といふものは存在しないとなすのである。

是に至りて、退渓の理気観と全く相牴牾し、之を推し窮すれば、羅整庵の理気一物となす主気説に酷似するに至るのであって、退渓が第一書（退渓集・巻一六・答奇明彦論四端七情第一書）に於て軽く是点に触れて、

是則遂以理気為一物而無所別矣。近世羅整庵倡為理気非二物之説、至以朱子説為非。是滉尋常未達其指、不謂来喩之意亦似之也。

（これは最終的には理気を同一視して区別しないものである。近世の羅欽順は理気の二物にあらざるの説を唱えて、

朱子説を誤りと断じるにいたった。これはわたし滉が平素その指意を理解することのできないところであるが、意外にもお手紙の意味もまたこれに似ていないだろうか）

と言った所以である。退渓の理気観から言へば、理が先づ在りて、其の発するに従って気是が材料となりて具現するのであるから、具体的事物は其儘に之を理の発現と観なければならぬのである。二人者の是の議論の内に、既に後世に至り主理派主気派に発展すべき二派の理気観の胎在することを認めることが出来る。

退渓の高峰の反対説に対する態度は、答書第二から著しく妥協的に傾き、出来る丈、高峰の意見の合理的な所は之を是認して自説との不調を少くせんと努め、而して同時に高峰の説の先賢の成説と相容れざる弱点に向っては、鋭く質問の矢を放った。即ち高峰は一度四端は理発純善なることを肯定しながら、後に至って又之を取消した。高峰の真意は四端も亦理気発であって、観様に由りては四端気発とも言はんとするに在ること言を俟たない。故に高峰は第二書（両先生四七理気往復書・上篇・高峰答退渓論四端七情書・第六節）に朱子の語を引いて、

実而四端亦気也。朱子弟子問中亦曰、如惻隠者気。其所以能是惻隠者理也。此語尤分暁。但其気順発出来、非有翻騰紛擾之失爾。

（実に四端もまた気である。朱子は弟子問中また、〝惻隠は気であって、そのよく惻隠たるゆえんが理である〟といったが、その語はもっともわかりやすい。ただその気は順発したものであって、翻騰紛擾の漏失がないにすぎない）

と言ったのは即ち高峰の真意を言出したのである。

退渓は此に向って専ら攻撃を集注して、四端も亦情なる以上、其の発するに当りて理が気に乗じて始めて行はるること七情と異らないけれども、併し此場合には、気が完全に理に随順して実質上単一理発と何等変る所がない。若し此を認めまいとすれば、孟子が四端を説明して仁義礼智四性の発現の端緒となした原理に違背するでは

ないかと強調切論した。是の主張は孟子も亦理気の観念を以て性情心を説いたと仮定したもので、甚だ謂はれない事ではあるが、高峰其人も之に対して弁ずる方法もなく、是点では直に退渓に譲りて四端は是れ理の発と承認し、二氏の協調が完了した。

既に四端を以て実質的に観て理発なりとすれば、同時に七情四端同実異名なりといふ説には同意することは出来ない。

滉謂就同中而知実有理発気発之分、是以異名之耳。若本無所異、則安有異名乎。故雖不可謂七情之外復有四端、若遂以為非有異義、則恐不可也（退渓集・巻一六・答奇明彦論四端七情第二書）。

（わたし滉の考えるところ、同中にも、実に理発気発の分があることは否めない。異名があるゆえんである。もともと差異が皆無であれば、異名などあるはずもあるまい。それゆえ、七情の外にまた四端があるとはいうことができないとしても、もしついに二者に異義がないといえば、それは不可であり、論理的に成り立たないであろう）

退渓は更に尚四端と七情と相対すれば、其の名を異にせざるべからざるを反復して、

大抵有理発而気随之者、則可主理而言耳、非謂理外於気、四端是也。有気発而理乗之者、則可主気而言耳、非謂気外於理、七情是也（退渓集・巻一六・答奇明彦論四端七情第二書）。

（大抵、理が先に発出して気がそれに随うものがあれば、理を主として認識すべきであって、理が気外にあるなどと捉えてはならない。四端がそれである。また気が先に発出して理がそれに乗るものがあれば、気を主として認識すべきであって、気が理外にあるなどと捉えてはならない。七情がそれである）

若し夫れ聖人の七情に至りては、気が完全に理に随順するが故に、この境地に到れば、四端と全く区別なく理発といふも妨なくなるのである。之に反し、常人の七情は其の宜しき処に於て発しても、尚過不及の患ない訳に行

かない。判然と四端と区別して、気発となさざるを得ない。

斯くて退渓はあく迄、高峰との見解の相違が単に命辞上の相違に過ぎずとなし、実質的には両者既に相異る所なきものと視做せんとするに対して、高峰は「性発為情（性、発して情となる）」「心兼理気（心、理気を兼ぬ）」の大前提を立てて、論理的に推理演繹して、苟も理気二者相関せず各自体に発動すとなす思想を拒否してゐる。後世二氏の議論に在りて、論理的には高峰を以て勝れりとなす所以、此に在るのである。

高峰は四端純善にして理発と見るに就いては、之を退渓に譲り、其の代りに反駁の集注点を七情においたのである。退渓は四端と七情とは実質的には兎に角、古来其の名を異にして来てゐる以上、相対して言ふ場合に当りて、四端を理発と認むるならば同時に七情の気発をも認めなければならぬと言ふが、高峰は七情も理気共発なるに付ては、『中庸』の語が強き証拠となるべきこと、恰も四端理発の『孟子』に於けるが如くである。其の「喜怒哀楽之未発、謂之中。発而皆中節、謂之和（喜怒哀楽のいまだ発せざる、これを中という。発してみな節に中る、これを和という）」（中庸・第一章）の喜怒哀楽は、七情と同意義同内容なること勿論であって、「未発之中」は即ち性の本体で、発して情となり、情の節に中る者即ち和である。此場合の性は之を気質之性と観ても、未発の中は理を主として謂ふのであるから、其発して喜怒哀楽を成すに及びて理が気に加はりて、亦理気の共発に出づること明々白々、一点挿疑の余地のないのである。高峰曰く、

蓋鄙意以為、七情兼理気有善悪者、前賢已有定論。而今乃与四端対挙互言、以四端為理、七情為気、則是七情理一辺、反為四端所占、而有善悪云者、若但出於気。此於著図立象之意、似未為尽耳（両先生四七理気往復書・下篇・高峰答退渓再論四端七情書）。

（わたしの考えるところ、七情が理気を兼ね善悪を共有するというのは、まさに前賢の定論にほかならない。それに

もかかわらず、いま退渓先生が四端七情を対挙互言して、四端を理、七情を気とするのは、七情の理一辺がかえって四端の占めるところとなることである。また七情に善悪があることについては、退渓先生はただ気に出るとする。これは著図立象において、いまだ尽くさざるところがあるといわざるをえない）

又重ねて申明して曰く、

蓋孟子剔撥而指理一辺時、固可謂之主理而言矣。若子思渾淪而兼理気言時、亦可謂之主気而言乎。此実大升之所未敢暁者（両先生四七理気往復書・下篇・高峰答退渓再論四端七情書）。

（孟子が剔撥して理一辺を指すとき、もとより理を主としていうといえるだろうが、子思（中庸）が渾淪して理気を兼ねていうとき、また気を主としていうといえるだろうか。これがわたしのいまだよくわからないところである）

斯くて両者の意見相接近して其実終に合致するに至らない。高峰の説を推拡れば、『朱子語類』の互発説は謬見としなければならず、又進んで七情を四端に配当せなければならず、又『孟子』の四端も節に中らない所のものもあるべき事になり、退渓の説を立てれば、『中庸』の中と和との解釈、乃至「性発為情（性、発して情となる）」、「心兼性情（心、性情を兼ぬ）」の定義に牴触し、七情の説明に困難を招くを免れなくなるのである。二氏共に其の意見を窮むれば、逢著する所の難点あるを免れない。其れに又、本論争も既に数年にわたり、二氏各々言はんと欲する所を竭したし、又高峰の固執して譲らざる態度に関し批難する者も学界士林に出て来て、漸く其の終局に近づきつつあるを示した。例へば慶南の大儒曺南冥（曺植）の如きは、此を以て高峰の売名心に出るとなした。

其れは退渓の「答李剛而」（退渓集・巻二一）に、

近有人自南冥所来、言湖南奇斯文曾与滉論四端七情書札往復事、南冥極以為非、至以欺世盗名目之云。此言真薬石。此名甚可懼。

（近日、朞植のところから来た者が、湖南の奇大升がかつてわたし滉と書札を往復して四端七情を論じたことに言及して、朞植が奇大升の行為を是にあらずと断じ、欺世盗名のそれと罵倒したというが、この言はまことに薬石に相応しい。これら悪名ははなはだ恐るべきものである）

とあるに知るべく、又温恭なる退渓其人も亦此点に就いて若干高峰に不満を感ぜなくもなかった。「答鄭子中」（退渓集・巻二五）に

滉甚重明彦之為人。其既得了又退加工、只此一事人所不及処。但其豪気未除、於義理之学、尚未見細意研精。才見人説話、有不合己見処、便奮筆作勢、一向攻他、胡説将去、似有立己求勝之意。恐此不是小病。

（わたし滉は奇大升の為人を非常に敬重する。かれはすでに学問に令名が高いにもかかわらず、また退いて研鑽をくわえているが、ただこの一事は別人の及ばざるところである。だがその豪放の気はいまだ尽きず、義理の学も細意な研究がなお十分でない。他人の説話を聞いて、自説に合わないところがあれば、ただちに筆を奮い勢を作して一向にその人を批判し、胡説も辞さず、論戦に勝ちを求めて止まない。思うにこれはわずかな欠点ではないであろう）

といひ、又其の最愛する弟子黄錦渓（黄俊良）に与ふる書（退渓集・巻二〇・答黄仲挙）には本件に関し凄涼たる心事を述べて、

吾輩間中又起此争弁、自相攻撃、殊為未安。前日来書、有明彦不肯竪降幡之語、正使不降、恐難更与争鋒。姑蔵之巌穴、以待後世之公論如何耳。

（われわれ当事者は、突然に四七の争弁が起こって自ら相攻撃するにいたり、不安のただ中にある。前日のお手紙によれば、奇大升は敗北を認めようとしないといわれるが、かれが下らなければ、ふたたび論戦を繰り広げることは難しいであろう。しばらく往復書を巌窟に蔵し、後世の公論いかんを待ちたい）

とまで言った。同様に高峰に向っても、姑く此論争を輟むるの得策なるを勧告する者もあった。高峰の送退渓書（両先生四七理気往復書・下篇・高峰答退渓再論四端七情書）に、

此間有一後生、従洛下遺書、勧大升以姑停弁詰、更以深思自得為急務。且曰、紛然往復之際、意味気象不無為辞気所害云云。

（ここに一人の後学が洛下から手紙を寄こして、ひとまず四七論弁を止め、深思自得をもって急務とせよと勧める。また指摘することには、紛然たる往復論弁の際、意味気象が文章の流れによって害されたところがないわけではない、云々ともいう）

斯くて論争将に終らんとするや、高峰は結局退渓が「四端理之発、七情気之発（四端は理之発、七情は気之発）」を訂正して「四端理発而気随之、七情気発而理乗之（四端は理発して気これに随い、七情は気発して理これに乗る）」となさんといふのも、矢張依然四端理七情気の互発を意味するのであるから、之を改めて

情之発也或理動而気倶、或気感而理乗。

（情の発するとき、あるいは理が先に動いて気がこれと倶にし、あるいは気が先に感じて理がこれに乗る）

となさんと提議し（両先生四七理気往復書・下篇・高峰答退渓再論四端七情書）、退渓冷然詩を以て之に答へて（退渓集・巻一七・与奇明彦・壬戌）曰く、

両人駄物重軽争、商度低昂亦已平。更剋乙辺帰尽甲、幾時駄勢得匀停。

（両人が背負う荷の軽重を争い、秤の高低はすでに水平である。ふたたび乙辺をとって甲に帰せば、いつ均衡をえることができるだろうか）

高峰を以て無用の弁を続くると為すのである。

是に於て、高峰は更に妥協的態度を以て「四端七情後説」（両先生四七理気往復書・下篇）及び「四端七情総論」（両先生四七理気往復書・下篇）を作りて退渓に送りた。後説は、

孟子論四端以為、凡有四端於我者、知皆拡而充之。夫有是四端而欲其拡而充之、則四端是理之発者、是固然矣。……朱子嘗曰、論天地之性、則専指理言。論気質之性、則以理与気雑而言之。此正理発気発之論也。大升曾引此語以為、是理之発者、専指理言、是気之発者、以理与気雑而言之者、無甚碍理。

（孟子は四端を論じて、凡そ四端を自らもつ者は、その拡充すべきことを知っているというが、人は事実この四端をもちそれを拡充しようとしているからには、四端が理の発であることは、もとより当然である。……朱子はかつて、〝天地の性は専ら理を指していったものであり、気質の性は理と気を雑えてこれをいう〟（朱子語類・巻四）と主張したが、これはまさに理発気発の論である。わたし大升はかつてこの語を引いて、理の発は専ら理を指していったものであり、気の発は理と気を雑えてこれをいうと論じたことがあるが、こう述べてもはなはだ理に背くわけではないであろう）

といふを以て趣意となし、総論に至りては、更に一層妥協的となり、形式的には全く退渓の説に合するに至った。即ち、

夫既有是心而不能無感於物、則情之兼理気者可知也。感於物而動而善悪於是乎分、則情之有善悪者亦可知也。……若孟子之所謂四端者、則就情之兼理気有善悪上、剔出其発於理而無不善者言之也。蓋孟子発明性善之理、而以四端為言、則其発於理而無不善者又可知也。朱子又曰、四端是理之発、七情是気之発。夫四端発於理而無不善、謂是理之発者、固可無疑矣。七情兼理気有善悪、則其所発雖不専是気而亦不無気質之雑、故謂是気之発。此正如気質之性之説也。

（朱子がすでに〝この心ありて、物に感ずるなき能たわず〟（朱子文集・巻六七・楽記動静説）といえば、情が理気を兼ねることを知ることができる。また〝物に感じて動き、善悪ここにおいて分かる〟（同上）といえば、情の善悪を有することも知ることができる。……孟子の四端のごときは、情の理気を兼ね善悪を有するところについて、その理に発して不善のないものを剔りだして述べたものである。けだし孟子は性善の理を発明し、四端をその根拠としたが、そのことよりいって四端が理に発して不善がないことも確かである。朱子はまた〝四端はこれ理之発、七情はこれ気之発〟（朱子語類・巻五三）といえば、四端が理に発し不善なきことを理の発ということは、もとより疑うべくもない。七情は理気を兼ね善悪を有すれば、その発するところはただ気のみでないけれども、気質の雑がないわけではない。気の発というゆえんである。このことはまさに気質の性の説とよく似ている）

と言ったのであって、此は退渓の第二書（退渓集・巻一六・答奇明彦論四端七情第二書）に

滉謂、天地之性、固専指理。不知此際只有理、還無気乎。天下未有無気之理、則非只有理。然猶可以専指理言、則気質之性雖雑理気、寧不可指気而言之乎。一則理為主、故就理言。一則気為主、故就気言耳。四端非無気、而但云理之発、七情非無理、而但云気之発。其義亦猶是也。

（わたし滉の考えるところ、天地の性はもとより専ら理を指しているが、そのとき、ただ理のみがあって気がないといえるかどうかわからない。もちろん天下には気なき理がない以上、ただ理のみがあることなどない。だが天地の性の場合、専ら理を指していうことができるため、気質の性についても、理気を雑えるにもかかわらず、専ら気を指していうことができるのであろう。一（天地の性）は理を主とするため、理についていい、一（気質の性）は気を主とするため、気についていうが、四端は気がないことはないのに、ただ理の発といい、七情は理がないことはないのに、ただ気の発というのは、まさにそれと同じではなかろうか）

と云へると、全く殊なる所がない。而して彼の得意とする論理的一貫を見棄てるに至った。是に於て、退渓も亦長き長き論争が終に形式的に爛漫として同帰せるを悦び、書を送りて（退渓集・巻一七・答奇明彦）、

四端七情総説後説両篇、議論極明快、無惹纏紛拏之病。眼目儘正当、能独観昭曠之原、亦能弁旧見之差於毫忽之微。頓改以従新意、此尤人所難者。甚善甚善。

（「四端七情後説」「四端七情総論」両篇の議論はきわめて明快であり、惹纏紛拏の欠点もない。眼目はことごとく正当であり、よく学問の源流をみきわめ、みごとに旧見の差誤を極微のところに明らかにしている。にわかに新意に改従するなど、もっとも別人の難しいところである。これ以上の喜びはない）

と云ひ、次いで丙寅至月（一一月）初六日、即ち明宗二一年（一五六六）、退渓は最終の書を送りて、畢竟両人が本末共に同に帰せしを善びて（退渓集・巻一七・重答奇明彦）、

其言是理之発、専指理言、是気之発者、以理与気雑而言之。滉曾以此言為本同末異者、鄙見固同於此説、所謂本同也。顧高明因此而遂謂四七必不可分属理気、所謂末異也。苟向日明見崇論、如今来両説之通透脱洒、又何末異之有哉。

（高峰のいわゆる〝理の発は、専ら理を指していい、気の発は理と気を雑えていう〟について、わたし滉はかつて本同末異と述べたことがあるが、拙見はもとよりこの説と同じであって、これがいわゆる本同である。高峰はこれにもとづいて、ついに〝四端七情は絶対に理気に分属することはできない〟と主張されたが、これがいわゆる末異である。まことに過去の明見高論であっても、われら両説のような通透脱洒はなかったにちがいない。また末異などがあるはずもなかろう）

退渓高峰の四七論争、此に大団円した。

高峰との四七論争は、斯く曖昧の結果を以て終局したが、爾後退渓の四七説は依然、彼の初説と高峰の説との間に彷徨し一定しない。而して結局、理気互発を固執して渝らなかったと観なければならぬ。『退渓集』巻二九明宗一九年甲子（一五六四）門人金而精（別紙）の「心先づ動くか、性先づ動くか」の問に対し、「動処是心、動底是性（動くところが心であって、動くものが性である）」と答へ、因みに四七に及びて、

至如理発気随、気発理乗之説、是就心中而分理気言。挙一心字而理気二者兼包在這裏。

（わたし滉の理発気随、気発理乗の説の場合、心中に理気を分けて述べたものであって、一個心字をあげて理気二者はその中に兼ね包まれている）

といひ、又其の次の書（答金而精）にも、

性即理也、而理与気合為心、故心性不可分先後説。若四端七情、則一主理、一主気、相対互説。与心性説自不同。

（性はただちに理であって、理と気が合して心をつくる。それゆえ、心性については先後を分けて論じることができない。だが四端七情の場合、一は理を主とし、一は気を主として、相対互説しなければならない。自ずから心性説と異なるゆえんである）

といひ、あく迄、一心中に理の作用と気の作用を分別して、四七理発気発の主張を更へない。

然るに『退渓集』巻三六、明宗二一年丙寅（一五六六）「答李宏仲問目」に宏仲（李徳弘）が、

或以四端為情、或以七情為情。情者性之発也。既以七為情、則所謂四者果何謂耶。人之情、有二致歟。

（あるいは四端を情とし、あるいは七情を情とする。情は性の発したものであるが、すでに七情を情とすれば、いわ

ゆる四端ははたして何物か。人の情には異なる二種があるのか）

と問へるに対へて、

情之発或主於気、或主於理。気之発、七情是也。理之発、四端是也。安有二致而然耶。

（情が発するとき、あるいは気を主とし、あるいは理を主とする。気が発すれば七情であり、理が発すれば四端であって、人の情に二種があるわけではない）

と云い、又宏仲が更に進みて、

理本無形。若無是気、則奚有独発之理乎。

（理はもともと無形である。気がなければ、どこに独発の理があるのか）

と問ひしに答へて、

天下無無理之気、無無気之理。四端、理発而気随之。七情、気発而理乗之。理而無気之随、則做出来不成。気而無理之乗、則陥利欲而為禽獣。此不易之定理。若渾淪言之、則以未発之中為大本、以七情為大用、而四端在其中、如好学論中庸首章是也。孟子四端章、則専以理言之。而気亦未嘗不行乎其間也。

（天下に理なきの気はなく、気なきの理はない。四端は理が発して気がそれに随い、七情は気が発して理がそれに乗るものであるが、理に気の随がなければ、理は自らを体現することができず、気に理の乗がなければ、利欲に陥り禽獣と同じである。これこそ不易の定理にほかならない。全体的にいえば、未発の中が大本、已発の情が大用であって、四端はその中にある。程頤「好学論（顔子所好何学論）」や『中庸』首章にみえるのがそれである。『孟子』（公孫丑篇上）四端章は専ら理をもってこれをいうが、気もその間を貫通せざるはない）

と云って、四端を以て七情中に含まると説いた。

併し兎に角、彼が一心中に時ありて本性即ち理自体の発して直遂する場合と、理気初より共発して理優勢なれば善となり、気優勢なれば悪に流れ易き場合との二様ありとなす主張は変りないと認められるのは、彼が晩年定論である所の六八歳宣祖元年（一五六八）一二月、宣祖に奉りた『聖学十図』（退渓集・巻七）の第六図「心統性情図」上中下三図の中、彼の自作に係かる中図及び下図に就いて観て疑ひがない。彼の中図の説明に曰く、

其中図者、就気稟中指出、本然之性不雑乎気稟而為言。子思所謂天命之性、孟子所謂性善之性、程子所謂即理之性、張子所謂天地之性、是也。其言性既如此。故其発而為情、亦皆指其善者而言。如子思所謂中節之情、孟子所謂四端之情、程子所謂何得以不善名之之情、朱子所謂従性中流出元無不善之情、是也。

（その中図は、人の気稟において、先天本然の性が稟受した気と雑らないことを示している。子思のいう天命の性（中庸・第一章）、孟子のいう性善の性（孟子・告子）、程子のいう即理之性、張子のいう天地の性（正蒙・誠明）がそれであり、それぞれ性をいうことはすでにこのようである。それゆえ、性が発して情となるとき、その情はまったく善でないものはない。子思のいう〝節に中る〟の情（中庸・第一章）、孟子のいう〝四端〟の情、程子のいう〝何ぞ不善をもってこれに名づくをえん〟の情（性理大全・巻三三）、朱子の〝性中より流出してもともと不善なき〟の情（同上）がそれである）

即ち退渓は四七論争終結後も依然として具体的性即ち気質之性の中に就いて、本然之性が観念として存在するのみならず、其自体に発動して直遂して純善情即ち四端となることを固執して渝らないのである。之に対して下図の説明に曰はく、

其下図者、以理与気合而言之。孔子所謂相近之性、程子所謂性即気、気即性之性、張子所謂気質之性、朱子所謂雖在気中気自気、性自性、不相夾雑之性、是也。其言性既如此。故其発而為情、亦以理気之相須或相害

処言。如四端之情、理発而気随之、自純善無悪、必理発未遂而掩於気、然後流為不善。七者之情、気発而理乗之、亦無有不善。若気発不中而滅其理、則放而為悪也。

（その下図は、理と気を合して説明している。孔子のいう〝相近〟の性（論語・陽貨）、程子のいう〝性即気、気即性〟の性（二程遺書・巻一）、張子のいう〝気質の性〟（正蒙・誠明）、朱子のいう〝気中にあるといえども、気は自ずから気、性は自ずから性、相夾雑せず〟の性（朱子文集・巻四六）がそれであり、それぞれ性を説明することはすでにこのようである。それゆえ、性が発して情となるとき、また理気の相待つあるいは相害するところをもっていう。四端の情は、理が発して気がそれに随い、自然に純善であり悪はない。だが理が完全に発動せず気の覆うところとなれば、不善に流れる。七情は、気が発して理がそれに乗り、また不善がない。だが気が発動して節に中らずその理を滅すれば、情は放蕩に流れ悪をなす）

今中図下図を写すと次の如くである。

是二図に就いて観れば、退渓が四端理発即ち道心、七情気発即ち人心となす主張、極めて明白である。但し彼は中図に在りても、下図に在りても、性発に於て四端七情を認め、下図に在りても、四端七情を以て性発と録してゐる。而して中図は本然之性の発動直遂にして純善なるが故に、七情の内に四端を容れて七情四端を包み四七分間なきを明かし、下図は四端を上におき七情を下におき、其の本質の相異なる情なることを明かした。彼は中図の四七と下図の四七とは内容を殊にするものとなすのである。

即ち中図の四端は常に正を得る所の四端、七情も常に和を失はざる喜怒哀欲にして、下図は時に節に中らざることある四端七情と視做してゐる。是思想は『退渓集』巻三九「答李公浩」にも之を説いて、

四端既発、固不免於或失其正。然孟子只就其発見正当処言之、今不可以流於不善者雑而為説。

中図

下図

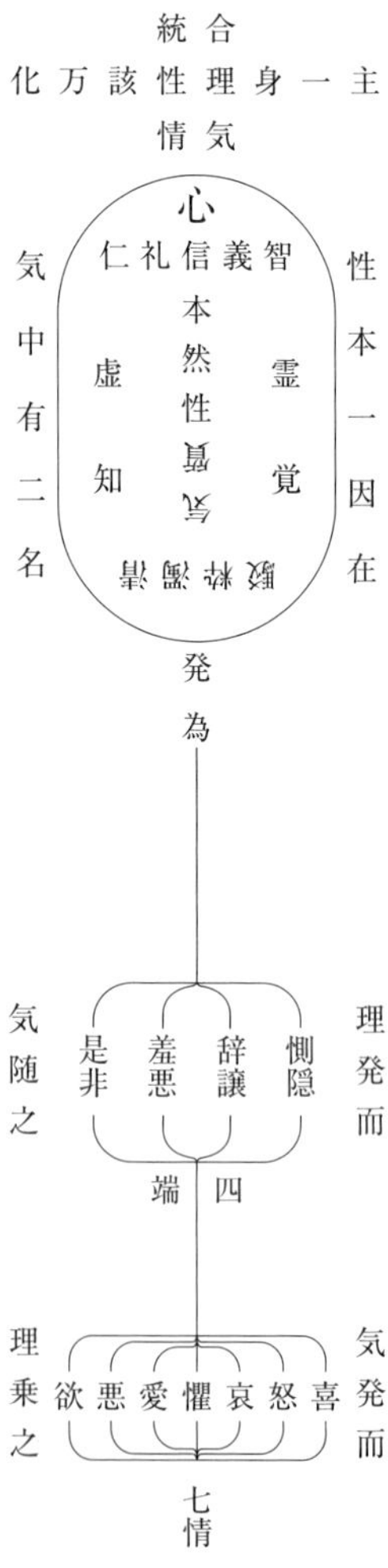

（四端がすでに発動すれば、当然、正のみならず不正があることも免れない。それにもかかわらず、孟子はただ発動の正当なところのみに注目して論を展開している。われわれは不善に流れるものを雑えて説をなすことはできない）

と言ってゐる。併しながら、恐らく退渓の本意から言ふならば、中図に於ては四端のみを載せ、下図に於ては七情のみを載すべきであったと思ふ。只だ高峰との往復論争の結果、両図共に四端七情を載せて遂に意義をして斯く茫漠儱侗ならしめたのである。

若し然らざれば、「四端理発、七情気発」の主張を罷めて、四端にも理発気発あり、七情にも理発気発ありと改めて、第三章に於て述べる私の説と全く一致することとせなければならぬ。併し此は退渓の未だ思ひ到らぬ所であった。

兎に角、退渓が結局依然として理の発動を固執して動かず、気質の性の内に就いて本然之性自体の直遂を主張して定論となした事は、一点の疑を容れない。而して終に高峰と合ふことが出来なく、此の相容れざる二説からして、後に至りて無限の波瀾を李朝儒学に捲起したのである。

附　崎門学派と李退渓

李退渓の名は早く文禄役の前後、鶴峰金誠一・睡隠姜沆を通して藤原惺窩・林羅山の知る所となったと想像せられ、羅山は「天命図説」をも観るに及んだ〔元和辛酉作羅山の跋文ある「天命図説」慶安四年に刊行せらる〕。併し退渓の学は山崎闇斎によりて始めて日本学界に紹介せられた。闇斎の看るに及べる朝鮮の儒者の著述は、彼の『文会筆録』に拠れば李彦迪の『晦斎集』、権陽村（権近）の『入学図説』、柳眉巌（柳希春）の『国朝儒先録』『続蒙求』等の数種に過ぎない。彼は非常に退渓に推服して『文会筆録』に処々退渓の説を引用して、多く其の意見を取ってゐる。例へば巻一七に『退渓集』巻二二「答李剛而」を引用して、胡敬斎（胡居仁）が「訓蒙詩」を以て朱子の作となすにかかはらず、朱詩にはあらずとなす所の退渓の説に賛成したるが如きである。

又巻二〇に彼は『朱子書節要』及び『退渓集』を観て賛歎して、

朱子書節要、李退渓平生精力尽在此矣。退渓文集全四十九巻、予閲之。実朝鮮一人也。

（『朱子書節要』は李退渓の平生精力がことごとくここにある。『退渓文集』全四九巻は通読した。実に朝鮮第一人である）

と言ってゐる。闇斎は実に非常に退渓の学問に推服して、薛文清（薛瑄）・丘瓊山（丘濬）と並称して朱子以後の最大儒となしたのである。山田連の撰した「闇斎先生年譜」天和二年壬戌（一六八二）六五歳の項に彼の言を引いて、

朱夫子之後知道者薛文清、丘瓊山、李退渓也。文清見識之高、文荘博文之富、朱門之後無有出其右者。其後特李退渓而已矣。蓋退渓平生之精力尽在朱子書節要、可以観其学之醇也。

（朱子の後、道を知る者といえば、薛瑄と丘濬と李滉をあげねばならない。薛瑄は見識が高く、丘濬は博文に富み、朱子の後その右に出る者はいない。その後はただ李滉のみである。李滉の平生の精力はことごとく『朱子書節要』にある。その学の醇を知ることができる）

とあるもの即ち之を証してゐる。

闇斎門下の三傑、浅見絅斎・佐藤直方・三宅尚斎の中、最も李退渓を尊信した者は佐藤直方であった。三宅尚斎は薛文清を以て、寧ろ退渓の上に置かんとした。渡辺豫斎の編した『吾学源流』に、

尚翁之見所以不及佐藤子者、知李退渓浅矣。亡友村士行蔵尊信退渓、此其資質之所近耳。使行蔵如佐藤子気象、則恐不必尊退渓也。由是視之、尚翁之以平平視退渓、佐藤子以平平視薛文清也。二子道学力量如此。

（三宅尚斎の見識が佐藤先生に及ばないのは、李退渓を知ることが深くないところである。亡友の村士行蔵は退渓を尊信したが、これは資質が近いためであって、行蔵の気象が佐藤先生と同じであれば、おそらく退渓を尊敬しなかったであろう。かくのごとくみれば、尚斎は退渓を平凡とみ、佐藤先生は文清を平凡とみたが、これは二人の道学力量

をよく示している）

佐藤子最信李退渓為依帰。此其見雖尚翁、蓋未会得。

（佐藤先生は最も李退渓を信じ依帰した。その見識は尚斎といえども、いまだ会得していないようである）

と云ってゐる。豫斎は稲葉迂斎・野田剛斎二氏を師父と称し、直方門派の人である。佐藤直方の『韞蔵録』（巻二）「討論筆記」に道学の伝を叙して、

元明之間、以儒名者、不可枚挙。而至其窺聖学門牆、則方孝孺、薛文清才見此二人而已。朝鮮李退渓東夷之産、而悦中国之道、尊孔孟宗程朱、而其学識之所造、大非元明諸儒之儔矣。

（元明の間、儒学に名のある者は枚挙にいとまがないが、聖学門牆を窺うにいたったのは、わずかに方孝孺と薛瑄の二人のみである。朝鮮李退渓は東夷の生まれであるが、孔孟を尊び程朱を宗とし、その学識は元明諸儒のレベルを大きく越え出ている）

と云ひ、退渓を極尊してゐる。絅斎に就いては『絅斎語録』（月会筆記）に

問李氏西銘考証講義。先生曰、於其得大旨、則固無可議者。而至於其説之詳、則差誤不少也。

（李滉の「西銘考証講義」について問うた。先生曰く、〝その大旨を得ることにはもとより議するところはないが、説の詳細には差誤も少なくない〟と）

とありて、彼が退渓に傾倒する者にはあらざるを示してゐる。

直方の門人に稲葉迂斎あり、迂斎の門人に村士玉水あり、師学を承けて尤も退渓を尊信し、当時『退渓集』は極めて珍本で学者稀に謄本を観得るに過ぎざるを恨み、玉水乃ち退渓の『朱子書節要』に倣って『李退渓書抄』一〇巻を著し、後其弟子岡田寒泉之を刊行した。松田甲氏著「李退渓の学説を研修せる薩摩の大儒赤崎海門」

（『朝鮮』第一三七号、朝鮮総督府、一九二六）に拠れば、文化八年（一八一一）、古賀精里は朝鮮信使金履喬、李勉求に托して、其一本を陶山書院に贈った。本書精里の序と寒泉の跋によりて、玉水等が如何に退渓を尊信せるかがわかる。精里の序文には

余嘗聞朝鮮醇儒有退渓李先生者、購求其所著書、独得邦版自省録、朱書節要、聖学十図。頃歳始得先生文集謄本読之。益歎其学之純而用功親切、真可師仰。其謙沖精粋之気象、藹然溢於紙墨、亦足以砭鄙吝驕傲之病。未嘗不懪然改容。

（わたしはかつて朝鮮の醇儒に退渓李先生あるを聞いて、その著わすところの書を購求し、独り邦刻の『自省録』『朱子書節要』『聖学十図』を得た。近頃、始めて『退渓文集』謄本を得て読み、ますますその学問の純粋なことと用功の親切なことに感嘆し、真に師仰すべきことを確信した。その謙虚かつ精粋な気象は、盛んに紙墨に溢れ、また鄙吝驕傲の欠点を直すに十分である。いまだかつて懪然として容を改めなかったことはない）

と云ひ、寒泉の跋には

玉水先生、於朱子之道、無所不究。於其徒之書、亦無所不読。嘗称退渓李氏曰、吾得朱子之道於其書矣。其尊奉之也、特異於諸子。即其全集、抄出切於学者日用者為十巻、命曰退渓書抄。猶退渓氏有節要之作也。

（村士玉水先生は朱子の道を究めないところがなく、また朱子後学の書も読まないところがない。かつて李退渓を称して、〝その書から朱子の道を得た〟といわれたことがあるが、退渓を尊奉することは諸子と特に異なっている。その全集から学者日用に切なるものを抄出して、一〇巻本をつくり、『退渓書抄』と命名した。これは退渓に『朱子書節要』の作があるのと同じである）

と云ってゐる。

佐藤直方の門人豊田信貞は『王学弁集』一巻を編し、王陽明の学説を論駁せる林鵞峰、山崎闇斎、佐藤直方、浅見絅斎、三宅尚斎及び李退渓の論説を輯した。退渓の分は『退渓集』巻四一所収の「闢王弁論（伝習録論弁）」である。

闇斎の門人土佐の黒岩慈庵は、宝永六年己丑（一七〇九）大坂野村長兵衛の刊行せる『朱子書節要』に訓点を施し、又之に跋を選した。跋文に

朱子文集之書、固無所不備。而講習之精、伝註之蘊、特見於書翰間者居多焉。此則集中之要、而節要之編、又要中之要者也。於戯退渓之用心也、可謂勤且精矣。有裨於後学、実為不少矣。予窃有志乎朱書。因読之校之、且訂訓点、以備観覧云。

（『朱子文集』に収められた書翰は、内容がよく備わっているだけでなく、講習や伝註の最も奥深いところは、特に書翰の中にみえることが多い。朱子の書翰は『朱子文集』中の核心であり、『朱子書節要』はまた核心中の核心である。実に退渓の用心は、勤かつ精といわねばならない。後学を裨益することが少なくないからである。わたしは朱子の書翰を究めたいと思い、そこで『朱子書節要』を精読校訂し、訓点を施し、それによって閲覧に備えた）

と言って景慕尊信の意を寓し、又『除患録』一巻を著した。

此は放心を求むるに資すべき先儒の説を輯め、且つ此に注釈を施したものである。其の輯むる所程子、朱子、張南軒（張栻）、薛敬軒（薛瑄）、胡敬斎（胡居仁）及び李退渓の六子で、退渓の分は其の金惇叙に答へて主敬を論ずる書（退渓集・巻二八）である。

斯くて、闇斎を通して退渓の学は其の門徒に授けられ、更に其の門徒を通して会津、水戸、土佐、江戸、厩橋、彦根等に弘まりて日本の学界に大なる影響を与へたのである。

闇斎の看るに及べる退渓の著述は『朱子書節要』『自省録』『退渓集』の三種で、彼は尤も『朱子書節要』に傾倒した。此等の書を彼は何処より得たか、今徴することは出来ない。併し其の内『朱子書節要』『自省録』及び「天命図説」の三種は文禄役我軍により既に将来せられたと思はれる。『漢学紀源』（伊地知季安撰）は『御書物入日記』を引用し、「薩藩藤原少将朝臣忠恒、朝鮮国平伏之辰、求此本、送日本国、安置此地（薩摩藩の藤原少将朝臣忠恒は、朝鮮国平伏のとき、この本を求め、日本国に送り、この地に安置した）」とありて、其書目中に『石川集』四巻、『企斎集』一〇巻、『漂海録』二部六巻、『礼記浅見録』二一巻、『朱子節要』七巻、又八巻、『（国朝）五礼儀』八巻の朝鮮本がある。『朱子節要』は『朱子書節要』の誤で、完本は一〇巻である。総じて此に挙げた書は落帙本であるのは分捕物たるの致す所であらう。兎に角、文禄役に朝鮮本の若干が薩摩軍によりて分捕られ、退渓の著述も其の中に交って居たのである。

又西島蘭渓の『秋堂間語』に「朝鮮本」一項があり、中村蘭林の『学山録』（巻四・朝鮮書厄）を引いて曰く、明劉玄子自朝鮮還言、彼中書集頗多中国所無者。且刻本精良、無一字不倣趙文敏。惜為倭奴残毀、至圊溷之間往往以書幅拭穢、亦典籍一大厄会也。因目不忍見、毎命部卒聚而焚之。見胡元瑞甲乙剰言。嗟夫甚哉、武人之敖暴也。我朝鮮之役、武夫悍卒目不識丁、不知書籍為何物、而莫敢尊敬。其至於此、亦不足怪、実可嘆息已。然当其時所虜略送于我者、亦不下数百部、今猶伝于世、皆精好善本耳。

（明の劉玄子が朝鮮から帰国していうことには、朝鮮国の書集には中国にないものがすこぶる多い。かつ刻本は精良であり、字体は趙孟頫に倣わないものはない。惜しいことには倭奴（秀吉軍）の残毀をこうむり、甚だしい場合、往々厠で書紙をもって糞尿を拭くにいたっている。まことに典籍の一大厄会である。直接に見るに忍びないため、部卒に命じて聚めて焚した。明の胡元瑞（胡応麟）『甲乙剰言』にみえるところである。ああ、武人の敖暴たるや実に甚だしい。朝鮮戦役のとき、武夫悍卒は目に一丁字を識らず、書籍が何物たるかも知らず、あえて尊敬することはなかった。この暴挙にいたるは、また怪しむに足りない。実に嘆息すべきである。だが当時、虜略し我が国に送られたところは、また数百部を下らず、いまなお世に伝わっている。みな精好の善本である）

と言って、壬辰役当年送来鮮本の少からざるを云ひ、又安積艮斎の『南柯餘編』に「太閤書」の一項あり、香祖筆記云、華州宛委宗昌、嘗従遼左、得倭帥豊臣書一紙。書間行草、古雅蒼勁、有晋唐風。是朝鮮破後、求其典籍之書也。余案、官医曲直瀬氏蔵韓本数千巻。伝言朝鮮之役、元帥浮田秀家所獲、而豊臣氏以賜其祖者、即書中所求典籍蓋是也。未知其書果出於豊公否。

（『香祖筆記』にいう、〝華州の郭宗昌（宛委山人と号す）は、かつて遼東で倭帥豊臣秀吉の手紙一紙をえた。手紙は行書草書を混じえ、古雅蒼勁であり、晋唐の風がある。朝鮮が破れた後、その典籍を求めるのが手紙の内容である〟と。案ずるに、官医曲直瀬氏の所蔵本に朝鮮本数千巻がある。朝鮮戦役のとき、元帥の浮田秀家が獲得したところであって、豊臣氏がその祖（曲直瀬正琳）に下賜したものと伝えられている。すなわち、豊臣公が手紙で求めた典籍がけだしこれであろう。だがその手紙が豊臣公の直筆に出るか否かはよくわからない）

何れも、文禄役に朝鮮本の我国に入りしを証するものである。

『自省録』は万暦一三年（一五八五）に羅州に於て刊行せられ、「天命図説」は其前に刊行せられたから、共に『朱子書節要』と同じく、文禄役には処々の公廨や大家書院に蔵せられてあった筈である。但し『退渓集』は万暦二九年（一六〇一）以後に刊刻竣工したから、此は文禄役後の将来に属する。而して其の果して何時頃誰によりて齎されしかは、未だ知ることを得ないことを憾みとする。

斯くて闇斎一門、退渓を尊信するの大なるに従て、京華の間、退渓の著述の翻刻せらるるもの数種がある。一、

『退渓先生自省録』寛文五年（一六六五）三月、二条通玉屋町村上平楽寺開板　二、『朱子行状輯注』寛文五年乙巳四月、二条通玉屋町村上平楽寺開板　三、『李退渓先生西銘考証講義』寛文八年戊申（一六六八）仲春、椹木町通角倉町山森六兵衛刊行。外に『朱子書節要』『聖学十図』の翻刻せられしは、前の『李退渓書抄』の序文に出てゐる。尚あるであらうが、私の寡聞なる、此に止まる。

天和二年（一六八二）、闇斎が歿してより七〇年、寛延三年庚午（一七五〇）、熊本の朱子学者大塚退野［初号蹇斎、又孚斎］が逝いた。享年七四。彼は同藩の藪慎庵［又号震庵］と締盟して、共に倶に朱子学を講じた。慎庵は延享元年（一七四四）、五六歳で歿した。二人の事蹟及び集は今『肥後先哲遺蹟』及び『肥後文献叢書』に載せられてある。

退野は初に王陽明を奉じてゐたが、二八歳の時、其の正学に非るを悟り、朱子に帰したのである。彼は闇斎の『文会筆録』を読みて其の説に感発し、闇斎の推奨する所に従て、退渓の『自省録』並に『朱子書節要』を看、全く退渓に傾倒し、完全なる退渓帰依者となったのである。退野の集『孚斎存稿』巻一「答藪震庵書」に「慎独」の意義を論じ、終に

此旨也文会筆録詳論之。

（此旨は『文会筆録』に詳論している）

と云って、退野が『文会筆録』を精読せるを証し、又『退野語録』に

先生云、吾二十八より程朱の学に志す。其前陽明の学を信じて良知を見るが如くにあり。然共聖経に引合て平易ならず、窃に疑を起す。自省録を読内に程朱の学の意味を暁り、始て志し候なり。

とあり、又藪慎庵の子孤山の「送赤彦礼序」（孤山遺稿・巻九）に

有大塚先生奮然興起、乃始専力朱子之学。既得朝鮮退渓李氏所選朱子書節要而読之、超然有得於心。喜曰、是獲朱子之心者矣。遂尊信其書如神明云。先子継興、兄事大塚先生、同心同徳、遂大啓斯学、恵我後人。蓋二君之学、宗朱子而得李氏為多矣。故大塚先生之言曰、勉斎之状朱子、不如節要之尽朱子也。先子亦曰、百世之下、継紫陽之緒者、退渓其人也。

（大塚退野先生ありて、奮然として興起し、始めて朱子の学に専心した。すでに朝鮮李退渓『朱子書節要』をえてこれを読み、超然として心にえるところがあり、喜び〝これ朱子の心を獲るものだ〞と称した。あろうことか『朱子書節要』を尊信することは神明を尊信するようであったという。先子の藪慎庵は継興し、大塚先生に兄事した。同心同徳、ついに斯学を大いに啓き、後学に恩恵を下した。けだし二先生の学は、朱熹を宗とするが、李退渓にえたところも多い。それゆえ、大塚先生の言に〝黄榦の『朱子行状』は朱子の行状をよく明らかにしているが、『朱子書節要』が朱子の心を言い尽くしているのに遠く及ばない〞とあり、先子藪慎庵の言に〝百世の後、朱熹の統緒を継承したのは、退渓その人である〞というのである）

と言って『朱子書節要』を尊信せるを示してゐる。

闇斎に由りて日本に紹介せられた退渓は、熊本の朱子学者に至りて尊信の極に達した。前引藪孤山の薩の赤崎海門を送る序に道統を叙して、

孔子之道、伝之乎曾子子思、而伝乎孟子。孟子歿後、久失其伝。至宋程朱二子、深求始得焉。其学伝乎朝鮮李退渓、退渓而伝之乎我国山崎闇斎、闇斎而伝之乎先府君慎庵先生、先生伝之乎吾、吾今伝之乎汝。汝其自重。

（孔子の道は、曾子子思に伝えられ、孟子に伝授された。孟子が歿した後、久しくその伝を失った。宋の程朱二子に

いたって、深求してまたそれを得た。その学（朱子学）は朝鮮の李退渓に伝わり、退渓が我が国の山崎闇斎に伝え、闇斎が先府君の藪慎庵先生に伝え、先生がわたし（藪孤山）に伝え、わたしがいま汝（赤崎海門）に伝えた。汝は、自重しなければならない）

と云ひ、退渓を以て直ちに朱子の道統を継いだ者となした。慎庵の子孤山は秋山玉山に承けて藩学時習館教授となり、退野・慎庵二氏の先蹤を追ふて大に退渓の学を講明した。四方より来学ぶ者多く、同藩の士の外、薩の赤崎源助、西肥の古賀弥助、南豊の脇儀一郎、北筑の樺島某等が材を成した。熊本藩では孤山の時、辛島塩井時習館教授となりて亦朱子学を奉じ、其の先人曾て闇斎に従学したことがある。孤山の後任教授高本紫溟も亦朱子学を奉じた。斯くて相承けて幕末に至り肥後学を代表する元田東野も亦、醇粋朱学者で大に李退渓を尊信した。

以上概説した如く、山崎闇斎及び其の門流は、李退渓を極尊して往々朱子以後の東西第一人となした。而して李退渓の学の精髄は、心中に於ける理と気の互発を認めて以て善と不善の源となし、気をして常に理の命令に随順せしむる処に修養の工夫の第一義を立したに在るのである。此を詳細周密に発表したもの即ち四端七情理気往復書である。退渓の学を窮めんと欲すれば、必ず茲に著意して精力を注がなければならぬ。而して同時に高峰の反対説をも充分研究して、其の立論を窮めねばならぬ。而して若し是点に於て、退渓の学説に対し心理的に又は論理的に不満足を認めれば、則或は去りて主気派に就き、或は往いて理気対立派に赴くべきである。

而して闇斎は醇粋朱子派で朱子を奉ずる神明の如くであるから、退渓と同様に『朱子語類』の語を金科玉条となして、之に一点の疑をも挿まず、理気互発を以て正統学説と断じたのである。闇斎が斯く判定して以後、其の門派、此を師承して遂に奇高峰の理気共発説は日本の朱子学派に取入れらるに至らず、従て四七論争も学界に現はれなかったのである。

闇斎は『文会筆録』巻五に、退渓高峰四七論争往復を読むだ彼の批判を下して曰く、

四端七情分理気之義、退渓集十六数書論之。自省録所載最備、道諸儒道不到処。

（四端七情分理気の意味については、『退渓集』巻一六にみえる数通の手紙がよくそれを論じている。なかでも『自省録』に載せるところが最も備わっており、諸儒のいわないところをよくいっている）

語簡なれども、退渓の所論を以て朱子以後の諸儒の未だ説き到らざりし所の道学の精微を発したとなす意味は、現し得て充分である。退渓高峰四七論争に対する日本朱子学派の判断は、是数語に依りて定まったと視做すべきである。

第二章　李栗谷の四七説

李退渓と並称せらるる朝鮮の儒宗は、栗谷李珥である。栗谷は中宗三一年丙申［一五三六］に生れ、宣祖一七年甲申［一五八四］に卒した。退渓卒後、尚一四年生存したのである。

栗谷も退渓と同じく、師承の人がなく自学自得の学者である。但し栗谷は其の二三歳の春、江陵なる外家を訪ふ途に礼安の陶山を過ぎて退渓に謁し、二日留まりて道学に就て親受する所あり、退渓も深く彼を器とし他日の大成を嘱望した。其後栗谷の学の漸く進むに従ひ、即ち此年より三五歳の庚午まで前後五回、書を退渓に上りて道を問ひ、退渓も亦一々此に答へ、其の中戊午の分一回と庚午の分二回の退渓の答書は道学に就いての鄭寧懇切な回教である。

栗谷は退渓を当代第一の儒者で、朝鮮に儒学が伝来してから初て現はれた学者の典型であるとなし、平素之を尊敬して措かなかった。彼が庚午年（一五七〇）三五歳の冬一〇月、病を以て弘文館校理を辞して海州野頭村の婦家に帰り、静に学徒に授業しつつある翌々月、退渓の訃を聞くや、神位を設けて之を哭し、又素帯して外に居り、輓詩を製し、翌々年壬申（一五七二）、弟を遣して文を具へて之を祭らしめた。

併し栗谷は未だ嘗て自ら退渓の門人なりとは言はなかった。此に対して、退渓の門徒間では、栗谷を我師に道を問へる者にして、同じく門徒なりと視る者も決して少くなかった。例へば退渓を祀れる陶山書院に配享せられて最長く退渓に親炙した趙月川（趙穆）の如きは、栗谷の著述『撃蒙要訣』を覧て大に之を称讃して、

栗谷早遊渓門、所見高明、乃著此書。可行於天下万世。奚独行於東方而止哉。

（栗谷はつとに退渓の門下に遊学したことがある。所見が高明であって、『撃蒙要訣』を著した。同書はまさに天下万世に行われるべきであって、独り東方のみで行われるべきものではない）

と言って居る［栗谷全書（巻三八・附録・諸家記述雑録）出趙月川穆遺事］。此処に若干、栗谷と退渓との関係に就いて、栗谷自身の考と渓門門徒の考とに相違があったのではないかと思はれる。今でも慶尚道の儒生の間には月川の説の如く、栗谷は退渓の門徒である。少くとも従遊者となさねばならぬ、と主張する者の尠くないことは、私の嶺南儒林歴訪当時の実験である。

一体、当時の門徒といふのは、礼を執りて謁し、問道録に姓名を記せる者を謂ふのであって、必ずしも経書を挟みて伝習し、束修月謝を納めて始めて門徒に入る訳ではない。前章に挙げた奇高峰は古来、退渓門徒と謂はれて居るが、高峰も既に学成りて然る後に退渓に謁し書を往復し相共に学を講論せるに過ぎない。全く栗谷と同様の関係である。

併し兎に角、栗谷が退渓の門徒たるを以て自ら処らなかったことは事実であり、又栗谷の学友も之を認めて居た。そこで故人于堂尹喜求氏も退栗の関係に就ては私と同意見であって、又更に其の意見として附加へて、若し栗谷彼自身が退渓の門徒たるを承認したならば、当時の政情にも非常に大なる変化を与へたであらうと言はれた。即ち栗谷も退渓門徒となれば、柳成龍や禹性伝・李山海・金宇顒等と栗谷との関係は必ず現在の史実と別なものになって、東西分立乃至西人南人北人鼎立の形勢に向って根本的変化を与へたであらうと言ふのである。此は誠に面白い一個の学者的想像場面を展開する。

栗谷は朝に立ち仕途に就いた歳月は、退渓に比して長く、五〇にもならずに官弐相に至り、往々大臣の候補にも上った。退渓の諡は文純公、栗谷の諡は文成公。退渓は純粋学者、栗谷は学者にして経世済民の見識を兼備し、所謂時務を識る俊傑である。人物の相異る如くに学風も相殊なり、退渓は非凡の聡明記性を具備しながら、工夫綿密沈潜を極めて、窮理研鑽、分を積み毫を累ね、歩一歩日一日堅実に進み行くに対し、栗谷は豁然として頓悟し、一気に極致を窮尽し、容易に論理的体系を組織する。彼の粛宗朝の大儒金農巌（金昌協）が二氏を比較して、「退渓善く学を言ひ、栗谷善く理を言ふ」（農巌集・巻三二）と云ひ、又農巌の「四端七情説」（農巌続集・巻下）に、栗谷の説を評して

栗谷説誠少曲折。

（栗谷説はまことに曲折が少ない）

と云へるもの、誠に善く栗谷の学風と退渓の其れとを対比してゐる。

其の心交の親友成渾は彼を評して、

叔献之敏、得之天資。凡看文字、与人談笑、而披閲周覧、略綽見之、疾如風雨。已得大義、其後雖加潜玩、

意味不長。渠之所自言如此。
（李珥の明敏は天資に得たものである。およそ文字を看るとき、他人と談笑しながら披閲周覧しても、風雨のごとく疾く、大義を得る。すでに大義を得れば、その後、潜玩をくわえても意味はそれ以上深くならない。彼の自らいうところはまさにこのようである）

と言つてゐる［栗谷全書（巻三八・附録・諸家記述雑録）出牛渓文集］。之に反して、読書疾からず、潜玩を加へるに従て意味長ずるは退渓の栗谷と異なる所である。

栗谷は退渓の学説の醇乎として太醇なるを認むるが、四端七情論に在りては、退渓と合ふことが出来ない。四端七情論に主張を異にするのは、即ち理気心性に於て所観を異にするのである。李朝儒学史に於ける主理派主気派の二大学派は、斯くて二氏の性情理気観から源を発するのである。

栗谷が退渓・高峰の四七論争往復書を覧るに及むだのは、乙丑の年（一五六五）、即ち彼三〇歳の時か、或は其の以前なること疑ひない。『栗谷全書』巻一四「論心性情」の文に

余在江陵覧奇明彦与退渓論四端七情書。
（わたしは江陵にあって、奇高峰が退渓に与えて四端七情を論ずる書を読んだ）

とあり、尚之に次いで

乙丑春元日、余与江陵府使金文吉添慶話及惻隠之情。
（乙丑春元日、江陵府使の金添慶と惻隠之情について論じた）

と云つて、其の乙丑年に江陵府使と面会して四端に就いて商量したことを述べてゐる。「栗谷年譜」には甲子乙丑に於て彼が江陵に帰省したことを記さないが、巻一四「論心性情」の次に「雑記」といふ一文があつて、其の

終りに

余甲子冬、向江陵宿太和駅、遇崔雲遠望中同宿。

（わたしは甲子冬、江陵に向かい太和駅に宿した。崔望中に遇って同宿した）

といふ一節があって、明白に彼が甲子冬江陵に帰省したことを証してゐる。彼は甲子の八月、明経科の状元に及第し、戸曹佐郎を拝して游街し、九度状元公と艶称せられた其の名誉を担ふて錦衣江陵の外家に帰省し、早世せる母夫人に代りて彼を絶愛した外祖母李氏に覲したのである。因みに「雑記」の終りの本節の欄外に

此段本在論心性情篇内、而意似不属、故移附於此。

（この段落はもともと論心性情篇内にあったが、前後の文脈と合わないため、ここに移した）

と全書編修者の意見を記してあるが、併し本節は矢張、もと通り「論心性情」篇「余在江陵覧奇明彦与退渓論四端七情書」の節の前に在るべきで、斯くて始めて前後整ふと思はれる。甲子年（一五六四）に彼は初めて退渓高峰二氏の四七論争往復書を覧た。其の前々年壬戌（一五六二）には、二氏は第三書を往復して充分に相互の意見を述べ尽したから、其の往復諸篇の如きも甲子には既に京鄙に伝写せられて学者の新しき研究対象とせられたと考へ得られるのである。甲子年には退渓は六四歳の碩学宿儒で、栗谷は尚纔に二九歳の青年状元公である。而して此時既に栗谷は退渓の説に対して反対意見を抱き、其の意見は終始渝らなかったのである。「論心性情」に於て彼は曰く、

余在江陵覧奇明彦与退渓論四端七情書。退渓則以為四端発於理、七情発於気。明彦則以為四端七情元非二情。七情中之発於理者為四端耳。往復万余言、終不相合。余曰、明彦之論正合我意。蓋性中有仁義礼智信、情中有喜怒哀楽愛悪欲、如斯而已。五常之外、無他性。七情之外、無他情。七情中之不雑人欲粋然出於天理者、

是四端也。

（わたしは江陵にあって、奇高峰が退渓に与えて四端七情を論ずる書を読んだ。退渓は〝四端は理に発し、七情は気に発す〟と主張したが、高峰はそれに反して〝四端七情はもともと二情でない。七情のうち理に発するものが四端である〟と主張した。往復論弁は万余言に及んだが、最終的な合致にいたらなかった。だがわたしの考えるところ、高峰の論はまさにわが意に合するといわざるをえない。なぜなら、性中に仁・義・礼・智・信があり、情中に喜・怒・哀・楽・愛・悪・欲があることはまさに高峰の述べるとおりであり、五常（仁・義・礼・智・信）以外に他の性はなく、七情以外に他の情はない。七情のなか人欲を雑えず、純粋に天理に出るものが、四端である）

彼は明白に退渓に反対して高峰に左袒した。併し彼は当時尚白面の一書生たるを以て、一代の碩学に対して反駁の説を立するは礼に非ずと考へたので、是の意見は之を深く心底に蔵めて数年沈潜研鑽を積んだのである。其は巻一〇「答成浩原」の第一（第二答書）に

退渓之精詳謹密、近代所無。而理発気随之説、亦微有理気先後之病。老先生未捐館舍時、珥聞此言、心知其非。第以年少学浅、未敢問難帰一。毎念及此、未嘗不痛恨也。

（退渓の学は精詳謹密であるが、それは近頃ないところである。だがその理発気随の説には、すこし理気が先後するという理論上の欠陥がないわけではない。退渓先生の生前、わたしはその主張に接し、その理論的に成り立たないことを心知していたが、年少学浅をもって、思い切って問難帰一することができなかった。このことを考えるごとに、いまだかつて痛恨しないことはない）

と言へるに徴することが出来る。

既にして庚午（一五七〇）末、退渓は卒した。彼の工夫は益々純熟した。翌々年壬申（一五七二）、彼三七歳に

及むで、乃ち彼の親友成牛渓（成渾）に書を与へて理気四端七情人心道心を論じた。爾後引続き前後七回、書を往復した。勿論之より先、彼が海州石潭に退居して学徒に授けた庚午年頃から、既に彼は学徒に向ては、彼の説を縦説横説したであらうが、之を文にして発表するは壬申を待ったのである。

栗谷の四七論は、其の理気説を根柢とする。朱子の宇宙観が理気の二元を立てて、哲学的には理を以て先となさざるを得ずとしてゐるは、此に今更言ふまでもない。即ち宇宙には先づ条理、即ち当然の法則が成立して、其の条理を具体化する働きと形質とは其の次に成立したとなすのである。栗谷は理即ち条理が主で、気即ち活動及び形質は従であることは認めるが、先に理が成立し後に気が成立した、換言すれば、観念的にも実際的にも此の宇宙に単一理のみ存在せる時期、気を須たずに独り理の現はれた時期、気を離れた所の理の存在することを絶対的に否定するのである。宋儒の理気説の原をなす周子の『太極図説』の

無極而太極。太極動而生陽。動極而静、静而生陰。静極復動。一動一静、互為其根。分陰分陽、両儀立焉。

（無極にして太極あり。太極動いて陽を生ず。動くこと極まって静かに、静かにして陰を生ず。静かなること極まってまた動く。一は動き一は静かにして、互いにその根となる。陰に分かれ陽に分かれて、両儀立つ）

の朱子の註釈（性理大全・巻一）に、

所謂太極者、便只在陰陽裏（所謂陰陽者、便只在太極裏）。今人説是陰陽上別有一箇無形無影底是太極、非也。（太極は生ずるやただちに、ただ陰陽のなかにあり（陰陽は生ずるやただちに、ただ太極のなかにある）。今人は陰陽上に別に一個の無形無影なものがあるとして、それを太極というが、それは間違っている）

太極之有動静、是天命之流行也。……太極者、本然之妙也。動静者、所乗之機也。太極、形而上之道也。陰陽、形而下之器也。是以自其著者而観之、則動静不同時、陰陽不同位、而太極無不在焉。自其微者而観之、

則沖漠無朕、而動静陰陽之理、已悉具於其中矣。雖然、推之於前而不見其始之合、引之於後而不見其終之離也。故程子曰、動静無端、陰陽無始。非知道者、孰能識之。

（太極に動静があるのは、天命が流行するためである。……太極は本然の妙であり、動静は乗るところの機である。太極は形而上の道であり、陰陽は形而下の器である。それゆえ、著明なところ（現象）についていえば、動静は時を同じくせず、陰陽は位を同じくしないが、太極は存在しないところはない。微妙なところ（本質）についていえば、沖漠無朕であって、動静陰陽の理はすでにことごとくそのなかに備わっている。だからといって、過去に溯ってもその始めに太極と陰陽が合うことなどなく、未来にいたっても終わりに離れることなどない。そのため、程子は〝動静には端がなく、陰陽には始がない〟というのである。道を知る者でなければ、誰がこれを知ることができるだろうか）

といふを根拠として、『聖学輯要』（修己第二上・窮理章第四）に於て理気の先後なく相離れざるを高調力説して曰く、

臣按、動静之機、非有以使之也。理気、亦非有先後之可言也。第以気之動静也、須是理為根柢。故曰太極動而生陽、静而生陰。若執此言以為、太極独立於陰陽之前、陰陽自無而有、則非所謂陰陽無始也。最宜活看而深玩也。

（臣按ずるに、動静の機は、そうさせるものがあるわけではなく、理気もまた、言及すべき先後があるわけではない。ただ気が動静するとき、この理が必ず根底をなさねばならないため、〝太極が動いて陽を生じ、静かにして陰を生ず〟という。だがこの言をとって、太極は陰陽以前に唯一存在するものであり、陰陽は無より生ずるものである、などといえば、いわゆる〝陰陽に始がない〟ことと矛盾する。最も宜しく、活看して深玩すべきところであろう）

栗谷は同じ意を朴和叔思庵（朴淳）に向っても答へてゐる（栗谷全書・巻九・答朴和叔）。思庵は徐花潭（徐敬徳）の高弟で、花潭は主気論者である。曰く、

聖賢之説、果有未尽処。以但言太極生両儀、而不言陰陽本有、非有始生之時故也。是故縁文生解者乃曰、気之未生也、只有理而已。此固一病也。又有一種議論曰、太虚澹一清虚、乃生陰陽。此亦落於一辺、不知陰陽之本有也。亦一病也。大抵陰陽両端循環不已、本無其始。陰尽則陽生、陽尽則陰生。一陰一陽而太極無不在焉。此太極所以為万化之枢紐、万品之根柢也。今若曰、澹一寂然之気、乃生陰陽、則是陰陽有始也。有始則有終矣。然則陰陽之機、其息也久矣。

（聖賢の説には、確かにいまだ尽くさざるところがある。ただ〝太極が両儀を生ずる〟とはいっても、〝陰陽は本有（常有）の存在であって、始生のときがあるわけではない〟とはいわないからである。かくして原文を曲解する者もあらわれて、〝気がいまだ生じないとき、ただ理のみが唯一存在する〟と主張してやまない。これはもとより一病である。また別種の議論があって、〝太虚澹一清虚が陰陽を生じる〟というが、これは別様に誤り、陰陽の本有性（常有であること）を正しく認識していない。また一病である。そもそも陰陽の両端は無限に循環し、始りのないものであって、陰が尽きれば陽が生じ、陽が尽きれば陰が生じる。陰陽は依存転化しながら、太極は存在しないところがない。これこそ、太極が万化の枢紐、万品の根柢たるゆえんである。いまもし〝澹一寂然の気が陰陽を生じる〟といえば、これは陰陽に始りがあることになる。始りがあれば必ず終りがある。そうであれば、陰陽の機は久しく停止することになろう）

栗谷は明白に理先気後説にも、太初に一元気ありて、其の一元気から陰陽二気が生じ、其の二気の動静するに即して理が現はれるとなす元気説にも、反対して居るのである。

故に宇宙間の何物、大は天地其物より、小は一塵一芥一微生物に至るまで、一として理気二元の合体ならざるはない。観念的には理は形而上にして無為無作用単なる形式的法則に過ぎず、気は形而下にして有為有作用なる活動的形質であると判然区別は立てるが、具体的には決して相離して認めることも考へることも出来ない。故に彼は「記大学小註疑義」〔栗谷全書・巻一四〕に於て、朱子の理気説の正系に属する陳北渓（陳淳）の「在明明徳」の註に、

人生得天地之理、又得天地之気。理与気合、所以虚霊。

（人は生まれたとき、天地の理をえ、また天地の気をえる。理と気が合するため、虚霊である）

と云へるを反駁して

理気元不相離、非有合也。

（理と気はもともと相離れない。合することなどない）

と言った。是に於て彼の理気観は極めて徹底したもので、畢竟宇宙の体を理と観、用を気と観るに外ならない。初より同時に存在し永遠無窮に相離れないのである。是れ朝鮮の学者が栗谷は理気未分以上を観破し得たといふ所以である。

大宇宙に於ける理気の関係は、小宇宙の人間即ち心に在りても全く同様でなければならぬ。心が性情を統べ、心が理気を兼ねるといふが、小宇宙理気二元の根本原理である。性は即ち理で情は性の発動したる精神作用である。性は理なるが故に純善、然るに性の発動して情となるに至りて善あり又悪がある。是に於て性に本然と気質とを立てた。気質の性なるものは、本然の性の堕して気質中に包まれたものである。栗谷は、具体的の人間の精神は気稟の内に包まれた性を本として、其の発動の外に何等の精神現象も存在しない。換言すれば、心統性情の

性なるものは、決して単に観念としてのみ存在すべき所の本然之性ではなくて、気質に包まれた具体的性である。情といふも、本然之性の気質に影響せられずに自体を直遂する所の純善的情ではない。換言すれば、人の性といふは、初から理気合したもので、人の情といへば、理気の合したものの発動である。是に至りて彼の性情説は極めて明白直截となって、性は即ち心の体で、情は即ち心の用である。心未だ動かず湛然として寂惺たる場合の当体が即ち性、心感じ動いて生ずる一切の心作用が即ち情、恰も大宇宙に於て其の体理、其の用気となすと相符合する。

是の性、情、心の定義は、栗谷学説の骨髄であって、退渓との相違の源をなす。彼は是の説の根拠を、張横渠の語録（張子全書・巻一四・性理拾遺）に、

心統性情者也。

（心は性情を統べるものである）

とあるを、朱子が真理と認めて此に解釈を施して、

統是主宰（朱子語類・巻九八）。性者心之理、情者心之用、心者性情之主（朱子文集・巻六七）。即所以具此理而行此情者也（朱子文集・巻五五）。

（統は主宰の意味である。性は心の理であり、情は心の用である。心は性情の主であり、すなわちこの理を具えこの情を行うゆえんにほかならない）

心之全体、湛然虚明、万理具足。其流行該徧、貫乎動静。以其未発而全体者言之、則性也。以其已発而妙用者言之、則情也。然只就渾淪一物之中、指其已発未発而為言爾。非是性是一箇地頭、心是一箇地頭、情又是一箇地頭、如此懸隔也（朱子語類・巻五）。

（心の全体（体）は、湛然として虚明であり、万理が具足する。その流行はあまねく、動静を貫いている。未発のとき全体を保つことからいえば性であり、已発のとき妙用を示すことからいえば情であるけれども、両者はただ渾淪一物（心）のなかにあって、その已発と未発を指して命名したものにすぎない。逆にいえば、性は一つのところ、心は一つのところ、情はまた一つのところとして、懸隔して理解してはならない）

と道破したるに置いてゐる。

栗谷、其の大著『聖学輯要』（修己第二上・窮理章第四）に彼の心性情意の定義を説いて明覈痛快を極めて曰く、

臣窃謂、先儒心性情之説詳備矣。然各有所主而言或不一、故後人執言而迷旨者多矣。性発為情、心発為意云者、意各有在、非分心性為二用、而後人遂以情意為二岐。四端専言理、七情合理気、非有二情、而後人遂以理気為互発。情意二岐理気互発之説、不可以不弁。夫心之体是性、心之用是情。性情之外、更無他心。故朱子曰、心之動為情。情是感物初発底。意是縁情計較底。非情則意無所縁。故朱子曰、意縁有情而後用。故心之寂然不動者謂之性。心之感而遂通者謂之情。心之因所感而紬繹思量者謂之意。心性果有二用、而情意果有二岐乎。

（わたしがひそかに考えるには、先儒の心性情の説は確かに詳備している。だがそれぞれ主とするところがあって、言説はあるいは一致しないところがある。それゆえ、後人にはその言説をとってどう考えるべきか迷う者も少なくない。たとえば〝性発して情となり、心発して意となる〟には、多くの意味があるが、心性を分けて二用とするわけではない。それにもかかわらず、後人はついに情意を二岐とする。また〝四端は専ら理をいい、七情は理気を合わせる〟が、もともと二情があるわけではない。それにもかかわらず、後人はついに理気互発を主張する。情意二岐理気互発の説については、いささか弁じないわけにはいかない。そもそも心の体が性であり、心の用が情である。性情の

外に別に心があるわけではない。それゆえ朱子は〝心のすでに動いたものが情である〟という（朱子語類・巻五）。情は外物に感じて初めて発動するもののことで、意は情によりて計較するもののことである。情がなければ意はよるところがない。それゆえ朱子は〝意は情があるによって従い起きる〟という（朱子語類・巻五）。心の寂然として動かないものを性といい、心の感じてついに通じるものを情といい、心の感じるところによりて紬繹思量するものを意というゆえんである。心性にはたして二用があり、情意にはたして二岐があるだろうか）

性情心意説より四端七情論に移る。既に心の体と用の外に精神作用の一層細い分析を要せずとすれば、心は即ち理気を兼ねるものであるから、如何なる簡単なる精神作用と雖、理気の共同一体的作用ならぬはない。所謂心の発動する所以の理があるが故に、気が之を発して乃ち情となるのである。恰も一切の一陰一陽の活動に即して太極の存すると同様である。然らば則ち、栗谷の四七説は奇高峰に左袒して退渓に反対せざるを得ざるものである。絶対的に理と気の隔離した相互発動を否定して、四端七情共に是れ理気の共発、換言すれば心の発する情であるとする。而して四端が七情に対して異名を与へられる所以は、四端が善にして悪種なく、七情が或は善たり或は悪たるに在りて、畢竟四端なるものは七情中の善なる部分だけを剔撥したるに外ならない。

栗谷は『聖学輯要』（修己第二上・窮理章第四）に性情説に続けて云はく、

五性之外無他性、七情之外無他情。孟子於七情之中剔出其善情、目為四端。非七情之外、別有四端也。

（五性の外に別の性はなく、七情の外に別の情はない。孟子は七情のなかからその善情を剔りだして、四端を命名したが、それは七情の外に別に四端があるという意味ではない）

前に述べた高峰の四七説は、大体栗谷と一致すると見るべきであるが、併し高峰は四端の理発たることは之を承認して、専ら退渓との争点を七情が亦理気共発なりとする所においた。栗谷に至りて四端を以て七情の一部分となす論理を貫いて、亦理気共発即ち心の用となした。是に於て栗谷は高峰に比して論理的に一歩を進めたと称することが出来る。

既に四端が七情の一部分なりとすれば、次に起る所の問題として、第一に、七情が四端を包含するといふ証明、第二に、如何にして七情中に純善にして完全に理に叶ふ所の四端なるものが発生するに至ったかの探窮、第三に、朱子の「四端理之発、七情気之発」と、いと明白に道破した定義を如何に取扱ふかの弁明、第四に、四端理発、七情気発と同様の意味に於て、朱子が人心道心を解釈して

或生於形気之私、或原於性命之正（中庸章句序）。

（人心は形気の私に生まれ、道心は性命の正にもとづく）

と言った所の理発気発の主張を如何に説明するか、四端七情に於ては許さざりし所のものを人心道心に在りて許すは矛盾でないかの闡明、の四項の存在することは拒否し得ない。而して最後の第四問に依りて、彼と牛渓との間に長い間の往復弁難がありて、尚決著を見ず、引続き栗谷の曾孫弟子に当る金農巌（金昌協）、金三淵（金昌翕）等の研究題目となった。

第一、七情が四端を包含するに就ては、栗谷の成牛渓に答ふる書（第二答書）に、

七情之包四端、吾兄猶未見得乎。夫人之情、当喜而喜、臨喪而哀、見所親而慈愛、見理而欲窮之、見賢而欲斉之者［自注、已上喜哀愛欲四情］、仁之端也。当怒而怒、当悪而悪者［自注、怒悪二情］、義之端也。見尊貴而畏懼者［自注、懼情］、礼之端也。当喜怒哀懼之際、知其所当喜所当怒所当哀所当懼［自注、此属是］、又知其所不当喜所不当怒所不当哀所不当懼者［自注、此属非、此合七情而知其是非之情也］、智之端也。善情之発、不可枚挙、大概如此。若以四端準于七情、則惻隠属愛、羞悪属悪、恭敬属懼、是非属于知其当喜怒

与否之情也。七情之外、更無四端矣。

（七情が四端を包むことについて、吾兄はなおいまだ見得されていないのか。そもそも人の情の場合、喜ぶべくして喜び、喪に臨んで哀しみ、親愛なる者をみて慈愛し、理をみて窮めたいと願い、賢者をみて等しくなりたいと思うのは、仁の端である。怒るべくして怒り、悪むべくして悪むのは、義の端にあたる。尊貴をみて畏懼するは、礼の端である。喜怒哀懼のとき、その喜ぶべきところ怒るべきところ哀しむべきところ懼るべきところを知り、また喜ぶべからざるところ怒るべからざるところ哀しむべからざるところ懼るべからざるところを知るのは、智の端にほかならない。善情の発動は、一つ一つ枚挙することができないが、大概は以上のようにいうことができるであろう。もし七情を基準として四端を配当すれば、惻隠は愛に属し、羞悪は悪に属し、恭敬は懼に属し、是非はその喜怒すべきか否かを知ることに属している。七情の外に別に四端などあろうか）

但し此説は嘗て朱子も之を試み、退渓も之を試みて、畢竟精確に四端を七情に配当するを得なかったのである。

『退渓集』巻二二「答李剛而」に

天命図説以欲属土、別無他意、以為欲之於七情、似可謂無所不在、故属之如此耳。然先生雖嘗以七者分之惻隠羞悪両端、畢竟以為七情不可分配四端。蓋欲一一分配、則不免有牽合之病。今当只就先生説中、略綽領会了、毋深求苦索、吾心地便自洒然也。

（「天命図説」は欲を土に分配するが、特別な意味はそこにない。すなわち、欲は七情についていえば、在らざるところがないというべきようであるため、土に分配したのであろう。だが朱子はかつて七情を惻隠と羞悪の両端に分けたことがあるが、最終的には七情は四端に分配することができないとした。一一分配しようとすれば、牽強付会の病があるのを免れないからである。現在のところ、ただ朱子の論説について、概略その意を領会すればよく、深求苦索などする必要はない。われらの考えは自然に落ち着くべきところに落ち着き、わだかまりがなくなるであろう）と言へるもの即ち其れである。退渓は七情と四端とを別種の情と視るが故に、七情をして四端を包含せしむるは無理と考へるは当然である。要するに、四端を七情に配当するは大体論に止まりて、個々精密に分配せんとすれば牽強に陥るを免れざるは、退渓の説の如くである。栗谷自身も「語録上」（栗谷全書・巻三二）に門人の問に答へて、

喜哀楽欲則属於仁、怒悪懼則属於義、亦似乎得。但若分属、則不可得。

（七情の喜・哀・楽・欲を四端の仁に分属し、怒・悪・懼を義に分属することはできるかもしれない。だが七情をそれぞれ四端に分属しようとしてもそれは不可能である）

と言って居る。

第二に、如何にして七情中に純善なる部分を発生するに至ったかは亦頗る難問であって、退渓の如く理気の互発を認めない栗谷は此を簡単に理の直遂と説明することは出来ない。併し乍ら、理こそは純善であって、気には過不及の虞あり、時あって悪に流れ易い本質であるから、純善なる情の内容は如何しても理を以て之に充てなければならない。是に至りて純善なる情には理の直遂を許すか、然らざれば理の直遂と実質的に一致する所の理気の共用となさなければならぬ。

栗谷、是に於て朱子の気質の清濁駁粋の思想を更に一歩を進めて、気にも本然ありと判断して、本然之気は粋然として清明能く理を乗せて理の儘に発動して情を構成すると立説するに至った。従て結果に於ては、理自体が発動して直に情となるといふと何等異る所がないのである。栗谷答成浩原書（第六答書）に本然之気の作用を述べて曰く、

理気元不相離、似是一物、而其所以異者、理無形也、気有形也。理無為也、気有為也。無形無為、而為有形有為之主者理也。有形有為、而為無形無為之器者気也。理無形而気有形。故理通而気局、理無為而気有為、故気発而理乗。理通者何謂也。理者無本末也、無先後也。無本末無先後、故未応不是先、已応不是後［自注、程子説］。是故乗気流行、参差不斉。而其本然之妙、無乎不在。気之偏則理亦偏。而所偏非理也気也。気之全則理亦全。而所全非理也気也。至於清濁粋駁糟粕煨燼糞壌汚穢之中、理無所不在。各為其性、而其本然之妙、則不害其自若也。此之謂理之通也。気局者何謂也。気已渉形迹、故有本末也、有先後也。気之本、則湛一清虚而已。曷嘗有糟粕煨燼糞壌汚穢之気哉。惟其升降飛揚、未嘗止息、故参差不斉而万変生焉。於是気之流行也、有不失其本然者、有失其本然者。既失其本然、則気之本然者、已無所在。……聖賢之千言万言、只使人検束其気、使復其気之本然而已。気之本然者、浩然之気也。浩然之気充塞天地、則本善之理無少掩蔽。此孟子養気之論、所以有功於聖門也。

（理と気はもともと相離れず、さながら一物のようである。その異なるゆえんは、理の無形に対して気の有形、理の無為に対して気の有為なところにある。無形無為でありながら有形有為の主となるのが理であり、有形有為でありながら無形無為の器となるのが気である。理は無形、気は有形であるため、〝理は通じて気は局する〟。理は無為、気は有為であるため、〝気は発して理はそれに乗る〟。いわゆる〝理通（理はあまねく通ずる）〟とはどういうことか。本来、理は本末もなく、先後もない。本末も先後もないため、〝いまだ応じない（未応）ときでも先にならず、すでに応じた（已応）ときでも後にならない〟（二程遺書・巻一五）。それゆえ、理が気に乗って流行するとき、参差して斉わないけれども、理の本然の妙は、どこもないところがない。気が偏れば理も偏るが、その偏るところは理でなく気である。気に欠けるところがなければ理も欠けるところがないが、その欠けるところがないのは理でなく気である。

理は清濁粋駁糟粕煨燼糞壌汚穢のなかにあっても、存在しないところはなく、それぞれその性を発現し、理の本然の妙は本質が依然として同じであること（自若）を害することはない。これが理通の意味である。一方、〝気局（気は局限する）〟とはどういうことか。気はすでに形迹にかかわるため、本末もあり、先後もある。だが気の本体は湛一清虚のみである。本体は純然であるにもかかわらず、なぜ糟粕煨燼糞壌汚穢の気があるのか。気は升降飛揚し、いまだかつて運動を止めることがないため、参差して斉わず、万変が生じるからである。気は流行するにしたがって、その本然を失わないものがあり、その本然を失うものが生まれる。だが一旦本然を失えば、気の本然はもはや完全に存在しなくなる。……聖賢の千言万言は、ただ人にその気を検束し、気の本然を復させるにすぎない。気の本然とは、浩然の気のことである。浩然の気が天地に充塞すれば、本善の理は少しも掩蔽されることがない。これこそ、孟子養気の論が聖門に偉大な功績のあるゆえんである）

栗谷本然之気の思想は、彼自ら「答成浩原」（第六答書）に於て「新語に似たれども、実は古来聖賢の意にして、唯だ未だ之を文字に現はさざりしのみ」と言へるが如く、頗る新奇なる文字である。併しながら、其の思想の由りて来たる所を繹ねると、張横渠の『正蒙』誠明篇の

湛一、気之本。攻取、気之欲。

（湛一は気の本であり、攻取は気の欲である）

に原づき、又気を説明して用ひた「升降飛揚」とか「糟粕煨燼」等の文字も、亦横渠の『正蒙』太和篇から取り来ってゐる。彼は横渠の思想に源して、気の本然を湛一清虚、何等理を蔽掩するなく、理の主宰命令の儘に発動するものとなしたのである。

更に彼の発明した本然之気といふ新術語の意義を考へると、疑もなく本然之性から案出したもので、即ち本然

之性が気質之性と対して性が気稟に堕宿する以前の純粋本来の性を指すと同じく、気が形質と合する以前の純粋本来の所を指したものである。

一体、宋儒は天地が人物を生々するに於て、『列子』天瑞篇に

易変而為一。……一者形変之始也。清軽者上為天、濁重者下為地。

（易は変化して一になる。……一は形が変ずる始である。清軽なるものは上って天になり、濁重なるものは下って地になる）

とある思想を受けて、天を以て清く軽き気、地を以て濁重な質となし、人物も天を父となし、地を母となし、天より気を得、地より質を得るとなす。朱子「太極図説解」（性理大全・巻一）に

五行者、質具於地而気行於天者也。……陰陽五行、気質交運、而人之所稟独得其秀。

（五行は、質が地に具わり気が天に行くものである。……陰陽五行は気質が交運して万物を化生するが、人はその最も優れたものを稟受している）

といふが如き、又『朱子語類』巻四に

性只是理。然無那天気地質、則此理没安頓処。

（性はただ理にすぎない。それゆえ天気地質がなければ、この理には落ち着くところがない）

とあるもの即ち是である。

そこで本然之気と云ふのは、天の気が未だ地の質に堕宿せず、純粋湛一清虚なるものを指すと見なければならぬ。是事に就ては、先年物故した嶺南の名儒郭鍾錫の師李震相の『寒洲集』（巻三九）雑著（随録乙未）にも私と同様の意見を載せてゐる。但し寒洲は退溪学派に属するから、栗谷の説には反対を表してゐる。

性上可言本然、而気質上不消言本然。性本理也。理一直純善。気纔清便有濁、纔明便有昏、纔粋便有駁。清濁粋駁、皆其本然也。後人不達、反欲以本然之気配本然之性、当体之気配気質之性。此乃主気之甚而流於禅旨者也。張子所謂湛一気之本、以未発言。攻取気之欲、以已発言。然湛一非謂其清明純一。只状得気之静者未嘗糅雑也。湛一裏面清濁倶蔵。

（性上では本然をいうことができるが、気質上では本然をいうにはおよばない。性はもともと理であって、理はまことに純善である。一方、気は清でさえあればすぐに濁があり、明でさえあればすぐに昏があり、粋でさえあればすぐに駁がある。清濁粋駁、みなその本然である。後人はこの理に達せず、反って本然の気を本然の性に配し、当体の気を気質の性に配する。これは主気の甚だしいものであって、禅旨に流れるものである。張子のいわゆる〝湛一は気の本〟は未発をもっていい、〝攻取は気の欲〟は已発をもっていうが、湛一はその清明純一を指すのではなくて、得気の静なるものがまったく糅雑していないことをのべるにすぎない。湛一の裏面には、清と濁がともに蔵しているのである）

主理学派の人々は本然之気なるものを、気質以外に認めることを肯ぜないのである。栗谷の本然之気の思想は四端理発を否定して、一切の情は理気共発なる主張を論理的に貫徹せんとして、窮余案出に係るものであるが、彼が理に於て本然之性の具体的存在を否定し、性と言へば気質之性に限ると立てた主張と矛盾せざるを得ない。未だ形質に堕宿せざる所の本然之気が性と合して純善の情を形作るとすれば、未だ気質に堕在せざる本然之性の単独発動を何故に認めないのか。矢張り此は、特別新術語を立てないで、退渓の如く単純に性が清粋なる気に乗りて動くと言った方が、むしろ困難を避けることが出来て、而して理気共発の彼の説と牴触する所を見ない。

第三、朱子の理発気発と明言した四端七情の定義を如何に取扱ふかに就ては、前に奇高峰は他の多くの朱子の学説から帰納して、以て朱子の偶然的意見で定説とは認められないと云ったが、栗谷は先づ朱子の「四端理発、七情気発」といふのは、唯だ軽く大体を概括して言ったに過ぎないもので、決して学的に精密に分析しての説明ではないと断じた。「答成浩原」（第一答書）に、

四端七情、正如本然之性気質之性。本然之性、則不兼気質而為言也。気質之性、則却兼本然之性。故四端不能兼七情、七情則兼四端。朱子所謂発於理、発於気者、只是大綱説。豈料後人之分開太甚乎。学者活看可也。

（四端と七情は、まさに本然の性と気質の性のようなものである。本然の性は気質を兼ねた概念でないが、気質の性は却って本然の性を兼ねる。それゆえ、四端は七情を兼ねることができないが、七情は四端を兼ねるのである。朱子が〝理に発し、気に発す〞というのは、ただ大綱を説いたものにすぎない。図らずも後人は甚だしく分開して説を立てているが、学者は活看すべきであろう）

と言ったもの即ち其れである。

次に栗谷は是語を以て記者の誤録に出づるものではないかと疑った。「答安応休」（栗谷全書・巻一二）に於て、

朱子発於理発於気云者、只是指四端之主理、七情之兼言気耳。伝録未必無誤。若必以七情四端分二辺、則人性之本然与気質、亦分為二性矣。安有是理乎。

（朱子が理に発し、気に発するというのは、ただ四端が理を主とし、七情が兼ねて気をいうことを指したものにほかならない。朱子の語録といえども、必ずしも誤りがないわけではない。四端と七情を完全に二辺に分ければ、人の本然の性と気質の性もまた分かれて、二性となるが、かかることは論理的に起こるはずがないからである）

と言ったもの即ち其れである。

栗谷は更に進んで、若し真に朱子が四端七情互発を定義したものとすれば、其は朱子の謬見たるを免れぬと断

言した。「答成浩原」（第四答書）に

若朱子真以為理気互有発用、相対各出、則是朱子亦誤也。何以為朱子乎。

（朱子がまことに理と気は互発し互用することがあって、相対各出すると考えたのであれば、朱子もまた誤ると解さざるをえない。朱子の言説とどうしていえるのか）

と言ったもの即ち其れである。此を李退渓が奇高峰に答へて（論四端七情第二書）、

夫程朱語録、固未免時有差誤。乃在於辞説鋪演義理肯綮処、記者識見有未到、或失其本旨者有之矣。今此一段、則数句簡約之語、単伝密付之旨、其記者輔漢卿也、実朱門第一等人。於此而失記、則何足為輔漢卿哉。

（程朱の語録には、もとより時に差誤があるのを免れない。義理の錯綜複雑なところを解釈推演するとき、記者の識見に到らないところがあり、あるいはその本旨を失することもあったかもしれない。だが現在説くところのこの一段は、数句簡約の語であり、単伝密付の旨からなる。その記録者は輔広（輔漢卿）であって、実に朱子門下の第一等人である。記録に誤りがあるとすれば、録者を広などとすることができるだろうか）

と弁じたものと対照する時は、両人の本定義に対する態度の正反対なることを見るべきである。而して二氏以後、二派の後継者も亦、二氏此の不相容意見を受継いで、一層之を堅く又有力に主張し、就中栗谷の孫弟子の宋尤庵（宋時烈）が開始して尤庵の孫弟子の韓南塘（韓元震）に至りて完成した名著『朱子言論同異攷』は専ら栗谷の此意見を朱子の諸著述に就いて実証せんが為に企てられたものである。又前に引いた李寒洲の大著『理学綜要』は又退渓の意見を有力ならしむべく、輔漢卿の記録せる語録の部分は既に朱子の校閲済であることを攷証して居るのである。

第四に、人心道心に対する朱子の解釈から推衍して、四端七情互発の論理的妥当なるを挙げて、栗谷に迫った

彼の心交道義の友成牛渓（成渾）との弁難は、退渓高峰の論争に次ぐ所の有名なるものである。

栗谷・牛渓四七論争は、宣祖五年壬申（一五七二）に行はれた。牛渓は初には栗谷の四端七情理気共発説乃至太極陰陽説の直截明晰なるには敬服したのであったが、其の内に段々思索するに従て、栗谷の説のあまりに曲折なく先賢の説と合致しない処あるを発見するに至って、乃ち書を送りて之を質したのである。其は栗谷の説の異る根拠は、ただ理と気とは心中に於て決して各自体に於て発動して以て情となることはないといふ原理のみである。然るに、かの人心道心は古来相対立した二心作用で、朱子により人心は形気の私より生じ、道心は性命の正に原づくと定義せられて居る。此を如何に説明するかといふ反駁的質問である。

栗谷は人心道心と情とを区別して、情は単に外界の刺戟に感じた簡単な心の発動であるのに、人心道心は只だ心が感動したに止らず、其の感動に由りて意志を動して、其感情を遂げむと欲するものであるとなした。「答成浩原」（第二答書）に、

人生而静、天之性也。感於物而動、性之欲也。感動之際、欲居仁、欲由義、欲復礼、欲窮理、欲忠信、欲孝於其親、欲忠於其君、欲正家、欲敬兄、欲切偲於朋友、則如此之類、謂之道心。感動者固是形気、而其発也直出於仁義礼智之正、而形気不為之揜蔽、故主乎理而目之以道心也。如或飢欲食、寒欲衣、渇欲飲、癢欲掻、目欲色、耳欲声、四肢之欲安佚、則如此之類、謂之人心。其原雖本乎天性、而其発也由乎耳目四肢之私、而非天理之本然。故主乎気而目之以人心也。

（人が生まれながらに静かであるのは、天の性であり、外物に感じて動くのは、性の欲である。感動するに際して、仁に居りたいと思い、義によりたいと思い、礼に復したいと思い、理を窮めたいと思い、忠信を行いたいと思い、両親に孝行したいと思い、主君に忠を尽くしたいと思い、家を正したいと思い、兄を敬したいと思い、朋友と切磋琢磨

したいと思うようなことを、道心という。感動するのはもとより形気であるが、その発動は直接、仁義礼智の正より出て、形気はそれを揜蔽し妨害しない。理を主とし道心と呼ぶゆえんである。他方、飢えて食べたいと思い、寒くて服を着たいと思い、渇して飲みたいと思い、痒くて掻きたいと思い、綺麗な色を見たいと思い、心地よい音を聞きたいと思い、四肢を安佚にしたいと思うようなことを、人心という。その原は天性にもとづくけれども、発動は耳目四肢の私に由来し、天理の本然ではない。気を主とし人心と称するゆえんである）

即ち道心人心共に理気共発の情を元としてゐるが、道心の場合には、気が専ら至正至公なる仁義礼智の性の実現の為に働いて居るし、人心の場合には、気が自己を他から区別して考へる所の形気の欲を遂げんが為に働いてゐるのである。是に於て、古来「道心即四端、七情即人心」といふ説が起る。李退渓も亦此に属することは前章に之を述べた。

斯くて栗谷其人も、人心道心に於ては性命の正即ち理、形気の私即ち気より各々別々に出で来る所の心の作用を認めざるを得なくなった。是に於て牛渓（第四書）は其の極めて地味にして実は鋭利なる論法を以て栗谷に迫りて曰く、

朱子之説曰、或生於形気之私、或原於性命之正。陳北渓之説曰、這知覚有従理而発者、有従気而発者。正如退渓互発之説、何耶。四七之対挙而分属、固然矣。人心道心亦情也。奈何以道心為理発而人心為気発乎。人之有是形気、大而身心、小而百骸、無非有物則者矣。声色臭味之欲、亦発於天理之不可已者矣。今言戒其過而節其情、亦可以為訓矣。奈何独以耳目口鼻之欲属之気、而謂之人心耶。無乃是気者亦有造作自用之時、而別為一場流行耶。

（朱子の説に〝人心は形気の私に生じ、道心は性命の正にもとづく〟（中庸章句序）といい、陳淳の説に〝知覚には、

理より発するものと気より発するものがある〟（北渓字義・心）という。退渓互発の説に酷似するが、いかん。四端七情が対挙分属するのは、もとより当然といわねばならない。また人心道心も情である（同じく対挙分属すべきであろう）。どうして道心を理発とし人心を気発とするのか。人には形気があり、大きくは身心、小さくは百骸まで、物則（理）がないことはない。声色臭味の欲はまた、天理の已むべからざるところに発する。したがって、いまその過ぎたところを戒めてその情を節するといっても、また一つの解釈として成り立つにちがいない。またどうして耳目口鼻の欲だけを気に属し、これを人心というのか。おそらく気には造作自用する時があって、別に一場流行をなすからであろう）

之に対して、栗谷は先づ四端の専ら道心を言ふことを承認し、七情は道心人心を合して之を言ふものと強硬に主張した。次に道心人心は相対する名称で、一見退渓等の主張する理発気発なるが如くなるも、実は然らず、と議論を進めて曰く、

人心道心之立名、聖人豈得已乎。理之本然者固是純善、而乗気発用、善悪斯分。徒見其乗気発用有善有悪、而不知理之本然、則是不識大本也。徒見其理之本然、而不知其乗気発用、或流而為悪、則認賊為子矣。是故、聖人有憂焉。乃以情之直遂其性命之本然者、目之以道心、使人存養而充広之。情之揜乎形気而不能直遂其性命之本然者、目之以人心、使人審其過不及而節制之。節制之者、道心之所為也（第四答書）。

（人心道心の名称は、聖人がやむをえず付けたものでない。そもそも理の本然はもともと純善であって、気に乗り発用して、善悪が分かれるものである。ただその気に乗り発用して善悪があることのみをみて、理の本然を知らざれば、大本を知らないといわざるをえない。ただ理の本然のみをみて、気に乗り発用して、あるいは流れて悪になることを知らざれば、賊を子と誤認することと変わらない。それゆえ、聖人はこれを憂え、情の性命の本然を直遂するものを

道心と名づけて、人びとが存養して充広するようにした。また情の形気に揜われて性命の本然を直遂することができないものを人心と名づけて、人びとが過不及を審らかにして節制するようにした。なお過不及を節制するのは、道心のなすところである）

即ち道心人心共に心の発即ち情であって、唯だ性命の正が直遂してゐるか、揜蔽せられてゐるかの差別に過ぎない。

牛渓は栗谷の此説明を以て甘じない。更に一層鋭く栗谷に肉迫して曰く、

吾兄前後勤喩、只曰性情之間有気発理乗一途而已。此外非有他事也。渾承是語、豈不欲受用以為簡便易暁之学。而参以聖賢前言、皆立両辺説、無有如高誨者、故不敢従也。……吾兄必曰、気発理乗、無他途也。渾則必曰、其未発也、雖無理気各用之苗脈、纔発之際、意欲之動、当有主理主気之可言也。非各出也、就一途而取其重而言也。此即退渓互発之意也。……即非性命則道心不発、非形気則人心不発之言也（第六書）。

（吾兄からは前後しきりに教誨をたまわったが、結局のところ、〝性情の間には気発理乗の一途があるのみ〟以外にはないであろう。わたし渾はこれをうけて、簡便易暁の学として受用しようとしたが、聖賢前言を参照したところ、みな両辺説を立て、高誨のような説はない。それゆえ、あえて従わなかった。……吾兄は必ず〝気発理乗のほか、他途はない〟と主張されるであろうが、わたし渾は必ず〝未発のとき、理気各用の苗脈はないけれども、発動の際、意欲の動には主理主気というべきものがある。主理主気といっても各出はしないが、（気発理乗の）一途についてその重要な（主とする）ところをとって述べたものである〟と主張するであろう。これが退渓互発の意味するところである。……すなわち、性命がなければ道心は発せず、形気がなければ人心は発しないということである）

是に至りて栗谷は、更に深処達処より、彼の気発理乗の原理を以て、道心人心理発気発に非ざることを弁明せな

ければならぬ。

栗谷の人心道心の理気共発の説明は、即ち本然之気の観念より出で来るものであって、気発理乗の場合に其の気が本然其の物であったならば、清虚粋然として理を遮障する所の何物をも持たない。是に於て理は其の本体の儘に気と合して実現することを得る。是れ即ち道心である。之に反して、本然之気に変化を加へた所の気、換言すれば或は濁り或は雑駁なる気が理を乗せた場合には、理即ち本然之性は此に依りて亦た変化を受けて直遂することを妨げられるのである。此れ即ち人心である。

されば栗谷の人心道心の区別は、理其の物に在りては両者に何等差別を認めない。同じ理が同じ関係に於て対象に直面して、唯だ理を乗せて其理を実現せしむる所の気の性質の相違に由りて、或は純善にして微、或は過不及ありて危となるのである。併し乍ら、更に進みて相対的両者の働きの上の区別を考へると、道心の場合は畢竟理の儘に働くのであるから、理が主であって理の働き其のものと謂っても差支がなく、人心の場合には気が主であって気の働きに由って、気が理を蔽ふことがあるといふ働きによって道心と異ると謂っても差支がない。

そこで栗谷も色々弁明したが、結局道心は理を主とし、人心は気を主とすと定義して、是場合には原則的に理発気発二通りの心作用を肯定せざるを得ざるに至った。「答成浩原」（第六答書）に、

道心原於性命、而発者気也、則謂之理発不可也。人心道心倶是気発、而気有順乎本然之理者、則気亦是本然之気也。故理乗其本然之気而為道心焉。気有変乎本然之理者、則亦変乎本然之気也。故理亦乗其所変之気而為人心、而或過或不及焉。或於纔発之初、已有道心宰制、而不使之過不及者焉。或於有過有不及之後、道心亦宰制而使趨於中者焉。気順乎本然之理者固是気発、而気聴命於理。故所重在理、而以主理言。気変乎本然之理者固是原於理、而已非気之本然、則不可謂聴命於理也。故所重在気、而以主気言。気之聴命与否、皆気

之所為也。理則無為也。不可謂互有発用也。

（道心は性命にもとづくが、発動するのは気である。理発と命名することはできない。また人心道心はともに気発であるが、気が本然の理に順うことがあれば、気は本然の気である。それゆえ、理がその本然の気に乗って道心となる。一方、気が本然の理を変じることがあれば、やはり本然の気を変じる。それゆえ、理もまたその変じた気に乗って人心となり、過不及がある。だが発動の当初ただちに道心が宰制して、過不及を生じなくすることもあれば、過不及が生じた後に道心がまた宰制して、過不及を解消して中（中庸）に導くこともある。気が本然の理に順うとき、もとより気発であるが、気は理の命令を聴く。重点が理にあって、主理をもっていうゆえんである。気が本然の理を変じるとき、もとより理にもとづくが、すでに気の本然ではない。理の命令を聴くということはできない。重点が気にあって、主気をもっていうゆえんである。気が理の命令を聴くか否かは、すべて気にかかっている。理はまったく無為である。理気に互発があるということができない）

是に至りて、栗谷の退渓理発気発説の否定は発の字の意義の取方の相違に過ぎないで、其の原理を拒否する訳ではなくなったのである。是れ即ち、前に引用した如く、成牛渓が「此即退渓互発之意也」と釘を打った所以である。

斯くて四端七情論に於ては、頗る論理的にも心理的にも有利であった所の栗谷の立場が、人心道心論に至りて甚だ苦しくなり、成牛渓をして承服を肯ぜざらしめんとした。此の論争後四年（一五八二）、栗谷は亦、宣祖の教命を奉じて「人心道心図説」（栗谷全書・巻一四）を製して進めたが、是点は依然改訂を見ず、単に繰返すに過ぎない。

理気渾融、元不相離。心動為情也、発之者気也、所以発者理也。非気則不能発、非理則無所発。安有理発気発之殊乎。但道心雖不離乎気、而其発也為道義、故属之性命。人心雖亦本乎理、而其発也為口体、故属之形気。……発道心者気也、而非性命則道心不生。原人心者理也、而非形気則人心不生。此所以或原或生公私之異者也。

（理気は渾融したものであって、属性上もともと相離れることができない。心が動いて情になるときには、発するのは気であり、発するゆえんは理である。気がなければ発することはできず、理がなければ発するところがない。理発気発の分岐などあるはずもない。ただ道心は気を離れないけれども、発するや道義を追求するため、性命に属する。人心はまた理にもとづくけれども、発するや口体の利を追求するため、形気に属する。……道心を発するものは気であるが、性命がなければ道心は生じない。人心がもとづくのは理であるが、形気がなければ人心は生じない。これが「中庸章句序」の〝或原〟〝或生〟〝正（公）〟〝私〟の異なるゆえんである）

即ち退渓は栗谷の此に言ふ所の道心の「属之性命」を以て理発と認め、人心の「属之形気」を以て気発と認めて理発気発の定義を下したのである。

是に於て後世栗谷の学説を奉ずる者益々多く、老論の学者は殆ど皆其の継承者であるに至りても、道心人心論に於ける彼の弱点は看過することが出来ないで、此を匡救して以て栗谷理気説の首尾一貫を工夫したのである。例へば栗谷以後老論派の学者中の翹楚とせられてゐる金農巌（金昌協）は、其の語録四端七情理気説を述ぶるに当りて、門人魚有鳳の録する所（杞園集・巻二一・農巌先生語録）に拠れば、

先生論牛栗論理気書曰、牛渓見退渓理発而気随、気発而理乗之説、初以為非。後読朱子生於形気原於性命之言、復疑朱子既如此分両辺説下、則退渓互発之説、亦或是耶。遂問于栗谷。栗谷但極言、七情即人心道心之総名、人心道心可以相対説、四端七情不可相対説、而終不及於朱子所謂性命形気、退渓所謂理発気発所指而

言者、本自不同、不可援彼而証此之意。実不能答着牛渓之所疑問。

（農巌先生は成牛渓と李栗谷の論理気書を論じてこういわれた。すなわち、牛渓は李退渓の〝理が発して気がそれに随い、気が発して理がそれに乗る〟の説をみて、当初、その理論的欠陥を確信した。やや経って、朱子の〝人心は形気に生じ、道心は性命にもとづく〟の言を読み、朱子がこのように両辺に分けて説く以上、退渓互発の説もあるいは正しいかもしれないと疑い、それについて栗谷に質問した。栗谷はただ〝（四端はすなわち道心であり）七情はすなわち人心道心の総名である。人心道心は相対して述べることができるが、四端七情は相対して述べることはできない〟と極言したが、結局のところ、朱子のいわゆる性命形気と、退渓のいわゆる理発気発の指していうところがもともと同じでなく、一方をひいて他方を証することができないことには及ばず、論じはしなかった。実に牛渓の疑問するところに答えてはいないのである）

と言った。此は栗谷理気説の大なる弱点と謂はなければならない。斯くて栗牛二氏の弁論は訖った。栗谷の理気論も此に尽きたのである。

前述の如く、退渓の理気説は嶺南の学人によりて継承せられて南人の学説となり、栗谷の理気説は畿湖の学人によりて継承せられて老論派の学説となった。今茲に簡単に二氏の学説の対批を試みんとする。

二氏の理気説に於て最根本的で又最重要なる相違は、善情悪情の根源を主として理の側におくと、主として気の側におくとである。即ち退渓は、理其物にも若干発動を認めるから、理が充分に気を支配して居れば、則ち情は皆理発となりて即ち善となる。之に反し、理が不充分に気を支配し、若くは気に負ける時は、則ち情は気発となりて危く、往々悪に流れる。故に道徳の修養といふは、畢竟理を盛にして常に随処随時に気を支配せしむるに在る。是の工夫即ち是れ存養省察であって、格物致知即ち窮理を以て其本とするのである。天下の理窮め尽せば、心中の理亦其の極に到りて、完全に気を支配するに至るのである。退渓は何処迄も、理に重きをおく。之に対して、栗谷は理は無為無作用、単なる形式的条理であって、天の万物を生ずるや、万物に理を賦与するに当りて、絶対公平にして増減なし、本然之性に就て観れば、人と物と差別なしと立てる。従て情即ち心の用に善悪の生ずるは、本然之性即ち理の有無多少に因るものではない。唯だ理を乗せて以て此を具体化する所の気の性質に係依するのである。清気が乗せれば、理は直遂して情善となるし、濁気が乗せれば、理掩蔀せられて情悪となる。是に於て道徳修養の第一義は、各々其の気質を変化改善して、濁駁なる気を変じて清粋となすことであらねばならぬ。栗谷は聖人も学びて始めて其の気質を変化して聖人となったと説くから、人の気質は学問即ち修養に由りて其の大なる部分を変化すべしと立てて居る。栗谷に在りては人の修養に気が最重最要の対象となる。故に退渓が初性に復るを説くとすれば、栗谷は初気に復るを説くとなすべきである。

朝鮮の学者も古来公平な立場を以て二氏の理気説を批判せしむれば、多く論理的及び心理的には奇高峰及び栗谷の説を以て退渓の説に勝るとする。其は気と理と合して渾成した心の中に就いて、尚理と気との二個の発動の源を認めんとするは、どうしても不合理であるからである。然るに一度実際の学問、換言すれば道徳修養の工夫の上から観ると、栗谷の説は又退渓の説に輸せなければならないと判断する。此は独り南人の学者の主張するのみならず、老論の学者も亦認めてゐる。

例へば海平尹氏の宗系に属する故尹于堂氏の如きも、いと明白に斯く批判してゐる。多くの南人派の学者の二者批判の内に其尤明晰精密なるものに、正祖純祖頃の嶺南の学者柳徽文の『好古窩集』巻三「答壺谷先生」がある。曰く、

古聖賢於人道心、明其生於形気者、只患其危而易流於人欲也。明其原於性命者、只恐其微而難見者天理也。

惟其微也、故必使原於性命者、常為主宰、有如発号施令、指揮於三軍也。惟其危也、故必使生於形気者、毎聴命焉、有如汎彼中流、有柁以制之也。

（古聖賢は人心道心について、形気に生じる人心は、ただ危うく人欲に流れやすいことを患うべきこと、性命にもとづく道心は、ただ天理が微かで見がたいことを恐れねばならないことを明示した。すなわち、天理は微かであるため、道心は必ずつねに主宰をし、発号施令、三軍を指揮するようにしなければならない。また危ういため、人心は必ずつねに道心の命令を聴き、流れに舟を浮かべ、舵でそれを制するようにしなければならない）

此は人心道心の区別が修養工夫に緊切なるを挙げたのであるが、更に四端七情に就いても同様の理路に由りて、此を理発気発となすことの修養上最も簡易剴切なるを述べて、栗谷説の工夫上手を著くるに処なく茫漠たるを指摘して曰く、

若就発処、以四端与七情対挙説、則亦須随其所主、而分属理気、無異於人道心。朱子所謂人心喜怒也、道心惻隠羞悪之類是也。其七情之順理処、雖与四端相近、而畢竟是生於血気、不可以此便作四端。正退陶所謂互発、則各有所主。豈可独於四端専言理、而七情不専言気也。且其所以必分開説者、亦欲其理之才発、知皆拡而充之、有如火然而泉達、気之方発、約之使合於中、有如摧山而填壑也。是皆於工夫、最為要切。彼専主渾淪者、只以天理都帰於所以発、而其発処、則専以気当之。以七情之善一辺為四端、而四端為清気之発者、全是以気論理之病、而又極費辞説、只明其所以発与発之之名状而已者、在自己工夫、有何下落。試就工夫言之。孟子所謂拡而充之者、果指清気而言歟。程子所謂約其性、使合於中者、亦指防其濁気、求合於清気歟。従上聖賢許多遏欲存理説話、自丹書所謂義勝欲、無不皆然者、皆求於気之清濁、而理則全無主張管摂歟。朱子所謂専靠夜気、済得甚事者、正指此等病痛也。

〝発するところについて、四端と七情を対挙して説くときは、その主とするところにしたがって、道心と人心と同様に理と気に分属しなければならない。朱子のいわゆる〝人心（主気）は喜・怒であり、道心（主理）は惻隠・羞悪である〟などがそれである。その七情の理に順うところは、四端と相近いが、結局のところ血気に生ずるものであって、ただちにそれを四端とすることはできない。まさに退渓の理気互発説には、それぞれ主とするところがあるが、四端については専ら理をいい、七情については専ら気をいわねばならない。四端七情を必ず分開して説かねばならないゆえんは、理が発するとき、火が燃え泉が流れるように四端を拡充するを知り、また気が発するとき、山をくだいて谷をうめるように七情を約して中に合わせたいからである。これこそ、最も要切な修養工夫であろう。だが専ら渾淪を主張する者は、ただ天理を発するゆえんとし、その発するところは専ら気をそれに当てるだけである。七情善一辺を四端とし、四端を清気の発とするにいたっては、まったく気をもって理を論じるの病に陥り、辞説を大いに費やして、ただその発するゆえんと発するところの名状を明らかにするにすぎない。自己の工夫には有益なところなど皆無である。試みに工夫についていえば、孟子のいわゆる〝拡めてこれを充いにする〟（公孫丑上）は、もとより清気を指していうことはできない。程子のいわゆる〝その情（性）を約し、中に合わせしむ〟（性理大全・巻三）は、また濁気を防いで清気とすることを意味しはしない。古聖賢の〝人欲を遏ち〟〝天理を存する〟説話は、『丹書』にいわゆる〝義、欲に勝つ〟（朱子語類・巻一七）からして、そうでないものはないが、それはすべて気の清濁に関連し、理が主張管摂することはない、などとすることはできない。朱子のいわゆる〝専ら夜気によったとしても、何事をなすことができるか〟（朱子語類・巻六二）は、その病痛をみごとに指摘しているであろう）

実に痛快な批判である。

一体、栗谷の理気性情の思想は、程明道より得たる所尤も多い。明道は情の善悪を以て全く気の清濁に因るも

のとなし、気を澄ますを以て要訣となしてゐる。例へば薛文清（薛瑄）が『読書録』巻三に引用した明道の語に、

善固性也、悪亦不可不謂之性也。性一而已矣。気質清粋而無所蔽、則皆以仁義礼智之性発而為惻隠羞悪辞譲是非之情、所謂善固性也。気質濁雑而有所蔽、則仁流為耽溺、義流為残忍。

（善はもとより性であるが、悪もまた性といわないことはできない。性は一のみである。気質が清粋して蔽われることがなければ、みな仁義礼智の性をもって発し、惻隠羞悪辞譲是非の情になる。これが〝善はもとより性なり〟である。気質が濁雑して蔽われれば、仁は耽溺に流れ、義は残忍に流れる）

といひ、又『宋元学案』（巻一三・明道学案上）に載する明道語録に性を水に喩へ濁を気に譬へて、

清濁雖不同、然不可以濁者不為水也。如此、則人不可以不加澄治之功。故用力敏勇則疾清、用力緩怠則遅清。其清也、則却只是元初水也。

（清濁は同じでないけれども、濁水を水でないということはできない。これこそ、人に澄治の工夫を加えなければならないゆえんである。濁水は敏勇に工夫をすればすぐ清み、緩怠にすれば浄化に時間がかかるが、その清んだ水は、原初の水にほかならない）

と云ったのは、全く栗谷の清気濁気の著想の淵源を示してゐる。

然らば一体、如何にして人は能く清気をして発せしめて、濁気の発動を制することを得るか。栗谷は「答成浩原」（第六答書）の中に清気といふは即ち浩然の気を謂ふものの如くに言った。

気之本然者、浩然之気也。浩然之気充塞天地、則本善之理無少掩蔽。此孟子養気之論、所以有功於聖門也。

（気の本然とは、浩然の気のことである。浩然の気が天地に充塞すれば、本善の理は少しも掩蔽されることがない。これこそ、孟子養気の論が聖門に偉大な功績のあるゆえんである）

然れども、浩然之気は集義の結果養はるる所の元気で、人が道義に合せる行為を累積して始めて躯殻に充満するを得るのである。勿論、一度浩気を養へば、其が其後道義を実行するに向って、大に援助となるは疑ひないが、此は義と互に因果の関係に在ることを言ふので、初めから浩然の気によりて性が直遂して善を為し得るといふことは出来ない。

私は栗谷の初気を復する工夫の第一義は、前に引用した『好古窩集』（巻三・答壺谷先生）が彼の説を批判して終に朱子の語を引いて、

朱子所謂専靠夜気、済得甚事者、正指此等病痛也。

（朱子のいわゆる〝専ら夜気によったとしても、何事をなすことができるか〟（朱子語類・巻六二）は、その病痛をみごとに指摘しているであろう）

と言った所の夜気を養ふ事にあらねばならぬと思ふのである。夜深く万籟寂とし一切の煩悩分別が息みて、唯だ全身に湛然清虚な気分が充満するを感ずる、其の当時の澄明な内部感覚が、即ち本然之気の端的でないかと思ふ。栗谷派の大儒、宋同春堂（宋浚吉）が孝宗王の経筵に於て引いた語（重刊本同春堂別集・巻三）の中に、

先儒有言、夜気清明之時、従容紓究、則自然有正当道理出来。

（先儒の言が伝えられている。すなわち、夜気清明のとき、従容として紓究すれば、自然に正当な道理が出てくる、と）

とあるのも、即ち是意を言ったのである。而して此は前に引いた明道の気質を澄治する工夫とも合するのである。是に至りて栗谷の気質変化の工夫は、一転進して静坐澄治といふことにならなければならぬ。而して此に朱子の未発之中を養ふといふものと一脈相通ずることになる。

先年物故した老論の大儒、田艮斎（田愚）の「上全斎先生」（艮斎集・前編・巻一）に清気を以て即ち夜気となして進みて、

事物既往、念慮雖息、又須待気質澄清、然後此心本体、得而呈露。方可謂未発之中。

（事物が過ぎて、念慮は止むといえども、心の本体が呈露するには必ず、気質の澄清をまたねばならない。心の本体が呈露したとき、まさに未発の中ということができる）

と云ったのは、即ち此の所に触れてゐる。

併し乍ら、此の修養法は対境に処して我が行為を決定する場合に於ける公、私、義、不義等心中に於ける葛藤を認めない。唯だ清気が理を乗せて発了するだけである。従て我は心の儘に行動したと感ずるに止まる。丁度禅の作用是性と立てて、何を言ひ何を行動しても、皆道の消息であるといふと択ぶ所がない。

又栗谷は心を気となして居る。「答成浩原」（第六答書）に、

朱子曰、心之虚霊知覚、一而已矣。或原於性命之正、或生於形気之私。先下一心字在前、則心是気也。

（朱子は〝心の虚霊知覚はただ一つである。あるいは性命の正にもとづき、あるいは形気の私に生じる〟（中庸章句序）というが、〝虚霊知覚〟の前に〝心〟字をおいたのは、心を気と考えたからである）

と言った。此は心の妙用なる虚霊知覚が気の働に属する点を高調したものであるが、斯くては気の本然即ち心の本然といふことになりて、気の本初に復るといふもの即ち心の本体を領することになり、彷彿として禅の「直指本心、見性成仏」の心持に近付いて来る。是れ、後世主理派の学者が主気派の修養を目して、葱嶺（西域）の気を帯ぶとなす所以である。

第三章　四七論争と朱子の学説

上来、退渓・高峰・栗谷三氏の四端七情説を略ぼ叙了したのであるが、三氏共に祖とする所は朱子に在りて、皆夫々朱子の語を引いて以て自説の憑拠となすのである。而して高峰の説と栗谷の説とは、其の根本観念に於て相合するが故に、畢竟本論争は、心中に在りて理が気を待たず、能く自体に於て発動して以て情に具現するとなすと、否らずとなすとを以て、分岐の中心とするのである。由りて此に朱子の学説に就いて、果して朱子が理気互発を認めしや否やを検討して、朱子学の立場から二説何れが正統思想であるかを明かにし、併せて朱子の思想に向っても少しく批評を加へて見たいと思ふ。

理は条理道理であって、万物万人に共通して乖碍なく、気は元気の概念に近似し、個体生命の原である。故に気は生命と共に生じ、生命と共に滅する。気なければ生命はない。然れども、気の力過度に強ければ、理を没する。朱子が、心中に在りて独り気が発動して情と成るのみならず、理も亦自ら能く動き、寧ろ哲学的に観れば、理が先づ動静するありて後、之に従て気が動静すとなすは、前引「答蔡季通」(朱子文集・巻四四)の外にも、其の「答鄭子上」(朱子文集・巻五六)に

理有動静、故気有動静。若理無動静、則気何自而有動静乎。且以目前論之、仁便是動、義便是静、此又何関於気乎。

(理に動静がある、それゆえ気に動静がある。もし理に動静がなければ、気は何によって動静があるのか。かつ目前

の事をもって論じれば、仁はすなわち動であり、義はすなわち静であるが、これは気と何か関係があるのか）と明言したに拠りても見ることが出来る。又朱子の人心道心の定義も、晩年には感性と理性の如く、心の知覚の形気の私より生ずるものは人心、性命の正に原くものは道心と確定したことは、前に之を述べたが、此亦心中に理気二源対立して各々作用を起すことを許すものとせなければならぬ。更に四端に就いても、朱子（朱子文集・巻五八）「答陳器之」に、

蓋四端之未発也、雖寂然不動、而其中自有条理、自有間架、不是儱侗都無一物。所以外辺纔感、中間便応。如赤子入井之事感、則仁之理便応、而惻隠之心於是乎形。如過廟過朝之事感、則礼之理便応、而恭敬之心於是乎形。蓋由其中間衆理渾具、各各分明、故外辺所遇随感而応、所以四端之発各有面貌之不同。

（けだし四端は未発のとき、寂然として動かないけれども、内部には自ずと条理があり、自ずと規模があって、渾然として一物もない（カオス）状態ではない。それゆえ外辺でわずかに感じれば、ただちに中間が応じる。たとえば赤子の井に落ちようとするをみて感じれば、仁の理がただちに応じ、惻隠の心が形成される。また廟朝を過ることに感じれば、礼の理がただちに応じ、恭敬の心が形成される。その中間は衆理が渾具し、それぞれ分明であるため、外辺に遇うところは感じるにしたがって応じる。これが四端の発におのおの外貌が異なるゆえんである）

と云って、性の理が然るべき対境来るや、気を待たずして、之に応じて発動して四端を成すを肯定して居る。朝鮮近来、南人学者の泰斗、寒洲李震相『理学綜要』を著して、理気心性を歴史的批評的に説くや、巻九の四端の項に於て亦、朱子が理発を執りて疑はざりしを述べて、

按、理発之説、原於楽記、而朱子又詳著之。論語註曰、四時行、百物生、莫非天理之発見。論中庸鬼神曰、他皆実理処発見。論孟子性善曰、亦就理之発処説。解通書誠幾説曰、実理発見之端。論中節之情、亦曰、即

此在中之理発形於外。……若乃道心之発於理、四端之為理之発、又更僕、而不可悉数者也。
(按ずるに、理発の説は『礼記』楽記にもとづき、朱子が詳しくそれを補足した。『論語集注』には〝四時がめぐって百物が生じるのは、天理の発見(流行の実)でないものはない〟(巻九)といい、『中庸』鬼神を論じて〝それはみな実理のところに発見する〟(朱子語類・巻六三)といい、『孟子』性善を論じて〝理の発するところについて説く〟(朱子語類・巻九五)といい、『通書』誠幾説を解して〝実理発見の端〟(性理大全・巻二)といい、中節(節に中る)を論じて〝すなわち、この中にある理が発して外にあらわれることである〟(朱子文集・巻三一・答張敬夫)という。……道心が理に発し、四端が理の発であることなどは、用例がきわめて多く、ことごとく枚挙することができない)

と云ひ、又陳北渓(陳淳)の『性理字義』の心字を論ずる条に「論心為一身主宰」に於て、

大抵人得天地之理為性、得天地之気為体。理与気合、方成箇心、有箇虚霊知覚。便是身之所以為主宰処。然這虚霊知覚、有従理而発者、有従気而発者、又各不同也。
(大抵、人は天地の理を得て性とし、天地の気を得て体とする。理が気と合して心ができ、虚霊知覚が生まれる。これが一身の主宰をなすところである。だがこの虚霊知覚には、理にしたがって発するものと、気にしたがって発するものがあって、それぞれ同じでない)

と釈して、理気の互発を確説した。

以上、朱子の思想に本然之性即ち理が気質の中に在りながら、能く自体に於て発動して直遂するを認めたるを証したのである。蓋し理の発動直遂といふのは、力的に積極的に妨遮する所のものを打破して其の意思を遂行するが如き意味ではない。理は事物の当然之則即ち条理であるから、如何なる場合に在りても、此を妨げる所の者

が存在せなければ、自然に発展して具現するに至るのが其の本質である。例へば水の低きに就くは理である。故に特に之を阻障するもののなき限、必ず高きより低きに向って流るるが如きである。されば理の発動直遂と称するのも、其の自然的具現を指して之を謂ふに外ならない。理が気中に堕在しても、一々の事物の当然の法則として其の事物を主宰するが故に、若し気が特に之を妨碍するなければ、随時随処に自然に其の理法が具現して紊れざるべきである。而して一々の事物の形質を構成する所の気が、従順に理の発する儘に随って其の具現の資料たる時には、極めて明白に、其の事物の理が如何なるかを表現して、事実上純粋理の発動の端的と称することが出来る。之に反して、気質が理の発動に随順せず、反りて之を妨碍する時は、其の事物の情態は其当然の法則を現さないで異様となるのである。例へば水の低に流るるを岩石堤防が前に当りて遮りて、為に水が反りて高きに逆流する場合の如くである。此を水の理の具現とは称すべからずして、岩石堤防の力が水の理を障碍して直遂するを得ざらしめしもので、即ち岩石堤防の力の発動と認めなければならぬ。此場合までを他の理即ち力強く水流を遮る物があれば、水は高きに逆流するといふ理法の発現と解して、畢竟宇宙間の一切現象皆理発の外に出づるなしと論ぜんとするは、宇宙論としては成立を許し得ても、此場合水の理気を論ずるとしては穏当ではない、越軌と謂はなければならぬ。斯くて水に就いて言へば、其の何等障碍なく滔々として低きに就いて流れ行くは、即ち理の直遂して具現したものであって、此を理発と謂ふ。之に反して、低きに向って流れ来りし水が他の力に妨げられて、反りて逆流して、一時其の就低の法則を没却した場合は、即ち気強く発して理を没せるもの即ち気発であって、此の他の力の撤せられざる限、水の理は具現することが出来ないのである。故に吾々凡人の場合に於ては、純粋理発の行為をなすことは無論少ないが、又純粋気発の行為に出づることも亦少ない。常に理発気発の間に浮沈彷徨して、或は善心善行、或は悪心悪行、或は善悪相混じ、日を送り年を過ごすのである。而して此に持敬・省察・存養の工夫が活きて来るのである。朱子が人心に就て原則として理発と気発とを認めたと観るは妥当であって、退渓の四七説に向って確乎たる根拠を与へるものである。

然れども、転じて四端を以て理発となし、七情を以て気発とする説に至ると、此に少からざる論理的困難に遭遇せなければならぬ。先づ七情の語は『礼記』礼運に

何謂人情。喜怒哀懼愛悪欲、七者弗学而能。

(何をか人情という。喜・怒・哀・懼・愛・悪・欲がそれである。七者は先天的なものであって、学ばずともよくすることができる)

とあるに始まるが、程子・朱子・退渓・高峰・栗谷諸氏の原く所の七情の概念は『中庸』(第一章)の

喜怒哀楽之未発、謂之中。発而皆中節、謂之和。

(喜・怒・哀・楽がいまだ発しないとき、これ(性の体)を中という。発してみな節に中るとき、これ(性の用)を和という)

に在りて、即ち性は未発、情は既発と立てて、此に「性発情也」の四字が千古不変の性情の定義となったのである。未発之中といふのは、性の本体を如実に完全に表現したとは謂はれないけれども、略ぼ性の体段即ち姿を表し得たものである。朱子「答胡広仲」(朱子文集・巻四二)に中和を以て性の体用となす前説を改めて、

中和体用之語、亦只是句中少曲折耳。蓋中者所以状性之徳而形道之体、和者所以語情之正而顕道之用。

(単純に中和を体用とする解釈は、句中、込み入った事情をうまく説明しきっていない。なぜなら、中は性の徳をかたどり道の体をあらわすゆえんであって、和は情の正を語り道の用をあらわすゆえんだからである)

と云ひ、又「答万正淳」(朱子文集・巻五一)に中を説明して、

中只是応事接物無過不及、中間恰好処。閲理之精、涵養之久、則自然見得矣。

（中とは、単に事に応じ物に接して、過不及のなく中間のちょうどよいところのことである。精しく閲理し、久しく涵養すれば、自然に体得することができるであろう）

と云った。蓋し中とは過不及なく偏倚する所なき称であって、過不及と偏倚は即ち人の行為が善を喪失する場合に於ける最一般的形式である。而して中を性の徳、道の体と言ふ以上、性には道徳の形式的標準から観て、未だ何等不善に流るべき素のないことは勿論である。性が発動して七情となるや、其の節に中りて過不及偏倚なきを和と称する。和は随処乖戻なく無理のない謂である。斯くて性発して情となるに及び、過不及偏倚ありて不和生ずれば、不善此に根するのである。要するに、中と云ひ和といふも、共に道徳の形式的標準を謂った所のもので、道徳の実質的意義に触れたものではない。実質的に言へば、天命の性の発なる七情、皆実は悪はないものとせなければならぬ。而して其の時ありて善を喪失するは、単に過不及によりて中和を失するに因るのである。例へば幼児の啼号戯謔は、其の実質から観れば、何等悪となすべきではないが、若し度を過せば、禁止せなければならなくなるが如きである。是は性善説から来る所の当然の結果である。

然らば、過不及偏倚は何によりて生ずるか。『中庸章句』（第一章）本註、

喜怒哀楽、情也。其未発、則性也。無所偏倚、故謂之中。発皆中節、情之正也。無所乖戻、故謂之和。大本者、天命之性、天下之理皆由此出、道之体也。達道者、循性之謂、天下古今之所共由、道之用也。

（喜・怒・哀・楽は情であり、そのいまだ発しないものが性である。偏倚するところがないため、これを中という。発してみな節に中るのは、情の正である。乖戻するところがないため、これを和という。大本は天命の性であって、天下の理はみなこれより出て、道の体である。達道は性に循うことであって、天下古今のともによるところであり、

道の用である）

と解釈して、性の儘に発する情即ち達道は期せずして中和を得て到処に無理なく、畢竟理の如実の具現其ものとしてゐる。陳北渓（陳淳）は更に詳に説いて物欲の思想に及びて、

節者、限制也。其人情之準的乎。只是得其当然之理、無些過不及、与是理不相咈戻、故曰和（四書大全・中庸章句大全・第一章・細注・北渓陳氏曰）。

（節の原義は、限制。本文〝中節〟の節は、人情の準的（準則）のことを意味する。ただその当然の理をえて、いささかの過不及もなく、理と相咈戻しないため、和という）

情之中節、是従本性発来。其不中節、是感物欲而動（同上）。

（情の節に中るものは、本性より発出したものであって、その節に中らないものは、物欲に感じて動くものである）

と云ってゐる。節を以て人情の準的と謂ふは、中和を以て道徳の形式的標準となす意味に解釈すべきである。人心未発の時、何等不善の苗脈なく、渾然として中其のものであって、已発するに及びて、偏倚過不及ありて、此が不善の源なりとすれば、偏倚過不及の生ずる原因を性の宿る所の気質に於て求めなければならぬ。若し気の力強くして性即ち理の直遂を妨げる時は、七情に偏倚過不及生じて和を失し、彼我の間到処無理に陥るを免れない。是に至りて『中庸』の所謂情の和は理の直遂であって、不和は気が壅蔽して理を遂げざらしむるの致す所と見なければならぬ。されば修養工夫の真諦は常時気をして理の主宰の下に在りて其命を聴かしめ、性即ち理をして随時随処に直遂せしむるに在りとなさねばならぬ。『朱子文集』巻六四「答徐景光」に、

熹嘗謂、有是形則有是心、而心之所得乎天之理、則謂之性。性之所感於物而動、則謂之情。是三者、人皆有之、不以聖凡為有無也。但聖人則気清而心正、故性全而情不乱耳。学者則当存心以養性而節其情也。

（わたし熹はかつてこう考えた。すなわち、この肉体があればかならずこの心があるが、心が天にえたところの理が性であり、性が物に感じて動いたところが情である。心と性と情の三者は、人はみなもっており、聖凡をもって有無に違いがない。ただ聖人の場合、気が清く心が正しいため、性は全く情は乱れない。学者はまさに本心を保持して本性を養い、その情を節すべきであろう）

と言って、本然之性気質之性の関係に触れて、遂に節情より進みて復性に到る。復性説は朱子道学の最奥であって、同時に彼の思想の仏教道教の教理より取来りて、殆ど儒仏道三教合一の上に構成せられしを証する所のものである。『朱子語類』巻四に、

性只是理。然無那天気地質、則此理没安頓処。但得気之清明則不蔽錮、此理順発出来。蔽錮少者、発出来天理勝。蔽錮多者、則私欲勝。便見得本原之性無有不善。孟子所謂性善、周子所謂純粋至善、程子所謂性之本、与夫反本窮源之性、是也。只被気質有昏濁、則隔了、故気質之性、君子有弗性者焉。学以反之、則天地之性存矣。故説性、須兼気質説方備。

（性はただ理にすぎない。それゆえ、天気地質がなければ、理は安住するところなどない。だが気の清明を得れば蔽錮がなく、理が順発する。蔽錮が少ないときは、発出して天理が勝つが、蔽錮が多いときは、私欲が勝つ。かくして、本原の性には不善がないことを知ることができる。孟子のいわゆる〝性善〟、周子のいわゆる〝純粋至善〟、程子のいわゆる〝性之本〟や〝反本窮源之性〟などがそれである。ただ気質が昏濁をうけるとき、事情は大きく異ならざるをえない。気質の性には、君子が性としないものもあるゆえんである。学んでこれに反れば、天地の性は存する。それゆえ性を説くにあたっては、気質を兼ねて説かねばならない）

といひ、「大学章句序」には明白に復性の文字を用ひて、太古聖人出でて億兆の君師となりて民を治め民を教へ

て、以て其性に復らしむと言った。朱子の観たる所の中庸性情説は当然復性に到らなければならないのである。性本と中であって、動いて偏倚過不及生じ、中を失ふとすれば、性に復るもの即ち中を回復する所以である。翻りて『孟子』の四端の説を観ると、孟子が性を以て仁義礼智となし、四端を以て情となしたるは、告子の章に依りて疑ひのない所である。併し孟子の所謂性と情との概念は、宋儒の其と一様なるやは、研究の余地がある。孟子は公孫丑章に於て、惻隠・羞悪・辞譲・是非の心を以て仁義礼智の端と定義したのであるが、端の義は伊藤維楨氏の如く本と解する人もあるが、此を端緒と解するが最順である。人々天賦の性として四徳を有するが故に、其の情として四心が現はれる。四心は即ち性の端緒で、之を辿りて其原を探れば、性を得ることが出来る。例へば原野一面白雪皚々たる中、常時一点雪の釈けて溜らぬ処がありて、此を端緒として其処の底には温泉の伏在することがわかる。若し資本豊に根気強き者がありて之を掘鑿すれば、終に泉源を開きて、其の混々として湧出するを見るのである。されば端の義と発の義とは必ずしも相一致しない。性発と言へばただ其の微々たる端緒をいふに非ず、性の全徳の発露をも意味するものとせなければならぬ。例へば性発して情となるといふ場合の如くである。故に四端はあく迄性の端緒に過ぎない。性の全体は尚底深き処に存在してゐる。是の存在を自覚して之を発きて実現せしむるもの、即ち是拡充の工夫である。拡充功成れば、修養完成を見る。故に性の実現は復帰ではなく成長である。成長し成長して、全能力の発揮に達するのである。されば孟子の四端の思想は性の実現に向って進むものであって、復性ではない。其は孟子の説明を引用すれば、極めて明白である。曰く、

人皆有所不忍、達之於其所忍、仁也。人皆有所不為、達之於其所為、義也。人能充無欲害人之心、而仁不可勝用也。人能充無穿窬之心、而義不可勝用也。人能充無受爾汝之実、無所往而不為義也（孟子・尽心下）。

（人にはみな情において忍びないことがある。その忍びないことを推していけば、それが仁である。人にはみな道義

的に為さないことがある。その為さないことを達していけば、それが義である。人はよくその他人を傷つけたくない心を満していけば、仁はあげて用いきれない。盗むなき心を満していけば、義はあげて用いきれない。侮りをうけることのない実を満していけば、どこも義でないところはない）

朱子も場合によりては、四端拡充を高調して、

致曲只是於惻隠処拡充其仁、羞悪処拡充其義耳［答包顕道］。

（曲を致す工夫とは、ただ惻隠すべきところでその仁を拡充し、羞悪すべきところでその義を拡充するにすぎない）

と云って（朱子文集・巻五五）、惻隠羞悪の情を通して、其の拡充によりて仁義の実践を工夫すべきを述べた。然し朱子が四端の拡充を性の実現と観ないで、性初に復ると観るは、『大学章句』（経一章）の明徳を明にして其初に復るべしの朱子小註に

明徳未嘗息、時時発見於日用之間。如見孺子入井而怵惕、見非義而羞悪、見賢人而恭敬、見善事而歎慕、皆明徳之発見也。雖至悪之人、亦時有善念之発。但当因其所発之端、接続光明之。

（明徳はいまだかつて息むことがなく、時として日用の間に発現する。たとえば孺子が井に落ちようとするのをみて怵惕し、非義のことをみて羞悪し、賢人をみて恭敬し、善事をみて歎慕するのは、みな明徳の発現である。極悪人でも、善念の発することがないことはない。学者はただその発するところの善端によって、それを継ぎそれを光明しなければならない）

とあるに依りて、極めて明白である。戴東原（戴震）の『孟子字義疏証』（巻中・性）はいとも判明に是処を説いて、其の朱子の復性説を肯せざるを強調してゐる。

孟子道性善、言必称堯舜、非謂尽人生而堯舜也。自堯舜而下、其等差凡幾、則其気稟固不斉、豈得謂非性有

不同。然人之心知、於人倫日用、随在而知惻隠、知羞悪、知恭敬辞譲、知是非、端緒可挙、此之謂性善。於其知惻隠、則拡而充之、仁無不尽。於其知羞悪、則拡而充之、義無不尽。於其知恭敬辞譲、則拡而充之、礼無不尽。於其知是非、則拡而充之、智無不尽。仁義礼智、懿徳之目也。

（〝孟子は性善をいうとき、口を開けばかならず堯舜を称した〟（孟子・滕文公上）が、これはすべての人が生まれながらに堯舜であることを意味するわけではない。堯舜より以下、等級差別が厳然と存在するからには、気稟はもとより斉しくない。程朱のごとく、性には不同がないなどということができるであろうか。だが人の英知は、人倫日用において、情況に応じて惻隠を知り、羞悪を知り、恭敬辞譲を知り、是非を知る、その端緒はいくらでも列挙することができる。これがすなわち性善である。その惻隠を知るにおいて、それを拡充すれば、仁は達成されないことがない。羞悪を知るにおいて、拡充すれば、義は達成されないことがなく、恭敬辞譲を知るにおいて、拡充すれば、礼は達成されないことがなく、是非を知るにおいて、拡充すれば、智は達成されないことがない。仁義礼智はまことに、美徳の条目である）

東原は仁義礼智を以て性に当てないが、端を解して仁義礼智の端緒となし、之を拡充して以て四徳に達すべしとなすは、性実現の思想に契合してゐる。斯くて東原、更に一歩を進めて、孟子の四端は復性説と合致する者ではないと説破した。

形体始乎幼小、終乎長大。徳性始乎蒙昧、終乎聖智。其形体之長大也、資於飲食之養、乃長日加益、非復其初。徳性資于学問、進而聖智、非復其初明矣（巻上・理）。

（形体は幼小にはじまって長大におわり、徳性は蒙昧にはじまって聖智におわる。形体が長大になるのは、飲食の養をとって長日加益した結果であって、初めに復ったからではない。同じく徳性が不断に学問をして、聖智になるのも、

初めに復るわけでないことは明らかである）

東原の孟子性善説の解釈は是点に於て正当を得てゐると認めなければならぬ。

斯くて未発之中の性を立てる『中庸』の性善説と、四徳の性を立てる『孟子』の性善説とは、其の理念を異にしてゐるのである。『中庸』に在りては道徳的善悪を心の実質に求めないで、行為の形式に於て発見し、『孟子』に在りては本質的に善悪の差別ある心の存在を認めてゐるのである。故に喜怒哀楽愛悪欲から観れば、聖人の其も凡人の其も実質的に何等差別がない。然るに四端から観れば、聖人の行為は四徳の実現であって、凡人の行為は四徳の銷滅である。孔子が顔淵の求仁の工夫を問へるに対して「四勿」を以て答へたのは、即ち亦孟子と同様の立場に在りて礼を以て本質的に善であり、非礼を以て本質的に悪なりと認めたのである。

四端即ち四情が何故に善なるかの理由は、之を仁義礼智の本質に求めねばならぬ。四徳の総徳は仁であって、仁は朱子の所謂「愛の理、心の徳」（論語集注・巻一）で、而して同時に私を排し公に立つ心である。『朱子語類』（巻四一）に、

問公便是仁否。曰非公便是仁。尽得公道所以為仁耳。求仁処、聖人説了克己復礼為仁、須是克尽己私、以復乎礼、方是公。公、所以能仁。

（或者が問うた、公はすなわち仁か否かと。朱子は答えた、公はただちに仁ではないが、仁となるためにはことごとく公道を得なければならない。仁を求めるところにあって、聖人は〝克己復礼を仁となす〟といわれた（論語・顔淵）が、まさに己私の欲を克尽し、もって礼に復るのが、公にほかならない。公は仁の前提である）

朱子は是意を諸処に強調力説して、仁の概念を明白にするに努めた。惻隠同情には富むも、徒らに自己の身及び至親に対して之を発するが如きは仁ではない。仁徳は須らく私欲を浄尽して、天下の広居に居り天下の正位に立

ち天下の大道を行ふに至りて、始めて実現せられるものである。是に於て四徳は其の総徳たる仁を通して、其の克己体公と契合して不二なる本質を有すること明である。而して前章に掲げた朱子の与蔡季通書に於て説破せる理気二元の根本的性質に照して考へれば、明に四徳は理であるから、四徳の端緒たる四情を朱子の如く心中の四徳が発して外に現れたと解釈して、之を理の発と称して差支ないのである。而して四端理の発とすれば、同時に理を揜うて不惻隠不羞悪不辞譲不是非に陥らしむるは是れ気の発となさねばならぬ。例へば赤子の井に入らんとするを見て惻隠の情をおこし、蹴擲して与へられたる物品に対して羞悪を感ずるは、即ち仁義の性の端緒を現すものである。然るに利害の念複雑となり、痛く個人的利害と交渉ある時は、宜しく同情すべく宜しく羞悪すべき事件に対して、能く同情せず羞悪せず、おのが利害の念を以て性の発動を制遏して不仁不義に陥るが如きである。而して此を朱子の哲学から説けば、其の起原は気に存すと謂はなければならぬ。換言すれば、何人にも性の端緒に就いて之を拡充して性の実現を致すは甚だ困難である。其れは気が此を妨げるからである。されば気が四端の拡充を障碍する所に就いて、即ち気発を認むべく、是即ち不仁不義不礼不智の端緒である。詳しく言へば、情の公なるものは是れ理の発にして、情の私なるものは是れ気の発である。公と私とは人間行為善悪の内容的標準である。而して其の対立は心が理気を兼ねるに淵源する。

故に退渓・高峰、栗谷・牛渓等の四七論争を綜括して、次の如く判断することが妥当と考へられる。大体論として朱子学を奉ずる人が情に於て理発気発の理気互発を認むるは、朱子の思想の正系を得てゐる。但し七情と四端とを対立せしめて、七情を以て気発とし、四端を以て理発となすは、朱子其人先づ之を誤りて、論理的に内容を異にする所のものを同一類の情として取扱った不合理に陥ったのである。宜しく此を訂正して、四端理発、不惻隠・不羞悪・不辞譲・不是非は気発、七情の節に中るものは理発、節に中らざるものは気発と訂正せなければならぬ。

詳言すれば、七情に理の発と気の発とあり、理発の七情は節に中りて和を得、気発の七情は時に節に中らずして不和となる。是れ道徳の形式論に基く不善の根本である。四端其物は性の発で理の具現である。発達して仁義礼智となるべき善なる情である。而して宜しく惻隠羞悪辞譲是非すべくしくせざる者、乃至初に四端動いて終に之を遂げしむる能はざる者は、四端を擠却四端に反するもので、是即ち道徳の内容論に基く不善の根本であって、其の淵源私己に在り、即ち気の発である。故に七情に在りても理発気発を謂ふべく、四端に在りても理発気発を謂ふべく、「四端理発、七情気発」の分理気説も、「四端七情異名同実、四端は七情中の善の一辺を剔撥せるもの」となす渾淪説も共に当らないのである。

同時に四端を道心に当て七情を人心に当てるも、亦妥当でない。人心道心は即ち感性理性の思想であって、之を気より起り理より起るとなして差支のない所のものである。一度四七理気配当に於て誤ったものが更に人道心四七配当に於て同じ誤を繰返すのは当然である。退渓高峰二人者共に朱子の論理的不徹底を襲うた。是れ互に四端を立てれば七情に矛盾起り、七情を立てれば四端に矛盾を生じ、畢竟論理上の難窠を脱する能はざりし所以である。

程明道が語録（二程遺書・巻二上）に

天下善悪皆天理。謂之悪者非本悪、但或過或不及便如此、如楊墨之類。

（天下の善悪はみな天理である。悪といっても、もともと悪でない。ただあるいは過ぎあるいは及ばないときそうであるにすぎない。まさに楊朱・墨翟のようなものである）

と云へるを朱子更に詳釈して、

此只是指其過処言。如惻隠之心、仁之端、本是善、纔過、便至於姑息。羞悪之心、義之端、本是善、纔過、便至於残忍。故它下面亦自云、謂之悪者本非悪（朱子語類・巻九七）。

（〝善悪はみな天理〟とは、ただその過ぎたところをさしてのべたものである。たとえば〝惻隠の心は仁の端〟であって、もともと善であるが、わずかに過ぎれば、ただちに姑息にいたり、〝羞悪の心は義の端〟であって、もともと善であるが、わずかに過ぎれば、ただちに残忍にいたる。それゆえ、その下また自ら〝悪といっても、もともと悪でない〟と補足するのである）

と云ひて、喜怒哀楽の中和を失って悪に流るるをば、直ちに仁義礼智に移来りて、聊か中庸を失へば、亦仁義礼智を失って悪になると解釈せんとした。併し是の如きは、道徳の形式と内容、乃至行為の動機と結果とを弁別せざらんとするものである。大正至公の心を以て行はるる仁義礼智たらんとする行為を以て、縦令其が若干中庸を逸する所あっても、此を以て直に過不及ある七情と道徳的に同価値で悪に陥るものと断ずるは当を得ない。矢張、仁義礼智の四徳［或は仁義礼智信の五徳］は本来内容的に善であって、之に反する場合に至って、始めて悪生ずと説かなければならぬ。斯くて孟子が仁義礼智を以て性となし、性を以て純善となし、四端を以て此を証した儒教道徳の根本観念に合する。朱子の此に挙げた姑息残忍の二不善は、惻隠の過不及、羞悪の過不及を以て説明するよりは、智端是非、仁端惻隠を抑して発せしめない所のもの、換言すれば是非に反し惻隠に反するものであると説明すべきものではあるまいか。

朱子の語を検すると、恰も此意を説いて極めて明瞭なるものがある。『性理大全』巻三三（性理五）「心性情」の条に朱子の語を挙げたる内に、

性不可説、情却可説。所以告子問性、孟子却答他情。蓋謂情可為善、則性無有不善。所謂四端者、皆情也。

仁是性、惻隠是情。惻隠是仁発出来底端芽、如一箇穀種相似。穀之生是性、発為萌芽是情。所謂性只是那仁義礼智四者而已。四件無不善、発出来則有不善。何故、残忍便是那惻隠反底、冒昧便是那羞悪反底。

（性自体は説くことができないが、情は説くことができる。告子が性を問うたとき、孟子が情をもって答えたゆえんである。そもそも孟子が情は善となすべしというからには、性には不善はない。一方、いわゆる四端はみな情である。仁は性であるが、惻隠は情である。惻隠は仁が発するときの端芽であって、一粒の穀種とよく似ている。穀の生じるのが性、発して萌芽をなすのが情である。いわゆる性はただ仁・義・礼・智の四者にすぎない。四者に不善はないが、発出すれば不善が生じる。どうして不善が生じるのか。残忍こそが惻隠に反したものであり、冒昧こそが羞悪に反したものだからである）

とあるもの即ち是である。私は朱子の此説に従はんとするものである。

尚朱子を始め宋儒を通じて、性と情とに於て純善と善悪混の差別を立て、情に至りて初て悪の根ありと立つるは、道家仏家の性情論を取入れたもので、更に進みて心の静にして動かざる無念の状態を指して、性の当体未発之中にして純善となし、其の動いて情となるに及びて、忽然として善悪生ずとなし、悪の根を心の動に置いたのは、仏家殊に直接起信論の「忽然念起名為無明」の無明説を受けたものであり、茲に孔子孟子時代の儒学と宋学との差別の重要点が存するのであるが、今は之を略する。

第四章　嶺南学派の四七説

李退渓の歿後、彼の学問道徳の遺沢と門人に英雋多きとによりて、嶺南即ち慶尚道一帯は彼の学派統制の天地となった。其後、柳成龍によりて南人の政党が生れ出で、其の友人皆此に入党するに至って、即ち政党と学派が結び著き、退渓の学説は即ち南人の党議となるに至り、老論派に栗谷の学説が党議となれると相対するに至った。近来南人の首領星州李源祚の『凝窩集』（巻一二）「四七理気弁後」に

四七理気之弁、退陶説已両下普説、十分停当。夫以栗谷之賢、豈不知此。而毎以下一段攻上一段、此一辺攻彼一辺。誠所未喩。今則已成党議、各有所主、終為未決之案。

（四七理気の弁は、退渓説がすでに理気にわけて四端七情をあまねく説き、滞るところがない。栗谷の賢よりすれば、そのことがわからないはずもないであろう。それにもかかわらず栗谷は（退渓の言葉尻をとらえて）下一段をもって上一段を攻め、此一辺をもって彼一辺を攻めて止まない。これはまことに納得のいかないところである。現在はそれが党議になり、それぞれ主とするところがあって、ついに未決の案になっている）

と言った。此に簡単に退渓以後の嶺南学派の四七論を述べ以て、主理学派発達の迹を尋ねんとする。

退渓の門徒は非常に振ひ、今其の名の朝鮮儒学史に伝はる者殆ど五〇人に上ってゐる。併し是等の中、何人が果して退渓の伝心者で其の衣鉢を嗣ぎし者かと言へば、特に之を挙げることが出来ない。退渓は其の門人との往復書によりて検するに、最黄錦渓（黄俊良）に向って望を嘱し、他日の大成を期した。然るに錦渓は朱子に於け

る呉伯豊（呉必大）の如く、師に先ちて歿し、師をして哭して慟せしめた。錦渓歿後、退渓は鄭文峰（鄭惟一）に期待する所あった。併し文峰も師の望に副へりとは言はれなかった。是に於てか、近世老論派の大家、広州徴岳山中に在りて学徒に教授せる呉老洲（呉熙常）は退渓の為に、

退渓間居授徒、門下儘多賢雋。然苟論伝先生衣鉢者、則殆其無之矣（老洲集・巻二四・雑識）。

（退渓は閑居して門徒に学業を教授し、門下は俊才を多く輩出した。だが先生の衣鉢を伝える者といえば、ほとんどないといわざるをえない）

と歎じた。退渓の顔回、曾参に当る所の人は、今此を指定めることを得ないのである。

但し退門中、道学に所得あり、師の歿後、門戸を開いて徒を教へ、以て師門の道流を涸渇せざらしめ、又書を著して後世に伝へし者は、頗る其人に富む。例へば趙月川（趙穆）、李艮斎（李徳弘）、李亀巌（李楨）、曺芝山（曺好益）、金鶴峰（金誠一）、権松巌（権好文）、鄭寒岡（鄭逑）、柳西厓（柳成龍）、柳謙庵（柳雲龍）、権晦谷（権春蘭）の如き人々である。是等の上足は亦、其々門人を出して門流を昌にし、門人からは極度の尊崇を払はれてゐる。而して此の中、月川、艮斎の二氏は退渓に親炙すること最長く、現に月川は陶山書院に配享せられ、艮斎の師門に関する著述は多く湮じたが、尚伝はるもの相当に多い。門徒の最盛なりしは寒岡で、後世に至り家門の勢力の盛大なりしは西厓、鶴峰である。然るに奇妙な事には、是等五大弟子の集に観るに、共に四七理気是非に付ては論説する所がない。師生存中、問目を呈して教を請うたのみである。此は恐らく彼等は何づれも高峰は退渓に説破せられて其説を捨てたものと視做し、退渓の説に左袒した為であらう。而して彼等の弟子若くは孫弟子に至りては、乃ち四七論復た大いに盛となった。是は嶺南に在りては、一旦終熄した所の四七是非が京畿に在りて栗谷・牛渓の間に再燃し、栗谷の勢力によりて略ぼ西人は栗谷説に帰一し、退渓説に反対となるに至った為で

ある。

詳言すれば退渓の生時、及び歿後暫年に在りては、退渓と其の門徒高峰との論争であったから、門人等も格別之を重大視せず、師説を以て正しとなして傍観者の態度を取ったのであるが、栗谷が高峰に代りて反対論主となり、其の結果、其が反対政派の党議となるに至って、南人の学者は此に更に猛然として起ちて師説の為に弁ぜざるを得ざるに至ったのである。故に彼等は既に高峰を相手としては弁じないで、専ら栗谷を相手として論じたのである。

但し此に嶺南学派の四七論中、例外に置かなければならない者がある。其は張旅軒（張顕光）の其れである。旅軒は朝鮮の最大なる性理学者の一人で、文康と諡せられ、鄭寒岡の門人と称せられてゐる。但し旅軒の子孫側では、以て門人に非ず、単に同志となし、『寒岡先生言行録』の刊行せらるるや、『謬条弁破録』を作りて其の郷檜淵に送った。実際、旅軒が寒岡の門人ではないのではないかと思はれる証拠は色々ある。例へば正祖の賜はった祭文にも、

淵源有自、陶山退水。爰暨寒岡、契道同志（旅軒続集・巻一〇）。

（淵源にはよるところがある、陶山退水がそれである。流れて寒岡におよび、道を契し志を同じくした）

云々とあって、寒岡の同志と明記してゐる。此の問題は兎に角、旅軒だけは四七論に於て退渓に左袒しない。

旅軒の性理説の体系は、『旅軒性理説』の「経緯説」に述べてある。彼は道の経を理、道の緯を気、換言すれば、道即ち実在の体を理、用を気と立つるが故に、栗谷と相合する。既に理気の根本観念に於て合すれば、当然四七論に在りても栗谷に合せねばならぬ。旅軒は四端七情は同一情にして、七情を外にして四端を見ることを得ず、七情亦是れ五常の性、即ち理の発動に外ならぬとなす。

窃嘗思之。七情亦出於五常。喜愛、仁之発也。怒悪、義之発也。哀楽、礼之発也。喜与怒対、哀与楽対、愛与悪対。而喜楽愛三者、感於順境也。怒悪哀三者、応於逆境也。随其順逆之境而有其感応之別者、智之発也。可喜可楽可愛而必欲之、可怒可悪可哀而必不欲之者、信之発也。然則七情者、誰非五常之用乎（旅軒性理説・巻四・歴引経伝・孟子）。

（窃かにかつて考えたことがある。すなわち、七情も（四端と同じく）五常より出ないことはない。喜・愛は仁の発であり、怒・悪は義の発、哀・楽は礼の発である。喜と怒は相対し、哀と楽は相対し、愛と悪は相対する。喜・楽・愛の三者は順境に感じ、怒・悪・哀の三者は逆境に応じている。その順逆の境にしたがって感応の別があるのは、智の発であり、喜ぶべく楽しむべく愛すべくしてかならずそれを欲し、怒るべく悪むべく哀むべくしてかならずそれを欲しないのは、信の発である。とすれば七情には、五常の用でないものなどない）

更に之を図説して（旅軒性理説・巻六・性情為経緯排説之帖）、

五常之性為レ経。七情為レ緯。

属五行
- 喜属レ火。
- 愛属レ木。
- 悪怒属レ金。
- 哀懼与レ欲属レ水。

本四徳
- 喜愛是仁。
- 悪怒是義。
- 哀懼是礼。
- 欲属レ水是智。

と言った。四七説から観れば、旅軒は嶺南学派から取除かるべき人である。

前述の如く、退渓の上足は其人に富み各門戸を張ったのであるから、嶺南学派の一大流派の中に更に数多の小門派がありて、多数の大小学者がなければならぬのである。然るに、従来是等の諸多嶺南学者の著述に其の特に大家と称せられし者の外は、ただ嶺南人士の間にのみ伝へ読まれて、他学派の天地なる京畿には将来せられなかったのである。先年慶州郡内の玉山書院・良洞講学堂・霞渓書院・亀岡書院の蔵書目録に就いて検索せるに、学務課分室保管、前「奎章閣図書目録」にはなき所のもの実に二〇〇種に上った。幸に今是等の書を逐次閲覧するの便を得たから、久しからずして嶺南学派の研究は其の細流に渉りて、略ぼ完成するを得ることと自ら喜むで居るものである。

姑く、今知る所を以てすれば、退渓以後嶺南学派の四七論は二大派に分ると見るべきが如くである。其の二大派といふのは、実は前述退渓の四七説其のものに初終二様の解釈ありと言った所のものから起ったのである。即ち退渓が「天命図説」に「四端理之発、七情気之発」と解説を下した当初の思想たる、心中に理より発する情と気より発する情とが各別に存在すとなし、四端を本然之性、七情を気質の性に当て、説明した所のものが其の一。次いで高峰の弁駁に逢うて四端七情共に理気の共発ではあるが、主となり重きをおく所に従て理発気発と謂ふのである。但し四端と七情とは別種の情で、七情、四端を包含すといふことは出来ないとなす所のものが其の二である。而して二派の中、後者を主張するものが優勢なること疑ひのない様である。

退渓歿後、家運門派愈々盛にして、嶺南の学人等から最も尊敬すべき師の伝心上足と視らるる者が三人ある。柳西厓（柳成龍）、金鶴峰（金誠一）、鄭寒岡（鄭逑）是である。勿論、西厓門派は西厓を、鶴峰門派は鶴峰を、寒岡門派は寒岡を以て退門の顔回・曾参に擬するのであるが、兎に角三氏が師歿後の最傑出した退門の学者たることは疑ひない。

而して初に鶴峰に従学し、鶴峰歿後、西厓に問道し、更に又寒岡にも従遊した学者に、敬堂張興孝なる人があった。嘉靖甲子即ち明宗一九年（一五六四）に生れ、仁祖一一年（一六三三）七〇歳で歿した。敬堂の行状は其門人李存斎（李徽逸）が撰した。敬堂の女が参奉李時明に嫁して、徽逸と玄逸を生むだ。徽逸は存斎で、玄逸は葛庵である。葛庵の子に密庵李栽があり、密庵の長女が李泰和に嫁して四男あり、大山象靖は第三男で、小山光靖は第四男である。大山は当時嶺南第一の儒者で、小退渓と称られた。大山門下多士済々たる内、南損斎（南漢朝）なる者があり、損斎の弟子に定斎柳致明あり、定斎の弟子に凝窩李源祚あり、凝窩又当時の大儒、立斎鄭宗魯にも従遊した。凝窩の門に其侄寒洲李震相あり、寒洲の弟子に最近歿した俛宇郭鍾錫がある。

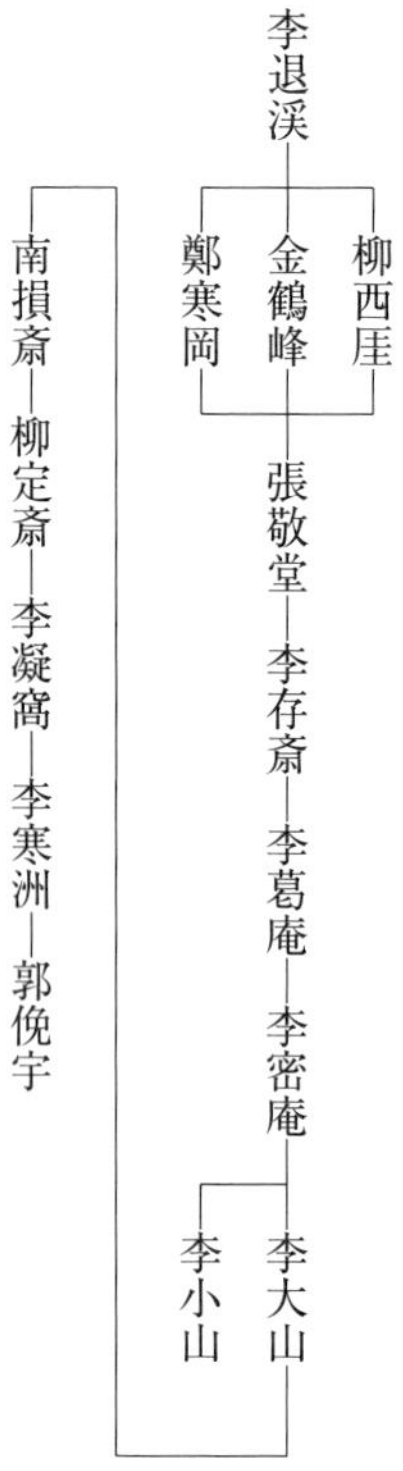

彼等は皆一時の嶺南の大匠であって、従学者雲の如く、道を説き経を説き、郷党の大先達となり、所謂先正名賢の称に値するものである。彼等は皆、退渓の伝心は金鶴峰其人なりとし、鶴峰の衣鉢を継げるは敬堂以下、大山を歴て、寒洲・俛宇と嫡伝すとなすのである。是に至りて、西厓門流と鶴峰門流との対立競争を見、其の極「屏虎是非」を醸成するに至ったのである。是の一派は実に退渓歿後の嶺南に於ける最優勢なる門派と称せざるを得ない。

敬堂（張興孝）には『敬堂集』正続四巻ある。敬堂の四七説は説く所極めて簡単で、委曲を尽さないが、門人柳季華が四端七情の別如何を問へるに答へて（敬堂集・巻一・答柳季華）、

四端主理、七情主気。

（四端は理を主とし、七情は気を主とする）

といひ、又

従天地之性発者為四端、従気質之牲発者為七情否。

（天地の性より発するものが四端で、気質の性より発するものが七情か）

と問へるに、

此説是。

（その説は正しい）

と允可を与へたに視て、其の四端理発、七情気発の互発論者たることを知ることが出来る。但し此丈では尚詳細に其の論旨を知り得ないから、更に彼以後の弟子に攷へねばならない。

存斎（李徽逸）の四七説も、其の委曲を悉すことが出来ないが、『存斎集』巻二「答琴仲素」の別書に道心人心と四端七情とは一致しないではないかと問はれたのに対へて、

蓋情是直発出来底、心是知覚感通底。如惻隠是情、知所惻隠而惻隠之即心也。喜怒是情、知所喜怒而喜怒之亦心也。故朱子論人心道心、則皆以知覚言之。至言四端七情、則只云理之発気之発。其微意可知也。

（けだし情は直発するものであって、心は知覚感通するものである。惻隠などの四端は情であるが、惻隠するところを知って惻隠するのは心であり、同じく喜・怒など七情は情であるが、喜怒するところを知って喜怒するのは心であ

る。それゆえ朱子は人心道心を論じたとき、知覚をもって説明し、四端七情をいうにおよび、ただ理の発、気の発というのである。その微意は知ることができるであろう）

と言へるに就いて、存斎も亦理気互発説を奉ずることを知るべきのみである。斯くて葛庵に至りて、四七説が委曲を悉して、栗谷派に対抗して述べらるるを見るのである。

葛庵（李玄逸）は南岳先生と称せられ、密庵の父である。今『葛庵集』がある。集中、巻一八「読金天休論李大柔理気性情図説弁」と巻一九「愁州管窺録」とに於て四七説を委述してゐる。葛庵は四端七情を以て終に別種の情となし、此を公と私とを以て区別した。則ち彼は如何に栗谷や旅軒の如く四七渾説論者と雖、其の発するに当り、公よりし私よりするの差別あることは認めざるを得ないであらうと主張するのである。「愁州管窺録」に

四端之発、公而無不善、達之天下。此其所以謂之理発也。至於七情、凡人之喜也是私喜、怒也是私怒、哀也是私哀、懼也是私懼、愛也是私愛、悪也是私悪、欲也是私欲。必克去己私、然後方得公而善。是則七情之発、私而或不善、人人各異。此其所以謂之気発也。是皆義理之当然、更何致疑之有。

（四端が発するや、公であって不善はなく、天下に達する。これが理発とよばれるゆえんである。七情にいたっては、人の喜は私喜にすぎず、怒は私怒、哀は私哀、懼は私懼、愛は私愛、悪は私悪、欲は私欲にすぎない。かならず己に克ち私を去り、かろうじて公をえて善になるのである。これが七情の発は私であってあるいは不善があり、人々それぞれ異なるということであり、気発とよばれるゆえんである。以上のことは義理の当然であって、疑問の余地などあろうはずもない）

と言ってゐる。然し葛庵の四七理気発の意義は、単純に四端は理のみの発にして気を雑へず、七情は気のみの発にして理を交へないといふのではなく、其の情を成すに当りて主とし重きをなす所を指し区別するに過ぎない。

換言すれば、李退渓の修正説に準拠するのである。「読金天休論李大柔理気性情図説弁」に此を明言して、(1)
就理気相成之中、而指其不雑於気者而言之、則曰本然之性也。就理気賦与之中、而指其渾於気質者而言之、則曰気質之性也。性既有本然気質之異、至於情、独無四端七情之別乎。七者易熾而蕩、気為之主也。四者粋然而正、理為之主也。気為之主、而理乗而行。理為之主、而気随而発。然則理与気果是一物、而四与七果無分別乎。

(理気相成の中について、気を雑えないものをさしていえば、本然の性といい、理気賦与の中について、気質に濁るものをさしていえば、気質の性という。性に本然と気質の差がある以上、情にも四端と七情の別があるにちがいない。七情は熾烈放縦になりやすく、気が主をなすが、四端は粋然として正しく、理が主をなす。気が主をなせば、理がそれに乗って行くし、理が主をなせば、気がそれに随って発する。しかればすなわち、理と気は一物であるはずもなく、四端と七情は分別のないこともないであろう)

全く李退渓の奇高峰に答ふる第二書以下の反復に外ならない。

葛庵の子密庵(李栽)は父及び伯父存斎に従って学び、中年には既に葛庵の花山錦陽の塾で父の代講義をなした。英祖朝には学問操行嶺南第一人の称があった。密庵の墓誌は霽山金聖鐸が之を撰し、『霽山集』に収め(2)、其の生涯を詳叙してある。『密庵集』は寡聞未だ之あるを知らない。但し「密庵墓誌銘」に拠ると、亦四端と七情とを迥然別種な情と視、四端を以て理を主とし、殆ど純理の発とまで視做したことが知られる。即ち

奇高峰嘗為理気非二物之説、及聞退陶定論而後覚其謬。李文成主張高峰初説、作弁累千言。先生嘗極力排之、而学者猶往往中其説。公与一二同志反復弁難以為、兼言理気而致紛乱、無寧言理不言気、以自附於孟子道性善之義。因推本源頭而為之説曰、太極有動静、而陰陽分五行具。惟人也得其秀而最霊、太極之妙各具於其中。

根於性則為仁義礼智之徳、発於情則為惻隠羞悪辞遜是非之端、形於身則為耳目口鼻手足百骸之則、見於事則為君臣父子夫婦長幼朋友之倫。是其日用動静之間体用全具、莫非此一太極之為也。何関於気乎。曾子聞一貫者、聞此理也。漆雕開見大意者、見此理也。故凡言理必就気中剔撥出、知其不離於気、而未始相雑、然後庶乎其不差矣。

（奇高峰はかつて〝理気、二物にあらざる〟の説をなしたが、退渓の定論を聞くにおよび、その誤謬を自覚した。だが栗谷は高峰の初説を主張し、幾千言も論弁を弄した。葛庵はかつて極力それ（栗谷説）を排斥し、学者は往々その説を妥当であると評した。密庵公も一、二の同志と反復弁難して、〝栗谷説は理気を兼言してかえって紛乱をいたしている。むしろ理をいい気をいわず、それによって自ら孟子性善の義に附すほうがよいであろう〟と思い、かくしてその源頭を推本して以下の説をなした。それによれば、〝太極には動静があって、陰陽が分生し五行が具備する。ただ人は、その秀気を得てもっとも霊であり、太極の妙がそれぞれその中に具わっている。性にもとづけば仁義礼智の徳をなし、情に発すれば惻隠羞悪辞遜是非の端をなし、身にあらわれれば耳目口鼻手足百骸の則をなし、事にあらわれれば君臣父子夫婦長幼朋友の倫をなす。以上はみな、日用動静の間に体用がまったく具わり、この一太極の営為でないものはないことを示しており、どこにも気にかかわるところなどない。曾子が一貫を聞いたのは、この理を聞いたのであり、漆雕開が大意を見たのは、この理を見たのである。それゆえ、およそ理をいう場合、かならず気中から剔撥出し、それが気を離れず、いまだかつて相雑らないことを知って、そののち正しい命題を主張することができるであろう〟）

と述べである。密庵の四七説に於て特に注意を惹くべきは、其の太極の動静があって陰陽分れ五行具はると言って、理から気が生じ、理が気を待たずして発動することを肯定し、更に進むで気の作用を離れて、性即ち理の具現して四端となり五倫となり、又身体の行動の法則となることを主張し、終に所謂聖門伝授の心法なるものが理の端的を悟覚するに外ならざるを道破した所に在る。此に至りて気を抑へて理を揚げ、殆ど修養工夫より気を度外視せんとするに至ったことを見ることが出来る。

大山（李象靖）、小山（李光靖）兄弟は、密庵の学を承けて、更に之を光大にした。今伝はる所の嶺南学派の詩文集の当時の人々の什には、例として大山の序跋を受けてゐる。大山には『大山集』及び年譜、言行録があり、小山には『小山集』がある。大山は其の四一歳の時、「四端七情説」を作りて、綜合的には四七共に理気共発で、分析的には四七は相対して理発気発と区別して観なければならぬ。四七説の論弁、尚其の帰する所なきは、畢竟綜合説と分析説とを混淆し、綜合説に対して分析説を以て反対し、分析説に対して綜合説を以て反対するからであると弁じた。併し乍ら、二山の四七説の主とする所は、其の相対する所の二種の情で、七情中には決して四端が包含せられてゐないといふ所に在りて、同時に理が栗谷の言ふが如く、単なる形式たる無力無為の静止体ではなく、自身能く発動すると主張する所に在る。大山は

彼見理気之不離、而謂四端亦気発者、固見一而不知二。其弊也鶻圇無別。而其或専主分開、不相統一、至謂七情不可謂性発、則又見異而不知同。其弊也闊疎不情。

（彼は理気の不離を根拠として、四端もまた気発というが、それはもとより一をみて二を知らない。その弊害は理気の輪郭がはっきりしないところにある。あるいはもっぱら分開を主張して、相統一せず、七情は性発（理発）ということができないというにいたるが、それは異をみて同を知らない。その弊害は現実とかけはなれ事情にうといところにある）

といひ（大山集・巻三九・四端七情説）、同時に又

按朱子曰、動静非太極、而所以動静者太極也。又曰、太極只是理。理不可以動静言。理寓於気、不能無動静。此即栗谷所本之説也。然又嘗曰、理有動静、故気有動静。若理無動静、気何自而有動静乎。又曰、未動而能動者理也。蓋理是活物、雖乗気而為動静、而其発揮運用之妙、則乃其至神之用耳。故無為而為、非泯然無為也。不宰而宰、非冥然無宰也。

（按ずるに朱子は〝動静するのは太極でなく〟（朱子語類・巻九四）、〝動静するゆえんが太極である〟（朱子文集・巻四五・答楊子直）といい、また〝太極はただ理にすぎない。理は動静をもっていうことはできない。理は気に寓し、動静（の乗るところの機）がないことはない〟（朱子語類・巻九四）という。これが栗谷のもとづくところである。だが朱子はまた〝理に動静があるゆえ、気に動静がある。もし理に動静がなければ、気は何によって動静があるのか〟（朱子文集・巻五六・答鄭子上）といい、〝いまだ動かずしてよく動くものが理である〟（朱子語類・巻五）ともいう。けだし理は活物（生き物）である。気に乗って動静をなすけれども、その発揮運用の妙はまさに至神の用である。そのため為すことなく為すが、まったく無為ではない。また宰ることなく宰るが、まったく無宰ではない）

と言った（大山集・巻四〇・読聖学輯要）。

小山も全く同一主張であるが、其の「答地主尹侯光紹問目」（小山集・巻二）に、因みに当時一部嶺南学者の間に行はれた四端七情共に皆理より発すといふ説をも駁して、

執分開而謂七情之不可以理言者、固堕於一偏。楽渾全而謂七情之不可以属於気者、亦失於儱侗而無別也。此是義理原頭不容少差処。

（理気分開説をとって七情は理をもっていうべからずというのは、もとより一偏に堕しているが、また理気渾全説を楽しんで七情は気に属すべからずというのも、いまだ完成した理論ではなく、前説と大差ない。これが義理原頭の少

差も許さないところである）

と言った。

大山に学んだ南損斎（南漢朝）の著述は、尚未だ之を覧るに至らない。損斎の上足は即ち定斎柳致明であって、定斎は純祖憲宗頃大儒と称せられ、一時嶺南名士の碑銘多く其の手に出でた。葛庵の神道碑も彼之を撰し、又蔡樊巌（蔡済恭）の撰した大山の誌録に追識を加へた。定斎は余程工夫の徹底した定力の強い学者であった。定斎の四七説も勿論、大山の其を継承したのではあるが、彼は益々理にも動静あるといふ点を高調し、理の神用を力説し、理を宇宙の主体となし、更に進みて心の本体は理であって、気ではないといふ処まで説到りて、次の李寒洲（李震相）や郭俛宇（郭鍾錫）の唱道する所の心即理の法門の基を開いた。『定斎集』巻一九「理動静説」に曰く、

至大山先生為理気動静説而曰、理本搭於気、故謂之有動静也、而其本体之無為者自若也。実主於気、故謂之無動静也、而其至神之妙用、又未嘗或損也。是其為言、周徧精切、而理之有動静者、益可見也。如曰理無動静、則是特認為死灰無情之物、而気便無所自而為動静矣。大抵是理活物也。洋洋乎流動充満、無乎不在。是豈漠然無為者哉。故曰天道流行、発育万物。又曰一陰一陽之謂道。又曰太極動而生陽、静而生陰。夫其所謂道也太極也、即理之謂也。曰流行則非有静而無動也。曰陰之陽之、則非一於無為也。曰動而生陽、静而生陰、則又直言理之動静也。今於四端之発、独曰理不能自発也、発之者気也。是将曰天道非流行也、流行者陰陽也。非陰之陽之也、乃陰陽為之也。是不亦害理之甚乎。意見一差生出許多弊病、学者可不深念而屢省之哉。

（大山先生にいたって「理気動静説」を著し、〝理はもともと気に乗るゆえ、動静があるというが、その本体の無為自体はまったく変わらない。実に気を主とするゆえ、動静がないというが、至神の妙用はいまだかつて損じることは

ない〟という。その学説は周徧精切であって、理に動静があることはますます明らかである。かりに〝理に動静がない〟とすれば、理を死灰無情の物と認め、気をよるところなくして動静をなすとせざるをえない。だが理は活物であって、洋々乎として流動充満し、ないところがない。とすれば、理はどうして漠然として無為のものであろうか。それゆえ〝天道は流行して、万物を発育する〟（大学或問・経一章）といい、また〝一陰一陽する、これを道という〟（周易・繫辞上伝）といい、また〝太極は動いて陽を生じ、静かにして陰を生ずる〟（太極図説）という。そのいわゆる〝道〟は太極であって、すなわち理のことである。〝流行〟とは静があって動がないという意味ではなく、〝これを陰しこれを陽する〟とは無為を専らにするという意味ではない。〝動いて陽を生じ、静かにして陰を生ずる〟とはまた、ただちに理の動静を説明している。いま四端の発において〝理は自ら発することはできない。発するのは気である〟といえば、それは〝天道（理）は流行しない。流行するのは陰陽（気）である。理がこれを陰しこれを陽するのではない。陰陽がそれをなす〟というに等しい。これはまた理を害することの甚だしいものではなかろうか。意見が一差すれば許多の弊病を生出する。学者は深くこれを思いしばしば反省しなければならない）

と、是れ理自体にも自発的動静がありて、其の自発的動静から陰陽五行の気が生出し、理こそ宇宙の主体的実在なるを言ったのであるが、同様に人の心に在りても理が其の本体であって、一切の道学的修養、即ち学問の目的は、此の心の本体を全うして、此を実現するに在りと主張した。彼は巻一七「読書瑣語」大学の部に、

明徳以心之本体光明者言。心是合理気、明徳亦合理気。而謂之心、則真妄邪正皆挙之矣。謂之明徳、則指心上道理光明照澈処言。是皆合理気中主理者也。名言之際、亦有些用意不同処。

（明徳とは、心の本体の光明なもののことである。心は理気の合であり、明徳も理気の合であるが、心といえば、真妄邪正いずれも含み、明徳といえば、心上道理の光明照澈なところをさしている。すなわち理気の合中、理を主とす

るものが明徳にほかならない。名言に際して、いささか異なる意図があるというべきであろう）と述べた。此語は数十言ではあるが、能く徹底的主理学派の不二法門を打開し、李朝儒学史上光彩を放つ所のものである。

定斎に学び、兼ねて立斎鄭宗魯にも従遊した星州の凝窩李源祚には、『凝窩集』の著がある。併し凝窩は格別四七説に就いて議論を累ねず、至極澹泊に、従前諸学者の固執する説の畢竟理気相離れず相雑へず、一物にも非ずして又二物にも非ざるを、唯だ一辺から観て互に言語文字上に戯論するに過ぎずとなし、殊に嶺南の学風に遺憾の意を表して、「集古録」（凝窩集・巻一一）に、

畿湖学者、多由自得、故不無疵類。嶺中学者、惟事蹈襲、故全没精彩。与其蹈襲而無実見得、無寧自得而有些罅隙。驟見之循塗守轍、一遵程朱緒余、而細究之空言而已。施於人無随証投剤之益、存乎己無体貼心身之効。朞南冥与退渓先生書曰、近来学者、手不知灑掃之節、而口譚天理。其時尚然、況今日乎。為之警懼。

（畿湖学者は多く自得によるため、疵瑕があるが、嶺中学者はただ踏襲をこととするため、まったく精彩がない。踏襲して実見得がないよりは、自得して欠点があるほうがよくはなかろうか。しばしばみられるところによれば、嶺中学者はただ循塗守轍し、もっぱら程朱緒余にしたがい、空言を細究するのみである。人には病症にそって薬剤を投ずる利益もなく、己には心身を鍛える効果もない。かつて曺植は李滉先生に手紙を認めて、〝近頃の学者は、灑掃の節も知らないのに、口は天理を語ってやまない〞と誹ったが、当時もなおそうであり、まして今日はなおさらである。深く戒めなければならない）

と云った。凝窩は性理論にはあまりに価値を措かず、従ってあまり興味を持たなかったのである。然るに彼の侄にして従学門徒たる寒洲李震相に至りては、彼と全然正反対に卓越した性理学者で、嶺南学派の主理説をして其

の発達の頂点に到らしめた。従て凝窩は寒洲の学風に就いて、甚だ悦ばず、嘗て寒洲の心性論を観て此を批評し（凝窩集・巻一一・批震姪所著諸説・都把許多麤悪底気目為本心）、

今此為説、類聚言心、逐条論断、儘於大本上看得明、説得精。而主意所在、不容他説。往往捏合主張、過費気力、欠平鋪周遍之義、非徒言語文字之失而已。説得万心字、不如一刻求放。認得百理字、不如一事靠実。弁人心気之説之謬、不如養我心理之工之真。戒之哉。

（李震相はいま自説を立て、類聚して心をいい、条をおって論断した。みなよく大本を見通し、論説も精密である。だが主意のあるところ、まったく他説を容れないのみならず、つねづね主張を捏合し、過度に気力を費やしながら、平明な論調に欠け周遍な論理に欠ける。これはただ言語文字の失にとどまらない。心について万回も説くが、これは一刻、放心を求める（孟子・告子上）におよばない。理について百度も考えるが、これは一事、実によるにおよばない。人心気の説の誤りを弁じるが、これは正確かつ真剣に我心理を養うにおよばない。深く戒めるべきであろう）

と云った。故に寒洲は凝窩の学問を継承しつつも、其実寧ろ柳定斎の影響を受くることが多かったのである。李寒洲には『寒洲集』と『理学綜要』（一八九七刊）の二大著述がある。寒洲の研究法は朝鮮の学者には珍らしく批評的であって、自分の説を説出す前に支那朝鮮の先儒の説を系統的に叙述して、此に批評を加へてゐるのである。寒洲の伝心の上足は即ち俛宇郭鍾錫である。俛宇は併合以後、杜門不出、曾て経学院祭酒に除せられたが、辞して出なかった。慶南居昌に矯居して、学名嶺南を靡偃した。『俛宇集』は本集一六五巻、続集一二巻の厖大なものである。併し俛宇は師寒洲の学説を継承して、之を宣布したに過ぎない。

寒洲（李震相）の性理説は、（1）心即理と、（2）未発是性、已発是情、故に四端七情共に理発、四端七情の差は理が経気に乗ずると緯気に乗ずるに在り、の二則に拠りて立つのである。

心即理は定斎の既に其の意味を提唱したる如く、全く王陽明の用ひた意義の正反対で、畢竟心の本体は理であって気ではないから、直指本心すれば即ち、之を理と謂はざるを得ず、といふ思想である。寒州及び俛宇の考によれば、老論派の主張する性理説は皆主気説で、之を推窮むれば禅学王学に到るを免れない。彼等は心即気を執る者である。王陽明は気を認めて理となすが故に、老論派と同じ主張を持しながら、心即理と標語したのである。巻四一「読権清臺読書録」に

陽明之心即理、所以見斥於吾道者、以其所謂理者非吾之所謂理、而把気作理、大本不立。

（陽明の心即理が吾道に斥けられるゆえんは、そのいわゆる理は吾道のいう理でなくて、気を理としており、大本が立たないためである）

と述べた所以である。

朝鮮儒学史に於て主理派が其の発達を極むるや、結局主気派となして斥くる所の王陽明と同一標語を用ゐるに至ったのは、極めて興味の多い事と思ふ。寒洲は「主宰図説・附主宰説考証」（寒洲集・巻三九）に於て

按心之真体妙用固理也。而単言理、則気反在心外。故統言心者、多以兼理気為言。蓋心之主宰在理、運用在気。主宰之妙専、則気順理而助所宰、運用之功亦著。運用之勢重、則気掩理而反為主、主宰之妙不行。

（按ずるに心の真体妙用はもとより理である。だが理と単言すれば、気はかえって心外にある。それゆえ心を統言する者は多く理気を兼ねて言をなす。なぜならば、心の主宰は理にあり、運用は気にあるからである。主宰の妙が専らであれば、気は理にしたがって宰するところを助け、運用の功もまたあらわれる。だが運用の勢が重ければ、気は理を掩いかえって主となり、主宰の妙は行われない）

といふが、俛宇は『俛宇集』巻一二八「心性雑記」に

平説心者、只当曰兼理気。而直説心、則不妨曰心即理也。吾所謂理、非陽明之所謂真陰真陽、而直指其仁義礼智愛恭宜別之統於吾心者也。

（公平に心について論ずれば、ただ理気を兼ねるというべきであるが、ただちに心（の本質）を説いて、心即理といってもかまわないであろう。だがわれわれのいわゆる理は、陽明のいう真陰真陽とは違って、ただちに仁義礼智愛恭宜別の吾心に統べられるものをさしている）

といひ、更に是の無上法門の寒洲によりて開立せられしを言って、

何幸天相斯文。否極必泰。寒洲李先生出而溯孟程之遺緒、考朱退之正伝、著心即理之説、而弁陽明之謬見、破世儒之胡叫。以功論之、殆亦今世之程子也。

（何と幸いなことに天は斯文を助けんとしているかのようである。否がきわまればかならず泰であるが、李寒洲先生が出て孟程の遺緒まで溯り、朱退の正伝を考えて、心即理の説を著して、陽明の謬見を弁じ、世儒の戯言を破った。功をもって論じれば、先生はほとんどまた今世の程子にほかならない）

と極賛した。案ずるに老論の大家任憲晦『鼓山集』巻三「答金穉章」に云へるが如く、心即理の説は邵康節の「心為大極」と謂って心を以て太極即ち理となせるに源し、朱子の語類に「心之理是太極、心之動静是陰陽」とあるに則りたもので、意語共に新味あるを覚える。

次に性情説に於ては、性の発動即ち情で、四端七情共に性の発動即ち理の已発たるに於ては区別がないとなす。寒洲『理学綜要』「四七原委説」に

性是未発之理、情是已発之理。性発為情、只是一理。比如主出為客、只是一人。苟求性情之実相、則有理発而無気発。只縁此理本搭於気、此気本具於形、故形気易見而性理難著。惟察之精而守之一、然後実相昭著、

而形気反為之助矣。

（性は未発の理であって、情は已発の理である。性が発して情となっても、同じく理であることは変わらない。それは主人が出て客となってもただ一人であるのとまさに同じである。まことに性情の実相をもとめれば、理発はあるが気発はない。ただ理はもともと気に乗り、気はもともと形を具えるため、形気はみやすく性理はあらわれがたい。ただ精を察し一を守ったのち、実相は明らかにあらわれるが、形気はその助けをしたにすぎない）

故に当然の理路として、四端七情共に理が動かずして専ら気の動くに搭ずるが如く思ふは誤解で、実は理自体が先づ動いて、然る後気が理に由りて動くとせなければならぬ。『寒洲集』巻二五「答郭鳴遠鍾錫」の別紙に

上既言形上為主、則太極之有動静、乃太極之自動静也。今之言理不自動者、毎拘於動静之迹、謂無無気之時。然混沌之未開、人心之未発、同一機緘気不用事、則惟理而已。已屈之気不復為方生之気、則気之始生処、果非理之自動時乎。理無形而気有形、雖若理無動而気有動、然理之動非為気而動、気之動乃由理而動。此非理之自動而何。

（朱子「太極図説解」は〝動静者所乗之機也〟と説くに先だって、すでに形而上のことをいうを主とすれば、〝太極之有動静〟とは、太極自体に動静があるということである。いま理は自ら動かずというのは、つねに動静の迹にとらわれて、気なきの時はないというにすぎない。すなわち混沌がいまだ開かず、人心がいまだ発しないとき、同一の機が気を拘束して用事しない以上、動くのはただ理のみである。また已屈の気はふたたび方生の気にならなければ、気の始めて生じたところとは、まさに理の自ら動く時ではなかろうか。理は無形、気は有形である。理は無動、気は有動のようであるけれども、理の動くのは気のために動くのではなく、気の動くのは理によって動く。これは理が自ら動くではなくして何であろうか）

斯くて四端七情の差別の生ずる所以に至りて、寒洲は退渓の説を取りて、発時の重きに従て主とする所を別にして理発気発といふに外ならないとなすのである。詳言すれば、四端理発の場合には理が気に乗じて順発し、七情気発の場合には往々気が理を揜ふことがある。然らば則ち、何故に同一情にして理の順発する場合と揜はるる場合とあるか。此に経気緯気の説が案出せられた。『寒洲集』（巻四一）「読葛庵集」に曰く、

窃按天人之際、理自為主而気為之経緯錯綜。四端者、理之乗経気而直出者也。七情者、理之乗緯気而横貫者也。

（窃かに按ずるに、天人の際、理は自ら主となるが、気は経緯が錯綜してやまない。四端は理が経気に乗って直出するものであり、七情は理が緯気に乗って横貫するものである）

俛宇（郭鍾錫）は更に此説を詳細に絜説した。『俛宇集』巻一二八「四端十情経緯図并説」即ち是である。十情は悪、怒、忿、欲、懼、哀、憂、楽、喜、愛である。そこで四端十情共に性の已発であるが、四端は性の直発即ち経で、十情は性の旁生即ち緯であり、四端は主理で、十情は主気である。四端は理が経気即ち順気に乗じたもので、智の理、水の気に乗じて発して是非となり、義の理、金の気に乗じて発して羞悪となり、礼の理、火の気に乗じて発して辞譲となり、仁の理、木の気に乗じて発して惻隠となる［信の理、土の気に乗じて発して感となり思となる］。然るに十情に在りては、理の乗ずる所の気が複雑となりて、或は生気に乗じ、或は剋気に生ずる。生気に乗ずれば順情現はれ、剋気に乗ずれば逆情現はる。

智之仁之理乗水生木之気而発曰愛。仁之礼之理乗木生火之気而発曰喜。礼之信之理乗火生土之気而発曰楽。
信之義之理乗土生金之気而発曰憂。義之智之理乗金生水之気而発曰哀。礼之義之理乗火克金之気而発曰悪。
義之仁之理乗金克木之気而発曰怒。仁之信之理乗木克土之気而発曰忿。信之智之理乗土克水之気而発曰欲。

智之礼之理乗水克火之気而発曰懼。

（智の仁に之く理が、水の木を生ずる気に乗って発すれば、愛であり、仁の礼に之く理が、木の火を生ずる気に乗って発すれば、喜であり、礼の信に之く理が、火の土を生ずる気に乗って発すれば、楽であり、信の義に之く理が、土の金を生ずる気に乗って発すれば、憂であり、義の智に之く理が、金の水を生ずる気に乗って発すれば、哀である。礼の義に之く理が、火の金に克つ気に乗って発すれば、悪であり、義の仁に之く理が、金の木に克つ気に乗って発すれば、怒であり、仁の信に之く理が、木の土に克つ気に乗って発すれば、忿であり、信の智に之く理が、土の水に克つ気に乗って発すれば、欲であり、智の礼に之く理が、水の火に克つ気に乗って発すれば、懼である）

即ち四端十情何れも、理が主となりて気に乗じて発動するに外ならないが、経気に乗ずれば気絶対に理に順ふが故に、結果に観て単理の発となり、緯気に乗ずれば往々理に逆って動き気の力を示すが故に、之を気発と謂ふのである。然し乍ら是に至りて議論が頗る神秘的となり、漢儒の讖緯説に接近し、又気の情に於ける勢力が増大し、栗谷に接近するものあるは奇と謂はなければならない。

寒洲（李震相）は『理学綜要』に宋尤庵等老論派の学者の『朱子語類』に於ける輔漢卿の録せる四七理気発の語に誤録あるを疑ひしに対して、攷証的に一矢を酬いて、

按大全答輔漢卿書曰、所記鄙語、亦有小小差誤。再書曰、所録語儘有商量。三書曰、所録冊子看得一半、少未備者、頗為輔足、後便方寄去。書首言年垂七十。然則輔公所録、已経朱子勘正。此語如有未当、則便是大差誤、豈不删改耶。

（按ずるに『朱子大全』巻五九「答輔漢卿」第一書に〝記すところのわたしの語には、小さな差誤が残っている〟といい、再書に〝録するところの語についてはことごとく商量があるべきである〟といい、第三書に〝録するところの

冊子(3)については、半分ほどチェックした。いまだ具わらざるものには、すこぶる補足をくわえた。まもなく送ることができるであろう〟という。第三書の冒頭には〝年満七十〟とある。とすれば、輔漢卿の記録はすでに朱子の勘正を経たものと考えねばならない。この語句にもし不当なところがあれば、それは大差誤であって、删改しないことなどあるはずもないからである）

と言った。老論派の言論に向っては手痛き一矢でなければならぬ。

以上、退渓の修正四七説を祖述する嶺南学派の四七説を述べ終った。此に退渓の初の四七説、前に『聖学十図』「第六心統性情図説」に言った如く、退渓の本意と観るべき、本然之性が其儘気質を仮らずして発動して理発即ち四端となり、気質之性が理を離れて発動して気発即ち七情となるといふ説を奉ずる嶺南学者の四七説を叙述せんとする。此派も亦必ず相当数多かるべきを想像せらるるのであるが、今迄見得たる文献に在りては甚少きを遺憾とする。最明白に此を主張した人は権清臺である。

権清臺、名は相一。退渓の門人松巣権宇は彼の五代祖である。師承する所を伝へない。李密庵（李栽）、李大山（李象靖）等と同時代、英祖朝に活動した学者である。今『清臺集』一六巻附録二巻がある。清臺の理気説は集中、「観書録」に詳である。彼は先づ性其物に既に知覚の存することを肯定するのである。性に知覚が備はるが故に、其の知覚に依りて本性自体発動するは当然である。

朱子曰、大黄主瀉、附子主熱、云云。此是渠本性如此。而有性則自有知覚（清臺集・巻一五・観書録）。（朱子は〝大黄は瀉を主とし、附子は熱を主とする〟云々という（朱子語類・巻四）が、これはかの本性がそのようであることを示している。だが性があれば、自ずと知覚があるといわねばならない）

而して気質の亦知覚あるは言を俟たないのであるから、是に於て本然之性の発動して直遂する所の情と、気質之性の発動して成す所の情の二種が成立して、即ち四端七情を成すのである。故に四端は文字通りに理発で、七情は気発であらねばならぬ。故に曰く、

四端出於本然之性、七情出於気質之性。気若順理発皆中節、則哀似惻隠、怒似羞悪。然究其所従来、則其苗脈不同。以其相似而不能分明弁別、則認哀為惻隠、認怒為羞悪者多矣。此所謂認気為理、其病原於不分理気為一物看（清臺集・巻一五・観書録）。

（四端は本然の性に出、七情は気質の性に出る。気がもし理にしたがって発しみな節に中れば、哀は惻隠に似、怒は羞悪に似る。だがそのよりて来るところを究めれば、その苗脈は同じでない。両者の相似のため分明に弁別することができなければ、哀を認めて惻隠と誤り、怒を認めて羞悪と誤ることが多発するにちがいない。これがいわゆる気を認めて理となすであり、その誤謬の原因は理と気を分けず一物とみることに由来している）

清臺の説は極めて簡単明瞭である。併し乍ら本然之性が気質之性と離れて、文字通りに単独に発動するといふのは、性理学上許容せられ難き武断であらねばならぬ。併し当時同様の説を持する所の者、決して少くなかったことは、金聖鐸の『霽山集』（巻七）「擬与李而静守淵」に就いても見ることが出来る。霽山は従祖叔父適庵（金台重）の弟子で、適庵は葛庵（李玄逸）の弟子である。故に霽山は亦、大山の系統に属する学者である。是書は李而静の郷の儒学者達が本然之性を、気質之性を離れて具存するとなすを駁したものである。中に

貴郷君子、以敝郷回諭中、有所謂性者、以此理之堕在気質中而得名云者、謂悖於理、大加非斥曰、僉尊読書数十年、只会得気質之性耶。又曰、信斯言也、天地中間、従古至今、人生稟受之性、直是気為之主、而無所事於理矣。……夫自孔子而下至宋諸儒、莫不就気中指其所具之理、而謂之性。欲令人於其不相離処、見其不相雑而已。曷嘗有独言性而不言気者乎。亦曷嘗有謂本然之性離了気質而独存者乎。使貴郷君子観此諸聖賢之

説、亦将謂只会得気質之性耶。又将以此謂天地之間人生所稟之性、直気為之主、而無所事於理者耶。（貴郷の君子は、敝郷の返信中に、〝いわゆる性とは、理が気質の中に堕ちて名をえたものである〟とみえることをもって、理に悖るといい、大いに排斥をくわえて、〝一同は読書を数十年にわたって尊びながら、ただ気質の性をえたのみか〟と侮り、また〝この言（命題）を信じれば、天地の間、古今を通じて、人生稟受の性はただちに気がその主となるので、理をよく実践するところがない〟と誹ってやまない。……そもそも孔子より宋の諸儒まで、気中につ いてその具えるところの理をさして、それを性といわないものはない。そう説くのは理気の相離れざるところにおいて、理気の相雑じらざることを明らかにしようとするからである。それゆえ、かつて気のことをいわず、ただ性のみを主張した者などなく、またかつて本然の性が気質を離れて独立に存在すると主張した者もない。貴郷の君子がこれら諸聖賢の説を学べば、また〝ただ気質の性をえたのみか〟などと侮り、また〝天地の間、人が生まれて稟るところの性はただちに気がその主となるので、理をよく実践するところがない〟などと誹るであろうか）

と論じた。葛庵大山門派は此説に反対せざるを得ないのである。

第五章　畿湖学派の四七説

栗谷（李珥）歿後、其の学説は多く京畿忠清二道に行はれたから、之を畿湖学派と称して嶺南学派と区別する。栗谷は同調窮理の学友と道を問へる門徒に富むが、其の同調の中、前述牛渓成渾と亀峰宋翼弼は特に当時及び後世の儒学に影響を与へ、門徒の中、沙渓金長生と守夢鄭曄の二人は上足伝心と称せられてゐる。栗谷の学が其歿後、益々広く行はれ優に退渓の其と対抗するに至ったのは、是等四人の力与りて大と謂はなければならぬ。宋亀峰・成牛渓・金沙渓・鄭守夢、各亦門戸を樹てて弟子を取り、門徒振々、遂に栗谷の学説、西人の主張と合体して所謂党議となるに至った。

成牛渓（成渾）は栗谷の生存時、彼の如く四端、七情、道心、人心に付いて往復弁論し、終に未だ合流帰一を見なかったが、併し牛渓自身之に就いて語る所に拠ると、彼も栗谷の歿後に至りては自説の非を悟りて、栗谷の説に従ったと見なければならぬ。例へば宣祖一七年甲申（一五八四）正月、栗谷の卒するや、牛渓は之を哭して慟し且つ弔して曰く、

栗谷於道、洞見大原。其所謂人心之発無二原、理気不可謂互発等語、皆実見得誠。山河間気、三代上人物。真是吾師。天奪之速不能有為於斯世、痛矣夫（栗谷全書・巻三四・年譜下）。

（栗谷先生は道体について、大原を洞見した。その〝人心の発に二原なし〟や〝理気、互発と謂うべからず〟などは、みな実見得誠の説ということができるであろう。先生はまさに朝鮮山河の特別な気をうけて生まれた偉人、三代上人物であって、真に吾師である。天はその命を速やかに奪い、斯世に偉業をなすことができないようにした。実に痛ましい）

又「年譜草稿」に牛渓が栗谷の子景臨に語れるに、

栗谷儘是五百年間気也。余少時講論、自以為朋友相抗。到老思之、則真我師也。啓我者甚多。忌日行素、昔不為而今始也（栗谷全書・巻三八・諸家記述雑録）。

（栗谷先生は実に五〇〇年に一度の偉人である。わたしは若いころ先生と講論し、自ら朋友として対等に接した。老にいたって思えば、先生は真の我師である。啓発をたまわったところがはなはだ多い。忌日に葬礼を行うことは、昔

日はしなかったが最近はそうではない）

とある。栗門・牛門の門徒が師の歿後、合流して西人となれるに観ても、二氏の学説、終に合せざりしとは考へることが出来ない。私も亦牛渓は四七理気の説に在りて其の晩年定論終に栗谷に合したと観るのである。

宋亀峰（宋翼弼）は奇禍に因りて一生坎軻流離に終ったが、一個の奇才であって、独り道学に於て所達高朗なりしのみならず、詩に於ては遥に栗谷を凌駕し、李朝有数の作家である。亀峰は栗谷の同調にして、又少からず学的に及び政治的に栗谷に影響を与へた者であった。栗谷も亀峰に対しては、默して其説を聴く関係に在った。亀峰の四七理気説は、『亀峰集』（巻三）「太極問」、（巻四）「玄縄編」に収められてある。其の説全く栗谷と契合してゐる。

「玄縄編」の「答公沢問」に

来示四端発於理、七情発於気之説、甚未穏。四端七情、何莫非理気之発。但偏言則四端、全言則七情。四端重向理一辺而偏言者也。七情兼挙理気而全言者也。

（来示された四端は理に発し、七情は気に発するの説は、はなはだいまだ穏当ではない。四端も七情も、結局のところ理と気の共発でないものはない。ただ偏言すれば四端であり、全言すれば七情である。四端は理に向かう一辺を重んじて偏言したものであり、七情は兼ねて理気をあげて全言したものにすぎない）

と言って、七情が四端を包含して共に理と気の共発に非ざるなきを説き、更に絜説して、

夫未動是性、已動是情而、包未動已動者為心。心所以統性情也。譬之水。心猶水也、性水之静也、情水之動也。四端単挙其流也、七情並言其波也。水不能無流、而亦不可無波。波之在平地而波之溶溶者、波之得其正也。波之遇沙石而波之洶洶者、波之不得其正也。雖然、豈以溶溶者為波、而洶洶者不為波哉。故曰情有善不

善也。夫引平地溶溶之波而返走沙石者、意也。引沙石洶洶之波而還走平地者、亦意也。是以聖人之情、無沙石洶洶之時。顔子之情、雖或洶洶、於三月之後、而能使洶洶者溶溶焉。常人之情、一洶洶一溶溶、而可使為洶洶、可使為溶溶。盗跖之情、既在沙石、又引沙石、洶洶焉、無溶溶之少間。然而四端之流、無時或息。情之無不善云者、拈出四端也。情之有善不善云者、統言七情也（亀峰集・巻四・玄縄編・答叔献書別紙）。

（そもそも未動が性、已動が情であって、未動已動を包むのが心である。すなわち心は性情を統べるゆえんにほかならない。性・情・心を水に譬えれば、心は水にあたり、性は水の静、情は水の動にあたるであろう。そのとき、四端はその流れのみをさし、七情はならびにその波も含んでいる。水はつねに流れがあり、波がないことはないが、波が平地にあって溶溶と流れるのは、波がその正をえたからであり、波が沙石に遇って洶洶と流れるのは、波がその正をえなかったからである。だからといって、溶々と流れるのは波であるが、洶々と流れるのは波でない、などとすることはできない。それゆえ、〝情には善と不善がある〟というのである。むろん平地溶々の波を引いて沙石に導くのは意であるが、逆に沙石洶々の波を引いて平地に返すのもまた意である。かくして聖人の情は、沙石洶々の時がない。顔子の情は、一時的に洶々であっても、三月後には、よく洶々を変じて溶々とする。常人の情は、洶々と溶々が混在し、洶々とすることもでき、溶々とすることもできる。盗跖の情は、すでに沙石にあるだけでなく、また他人を沙石に導き、まったく洶々であって、溶々のわずかな余地もない。だが四端の流れは、片時も止むことがない。あの〝情に不善なし〟とは四端を剔りだした命題であり、〝情に善不善あり〟とは七情を統言した命題ということができるであろう）

即ち四端は七情の中に就き、其の善にして悪となることなき部分を取出して、此を称したに過ぎないとなすものである。

栗谷・牛渓・亀峰三氏の門に受教した所の畿湖西人の学者の四七理気説が、嶺南学派と相合はざるに至るは、勢の免れざる所である。栗谷の伝心にして、其門下に子慎独斎（金集）を始め、宋尤庵（宋時烈）・宋同春堂（宋浚吉）を出した金沙渓（金長生）は、初めに宋亀峰に従て『四書』『近思録』等を受け、長ずるに及び栗谷に師事して、道学の蘊奥を承聞したのである。沙渓は其性魯であるが、専精窮思、孜々として分毫を積み、遂に一代の賢者と称せらるるに至った。彼の時代となりては、西人と東人との政争益々昂じて、学者大官殆んど其の渦中に投ぜざるはない程の勢となった。従って沙渓も党派心に於ては、遥に師栗谷に比し強烈となったのも已むを得ない。既に彼の時代となりては、学派と政派と抱合して、西人は殆んど皆栗谷の学説を奉ずる状況となった。彼も遠慮なく指摘して栗谷に左袒し、栗谷を以て朱子の正統を継承するものとなした。例へば『大学』の「物格」「知至」の解釈、『中庸』「戒懼」「慎独」の解釈、及び四七理気説の如き、即ち其の大骨頭であって、就中四七理気説を最重要最根本となすは勿論である。

沙渓（金長生）の四七説は、『沙渓遺稿』巻三「答金巘」、巻五「四端七情弁示韓士仰」と宋尤庵の撰に係る「沙渓金先生行状」に詳しく見えてゐる。沙渓は全く栗谷の説を奉じ、四端七情皆心の用にして、七情の外更に四端なく、四端は乃ち七情の中に在りとなすのである。「四端七情弁」に曰く、

夫五性之外無他性、七情之外無他情。孟子於七情中剔出善情、目為四端、非七情之外別有四端也。善悪之端、夫孰非情乎。其悪者本非悪、只是掩於形気有過不及而為悪。故程子曰、善悪皆天理。朱子曰、因天理而有人欲。四端七情果是二情、而理気果可互発乎。夫以四端七情為二情者、於理気有所未透故也。

（そもそも五性の外に他性はなく、七情の外に他情はない。孟子は七情中から善情を剔出して、四端と名づけたが、七情の外に別に四端があったわけではない。善悪の端であれば、情でないものがあろうか。また悪情のばあいも、も

ともと悪ではなく、ただ形気に掩われ過不及があって悪になったにすぎない。それゆえ、程子は〝善も悪もみな天理である〟（二程遺書・巻二上）といい、朱子は〝天理によって人欲がある〟（朱子文集・巻四〇・答何叔京）というのである。四端七情は二情であるはずがなく、理気は互発などできるはずもない。四端七情を二情とするのは、理気についていまだ透徹しないところがあるためであろう）

人心道心と四端七情との関係に在りても、亦師説を襲ひ、七情を以て人心道心を兼ぬとなす（沙渓遺稿・巻五・四端七情弁示韓士仰）。

夫七情揔合人心道心、是兼理気而言也。語類七情気発之説、是主気而言也。栗谷之疑為誤録、良以此也。栗谷之言、無所不可、有何齟齬。……栗谷所謂七情中有人心道心之説者、無可疑。曾思論人之情、只言七情、不言四端者、七情中自有道心。至於孟子、始言四端、子思以前、不言道心一辺。然則子思不知有道心乎。七情指其発於形気者、則謂之人心。指其発於義理者、則謂之道心。栗谷之所謂兼理気而言、非主気而言者、正謂此也。

（そもそも七情とは人心と道心を総合したもの（概念）であり、理と気を兼ねていう。一方、『朱子語類』巻五三に〝七情是気之発〟とあるのは、気を主としたもの（概念）にすぎない。栗谷が誤録かと疑ったのは、そのためである。栗谷の言には、不可とすべきところがない。朱子説とも齟齬しないであろう。……栗谷のいわゆる〝七情中に人心道心あり〟の説には、疑うべきところはない。曾子と子思（すなわち中庸・第一章）が人の情を論じて、ただ七情をいい、四端をいわないのは、七情中に自ずから道心があるからである。孟子になって始めて四端に言及すれば、子思以前にあっては、道心一辺をいわなかったにちがいない。とすれば、子思は道心の存在を知らなかった、などいうことができようか。七情はその形気に発するものをさすため、人心という。その義理に発するものをさせば、道心という。

栗谷のいわゆる〝理気を兼ねていい、気を主としていったのではない〟とは、まさにこの意味である）

宋尤庵の撰した「沙渓金先生行状」にも、

嘗謂学者曰、理気混融、元不相離。権陽村近以為両辺出。退渓李先生滉以為互発。皆見有未透、而失之二岐也。栗谷先生曰、発之者気也。所以発者理也。理者太極也。気者陰陽也。今曰太極与陰陽互動、則不成説話矣。太極陰陽不能互動、則謂理気為互発者、豈不謬哉。此言雖聖人復起、而不能易者也。

（沙渓先生はかつて学生たちにいわれた。すなわち、理気は混融し、もともと相離れざるものである。権近は両辺出を主張し、退渓先生は理気互発をいうが、これらはいずれも考察にいまだ透徹しないところがあって、二岐に失している。栗谷先生が〝発する主体が気であり、発するゆえんが理である。理は太極であり、気は陰陽である〟というのが正しく、いま〝太極と陰陽は互動する〟などというのは、まったく話にもならない。太極陰陽は互動することができない以上、理気をいって互発とするのは誤りとしなければならないであろう、と。先生のこの言は、聖人がふたたび現れようとも、変えることのできないものである）

守夢鄭曄も亦沙渓と同じく、初に宋亀峰に就きて学び、既にして栗谷に従て聖学の要を聴いた。彼の著は『守夢集』の外、『近思録釈疑』があって、其の窮理の深きを証してゐる。守夢の四七論も亦栗谷を祖述して、全く沙渓と異なる所を見ない。『守夢集』巻八に「答韓鳴吉書」及び「答申子方書」がある。共に四端七情を絜説した応答の書である。「答韓鳴吉書」に、先づ栗谷の所謂理気共発といふ意味に於て、理は已発の後に在りても猶一切の心作用を貫通して、気に裏附けて其々の条理となって居るのであることを挙げて、

凡発之者気也、所以発者理也。而所以発之理、未嘗不貫通流行於已発之中。此栗谷之意也。非以理気分前後、而已発之後則理不相管云云也。

（およそ発する主体が気であり、発するゆえんの理は、いまだかつて已発の中を貫通流行しないことはない。これが栗谷の意である。理気を前後にわけて、已発の後は理は相管せず云々というのではない）

と云い、進んで七情が四端を含むを説いて、

子思所謂喜怒哀楽、揔七情而言之也。孟子所謂四端、就七情中指其善一辺而言之也。離四端而語七情、則非子思孟子之本意也。

（子思のいう喜怒哀楽は、七情を総じたものであり、孟子のいう四端は、七情中その善一辺をさしたものである。四端を離れて七情を語るのは、子思孟子の本意ではない）

と云った。

金沙渓（金長生）の子に慎独斎金集あり。家学を承けて益々門戸を光大にし、沙渓に従学した門徒等も、多く沙渓の歿後、彼に就いて学んだ。同春堂宋浚吉・尤庵宋時烈等は、其の中の最傑出した者である。同春堂と尤庵とは同族で、同春堂は宋愉の七世の孫、尤庵は八世の孫である。所謂同心一体の学者的政治家である。同春堂は尤庵に先つこと一七年、顕宗の一三年壬子（一六七二）に歿し、尤庵は粛宗の一五年己巳（一六八九）に薬を賜はり死した。故に『同春堂別集』の「同春堂遺事」は尤庵之を撰した。慎独斎は家学を承けて最も礼に詳しかったが、理気性情の説に就いては其の集中多く述ぶる所がない。併し四端七情に関しては、父にして師たる沙渓と異なる所なしと観做して差支あるまいと思はれる。宋同春堂の四七説は『同春堂別集』の「経筵日記」に略ぼ之を悉してあるが、此亦た偏へに栗谷・沙渓の説を踏襲して、何等新味がない。孝宗九年戊戌（一六五八）一二月一七日、同春堂と尤庵とは孝宗の経筵に侍して、『孟子』を講じ四端を説明した。尤庵は先づ四端七情に就いて、退渓・栗谷二宗師の間学説の合せざるを挙げて曰く、

時烈曰、四端七情、李滉則以為四端主理、七情主気。李珥則以為理気咸包於四端七情矣。

（時烈はいった。〝四端七情のばあい、李滉は四端は理を主とし、七情は気を主とすると考えたが、李珥は理気は同様に四端七情を包むと考えた〟と）

同春堂之に続いて栗谷の為に弁じて、

浚吉曰、李滉之論、本於権近、而有気発理乗、理発気随之語。故李珥作書以弁之。

（浚吉はいった。〝李滉の論は権近にもとづき、〝気発理乗、理発気随〟の語がある。それゆえ李珥は書を著してそれを弁じた〟と）

と言った。孝宗は之に牽込まれて「分言理気、何也」と問はれた。是に於て同春堂は栗谷の理気互発すべからざるの説を述べて、退渓の説を排した。

浚吉曰、李珥以李滉之言為未安者此也。四端只是拈出七情之善一辺而言。不可分両辺相対説。若論気発而理乗之、則不但七情而四端亦然。大抵人心必有感而後発。発之者気也、所以発者理也。無先後無離合。不可道互発也。

（浚吉はいった。〝李珥が李滉の言のいまだ安からずとするところがそこである。四端はただ七情から善一辺を拈出して名づけたものであって、両辺にわけ相対して説くことはできない。仮に気が発して理がそれに乗るといえば、ただ七情がそうであるのみならず四端もまたそうである。大抵人心とはかならず外物に感じたのちに発するものであるが、発する主体が気であり、発するゆえんが理である。理気には先後がなく離合もない。互発ということができないゆえんである〟と）

更に最後に尤庵之を綜括して李栗谷の為に弁じて、

時烈曰、理気元不相離。故李珥以分而言之為未安也。（時烈はいった。〝理気はもともと相離れることがない。それゆえ李珥は分理気の考察をいまだ安からずとしたのである〟と）

と云った。此の経筵講義によりても証せらるるが如く、李朝中世以後党論の熾となるや、政党の学説や政論は容易に講官の口舌を通して直接に国王に向って宣伝せらるることとなったのである。斯くて遂に国王其人まで知らず識らず、事実上党派に入籍するを免れないのである。

畿湖学派の四七説は同春堂までは格別の変化もなく、栗谷の説を踏襲反覆するに過ぎなかったが、尤庵に至りて、其の絶倫なる精力を発揮して、益々反対説を駁論して余地を残さざらんとするに至った。

東西両党の争は、栗谷の晩年調停の企てが失敗して、栗谷も其の心交牛渓も東人から激烈に攻撃せられ、西人の失脚となり、次で鄭松江（鄭澈）等が切歯扼腕して、鄭汝立等の大獄を煉成して一時勢を挽回し、斯くて血を以て闘争するに至って、学者賢相も勢ひ党派感情露骨となり、過激とならざるを得ざるに至った。李退渓其人李栗谷其人は決して一党一派に偏僻した人では勿論なかったのであるが、其の門徒が東西の中堅を構成し、居常各々先師の言を挙げて以て其の主張の所拠を明かにしたが為に、既に沙渓の頃となりては西人派は随分無遠慮に退渓の学問を批評し、退渓の学説を論駁してゐる。是の如きは決して栗谷其人の本意ではないことは勿論である。例へば尤庵の『宋子大全』「附録」（巻一四）「語録・李喜朝録」に尤庵の言に、

先生曰、慎斎嘗以牛渓学問為勝於退渓矣。趙重峰以我朝圃隠栗谷為真儒、余不入焉。慎斎嘗亦以退牛為未尽矣。

（尤庵先生はいった。〝金集はかつて成渾の学問をもって李滉に勝ると考え、趙憲は我朝の鄭夢周と李珥を真儒とし、

それ以外をそれに数えなかった。金集はかつてまた李滉と成渾をいまだ尽くさずとしたことがある〟と）と言って、退溪の学問の識見到達、牛溪に及ばずと愼独斎が評したと録してゐる。蓋し此は退溪が四七理気説に在りて、終に其の主張を改めざりしに、牛溪は後に至りて栗谷の説に合流するに至ったを指してゐるのである。

併し乍ら苟も公平に両者を批評する者は、愼独斎の此の評の党人的偏見に没頭して、学的批判の公平を失喪せるものなるを認めない人はあるまい。併し乍ら沙溪・愼独斎・尤庵となるに至っては、既に斯の如きは党人学者の一般性となり了って、誰も之を怪まざるに至った。而して南人等が之に対抗して、退溪を極尊して栗谷尤庵等を抑へるは、亦論を待たない。斯くて李朝儒学史も尤庵に至りては、党人の偏見を以て学説を立て学説を攻撃するが故に、退溪の当年に視らるるが如き、純情学者の純粋学的主張に接し難きに至ったのは、吾人の遺憾に堪へない所である。

宋尤庵（宋時烈）は沙溪の伝心上足で、政派に在りては老論党の開祖である。非常な気力精力を以て一生党論に健闘し、初は南人と接戦して之に勝ち、中頃同じ西人なる少論と戦ひ傷き、終に南人の為に斃れた。彼は実に間世の豪傑儒である。味方となっては以て万里の城に比すべく、敵となっては必ず彼斃るるか我斃るるかまで行く所の妥協性絶無の闘士である。彼の人となりの一端を想像するに足る物凄い記事が『宋子大全』「附録」（巻一六）「語録・金鎮玉録」に載ってゐる。

曾拝尤翁於新門外旅舍。日已昏黒、不弁某某人在座。尤翁方倚枕而臥、亦不能弁。其時適有日変。座中一後生曰、先生雖以日変為深憂、而或者以為日変則天下共之、非我所可独憂。此言似然矣。尤翁奮然起坐曰、此必鑛積之余論。子欲為安石不足畏之説乎。語時眼光如電、唇歯顔色皆分明、而至於所被之青色薦衣、座中諸人之為某某、皆可弁可見。間気人精神、自与凡人異也。

（わたしはかつて尤庵先生を新門外の旅舎に拝したことがある。日はすでに傾いて薄暗く、だれが座にあるかも定かではなく、また尤庵先生が枕にもたれて横臥されるのも、はっきりとはわからなかった。そのとき偶然、日食がおきた。座中の一後生が〝先生は日変を深く憂えられるが、或説には日変は天下の共有するところであり、われらのみが憂うべきところではないという。その説は正しいのではなかろうか〟というと、尤庵先生は奮然として起坐され、〝これはまさに南人の尹鑴・許積の余論にほかならない。貴君は王安石は畏るに足らずの説をなそうとするのか〟といわれた。語るとき尤庵先生の様子といえば、（オーラを身外に発し）眼光はいなずまのごとく、唇歯顔色は生気に満ち満ちている。着衣の青色鷹衣や座中諸人がだれかにいたるまで、みな弁別することも不可能ではない。偉人の精神は自ずから凡人とは異なっているようである）

闘に健に闘に強き者は、終に闘に斃るるに至った。尤庵の四七論は南人の党議を打破するの精神をも加へて、頗る徹底的に破邪的である。

先づ尤庵は大体論として、退渓の理気互発を否定して、栗谷の一切心作用は皆「発之者気、所以発者理」の原則に帰一するとなす説を以て真理となした。『宋子大全』巻一三〇「朱子言論同異攷」に、

栗谷曰、四端亦気発而理乗之。退渓謂四端理発而気随之、七情気発而理乗之。殊不知四端七情、皆気発而理乗之之妙也。又曰、退渓理発而気随之、此一句大誤。理是無情意運用造作之物。理在気中、故気能運用作為而理亦賦焉。観於中庸首章章句可見矣。又曰、退渓理発気随之誤、以太極説観之、則尤暁然。聞太極乗陰陽而流行、未聞陰陽乗太極而行也。故朱子曰、太極者本然之妙也。動静者所乗之機也。動静即陰陽也。

（栗谷はいった。〝四端も七情も同じく、気が発して理がそれに乗る。退渓は、四端は理が発して気がそれに随い、七情は気が発して理がそれに乗るというが、四端も七情も気が発して理がそれに乗ることの妙についてまったく知ら

ない〟と。また〝退渓のいわゆる理が発して気がそれに随うの一句は、大いに誤っている。理は情意運用造作のない物である。理は気中にあるゆえ、気がよく運用作為して理もまたこれに賦す。このことは『中庸』第一章の章句をみれば明らかであろう〟と。また〝退渓の理発気随説の誤謬は、太極説からみれば、もっともわかりやすい。太極は陰陽に乗って流行するとはいうが、陰陽は太極に乗って行くとはいわない。朱子が、太極は本然の妙であり、動静は乗ずるところの機であり、動静はただちに陰陽であるという(性理大全・巻一・太極図説解)ゆえんである〟と)

尤庵が栗谷を以て理気の正解を得たりとなす理由は、前章栗谷の説と異る所はないのである。そこで此に大なる障碍となる所のものは、即ち『朱子語類』(巻五三)中の「四端是理之発、七情是気之発」の二句である。一体、尤庵は朱子を以て殆ど聖人の地位に達したとなし、満腔子只是朱子尊信の念で、朱子の言行に就ては之を尊ぶこと神明の如く、自己の一切の主張は其の政治たると道学たるとを問はず、一々朱子を引いて以て其の根拠を示してゐる。従て尤庵の如く朱子の詩文言行に精通し、よく之を記憶して居る所の学者は、宣祖朝の柳希春の外其人あるまいと思はれる。柳希春は実に朱子を以て生知の大聖となした人である。其の朱子の語に退渓の説を的説したもののあることは、尤庵にとりて甚だ苦痛であり邪魔物である。是に於て彼は此を動機として、即ち朱子の四七説の定論は理気互発ではない、輔漢卿の記録は単に一時の誤録に外ならぬことを証明する為に、朱子言論の同異を攷証する事業を思立ち、朱子の一切の著述に就いて精密に査覈して、同一事物同一術語に対して時代により観念解釈を異にする。従て語に偶発と定説、一時と雅言のある事実を窮明したのである。

本事業は彼の一生に猶完成せられず、之を当時尚若かりし韓南塘(韓元震)に附託し、南塘終に英祖一七年辛酉(一七四一)に之を完成した。前後費やす所五〇年、実に朝鮮儒学史に於ける誇るべき業績の一つである。是事を尤庵は「朱子言論同異攷」に述べて曰く、

語類論大学正心章、問意与情如何。曰、欲為這事是意、能為這事是情。此与先生前後議論全然不同。蓋喜怒哀楽闖然発出者是情、是最初由性而発者。意是於喜怒哀楽発出後因以計較商量者。先生前後論此不翅丁寧、而於此相反如此。必是記者之誤也。大抵語類如此等処甚多、不可不審問而明弁之也。理気説退渓与高峰、栗谷与牛渓反覆論弁、不可勝記。退渓所主只是朱子所謂四端理之発、七情気之発。栗谷解之曰、四端純善而不雑於気、故謂之理之発。七情或雑於不善、故謂之気之発。然於七情中如舜之喜、文王之怒、豈非純善乎。大抵礼記及子思統言七情。是七情皆出於性者也、性即理也。其出於性也、皆気発而理乗之。孟子於七情中、摭出純善者、謂之四端。今乃因朱子説而分四端七情、以為理之発気之発、安知朱子之説或出於記者之誤也。

（『朱子語類』巻一六は『大学』正心章（伝七章）を論じて〝意と情はどうか〟と問い、〝この事をなそうとするのが意であり、この事をよくなすのが情である〟という。だがこれは先生前後に議論されているところとまったく同じでない。なぜなら、喜怒哀楽の突然発出したのが情であって、情は最初に性によって発するものである。一方、意は喜怒哀楽が発出したのち、それによって計較商量するもののことである。先生は前後これを丁寧に論じられただけではないが、この解釈は完全に矛盾している。かならずや記者の誤りと考えざるをえない。総じて『朱子語類』には、かくのごときところがはなはだ多い。審問し明弁しないわけにはいかないゆえんである。理気説は退渓と高峰、栗谷と牛渓が反覆論弁したが、すべてを記すことはできない。退渓の主張するところは、ただ朱子のいわゆる四端は理の発、七情は気の発である。栗谷はこれにたいして、〝四端は純善であって気を雑えないゆえ、理の発という。七情はあるいは不善を雑えるゆえ、気の発という〟と解釈する。だが七情中、舜の喜や文王の怒のごときは、純善ではないだろうか。そうだとすれば、およそ『礼記』や『中庸』が七情を統言するのは、七情がすべて性から出たものであるからであろう。性はただちに理であれば、その性から出るとは、すなわち気が発して理がそれに乗ることを意味するにちがいない。一方、『孟子』は七情中から純善なものを摭出して、四端と命名する。いま朱子説によって四端七情をわけて理の発、気の発と主張する者がいるが、それは朱子の説があるいは記者の誤りに出たかもしれないことを知らないのであろう）

宋尤庵の朱子言論同異の攷証、韓南塘に至りて完成するや、南塘乃ち此の四七理気互発の記者の誤録なること断じて疑なしとし、得意に高調力説して曰く（巻二・情）、

先生以四端七情分属理気之発者只一見、而以情或属心、或属性不分於心性者、乃其雅言也。其一見者或是記録之誤、或是一時之見、而其雅言者、可知其為平生之定論也。

孟子四端章、広録曰、四端是理之発、七情是気之発。問看得来如喜怒哀悪欲、却似近仁義、曰固有相似処。

按、四七分属理気之発、固已非実理。又以七情謂非仁義之発、而只曰近似、尤是可駭。皆与先生平日所雅言者不同。可見全段是誤録。

（先生［朱子］が四端七情を理気の発に分属したのは、ただ（『朱子語類』巻五三・孟子四端章に）一見するものにすぎない。だが情をもってあるいは心に分属し［孟子集註・元亨利貞説］あるいは性に分属して［中庸章句、孟子集註］心性をわけないのは、その雅言（日常の発言）である。一見の命題は、記録の誤か一時の見であろうが、その雅言は、平生の定論たることは間違いない。

『朱子語類』巻五三の孟子四端章は、輔広（字漢卿）が記録して、〝四端は理の発、七情は気の発について。七情の喜怒哀悪欲のごときは、かえって仁義に近くみられませんかと問うたところ、もとより相似るところがあると答えられた〟という。

［南塘］按ずるに、四端と七情を理発と気発に分属するのは、当然ながら実理の命題ではない。また朱子は七情が仁

義の発でないとしながら、ただ〝近似する〟といわれたわけであるが、これはもっとも驚くべきところであって、先生が平日雅言されるところと完全に齟齬している。全段これ誤録たることは間違いないであろう）

次に尤庵は栗谷の説を更に一歩論理的に進めて、四端の純善であるといふ栗谷説に訂正を加へて、四端にも時に節に中ると中らぬ、即ち善と不善とあるとなした。同じく「朱子言論同異攷」（宋子大全・巻一三〇）に於て、

愚於此別有所疑而不敢言矣。退渓高峰、栗谷牛渓、皆以四端為純善。朱子以為四端亦有不善者。未知四先生皆未見此説乎。夫四端何以亦有不善乎。四端亦気発而理乗之故也。発之之時、其気清明、則理亦純善。其気紛雑、則理亦為之所揜而然也。此説愚於進御心経講録、敢忘僭易之罪而弁訂焉。厥後聞有大言斥之者、不勝惶恐。

（わたしには別に、疑いながら思いきっていうことのできないところがある。李滉と奇大升、また李珥と成渾も、みな四端を純善とすることである。だが朱子は四端にもまた不善があるという。四先生はいまだこの説をみなかったのであろうか。不善があるのは、四端もまた気が発して理がそれに乗るからである。気が発するとき、気が清明であれば理も純善であるが、気が紛雑すれば理もその揜うところとなって変化せざるをえない。愚説は『心経講録』を進御したとき、あえて僭易の罪を忘れて弁訂した。将来、大言で排斥する者があるを聞いても、すべてに恐れかしこまりはしない）

と述べた。『心経講録』は今見るを得ないが、尤庵の謂ふ所の旨は充分此の語に由りて知ることが出来る。即ち四端も七情と等しく是れ情であって、気発して理之に乗ずるものとすれば、気は聖人ならざる限、時ありてか清明を失ふことがあるから、其の場合には理の直遂を妨げ、これで或は節に中らない事になるといふのである。此は四端が理の発で、仁義礼智の本然之性が自体動いて其の儘発して出で来るといふ説を否定すれば、当然論理的

に此処に進み到らねばならぬ所のものである。

但し是説は決して尤庵始めて之を唱道するに非らず、既に前に奇高峰の退渓に与ふる第二書（両先生四七理気往復書・高峰答退渓論四端七情書）に、

夫以四端之情為発於理而無不善者、本因孟子所指而言之也。若泛就情上細論之、則四端之発亦有不中節者、固不可皆謂之善也。有如尋常人、或有羞悪其所不当羞悪者、亦有是非其所不当是非者。

（そもそも四端の情は理に発して不善がないとするのは、もともと孟子のさすところによっていうものである。だがひろく情上についてこまかく論ずれば、四端の発にも節に中らないものがあって、例外なく善と考えることはできない。たとえば尋常の人が、羞悪すべからざるところを羞悪することがあり、また是非すべからざるところを是非することがあるのが、それである）

と言ひ、其の理由として

蓋理在気中、乗気以発見。理弱気強、管摂他不得。其流行之際、固宜有如此者。烏可以為情無有不善、又烏可以為四端無不善耶。

（けだし理は気中にあって、気に乗って発現するが、理が弱く気が強いとき、理は気を管摂することができない。流行の際、当然かくのごときことがある。とすれば、情に不善がないとすることもできず、また四端に不善がないとすることもできないであろう）

と述べてゐるのである。是に対して勿論、退渓は肯定せず之に酬いて（退渓集・巻一六・答奇明彦論四端七情第二書・後論）、

四端亦有不中節之論、雖甚新、然亦非孟子本旨也。孟子之意、但指其粋然従仁義礼智上発出底説来、以見性

本善、故情亦善之意而已。今必欲舍此正当底本旨、而拕拽下来、就尋常人情発不中節処滾合説去。夫人羞悪其所不当羞悪、是非其所不当是非、皆其気昏使然、何可指此儳説以乱於四端粋然天理之発乎。（四端にも節に中らざることがあるという学兄の論は、はなはだ斬新であるけれども、孟子の本旨ではない。孟子の意は、ただ粋然として仁義礼智上より発出するものをさしていい、それを根拠として性はもともと善であるゆえ、情もまた善であることを示すにすぎない。いま学兄はかならずこの正当なる本旨をおいて儳説にむかい、尋常人の情の発して節に中らないことを解釈しようとしているが、人が羞悪すべからざるところを羞悪し、是非すべからざるところを是非するのは、みな気の昏濁がしからしめたものである。どうしてこの儳説をとりあげて四端粋然天理の発を乱すことなどできるであろうか）

と言った。退渓も尋常人気の昏濁なる者の四端は節に中らない事もあるが、併し其が為に四端の本質善なるを枉げ言ふには足らないと言ふのである。而して此の説は実は亦、朱子其人の既に唱へた所であって、格別奇高峰や宋尤庵の創思ではない。是れ後、尤庵の門徒等に至って、朱子の言論を引いて、益々盛に四端亦不中節あり不善ありと唱道せらるるに至った所以である。

次に尤庵は又栗谷の嘗て説いて尚強調重注せさりし「心は是れ気なり」といふ所謂主気学派の大原則を明白に打建てて、以て後世斯派の為に無限の法門を打開したのである。前述の如く、栗谷は朱子が心の主用を定義して、「虚霊不昧、知覚に在り」となすに拠りて、其の専ら理に属せず気に属するが故に、「心是気也」となしたのである。尤庵も亦同様の意味を以て「心は是れ気なり」といと明白に述べた。尤庵の「語録」（宋子大全・附録・巻一五）「金榦録」に榦との問答に、

榦問、心之虚霊、只是気歟、抑以理気合故歟。先生曰、是気。榦曰、窃嘗思之。天地間万物之生、莫非気之

所為、而唯人也、得其気之秀。人之一身五臓百骸、莫非気之所成、而唯心也、尤是気之秀。是故其為物、自然虚霊洞澈、而於其所具之理、無所蔽隔。然則所謂虚霊者、只是稟気清明故也。不是理与気合、然後方為虚霊。今且将自家去体察吾心、一時間身気清爽、則心便惺惺、一時怠惰了、便昏昏。此処亦見心之虚霊是気。先生曰然。故栗谷先生嘗以心為気。榦曰然則心之虚霊、分明是気歟。先生曰、分明是気也。

（金榦は問うた、〝心の虚霊（心の本体の霊妙さ）は、ただこれ気か、あるいは理と気が合したためか〟と。尤庵先生はいわれた、〝気のためである〟と。金榦は問うた、〝わたしが窃かにかつて考えたところによれば、天地の間万物の生は気の為すところでないものはないが、ただ人だけが気の秀をえている。また人の一身五臓百骸は気の成すところでないものはないが、ただ心だけがもっとも気の秀である。それゆえ心の物たるや、自ずと虚霊洞澈であって、その具えるところの理は、蔽隔するところがない。とすればいわゆる虚霊は、心が清明の気を稟受したからであって、理と気が合してから虚霊になったわけではない。いま試みに自ら吾心を体察すれば、一時しばらくでも身気の清爽なときには心が澄み切り、一時でもなまけるときには心がたちどころに濁る。この点からいっても、心の虚霊が気であることには疑うべきところがないであろう〟と。先生がいわれた、〝そのとおり。栗谷先生はそのため、かつて心をもって気とされたのである〟と。金榦は問うた、〝しかれば心の虚霊は間違いなくこれ気か〟と。先生はいわれた、〝間違いなくこれ気である〟と）

尤庵は心を以て「分明是気也」と断言した。「心是気」は主気学派に在りては其の最重要観念で、主理学派の「心即理」と正反対の原理表現を成すのである。そこで尤庵以後、其の門流によりて益々思索が深められて議論が精微を致すに従て、此の観念は愈々明白に論理的に叙述せらるるを見るに至った。前に挙げた『朱子言論同異攷』の完成者韓南塘（韓元震）は『南塘集』「拾遺」巻四「退渓集箚疑」に於て、退渓の学説の栗谷学派と相合はない諸点を悉く挙げて、一々詳細に論駁的批評を加へた。其の中、退渓の「与洪応吉」（退渓集・巻一三）に退渓が心を説くに専ら理気を合するを以てするを駁して、

按心専言之、則合理気、蓋包性在其中故也。若与性対言之、則性即理、心即気、而不可復以合理気言心也。蓋既以理属性、而又以心為合理気、則似渉二理故也。

（按ずるに、心は、専言すれば、理気を合する。というのも、心は性をその中に包み含んでいるからである。だが性と対言すれば、性即理、心即気であって、また理気を合して心をいうことはできない。けだしすでに理を性に配属し、また心を理気の合とすれば、二理にわたるようであるからである）

即ち、性と対すれば、心は単に即気と称して充分であるといふのである。而して朱子が心の作用を挙げて「虚霊不昧、以具衆理」（大学章句・経一章・注）と言ったのは皆気に即いて説いたものであって、毫も理の観念の入り来るものはないのである。蓋し「性即理」は無作用無為にして単に形式的条理に外ならないから、理気を合して構成せられた心の妙用その物も之を気に帰せなければならないのである。

故に心未発の場合の虚明の体と称するも、即ち湛然たる気其物であって、理ではなく、虚霊不昧も気を謂ったものと観る。南塘は退渓が鄭子中に与へて奇高峰の説を評した書（退渓集・巻二五・与鄭子中別紙）に、理気を虚霊に当てて説明すべから[4]ずと云へるを駁して、虚も亦是れ気、畢竟「虚霊不昧、以具衆理」の全部が是れ気なりと言い（南塘集・拾遺・巻四・退渓集箚疑）、

按、先生雖以理気二字分属虚霊為未安、然其所以未安者、只以為理与気合而霊、不可以霊専属之気云爾。而若其以虚為理、則仍旧説矣。蓋統言虚字、則於理於気無不当。故先儒以理為虚者固多矣。然虚霊之虚、以気言、非指理也。大学明徳註曰、虚霊不昧、以具衆理。虚是気、故能具衆理。若是理、則理安得具理。而此虚

之理、又誰具之耶。気自然霊、不必言理合而霊。以虚為理、又以霊為理合、則此二字中説理、已多於気。其下又言具衆理何也。

（按ずるに、退渓先生は理気二字を虚霊に分属することをもっていまだ安からずとされるが、そのいまだ安からざる理由は、心に内在する理が気に合して霊（霊妙）になるといい、心の霊なる作用を気の属性とすることはできないというにすぎない。虚霊の虚を理とすれば、退渓説は依然として旧説のままである。けだし虚字を統言すれば、理にも気にもあたらないところがない。先儒に理を虚と解する者がもとより多いゆえんである。だが虚霊の虚は気をもっていい、理を指すのではない。『大学』経一章の「明徳」の注には、〝明徳は虚霊不昧であって、もって衆理を具えている〟という。虚は気であるゆえ、よく衆理を具えることができる。だがもし理であれば、理がどうして理を具えることができるのか。またこの虚の理は、だれがそれを具えるというのか。だが気は自ずから霊である。ことさらに理と合して霊となる、などいう必要はない。虚霊の虚を理とし、また霊を理合とすれば、霊虚二字中、理を説くことはすでに気より多い。その下にまた〝衆理を具う〟という必要はまったくないにちがいない）

と云った。是説は朱子が「心者気之精爽」（朱子語類・巻五）といい、「知覚正是気之虚霊処」（朱子文集・巻六一・答林徳久）といへるに淵源して、心の作用は気に属するが故に用に即して「心即気」といふべく、主理派の如く心の本体を指して「心即理」とはいふべからずとなすのである。

尤庵（宋時烈）に至りて、朝鮮の主気学派は略ぼ其の学説体系を備へたのであるが、尤庵の門人等に至りて、尚ほ若干尤庵の説得て足らざりし所を補うて、愈々主気学説を打樹てて、主理学派と学界の分野を画するに至った。而して主気派の発達は同時に分派作用をも起して、遂に同一主気学派内に在りて激烈な論争を開始し、其が政党化する迄に至った。

尤庵は粛宗己巳年（一六八九）死を賜はったが、彼によりて老論派の基礎は牢乎として盤石の上に据ゑられ、爾後二〇〇年李朝の歴代政権は略ぼ老論派の手に握らるるに至った。従て其の党議を形成する学説に在りても、固より栗谷・尤庵の其が優勢であって之を奉ずる学者の聞ゆる者も尤多い。近来山林と称して闔国の尊敬を集め、国王も其志を高尚にして、一代道学を荷担する者として限なき優待を賜はる所の学者は多く、老論派の人に属したのである。例へば洪梅山（洪直弼）・李華西（李恒老）・宋錦谷（宋来熙）・趙粛斎（趙秉悳）・任鼓山（任憲晦）・宋淵斎（宋秉璿）・崔勉庵（崔益鉉）・田艮斎（田愚）・郭俛宇（郭鍾錫）の九人は、皆山林に列せられた者と視ることが出来るが、其の内郭俛宇の外は皆老論の学人である。是等数多き老論学者の中、次に図する二門派は、其の尤代表的なものと認めて差支あるまいと思ふ。

宋尤庵—権遂庵（一号寒水斎）—韓南塘—任鹿門—任潁西—任玄渓
　　　　　　└李巍巌

宋尤庵—金農巌—金渼湖—金三山斎—朴近斎—洪梅山—任鼓山—田艮斎
　　　　　　└李陶庵　　　　　　　　　　└呉老洲—兪鳳棲—金雲養

金農巌（金昌協）は李静観斎（李端相）の婿となり、此に道を質したこともあるけれども、尤庵の従遊として其の鉗鎚を受けた。併し私は尤庵の学統の承継者は遂庵（権尚夏）であって、遂庵の伝心韓南塘（韓元震）而して任鹿門（任聖周）と相伝へて、主気学派の正系を構成するものと認むるものである。

前に栗谷の学説を述べた時に、栗谷は四端七情に在りては理発気発を認めないけれども、人心道心に在りては一は形気より発し、一は性命より発するを拒まず、畢竟人の心中に於て理より起る知覚と気より起る知覚の二様あることを認めざるを得なくなって、此に論理的破綻を暴露したと言った。実に是一点の補綴に就いて、栗谷門徒は頗る苦心したが、宋尤庵まではまづ適当な説の提唱されしものを見ない。遂庵・農巌に至りて、乃ち形気の気と理気の気とは概念を異にする。形気の私から発するといふは、気の発とは別個の意味に属すると言ふに至ったのである。『寒水斎集』巻二一「雑著」に「四七互発弁」の一章があり、此に栗谷の「発者気也、所以発者理也」の大原則を本にして、退渓の理気互発を反駁し、其中に人心道心に説及びて、

人心生於形気之私、此気字指耳目口鼻而言也。七情発於気、此気字指心而言也。字雖同、所指絶異。而従古諸先賢毎曰、人心道心既可如此説、則四端七情独不可如此説乎。無乃偶失照勘而然耶。

（人心は形気の私に生ずるというときの気字は耳目口鼻をさし、七情は気に発すというときの気字は心をさす。字は同じであるが、さすところは絶えて異なっている。だが古より諸先賢はつねづね、〝人心道心についてすでにかくのごとく説くことができるからには、四端七情についてもかくのごとく説くことができるにちがいない〟といってはばからない。これはたまたま照勘を失してそう考したのではなかろうか）

と言った。農巌も此と同意味を更に詳しく述べた。魚有鳳の撰した「農巌先生語録」（杞園集・巻三二）の牛栗論理気書を評するに曰く、

蓋退渓所謂理気、以心中所存之理与気言之也。朱子所謂性命形気、以人生所具之性与形言之也［細注：理与性命、則無以異矣。若夫気与形気、則大不同。所謂形気者、専指耳目口鼻四肢百体之属也］。退渓之所謂理発気発者、謂四端七情之生、或発於心中之理、或発於心中之気也。朱子所謂或生或原者、謂心之虚霊知覚、或為形気而発、或為性命而発也。

(けだし退渓のいわゆる理・気は、心中に存するところの理と気をもっていい、朱子のいわゆる性命・形気は、人が生まれて具えるところの性と形をもっていう[細注:理と性命は異なることがない。だが気と形気は大いに同じでない。形気とはすなわち、専ら耳目口鼻四肢百体の属をさしている]。退渓の主張する理発・気発は、四端七情の発生が、あるいは心中の理に発し、あるいは心中の気に発することである。一方、朱子のいう或生・或原は、心の虚霊知覚が、あるいは形気のために発し、あるいは性命のために発することを意味している)

韓南塘(韓元震)も亦同様の説を『朱子言論同異攷』(巻四・書)に於てなしてゐる。『書経』(大禹謨)の人心道心の攷に、朱子の人心道心の定論を述べて曰く、

答蔡季通論人心道心書、驟看似以人心為気発、道心為理発。故後来為理気互発之論者、尤以此書為左契。然細考之、則実不然。其論人心曰、主於形而有質、曰私而或不善。蓋皆指耳目口体而言也。何者。謂之形、則耳目口体之形、可謂之形、而心上発出之気、不可謂之形也。謂之私、則耳目口体之形、可謂之私、而心上発出之気、不可謂之私也。蓋以仁義礼智之理与耳目口体之形対言而曰、此公而無不善、故其発皆天理。彼私而或不善、故其発皆人欲云云也。此所謂析言之也。非以心中所具之理気析言之、而謂人心従気而発、道心従理而発也。……幸而耳目口体之気、亦有清明純粋之時、則雖其発於私者、亦自能得正、而天理不為所隔矣。先生之指只如此而已。

(朱子の蔡季通に答えて人心道心を論じる手紙(朱子文集・巻四四・答蔡季通)は、にわかにみれば人心を気発、道心を理発としているかのようである。それゆえ、後世の理気互発の論を展開する者は、好んでその書を理論的根拠とする。だが細かにみれば、実はそうではない。同書は人心を論じて、〝形を主として質を具えている〟といい、また〝私に傾いてあるいは不善である〟というが、それはみな耳目口体をさしていうものにほかならない。なぜか。形と

いえば、耳目口体の形を形ということができるが、心上発出の気を形ということはできず、また私といえば、耳目口体の形を私ということができるが、心上発出の気を私ということはできないからである。けだし仁義礼智の理と耳目口体の形を対言すれば、前者は公であって不善がないため、発現すればみな天理であるが、後者は私であってあるいは不善であるため、発現すればみな人欲である、云々となるにちがいない。これがいわゆる析言である。だが上の分析のばあい、心中に具わるところの理気をもって析言して、人心は気にしたがって発し、道心は理にしたがって発すると考えているわけではない。……幸い耳目口体の気が清明純粋なときは、たとえ私に発しても、また自らよく正をえて、天理の隔てるところとならないが、これが朱子答蔡季通書の意味するところである）

是説は主気派にとりても主理派にとりても、非常に肝要な点である。根本議論として心の作用に理発気発の二途を認めるか否かといふことになるからである。

嶺南の学者も遂庵、農巌等の便宜説に刺戟せられて、亦是点に付て思索し此に反対説を出した者がある。例へば正祖二三年（一七九九）に生れて高宗七年庚午（一八七〇）に死んだ、李晦斎（李彦迪）の弟李彦适の一一代の孫にあたる李鍾祥の『定軒集』（巻三）の「答南仲元」に、

朴南渓之説、当時未及検看、故不敢妄論。今承投示、得以細心紬繹、則其見解亦甚精核。然但其形気心気、不合滾看之説、正不免疑晦。朱子雖有心比気較霊之訓、而此処則恐如此説不得。蓋形気之気、即是心気之気、安有両般。既以形気心気分作両般看、則性命之外、亦将別求心上之理耶。……蓋気固生形、而形具之後、形反摂気。命雖先性、而説性之時、始可言命、則単言形字而気在其中矣。

（朴世采の学説は、当時いまだ詳細に検討していなかったので、積極的には論じなかった。いま投示をたまわって、細心に分析したところ、その見解ははなはだ精核というべきである。ただその形気と心気を滾看すべからずの説は、

まさに疑惑を免れないであろう。確かに朱子は心は一般の気より霊性が強いといわれるが、この個所についてはおそらくかくのごとく説くことはできない。なぜなら、形気の気はただちに心気の気であって、気を二種にわけることはできないからである。逆に形気心気を二種の気にわければ、性命の外にまた心上の理を別求しなければならないであろう。……けだし気はもとより形を生ずるが、形が具わったのち、形はかえって気に摂る。命は性に先んじるが、性を説くとき、始めて命に言及することができる。すなわち形字を単言したとしても、気はその中にあるのである）

と云ひしが如き、其の最も痛快なるものである。

但し南渓朴世采の論に既に心気形気相異るの説あるといふのは、私は尚南渓の正別続集に於て之を発見することが出来ない。尤も南渓も屢々説の変化のあった学者であるから、或はいつか其の様な説をなしたこともあるかも知れない。南渓は宋尤庵の友人で、又尤庵の敵手の尹明斎（尹拯）の友人でもある。老少論両派の調停を謀りて成らず、彼及び子孫も少論となった。

寒水斎（権尚夏）・農巌（金昌協）・南塘（韓元震）等、老論派の学者の形気の気と理気の気とは滾看すべからずといふは、一個の窮余の方便説にしか過ぎない。『南渓正集』（巻三七）「答金起之相問」に朱子の語類を引用して、

語類亦有一説曰、気只是一箇氣。但従義理中出来者、即浩然之氣。従血肉中出来者、為血気之氣。

（『朱子語類』巻五二にはまた一説があって、〝気とはただ一個の気にすぎない。義理中より出れば浩然の気であり、血肉身中より出れば血気の気である〟という）

と記した如く、無形の義理から発する気も形体から発する気も、本来一箇の気である。気に区別のあるべきではない。前述の如く、天を気、地を質と分かてば、気と質に区別はあるが、理に対して言へば、現象的天地を含め

て此を気と称せざるを得ない。一箇の人は心と身から成り、心は即ち理気を兼ね、身は即ち気である。心の気と身の気と異るといへば、一箇人は理と気と形より成ると称せなければならない。且つ又心の作用は知覚であるが、心の気と身の気と異るが故に、耳目鼻口四肢肌膚には知覚はないものとしなければならぬ。同時に耳目鼻口四肢肌膚の欲から人心が起るといふことは、不合理となる。目が色を欲し、飢えて食を欲し、鼻が香を欲し、耳が音を欲し、肌膚が軽煖を欲する等を以て、知覚以外の作用を以て説明しなければならぬからである。人心と道心は矢張、朱子の説の如く、形気より起り、義理より起る知覚であって、而かも相互に移行き得るものである。例へば美食を見て食せんとの知覚起るは人心であるが、忽ちにして此を義理の心に移して、今之を食することの理否を思ふに至れば、道心に変ずる。反対に美食を見て、始は義理上から之を食せざりしものが、遂に堪へ得ずして、飢の為に取り食したとすれば、道心から人心に変じたのである。故に私は人心を以て感性に当て、道心を以て理性に当てんとするものである。

寒水斎（権尚夏）の門に、李巍巌（李柬）・韓南塘（韓元震）の二上足がある。巍巌は人物同性論を立て、南塘は人物性不同論を立てた。前者は洛派をなし、後者は湖派をなした。巍巌は『中庸』（第一章）の「天命之謂性」を本拠とし、朱子『中庸章句』の

人物之生、因各得其所賦之理、以為健順五常之徳。

（人と物の生は、それぞれその賦せられた理をえることによって、相応しい健順五常の徳をもっている）

といひ、又『大学或問』の

人物之生、必得是理、為健順仁義礼智之性。

（人と物の生は、かならずこの理をえて、健順仁義礼智の性をなしている）

といふを憑証となし「性即理」と観、一切万物、其の天賦の本性其儘に在りては仁義礼智、元亨利貞の外なし、人物性の差は気質に至ってからであると立てるのである。

南塘（韓元震）は師説を順承して、性を単なる理とは見ないで、理が一定の気に配せられて出来たる生物の各種類の相異る一般的生れ付と見るのである。従て此は尚具現以上である。例へば馬類には馬類の一定理気配合があり、牛類には牛類、魚類虫類には魚類虫類の夫々一定理気配合があり、其の最霊秀を得たもの即ち人類である如くである。故に概念的に生物の一類として考へた所の人の性・馬の性・牛の性・魚虫の性は、其々相異らざるを得ない。而して此の生物の各種類の一般的生れ付の中に於て、又千差万別の気質があって、そこで所謂人や物の具体的箇性となるのである。『寒水斎集』巻二一「論性説」に此の意を明瞭に説いて、

聖賢論性、其説大概有三。有除却気、単指理而言之者。有各指其気之理、而亦不雑乎其気而為言者。有以理与気雑而言者。専指理而言、則太極全体無物不具、而万物之性皆同矣。是則一原也。而朱子所謂一物各具一太極者也。各指其気之理而言、則陽健陰順、木仁火礼、金義水智、其性不同、而亦不雑乎其気之清濁美悪而言、故其為健順五常、猶不失為至善。人得其全、物得其偏、而人物之性不同矣。是則分殊也。而朱子所謂惟皇上帝、降衷于下民。民之秉彝、這是異処。庶民去之、君子存之。便是存得這異処、方能自別於禽獣者也。以理与気雑而言之、則剛柔善悪有万不斉。人人物物之性、皆不同矣。是則分殊之分殊也。

（聖賢が性を論じるとき、その説は大きく三類ある。第一は気を除外して単に理をさしていい、第二はそれぞれその気の理をさすが、その気を雑えずして説をなし、第三は理と気を雑えていうものである。第一の性論すなわち、専ら理をさしていえば、太極は完全な本体として物を具えないことがなく、万物の性はみな同じである。これが〝一原〟にほかならない。朱子のいわゆる〝一物おのおの一太極を具う〟（朱子語類・巻一八）がそれである。第二の性論す

なわち、それぞれその気の理をさしていえば、陽は健、陰は順、木は仁、火は礼、金は義、水は智のごとくその性は同じでないが、またその気の清濁美悪を雑えずしていうため、その健順五常の性はなお至善たるを失わない。人はその全をえ、物はその偏をえて、人物の性は同じでない。これがすなわち〝分殊〟である。朱子のいわゆる〝『尚書』「湯誥」の〈皇いなる上帝は、中正の道を下民にくだし〉、『詩経』「大雅・蕩之什・烝民」の〈民はその常性を執った〉は、人性が物性と異なるところをいい、『孟子』「離婁下」の〈庶民はその性を去り、君子はその性を存した〉は、人はその物性と異なるところを存して、自ずから禽獣と別があるようにしなければならないことをいう〟(朱子語類・巻五九)がそれである。第三の性論すなわち、理と気を雑えていえば、剛柔善悪には無数の不斉があり、人々物々の性はみな同じでない。これがすなわち〝分殊之分殊〟である)

南塘も亦是説を承けたのである。

斯くて巍巌は性を以て単に理となして、全く気の観念を附けず、寒水斎・南塘は初から気に寓して、其の気によりて先天的に全部現はれるか、偏頗に現はれるかが約束せられてある所の理を指して性となした。是に於て巍巌が一転すれば、主理説の嶺南学派に合すべく、寒水斎・南塘が一転すれば、気を以て性を説くに至るのである。而して気を以て性を説くに至りて、乃ち主気学説の発展は正に其の絶頂に達する。任鹿門(任聖周)は即ち其の主張者であって、此の章も彼を叙述して乃ち終を告げる。

鹿門任聖周は南塘(韓元震)の門人で、特に沈潜思索の学風あり、二四歳の時『中庸』を携へて独り華陽山に入り、静坐窮思五〇日以て研鑽を了したと云はれてゐる。晩年公州の鹿門に卜居し、正祖朝に歿し、官は牧使に止まる。鹿門は嶺南学派の李寒洲(李震相)と相対して、畿湖学派に於ける学説を其の行く処まで行かした学者である。彼に『鹿門集』がある。其の「鹿廬雑識」(鹿門集・巻一九)の一篇が最もよく彼の学説の要領を悉してゐる。而して彼の学説を痛快に批評した農巌門派の呉老洲（呉熙常）の『老洲集』を交へて観るときは、一層よく彼の学説の立場を明瞭にすることが出来る。

朝鮮儒学史に於て主気派の主なる者は三人を数へることが出来る。即ち張横渠から悟入した徐花潭、程明道を承けた李栗谷、及び羅整庵に私淑した任鹿門である。羅整庵の学説は早く朝鮮に将来せられ、宣祖朝の大儒盧蘇斎（盧守慎）は此に倣って「人心道心已発未発」の説をなして、大に李退渓を始め当代及び後世の学者の揮斥する所となった。併し蘇斎は尚未だ整庵の理気説は之を奉ずるには至らなかった。

鹿門（任聖周）は深く理気、元と相離れず、理は無為、気は有作用といふ栗谷の原理を推窮めて、畢竟気によりて理表はれ、気に就いて理を見るべく、天地は只是一気即ち生気、人も亦是れ只だ気に依りて性を見、善悪の源を知るべきのみと決定したのである。是に於て従来退渓等から気の帥、気を命令する者と視做れた所の理は、唯だ一箇の自然として認めらるるに過ぎざるに至った。単に気の活動に即して自然に現はるる所の法則たるに至った。善も悪も皆全然気の作用であって、理は此を如何ともすべからざるものと考へらるるに至った。鹿門の理気の第一義に曰く（鹿門集・巻一九・鹿盧雑識）、

蓋窃思之、宇宙之間、直上直下、無内無外、無始無終、充塞弥漫、做出許多造化、生得許多人物者、只是一箇気耳。更無些子空隙、可安排理字。特其気之能如是盛大、如是作用者、是孰使之哉。不過曰自然而然耳。即此自然処、聖人名之、曰道曰理。且其気也、元非空虚底物事、全体昭融、表裏洞徹者、都是生意。故此気一動而発生万物、一静而収斂万物。発生則為元為亨、収斂則為利為貞。此乃気之性情出於自然、而為当然之則者也。即此当然処、聖人又名之、曰道曰理。然而其所謂自然当然者、亦非別有地界、只是就気上言之。然字正指気、而自字当字不過虚設而形容其意思而已。苟能識得此意思、則雖或指気為理、亦未為不可也。

（けだし窃かに思う。宇宙の間、上も下も内も外も、始なく終なく充塞弥漫して、無数の造化をなし、無数の人や物を生むのは、ただこれ一箇の気のみである。わずかな空隙も存在せず、理字を安排することもできない。その気がよくこのように盛大であり、このように作用することができるのは、なにがそうさせるのか。自然にそうである（自ずから然りて然り）という以外に説明のしようがない。その自然のところについて、聖人は名づけて、道といい理という。かつその気は、もともと空虚の物事でなく、全体が発揚し表裏が洞徹するものであって、生意に満ち溢れている。それゆえ、気が一たび動けば万物を発生し、一たび静かになれば万物を収斂する。発生すれば元となり亨となり、収斂すれば利となり貞となる。これがすなわち、気の性情が自然に出ながら当然の則をなすゆえんである。この当然のところについて、聖人はまた名づけて、道といい理という。だからといってそのいわゆる自然当然は、断じて気外の事物ではなく、同じく気上の概念にほかならない。然字はまさに気をさし、自字当字は虚設してその意思を形容するものにすぎない。まことによくその意思を知れば、あるいは気をさして理としたとしても、またいまだ不可とすることはできないであろう）

是れ全く整庵『困知記』に理気本来一本なるを挙げて朱子を難じて、

太極図説……無極之真、二五之精、妙合而凝三語、愚則不能無疑。凡物必両而後可以言合。太極与陰陽果二物乎。其為物也果二、則方其未合之先各安在耶。朱子終身認理気為二物、其源蓋出於此。

（『太極図説』……〝無極の真と二五の精、妙合して凝る（無極の真である理と、陰陽五行の精である気が、妙合して形をなす）〟の三語については、疑問がないことはない。およそ二物が存在しなければ合ということはできないが、太極（理）と陰陽（気）は果たして二物であろうか。理気がもし二物であるとすれば、いまだ妙合しない前にあって、それぞれどこに存在したのか。朱子は終生にわたって理気を二物としたが、その源はおそらくここに出るであろう）

といひ、進んで理の気に即してのみ現はれ畢竟自然の法則に外ならずと論じて、

自夫子賛易、始以窮理為言。理果何物也哉。蓋通天地、亙古今、無非一気而已。気本一也、而一動一静、一往一来、一闔一闢、一升一降、循還無已。積微而著、由著復微、為四時之温涼寒暑、為万物之生長収蔵、為斯民之日用彝倫、為人事之成敗得失。千条万緒、紛紜膠轕而卒不可乱、有莫知其所以然而然、是即所謂理也。初非別有一物、依於気而立、附於気以行也。

（孔子は『周易』に伝をつくって、史上初めて理を窮めることを行った。理とは果たしてなにものか。けだし天地を通じ、古今にわたって、あらゆる現象は一気の形成したものでないものはない。気はもともと一であって、あるいは動きあるいは静かにし、あるいは往きあるいは来たり、あるいは闔じあるいは闢き、あるいは升りあるいは降って、循環往復して永遠に止むことがない。微少を積みて顕著になり、顕著によりてまた微少にかえって、四時の温涼寒暑を造成し、万物の生長収蔵を形成し、万民の日用彝倫をなし、人事の成敗得失をなす。千条万緒、紛紜と錯雑しながらついには乱れず、その然るゆえんを知ることなくして然ることがあるのが、いわゆる理にほかならない。まったく別に一物があって、気によりて存在し、気に附して運行するわけではない）

といへるものに原づくものである。

併し鹿門は整庵の主気的一気説より竿頭更に一歩を進めて、殆ど主気説の頂上に説到ったのである。其れは整庵は「理一分殊」を以て一切万物の生々発展を説明し、受命の初は其理一、成形の後は其理分殊、其分殊なるも亦自然の理、理を離れては分殊を説くを得ないとなすのである。然るに鹿門は「理一分殊」といふも固より不可ではないが、之を「気一分殊」と説くも少しも差支がない。何となれば、理は常に気中に寓し気の働きによりてのみ現はるるから、実際現象の説明には気を主とするが寧ろ端的であるからである。鹿門は曰く（鹿門集・巻一

九・鹿盧雑識）、

今人毎以理一分殊、認作理同気異、殊不知理之一、即夫気之一而見焉。苟非気之一、従何而知其理之必一乎。理一分殊者、主理而言、分字亦当属理。若主気而言、則曰気一分殊、亦無不可矣。

（今人はつねに〝理一分殊〟について、理が同じく気が異なることと考えており、まったく理の一が気の一によってあらわれることを知らない。もし気の一でなければ、なにによってその理がかならず一であることを知ることができるであろうか。〝理一分殊〟とは、理を主としてのべたものであって、分字もまた理に属さなければならない。もし気を主としていえば、〝気一分殊〟といってもよいであろう）

是に至りて彼は理気の二観念を、完全に気の一観念に綜合して了った。故に老洲は之を評して（老洲集・巻二一・論鹿盧雑識一則示趙中植）、

雖以羅整庵之索性主気、亦未嘗至此耳。……畢竟立説過於整庵、則是整庵一転而為鹿門。若又自鹿門而再転、則其流弊之滔滔、将有不可勝言者。誠可憂也。

（羅整庵の索性主気をもってしても、いまだかつて鹿門のレベルにはいたっていない。……結局のところ、鹿門の立説は整庵よりはるかに過ぎている。すなわち整庵が一転して鹿門になったのである。もしまた鹿門より再転すれば、その流弊の滔々なることは、あげていうことができないにちがいない。まことに憂うべきである）

鹿門は「心即気」のみならず性亦気とし、本然之性は湛一本然之気、気質の性とは個体の気質の清濁駁粋に外ならずとなす。性とは気の徳、換言すれば気の本体、心は気の神妙、情は気の発動に外ならない。

今人多分人与性為二、以為気質雖悪、性自善。是理与気判作両物、而性之善者未足為真善也。或疑如是、則気質濁駁者当何区処。曰雖気質之濁駁者、其本体之湛一則無不同。蓋人稟天地之正気以生、而方寸空通。即

此空通之中、湛一本体、便已洞然、与天地通貫、無礙呈露流行。其徳則曰性、其神則曰心、其用則曰情。皆由是気而立名者也（鹿門集・巻一九・鹿廬雜識）。

（今人は多く人性の人と性をわけて二となし、気質は悪であっても性は自ずから善であるという。だがこれは理と気を判別して二物とするだけでなく、善性自体もいまだ真善たるに値しない。或者は、かくのごとければ気質の濁駁なるものはいずこにあたるかと疑うけれども、気質の濁駁なるものであっても、本体の湛一は同じでないことはない。けだし人は天地の正気を稟けて生じ、方寸（物理的な心）は空通し（広く通じ）ている。その空通の中にあって、湛一なる本体は明らかに天地と通貫し、呈露流行をさまたげることがない。その徳を性といい、その神を心といい、その用を情というが、いずれも気によって立名するものにほかならない）

鹿門の是の性説は農巌派の学者にも承継せられて、先年物故した田艮斎（田愚）の師山林任鼓山（任憲晦）も亦此を奉じてゐる。『鼓山集』巻三「答趙孺文」に

余問於或者曰、本然之性、是人物未生時名目歟。曰否。曰然則生之謂性也。又問本然之性、是離気孤立底物歟。曰否。曰然則性即気、気即性也。

（わたしは或者に〝本然の性は、人や物のいまだ生じないときの名目か〟と問うたところ、或者は〝そうでない〟というので、わたしは〝しかれば、生をこれ性という命題こそ正しい〟とのべた。また〝本然の性は、気を離れて孤立する物か〟と問うたところ、或者は〝そうでない〟と返すので、わたしは〝しかれば性即気、気即性といわねばならない〟と応じた）

朝鮮の主気学派は斯くて、李栗谷・金沙渓・宋尤庵・権寒水斎・韓南塘・任鹿門と六伝するに至りて、遂に「性即気」と提唱して、極めて明白に朱子の性の定義「性即理」と正反することになった。実に彼の如く朱子に忠実

であった栗谷・尤庵二氏も、其後嗣者の思想の流転は如何ともすることを得なかったのである。

鹿門（任聖周）の四七説は勿論、四端七情共に気の発する所にして、唯だ四端は則ち純善である。純善といふのは気質の精粋、心の明徳と一致して、心を揜ふことなきを意味する。『鹿門集』巻九「答鄭伯游」に伯游が

以忿慾貪暴一切不好底事、謂之都出於気質之濁駁、則想必以善一辺事、謂出於心。如此則其与理発気発之説不同者幾何。

（忿・慾・貪・暴など一切の好くないことをみな気質の濁駁に出るとする以上、かならずや善一辺のことをもって心に出るとしなければならないであろう。かくのごとければ理発気発の互発説とさほど違わないのではなかろうか）

と質問せるに対して、

忿慾貪暴、出於気質之濁駁、而心為所揜。四端万善、出於気質之清粋、而聴命於心。無論善悪、発用者気質也、能発用者心也、所以能発用者性也。鄙説劈下来箇箇如此。互発之譏、恐是題外。請更細観。

（忿・慾・貪・暴は気質の濁駁に出て、心はその揜うところとなる。四端万善は気質の清粋に出て、命を心に聞く。情の善悪を論じることなく、発用するのは気質であって、よく発用するのが心、よく発用するゆえんが性である。概観すれば、鄙説はそれぞれこのようにまとめることができるにちがいない。ただ学兄が鄙説を互発説と批判したのは、おそらくは題外のことであろう。さらに細観することを請いたい）

と言った。然るに巻一二雑著「心経」に於て、

五性、心之全体也。七情、心之大用也。七情之発於形気者人心也。七情之発於義理者道心也。人心道心之中節者天理也。人心而流於慾、道心而過不及者人欲也。然此猶牽合之論。古人有論四端七情処、有論人心道心処、有論天理人欲処。語異而意各不同。今若論四端七情、則只可依純理兼気之説而言之而已。論人心道心、

則只可遵形気性命之訓而分之而已。論天理人欲、則只可循公私善悪之例而釈之而已。
（五性は心の全体であり、七情は心の大用である。その七情の形気に発するものが人心であり、七情の義理に発するものが道心である。人心道心の節に中るものが天理であり、人心であって慾に流れ、道心であって過不及のあるものが人欲である。だがこれはなお牽強使合の論のごとくみえる。古人には四端七情を論じるところがあり、人心道心を論じるところがあり、天理人欲を論じるところがあって、語は異なり意はそれぞれ同じくないけれども、いまもし四端七情を論じれば、ただ純理兼気の説に依っていわねばならないであろうし、人心道心を論じれば、ただ形気性命の訓に遵ってわけねばならず、天理人欲を論じれば、公私善悪の例に循って釈さねばならないであろう）

と言った。是に至りて四端を純理、七情を兼気と定義して「性即気、気即性」となす彼の定説と齟齬する様である。矢張彼の本意は、気質が心の本用、即ち明徳と一致した場合を四端となすに在ると観なければならぬ。彼の説も初晩で変化したからである。

鹿門の学は、族侄潁西任魯に伝へ、潁西の学は任玄渓之を承けた。数年前に物故した前韓国学部大臣任善準は玄渓の後孫である。

嶺南学派の正系に在りて、柳西厓（柳成龍）の高弟、愚伏鄭経世は、独り四七説に於て退渓に賛同せずして、反りて栗谷に左袒した。愚伏は宋同春堂の外舅である。曾て同春堂に語りて、四七説に在りて窃かに栗谷に従はんと言った。『尤庵集』「同春宋公遺事」（宋子大全・巻二一二）に

公嘗言、曾問四端七情理発気発之説於愚伏、則愚伏以栗谷説為是。然嶺人聞之、必以吾言為不信。以吾言為信、則必並与愚伏而攻之矣。退渓詳審温恭、在先賢為最、而一変而嶺人之風声気習如此、殊不可知也。

（宋浚吉公はかつてこう話されたことがある。すなわち〝以前、四端七情理発気発の説について鄭経世先生に問うたが、そのとき鄭先生は李珥の説が正しいといわれた。嶺南の人がこれを聞けば、かならず吾言を信じないであろう。逆に吾言を信とすれば、かならずや鄭先生をも攻撃するにちがいない。李滉先生は先賢にあってもっとも詳審温恭であったが、一変して現在の嶺南人の風声気習はまさにかくのごとくである。まったく理解することができない〟と）

と録してある。果然『愚伏集』巻一一「答曺汝益」に彼は四端七情を説いて居るが、固より退渓の説に弓を挽く言葉は決して用ひないけれども、併し彼の西厓の伝心嶺南学派の棟梁たるを以て、彼れ程まで直説する以上は、中心窃に栗谷を以て是となすは、疑ふ余地もないものと認定しなければならぬ。即ち愚伏は云はく、

窃謂人之一心、万理皆備、仁義礼智、特其大者耳。観朱先生小学題辞中、綱之一字、尤可見矣。喜之理在中、故発而為喜。怒之理在中、故発而為怒。無其理、則何以発乎。理為之本而気為之用、乃天地陰陽造化之妙、

七情何独不然。朱子所謂理之発気之発云者、特各以其主張者言之耳。非謂四端無気而七情無理也。如此則性情之為体用、乃有二様、全不成造化矣。

（わたしは窃かにこう考えている。すなわち、人の一心には万理がみな備わっており、仁義礼智は特にその大なるものである。そのことは朱子「小学題辞」の〝元亨利貞、天道之常。仁義礼智、人性之綱〟の綱の一字をみれば、もっともよく理解することができるであろう。喜の理が心中にあるゆえ、発して喜をなし、怒の理が心中にあるゆえ、発して怒をなすのである。心中にその理がなければ、何によって発することができるであろうか。理がその本で気がその用であることは、ただちに天地陰陽造化の妙であって、七情のみがそうであるわけがない。朱子のいわゆる〝四端は理の発、七情は気の発〟というのは、それぞれその主張するところをもっていったにすぎない。断じて、四端には気がなく七情には理がないという意味ではない。四端は理の発、七情は気の発であれば、性情の体用は二様となって、造化を完成することはできないからである、と）

愚伏は張旅軒と共に、南人の学者中に在りて大なる異彩である。此は婿同春堂の影響ではあるまいか。然し彼は公々然、其の本説を郷土の学人に向って説出したか否かは疑問である。恐らく彼は其説を模稜にして、偏狭なる郷人の指目を避けたであらう。

南人に於ける鄭愚伏の如き特彩を、老論に於て放つ者を金農巌（金昌協）とする。農巌の四七説は必しも栗谷説に左袒しないのである。

老論は少論と共に西人であるが、西人の内、栗谷の四七説に賛成せない者に前述朴南渓（朴世采）がある。南渓は清陰金尚憲の門人である。宋尤庵其人も、清陰に対して弟子の礼を取った。故に南渓は尤庵と同門の誼がある。南渓と尤庵とは心交のあった親友である。而して後に至り南渓は尤庵と分れて少論に赴いた。彼も文廟に従祀せられた朝鮮名賢の一人である。清陰は月汀尹根寿の門人で、月汀は金頤真子（金徳秀）の門徒、頤真子は金東泉（金湜）の門人、東泉は金寒暄堂（金宏弼）の門人である。南渓は人物の和平なる如く、学説も亦和平を主とし、尤庵の如き光炎人を圧して迫るものがない。

南渓の四七説は『南渓集』巻五五「四端理発七情気発説」に明瞭に説出されてゐる。南渓は『朱子語類』中の「四端理之発、七情気之発」の説が朱子学派の一般的定説なることを証せんが為に、勉斎（黄幹）・北渓（陳淳）・林隠（程復心）等の説を挙げて而して後彼の意見を述べて曰く、

勉斎之説、栗谷当時固已知之矣。至於林隠理気説、尤為完整無欠、而終亦以此為言。以至北渓白雲之論人心道心、亦無不同。蓋四端之発、雖亦乗於気、而以其直従仁義礼智純理底出来、故主於理而目之曰理之発。如人本然之性、雖在気質之中、而可単指其所主者曰本然之性也。至或不中節、然後謂之悪。七情之発、雖亦原於理、而以其滾自喜怒哀楽愛悪欲兼気底発動、故主於気而目之曰気之発。如人気質之中、雖固有本然之性、而可特就其所主者而言曰気質之性也。

（黄幹の理気説については、李珥は当時もとよりそれを知らなかったわけではない。程復心の理気説となると、もっとも完整無欠であって、最後には朱子の〝四端理之発、七情気之発〟をもって自説を展開する。陳淳・許謙の人心道心論も、基本的に同じである。けだし四端の発は、気にも乗るが、ただちに仁義礼智の純理から出るため、理を主とし、理の発という。これは、人の本然の性は気質の中にあるけれども、単にその主とするところをさして、本然の性ということができるようなものである。理の発はあるいは節に中らないこともあるが、不中節ののち悪というにすぎない。七情の発は、理にもとづくが、滾じて喜怒哀楽愛悪欲の兼気から発動するため、気を主とし、気の発という。これは、人の気質の中にはもとより本然の性があるけれども、特にその主とするところをさして、気質の性というこ

とができるようなものである）

而して彼は終りに栗谷の面教に接するを得ざるを憾みて、

恨不能躬質於其門也。

（自らその門に質することができず、実に残念である）

と言った。此は前に栗谷が四七説に於て退渓に対してなせると同じ言葉である。

南渓の四七説が農巌に直接影響した証拠は、今之を挙げることは出来ない。但し農巌の同時代に、少論の学者に拙修斎趙聖期・滄渓林泳なる二人があった。滄渓は拙修斎に比して稍や先輩である。滄渓は初に尤庵・同春の門に入り、又静観斎李端相の教を承け、且つ南渓に贄を執りた。党論に於てはむしろ調停の側に立ったが、畢竟少論に籍した。拙修斎は別に師承する所がない、全く独自の窮思研鑽によりて悟入した学者である。拙修斎の四七説は滄渓と本同末異の同流である。私は滄渓の四七説は南渓に出づるとなすものである。そこで農巌は滄渓に非常に推服して、其の死するや七律四章を作りて悼むだ。又農巌は其弟三淵と共に、拙修斎の学説にも深く傾倒する所があった。即ち農巌は政党に於ては生粋の老論であったが、学説に於ては反りて少論に従ったといふのは、南老学説の折衷に立つことを意味するのである。滄渓・拙修斎の四七説は『滄渓集』と『拙修斎集』に述べてあるが、外に李巍巌（李柬）が二人の説を批評し論駁した『巍巌遺稿』巻一三「題林趙二公理気弁後」を参看すれば、一層其説を明瞭にすることが出来る。

栗谷の法門八字打開の原理は「理気不相離」「発之者気也、所以発者理也」或は「気発理乗」ともいふの三句に外ならぬ。滄渓（林泳）は批判すらく、栗谷の是原理を演繹すれば、善悪共に理、善に其の善なる所以あり、悪に其の悪なる所以ありといふ事に帰着せねばならぬ。然らば理なるものは其の本体も作用も明白ではなく、惟だ気の為す儘に随伴するものにしか過ぎないこととなりて、朱子学の大原則たる理が気を主宰するといふ意義を滅却する。『中庸』（第一章）の「道なる者は須臾も離るべからず」といひ、程子の「道は顕微間なし」といふのは、斯の如き無力な道理を言ったものではない。矢張り善悪の観念が明白に存する以上、善は理に循ふもの、悪は気が強くして理を抑へたものとせなければならぬ。善悪共に理気二元から起るのではあるけれども、相対する時は主理主気の区別するは已むを得ない。『滄渓集』巻二五「日録」（甲寅）に曰く、

理固不離於日用、而人不能循理、甚至於一切悖理者、又何自而然乎。此時固不可道理離於氣。只由於気之作用、而非干理事也。亦豈可以一切悖理者、同於一切循理者、而渾称曰気発理乗而已哉。是故善心非無気也。以其此善由理而発、故謂之理発。悪亦非無理也。以其為悪、実由気之過不及而非由理也、故謂之気発。蓋以其為善為悪之所由来者分之、亦非謂自理生出一箇心、自気又生出一箇心也。其心之為心、則一而已矣。但其為善為悪之分、不可不剖析精微也。如此則謂理気不相離者得矣。謂善悪皆気発理乗者、恐未為得也。

（理はもとより日用の事物を離れないにもかかわらず、人は理に循うことができず、甚だしいときは一律に悖理にいたることがある。これは何によるのか。そのとき、もちろん理は気を離れたということができない。理はただ気の作用のため、理事（理がすべきこと）をしなかったにすぎない。また一切の理に悖るものを一切の理に循うものと同一視して、〝気発理乗〟と渾称することなどできないであろう。悪にも理がないわけではないが、その善は理から発するため、〝理発〟という。悪にも理がないわけではない。それゆえ、善心には気がないわけでないが、その善は理によるわけでないため、〝気発〟というのである。けだし理発と気発は、その善悪の由来するところをもってわけたものであって、理より一つの心を生みだし、気より別の心を生みだすというのではない。その心の心たるはただ一つである。善たる悪たるの分については、精微を剖析しなければならない。かくのごとければ李珥の〝理気不相離〟

は妥当であるが、〝善悪いずれも気が発し理が乗る〟については、いまだ妥当とすることはできないであろう）

滄渓の四七説は、退渓の晩年定説と略ぼ相合し、言はば退渓・栗谷二氏の折衷である。従て老論の学人から観れば、異派に赴いたものと憤慨せなればならぬ。李巍巌は之を反駁して、滄渓の説も結局理気互発に帰著して、理気の正しい観念を失したものとなした。巍巌曰く（巍巌遺稿・巻一三・題林趙二公理気弁後）、

発之者気也、所以発者理也。非気則不能発、非理則無所発。此先生之論、而滄意不満、於是以為此只是気発辺也。試就其所謂理発辺作対語曰、発之者理也、随而発者気也。非理則不能発、非気則無所乗。必如是立言、而後始快満於滄意。而理之本体、方能成主宰耶。若爾則其純粋与否則未知、而其所謂主宰云者、合下指作用有為而言也。作用有為者是理乎哉。

（そもそも〝発するのは気であり、発するゆえんは理である。気がなければ発することはできず、理がなければ発するところがない〟。これは李珥先生の論（栗谷全書・巻一四・人心道心図説）であるが、林泳はこれに納得せず、単に気発一辺の論にすぎないと断じる。試みにそのいわゆる理発一辺について対語をつくれば、〝発するのは理であり、随って発するのは気である。理がなければ発することはできず、気がなければ乗るところがない〟となるであろう。かならずこのように立言してはじめて、林泳は満足するにちがいない。だがこうすれば、理の本体はよく主宰をなすであろうか。もしそうであれば理が純粋か否かはひとまずおいて、そのいわゆる主宰は当然、形而下の作用有為をさしていったはずである。だが作用有為であれば果たして理であろうか）

栗谷学説の立場から観れば、斯く言はざるを得ないのである。而して農巌は反りて『滄渓集』に序して、

所見者大、所存者実。

（見るところは大で、存するところは実である）

と推賞した。

拙修斎（趙聖期）は独学自得の学者である。其の二〇歳の時、既に「退栗両先生四端七情人道理気説後弁」を製して、滔々数千言、二氏の説を縦横に批評して、寧ろ退渓に左袒する微意を示した。彼が晩年に至りて半生の草稿を取出して之を整理するや、本篇を以て其意を得たるものとして其の儘篋に存した。拙修斎には此の外に、理気を説いた一篇が同じく文集巻一一に載せてある。農巌の弟三淵金昌翕は彼に久しく従遊し、彼の歿後、為に墓誌（三淵集・巻二七・拙修斎趙公墓誌銘）を撰した。誌中、彼の学問を以て大海の如しとなし、又彼が栗谷の四七説を勘弁したるを挙げ賛して、

嘗読栗谷四七弁。勘究三年、始知其差処。仍言論理須以四種立説。一曰本然命物、一曰乗気流行、一曰渾融合一、一曰分開各主張。応作如是観。而栗谷見処、偏於流行渾融耳。

（趙聖期先生はかつて栗谷の四七弁を読み、勘究すること三年、始めてその論理的欠陥を悟り、〝理を論じるには、四種の命題を根拠として立説しなければならない。第一は本然の性が諸物に命ずること、第二は理が気に乗って流行すること、第三は理気が渾融合一すること、第四は理気が分開してそれぞれ主張することである。まさにこのようにみなければならないが、栗谷の分析は第二と第三の流行と渾融に偏っている〟といわれた）

と云った。農巌の滄渓に於ける、三淵の拙修斎に於ける関係に因りて、二人者が尤庵の傘下老論派の要人たるを以てして、而かも其の学説終に老論と異流せざるを得なかった所以を知ることが出来る。

拙修斎は「気発理乗」の栗谷理気説の大原理は之を承認するが、同時に理が気に乗じて動く者と、気が理を寓して動く者とが其中にあることを認めたのである。道心は即ち前者で、人心は即ち後者である。而して四端は則ち人性に本具して、如何なる人、如何なる境遇も之を掩い尽くすことが出来ず、一旦惻隠羞悪辞譲是非すべき対

象に出逢ふ時は、むくむくと興り発する所の情であって、即ち理が気に乗じて動く所の道心其のものに外ならない。七情は只だ喜怒哀楽愛悪欲の情そのものを言ったもので、決して是等七情の正を指したのではない。七情は人間一切の情を汎称したのであるから、四端も勿論七情中に包むことが出来る。但し四と七相対する場合には、七情中には純粋性命の理が気に乗じて発するところの四端以外の情をも含むが故に、矢張此を気が理を寓して動くものとなさざるを得ない。拙修斎、此意を述べて曰く（拙修斎集・巻一一・退栗両先生四端七情人道理気説後弁）、

故須知夫七情者、混淪而言、則固包四端在其中矣。与四端相対而言、始可分理気。而其喜其所当喜、怒其所当怒、哀懼其所当哀懼、有揀選而発源於天命之本体者、自当与四端同実異名、而属之於理一辺。其発於気者、特言其能喜能怒能哀能懼、但為是心知覚之発、而不脱乎気質粗浅上者矣。苟明乎此、則四端七情、雖分理発与気発、而其名義各有所従来無不通者、而初無害於本来兼人道合理気之七情也。

（それゆえ以下のことをかならず知らなければならない。すなわち七情は、混淪していえば、もとより四端を包みその中におくが、四端と相対していえば、始めて理気を分割することができる。その七情の中、喜ぶべくして喜び、怒るべくして怒り、哀懼すべくして哀懼するものには、選りすぐって天命の本体に発源するものもある。これは当然、四端と同実異名であって、理一辺に分属しなければならない。だが七情の中にあっても気に発するものは、特によく喜びよく怒りよく哀しみよく懼れることをいうが、心の知覚の発であって、気質の粗浅の上から脱することができない。まことにそのことに明らかであれば、四端七情は理発と気発にわかれるけれども、その名義にはそれぞれ由来するところがあって、通ぜざるものがなく、もともと人心道心を兼ね理気を合わせる七情を害することはない）

即ち拙修斎の四七説は、亦退渓・栗谷二氏の学説を折衷したもので、気発理乗の大原則は栗谷説を取り、更に此の大原則に就いて「理、気に乗る（理乗気）」「気、理に寓る（気寓理）」の二細則を分析し出した。而して是細則

は即ち、退渓の説の換面改頭したものである。従て退渓学派からも栗谷学派からも理路の不徹底なるを攻撃せらるべき弱点を有するは已むを得ない。

李巍巌は滄渓の場合と同じく、辛辣に反駁を加へて曰く（巍巌遺稿・巻一三・題林趙二公理気弁後）、又其言曰、心之悪固由於濁気、而其善者乃是理之本体、自当如是。故得気之清者、直遂其本然之善而已云。此即自家所意、天理本有自主張一途也。噫天理果能自主張、則不論気之清濁、而直遂其本善、方可見其自主張之実也。今必得清気而直遂、不得清気則不能直遂。悪在其自主張歟。性理之善、雖則不本於心気、而其善之存亡、実係心気之善否、心之不正而性能自中、気之不順而理能自和、天下有是乎。

（趙聖期はまた、〝心の悪はもとより濁気によるが、心の善はただちに理の本体であって、自ずからまさにこのようでなければならない。それゆえ清気をえる者は、その本然の善を直遂するのである〟というが、これはすなわち、趙自身の命題〝天理にはもともと自発作用（理即性の自主張）がある〟の一途にすぎない。ああ、天理に果たしてよく自発作用があれば、気の清濁を論じることなく、その本善を直遂して、まさにその自発作用の実をあらわすことができるであろうが、実際は清気をえて直遂し、清気をえなければ直遂することはできない。これでは自発作用はどこにあるのか。性理の善は、かえって心気にもとづかず、その善の存亡が実に心気の善否にかかわっているけれども、心は不正でありながら性はよく自ら中し、気は不順でありながら理はよく自ら和すことなど、天下にあるであろうか）

拙修斎は理を以て全く無為無作用、単なる自然と視做すを肯ぜずして、理即性の自主張、即ち自発作用を認めんとしつつ、同時に性の直遂するには清気に乗ずることを必要と説いてゐる。故に巍巌は此にも亦退渓・栗谷二説の折衷を力めつつ、其の実何れとも牴牾して成立し得ないことを指摘したのである。

斯の如く、本と一政派たりし西人から老論・少論が分裂し、而かも学説上の党議に在りても二派合流するを得なかったのであるが、不思議な事には、今日に至りても尚通例老論派の学者の四七説は尤庵・南塘の其を継承して、栗谷を以て妥当にして退渓を以て見得て到らずとなし、少論派の学者は南渓・滄渓の其を奉じて、退渓を以て妥当となし栗谷を以て見得て明かならずとする。手近い例を挙げると、今早春物故した副提学尹喜求［老論］と現大提学鄭万朝［少論］二氏に之を見ることが出来る。蓋し二説共に一面の真理を得て居るから、代々家の立場が一定すれば、各の家の人達は学的良心を傷けることなしに持説を決し得るのである。

農巌（金昌協）の四七説は『農巌続集』下に収められてゐる。此に付て呉老洲（呉熙常）の『老洲集』（巻二四）「雑識」に其の農巌本集に収められない理由を叙して、

農巌四端七情説、精深微密、発明真蘊、多造退栗所未臻之理。可謂無窮者義理、而前賢之所留蘊、後賢発之也。曾聞印集之時、遂庵以其有参差於栗谷、力主刪去之論、見漏於原集。其後年譜之追刊也、渼湖雖撮其要而附見、終不如全文之完備。殊可恨也。

（金昌協先生の「四端七情説」は精深微密であって、真蘊を発明し、退渓栗谷のいまだ達せざるところの理を多く明らかにしている。まさに無窮なるは義理であって、前賢が遺留した命題を、後賢が発したということができるであろう。だがかつて聞いたことがある。『農巌集』を刊行したとき、権尚夏は先生の四七説が栗谷と齟齬することを理由として、刪去を強く主張し、原集から四七説を削除した。後年、年譜を追刊したとき、金元行は四七説の要点をとって付記したが、ついには全文を完備することができなかったという。まことに残念なことである）

と曰った。遂庵（権尚夏）等栗谷の正系派は、其の農巌の説として天下後世に伝はらんことを恐れたのである。然るに結集の後幾くならずして、農巌の上足魚有鳳は此を写し伝へて「農巌四端七情弁」となして世に伝へ、後哲宗五年（一八五四）『農巌続集』の結集せらるるや、其の中に収めらるるに至った。

農巌の四端七情説は両情が性の発動なる以上、勿論理と気の共発に出づることは栗谷と同じく之を認める。而して四端の理を主として以て名目を立て、七情の気を主として以て名目を立つるに付ては、退渓に賛同したのである。七情は尚未だ以て人の情の一切を挙げ包むことは出来ないのではあるが、其の表現する意義に就いて考へれば、あらゆる情を包括して称したものである。但し未だ充分に総べての情を挙げ表はすことは出来ないが故に、四端を完全に七情に配当して漏れなきことを得ない。故に栗谷の恭敬を以て懼に配し、是非を以て喜怒哀楽の当否なりとしたものも、未だ尽さざる所あるを免れない。況んや辞譲に至りては、此を七情の何に配当すべきものか。要するに、七情の名目を以て汎一切の情を包括して復た余情なしとなすが故に、是の如き困難が生ずるのである。只だ軽く意を以て解して、以て一切の情を挙言ふとなせば、四端も亦固より七情の外に出づることはない。而して四端七情区別の概念を述べて曰く（農巌続集・巻下・四端七情説）、

人心有理有気。其感於外物也、気機発動而理則乗焉。七情者就気機之発動而立名者也。四端則直指其道理之著見者耳、不干気事。所謂不干気事者、非謂四端無気自動也。言其説時不夾帯此気耳。観四者名目、便見当初立言之意、自与中庸楽記不同。惻隠羞悪、尚与愛悪無甚異同、而若辞譲是非、則直就道理説、何曾干渉於気。以此推之、四端之異於七情可見矣。

（人心には理があり気があるが、人心が外物に感じるや、気機が発動して理がそれに乗る。七情は気機の発動について立名したものであるのに対して、四端はその道理の著見するのを直指したものであって、気事にかかわらない。気事にかかわらないとは、四端は気がなく自ら動くということではない。四端はそのとき気を夾帯していないということである。『孟子』の四端の名目をみれば、当初立言の意がわかるが、それは自ずから『中庸』（人心道心）や『礼記』楽記（七情）と同じではない。惻隠と羞悪はなお愛・悪とはなはだ異なることはないが、辞譲と是非はただちに

道理について説いており、気にかかわることなどない。これから推せば、四端が七情と異なることは間違いのないところであろう）

則ち四端は事実としては七情中に包含せられてはあるけれども、概念としては七情と別個に立てることが出来る。故に古来先哲の言に観るも、四端に在りては拡充を説き、七情に在りては和を言ひ中節を言ひて、之を節制すべきを戒めて居るのである。和とか中節とかいふのは七情をして理に循はしむるの意であって未だ節に中らざる本の儘の七情は気を主としてゐることを証明するに足るのである。故に四端は七情中に就いて理を主としたる部分を取出して称したに外ならない。斯くて農巌の説は全く退渓の後説に合流した。故に曰く（農巌続集・巻下・四端七情説）、

四端善一辺、七情兼善悪。四端専言理、七情兼言気。栗谷之説、非不明白。愚見不無少異者、所争只在兼言気一句耳。蓋七情雖実兼理気、而要以気為主。其善者気之能循理者也。其不善者気之不循理者也。其為兼善悪如此而已。初不害其為主気也。退渓有見於此、而此処極精微難言。故分析之際、輒成二歧、而至其言気発理乗、理発気随、則名言之差、不免有累於正知見矣。然其意思之精詳縝密、則後人亦不可不察也。

（栗谷の説すなわち〝四端は善一辺であり、七情は善悪を兼ねる。四端は専ら理をいい、七情は兼ねて気をいう〟などは、明白でないことはないが、わたしはすこし違うように考えている。争うところは〝七情は兼ねて気をいう〟の一句のみである。けだし七情は実に理気を兼ねるけれども、要は気を主としており、その善なるものは気がよく理にしたがうものであり、その不善なるものは気が理にしたがわないにすぎない。七情が善悪を兼ねることはこのようであって、すこしも主気たることを害しない。退渓はこの点について見識があったが、精微を極めるところであって容易に説明しがたい。それゆえ分析する際、にわかに二岐にわけて、〝七情は気発して理これに乗り、四端は理発して

気これに随う〟というにいたった。退渓の互発説はかくして名言の差異のため、正しい知見に累のあるを免れない。だがその意思の精詳緻密は、後人もまたよく察しなければならない）

農巌は退渓の説に左袒するが故に、四端七情主理主気発の主張を裏着けるものとして、理が気発を待たず自体発動して情となり得ることを許容せざるを得ない。従て人心道心説に於ても、栗谷と合せざる所あるは已むを得ない。栗谷は人心道心説に於て、其善悪を之を発する所の気を主として説き、清気の発は善、濁気の発は悪となした。即ち道心は清気の理を載せて発せしもの、人心は亦同じく気の理を乗せたものではあるが、其の気清き時は善となり、其の気濁る時は悪となると云ふのである。而して農巌は栗谷の此説を以て誠に曲折少しと評し、別に説を成して曰はく、「気の清き者は其の発するや固より不善あるべき訳はない。然れども善情は皆清気より発すといふは不可。情の悪なるものは固より濁気より発する。併し濁気の発、其の情皆悪といふのは不可である」。農巌は其の理を精密明快に説いて曰はく（農巌続集・巻下・四端七情説）、

自中人以下、其気固多濁少清。然見孺子入井、未有不怵惕惻隠者。此豈皆清気之発哉。若曰安知此時不適値其気之清也、則他日見此、宜亦有不惻隠之時矣。然而毎見輒惻隠、雖一日十見、亦無不惻隠。是豈毎与清気相邂逅哉。蓋天理之根於性者、随感輒発、雖所乗之気濁而不清、而亦不為其所掩耳。然此且以常人言耳。至於頑愚之甚、平日所為至無道者、猝見人欲害其親、則亦必勃然而怒、思所以仇之。彼其方寸之内、濁気充塞、豈復有一分清明之気。特以父子之愛、於天性最重、故到急切処、不覚真心発出。於此可以見人性之善、於此可以見天理之不容已。此豈可曰清気之所為哉。理雖曰無情意無造作、然其必然能然当然自然、有如陳北渓之説、則亦未嘗漫無主宰也。是以人心之動、理雖乗載於気、而気亦聴命於理。今若以善悪之情、一帰之於気之清濁、則恐無以見理之実体而性之為善也。

（中人より以下は、その稟気はもとより濁が多く清が少ない。だが孺子の井に墜ちんとするのに遇えば、例外なく怵惕惻隠するにちがいない。怵惕惻隠するのは、清気が発したからであろうか。たまたま気が清の時にあたっていたのであれば、他日、同じ事件に遇って、惻隠しないことがあって当然であろう。だが実際は、遇えばただちに惻隠し、一日十たび遇っても、惻隠しないことはない。これはまさか、事件に遭遇した際、つねに清気と相邂逅したわけではあるまい。なぜなら、天理は性に根ざしたものであって、外感に応じてただちに発するが、乗るところの気が濁り清んでなくても、またそれに掩われることはないからである。以上の論は依然として常人についてのべたものかもしれない。だが頑愚の極、平日の行為が至無道な者であっても、他人が自分の親を害しようとするのをみれば、またかならず激怒し、仇を討つ方法を考えるであろう。極悪人の方寸内には、濁気が充塞し、一分の清明気もない。だが特に父子の愛は天性において最も重いため、急切なところにいたって、覚えず真心が発出したのであろう。この事例は人性が善であることを示し、また天理が已むを容さざることをみごとに示している。これについては、清気のなすところとのべることができないであろう。理は情意がなく造作がないというけれども、陳淳が説くように〝必然能然、当然自然〟であれば、また理はまったく主宰することがないということはできないであろう。ここをもって人心の動の場合、理は気に乗載するが、気もまた命を理に聴くのである。いまもし善悪の情をもって、一律に気の清濁に帰せば、おそらく理の実体も性が善たることもみることができないにちがいない）

此に農巌は、理の自体に能く発動して情となるの力ありと言ふ代りに、気を主宰する力と言った。然し此の場合に、既に気は濁にして善情たる源因少しも気の側に於ては無いのに、尚能く惻隠等の善情の実際に現れるのは、専ら理其のものの働に帰せなければならない。換言すれば、理自体に気の抵抗に拘らず、自ら発して情となる所の力ありと認めなければならぬ。農巌の四七説も畢竟、理気互発まで進むで始めて成立するものである。

農巌の門下頗る振ひ、学に造詣深く、官に清顕に到った者が少くない。例へば官大提学吏曹判書に至り、文正と諡せられた陶庵李縡、官大司憲に至り、文元と諡せられた蟾村閔遇洙、官賛善に至り、文敬と諡せられた渼湖金元行、官進善に至り、文康と諡せられた彼の弟三淵金昌翕の如き、即ち皆其の門下である。而して彼等に至りては、いと明白に湖中の韓南塘（韓元震）の直系主気派とは別派を形成して、主気の説を以て聖人の正意を失ひ、性善の旨に達せざる者となしてゐる。

但し尚理気の互発を明白に認むるに至らず、又「心即理」とは謂はない。只だ心は理気を兼ね理気相離れず、気は以て心の発動する力となり、理は又気に主として之に命令し之を宰領する自然的性能を持つもので、要するに心はあく迄理気を兼ね「心即気」とも「心即理」とも謂ふことを許さずとなす所の理気対立学派で、之を歴史的に観れば、退渓派・栗谷派の折衷的地位に在るといふことが出来る。此に陶庵の理気説を挙げて、其の例とする。『陶庵集』巻一四「答沈信甫問目」に、

心気也而理具焉。有是気斯有是理。不可相離、而亦不可相雑也。合理与気而総天地万物之会、故曰妙。無気不可言理、無理不可言気。不可言無、亦不可言有。故曰不測。理不能自為運用、出入者乗気機者也。理静而気動、動之端便是機。気動故理動、乗気之機者亦気也、所以乗気之機者亦理也。分理気而言心、則人有二心也。豈有是理。

（心は気であり、理はそこに具わる。この気があってこの理がある。理気は相離れることができず、また相雑じることもできない。理と気を合わせて天地万物の会を総べるゆえ、〝人心は妙〟という。気がなければ理をいうことはできず、理がなければ気をいうことはできない。無といえないし、また有ともいえないゆえ、〝人心は不測〟というのである。理には自ら運用する能力がなく、出入するのは気機に乗るときである。理は静かであり気は動き、動の端が

すなわち機である。気が動くゆえ理が動くが、気の機に乗るのも気であり、気の機に乗るゆえんも理である。理気をわけて心をいえば、人は二心をもつが、そのようなことなどあろうはずもない）

是大体論である。気は即ち心の用ではあるが、実は気に命ずる者は理である。巻一〇「答尹瑞膺」に曰く、

蓋嘗妄謂、天地之間、有理有気。雖不相離亦不相雑、而気勝理則乱、理勝気則治。要之聖賢千言万語、都不外於理為気主四字矣。孟子之功、莫大於道性善一言。蓋於気質之中、拈出性字、使人知人与堯舜之本無二性。今高明之論、則許多弁説、専以気為主、使天下至浄至潔之理、全然堕在気窖中去了、以至方寸虚明之地、亦挑脱不得。殆類於古所謂滓穢太清者。設令成就得一副当義理、此於人身心上、有何所補。苟如是、則孟子之辛勤道得一性字之意、至是而還復黗昧矣。

（けだしわたしはかつてこう考えた。すなわち、天地の間には理があり気がある。理気は相離れず、また相雑じらないが、気が理に勝つとき天下は乱れ、理が気に勝つとき天下は太平になる。要するに、聖賢の千言万語はすべて〝理は気の主たり（理為気主）〟の四字に背くことはなく、孟子の功績は〝性は善なり（性善）〟とのべた一言より大なるはない。けだし気質の中から性字を拈りだして、庶民と堯舜の性にもともと違いがないことを人々に知らしめたからである。いま学兄の論は、数多くの弁説が専ら気を主として、天下至浄至潔の理をまったく気の穴蔵の中に堕としており、結局のところ、方寸虚明の地（心）もうまく善悪を取捨することができていない。ほとんど古のいわゆる〝居心は不浄でありながら、また強いて滓穢のはなはだ清きを欲する〟こと（晋書・巻七九）に類している。たとえ成就得一が義理に適合したとしても、人身上にあって何か補うところがあるであろうか。まことにかくのごとければ、孟子が苦労して一性字にこめた意義（性善の意義）は、ここにいたって亡びるにちがいない）

蓋し尹瑞膺、名は鳳九、屛渓と号し、任鹿門（任聖周）と同じく清州の韓南塘（韓元震）の上足である。而して

是等屏渓・鹿門等は南塘に従学して、忠清道に在りて門戸を張った。由りて陶庵（李縡）等は此を湖中派と指称した。巻二〇「答李道三」に、

今之言明徳者、欲捨理而主気、則豈不大悖於聖人之旨耶。近来湖中於心単言気之説、於明徳、則猶不敢直曰有分数、而其言亦窘遁矣。

（いま〝明徳〟を説く者は、理を捨て気を主としようとするが、これは聖人の旨に大きく悖っていないであろうか。最近、〝心即気〟を主張する湖中の説の場合、明徳についてはなおあえて分数があるとは直言していないが、その言の行きづまっていることは間違いないところであろう）

而して農巌門派六伝して、数年前群山島に於て物故した、韓国最末期に在りて前述居昌の郭俛宇（郭鍾錫）と相並びて山林儒の双璧と称せられ、日本の紀年を用ゐることを屑しとせなかった艮斎田愚に至りては、更に激しく主気説を排撃して、『艮斎集』前編・巻一「与鳳岫金丈」に

見得近時学問之弊有両端。一是苟偸、一是熱鬧。熱鬧者、胸中不安貼、凡事要自主張、不問前言往跡如何。一任自己所見、胡叫妄作而已。其苟偸者、又却只是謹身惜名、目見邪説詖行剥蝕正道、而不敢開口指陳。其行処亦多可観、終是苟簡底意思在。故於其所難者則惰、其異俗者又不敢顕然行之。要之、其意只是不欲礙著、古今一人。二者之失、雖有剛柔之異、而其主気以害理則一也。夫主気以害理者、正与聖門原性以治心之学、相為消長。彼勝則此負、此盛則彼衰。故君子之以道自任者、力与闘之、而不計其身之利害也［自注：主気二字在天下則乱天下、在国家則敗国家。此二字是万物之賊、不可以不斥也］。

（わたしのみるところ、近時学問の弊害には大きく二種ある。一つは苟偸（安逸をむさぼること）であり、他の一つは熱鬧（にぎやかに騒ぐこと）である。熱鬧する者は、胸中は落ち着きをみないにかかわらず、あらゆることに自ら

を主張し、前言往跡のいかんを問わない。専ら自己のみるところに任じ、胡叫妄作するのみである。一方、苟偸する者は、逆にただ身を謹み名を惜しみ、邪説が詖行して正道を剥蝕するをみても、あえて口を開いて指陳しようとはしない。その行くところには観るべきものも少なくないが、結局のところ、万事一時しのぎである。それゆえ正道による非難も中途半端であり、俗に異なる者もあえて顕然と批判しない。要するに、ただ損なわれないことを願うことは、古今まったく同じである。二者の失錯には、剛柔の異なるところがあるけれども、気を主として理を害することはすこしも変わらない。その気を主として理を害する者は、まさに聖門の性を原ねて心を治める学と相消長をなし、一方が勝てば他方が負け、他方が盛えれば一方は衰える関係にある。それゆえ、君子の道をもって自ら任じる者は、努めてそれを斥け、その身の利害を計らぬようにしなければならない［自注：主気の二字は天下にあれば天下を乱し、国家にあれば国家を敗る。この二字は万物の賊であって、斥けないことはできない］

と述べてゐる。是に至って同じ老論の学派の中に農巌の門流は、南塘門派の主気説と氷炭相容れず、却りて嶺南学派の李寒洲（李震相）等の唱ふる所の「心即理」と期せずして合流するを見るに至ったのである。是を観ても学説の同帰・学派の統一の、至難にして殆ど不可能なるを看取することが出来る。

（1）高橋の下記引用文は正確にいえば、金天休弁曰の文章であり、李玄逸のそれではない。ただ李玄逸自身は「此段所論見得的確、説得痛快。其於四端七情理発気発之弁、発明深切、若指諸掌。甚善甚善」といい、金天休の見解に全面的に賛同しており、そのことからいって李玄逸の主張と同一視することができないわけではない。

（2）李炯性の考証によれば、密庵の墓誌銘を書いたのは、霽山金聖鐸ではなく、訥隠李光庭であるという。事実、その文集『訥隠集』巻一三には「密庵李公墓誌銘」があり、引用文と同文をのせている。まさに李炯性の指摘するとおりである。

（3）『朱子文集』の原文は〝向所寄来冊子、方為看得一半、其間亦有不足記者。其小未備者已頗為補足矣、後便方得寄去也〟といい、李震相の解釈がすこし入っている。

（4）高橋は退渓の意を〝理気を虚霊に当てて説明すべからざると同時に、虚を以て理となすべからず〟と解するが、退渓は明彦の〝理不可以虚言〟を批判して、〝自其真実無妄而言、則天下莫実於理。自其無声無臭而言、則天下莫虚於理〟とのべており、〝虚を以て理となすべからず〟と考えてはいない。

最も忠実なる退渓祖述者権清臺の学説

一　小　引

宣祖朝に於ける東西人分党が、東人の勝利となった事は周知の事実であって、而も其の勝利の原因は、人才の済々として西人を圧したるにありて、而して斯く東人に人才多かりしは、嶺南の人文が高麗以来、他郷に比して特絶の優位に達し、之に加ふるに、近く李退渓（李滉）・曺南冥（曺植）の二大匠南北に門戸を開いて教化を布き、文学に政事に道徳に、其の才に従って子弟を育成したるの致す所であった。

既にして光海君朝となりて、東人中の一派北人の李爾瞻等があまりに権柄を肆にして、遂に光海君と共に悲惨の末路を取り、此に所謂仁祖の反正となり、雌伏三〇余年の李栗谷（李珥）・成牛渓（成渾）の門徒西人再起の日が廻り来、栗谷の伝心金沙渓（金長生）を総帥として、物の見事に東人の全盛を覆した。

然れども仁祖・孝宗両朝は猶国外に事多くして、在朝の党人等も只だ其の党争にのみ専心する事を許されなかった。李朝党争史の最も惨酷凄酸を極むるは粛宗より英祖に至る間で、其の昂ずる所遂に景宗の早世や荘献王世子の非命に殂するを見るに至った。斯くて英祖に至りては、政争の勝負明白に決し、老論第一、少論第二、遥に下りて南人第三、北人に至りてはあるかなきかのみじめな境遇に沈淪した。

然るに斯くの如く朝廷に於ける政争が激するに連れて、両党対抗意識が学問にまで侵入して、東西人学人の学説上の論争が漸く表立ちて来た事は、奇異なる現象と謂はねばならぬ。東西人学説上の争といふは、言ふまでもなく東人の学祖李退渓、西人の学祖李栗谷二氏学説の相違点を蒸し返して互に攻撃しあふのであるが、その最も露骨な現はれは、栗谷の文廟従祀の問題であった。仁祖反正成り、西人の名流金瑬・李貴・洪瑞鳳・張維・崔鳴吉・李曙・具仁垕等が功臣となり、元年癸亥（一六二三）三月には総帥金沙渓も召されて掌令となった。所が三月既にはやくも特進官柳舜翼・承旨閔聖徽（初名聖徵）・検討官兪伯曾等は、栗谷の文廟従祀を王に啓した。然るに仁祖は、

予非謂不可也。従祀重事、不可率爾為之。且以其門人弟子及相識者之言、遽為従祀、亦似未妥（仁祖実録・巻一・一年三月丁巳条）。

（予は不可というにあらず。文廟従祀は重事であるため、軽率に決めることはできない。かつその門人や弟子および相識者の言だけをもって、急ぎ従祀を決めることも、また穏当でないであろう）

と答へて允さなかった。是れ抑も栗谷従祀が朝廷の公議に上った第一次である。

次で仁祖一三年乙亥（一六三五）五月には、館学儒生宋時瑩等二七〇余人連署して、栗谷・牛渓の従祀を請うたが、王は前同様の理由で允さなかった。而して一方には、館儒蔡振後等を疏頭として、従祀反対の上疏が現はれた。其の理由とする所は、栗谷は壮時異学に染み、牛渓は壬辰時不臣の進退があったといふのである。仁祖は之に対して、善く理解した旨を答へた。

孝宗元年（一六五〇）二月には、嶺南の進士で大学生たる柳稷等九〇〇余名上疏して、栗谷・牛渓二人の決して従祀の典に参すべからざるを極陳した。是疏は文と想と共に観るべく、栗谷の大節及び学問共に瑕疵掩ふ能はざるを充分に説明してゐる。恐らく此の疏は、当時南人の名ある学者の製したものであらう。既にして五月に至り、同じく嶺南の進士申碩亨等四〇余人連疏して柳稷の疏を論駁した。併し其の学説を述ぶる所往々愆もありて、柳の疏に若かざること遠い。七月に至り、領議政李敬輿は柳稷の疏の過謬を指摘して、大学生にして柳の説に雷

同する者少からざるを憤慨した。幾くならずして、大学生等議して柳椶を附黄の罰に附した。而して右議政趙翼は上疏して栗谷・牛渓従祀を請うた。是に対して孝宗は批して、

以卿之純実老成、而尚有此挙、予甚惜之。亦念国家事、勿為紛擾者之倡（孝宗実録・巻四・一年七月癸酉条）。

（卿の純実老成をもってさえ、なおこの挙があるのか。予ははなはだそれを惜しむ。国家のことを考え、紛糾を煽動することなかれ）

と曰った。

爾後顕宗朝となりても、壬寅・癸卯・丙午の三回儒生等の従祀の上疏あり、又之に対して反対の上疏も出たが、終に允許せられなかった。粛宗七年（一六八一）九月に至りて、館学八道の儒生李延普等五〇〇余人連署して、栗・牛二氏の従祀を請ひ、王は一応之を許さなかったが、更に数日後、李延普等が再度前請を疏陳するに及び、王は遂に是議を議政府に下して大臣をして議せしめた。此の時の大臣は金寿恒・金寿興・鄭知和・閔鼎重・李尚真で、何づれも西人の名流である。皆宜しく従祀すべしと答へた。王曰く、

大臣之議皆如此、依前疏批陞配文廟（粛宗実録・巻一二・七年九月戊辰条）。

（大臣の意見がみなこのようであるので、前疏のとおりに文廟への配享を許可する）

是に於て多年の懸案が解決した。

然るに従祀の事決してから数日後、恐らく嶺南の儒生と思はるる朴性義等六〇余人上疏して、栗・牛二氏の従祀を以て謂はれなしと主張した。

後八年、己巳（一六八九）正月に至り、前に戊辰年（一六八八）張嬪の腹に生れた二歳の景宗を王世子に封ぜんといふ議起るや、老論は王妃の齢尚高からず、姑く待ちて其の所生なきを確めて、然る後封ずるも未だ遅きに

非ずと主張するに対して、南人は粛宗の意の全く張嬪に傾けるを窺察し、進みて封王世子の議に賛し、老論此に敗れて宋尤庵（宋時烈）・金寿恒兄弟斃れ、南人の世となった。其の年はやくも原城の幼学安璥上疏して、栗谷・牛渓文廟配享を黜せんことを請ひ、次で大司諫権瑎・献納李玄祚啓して、二氏の配享を黜せんことを請ひ、遂に允された。

後五年、甲戌（一六九四）に至りて、官場復又一廻転し、南人逐はれ老論の世となるや、其六月栗谷・牛渓文廟従祀を復した。期に先立ちて祭祀を其家に賜ひ、教文を諸道郷校に頒ち、其の日には百官陳賀し、王教を中外に頒った。其の文の中に曰く、

頃緣党人之当朝、未免巧讒之惑志。常禋久廃、英霊之妥掲無憑。吾道将窮、善類之隠痛靡極。雖亹説之醜正、厥罪莫逃。顧偏聴之生奸、予心有靦。茲当更張之日、即発悔悟之端（粛宗実録・巻二七・二〇年六月己未条）。

（近年、党人が国政を牛耳り、巧妙な讒言が横行し、予は志を惑わすことを免れなかった。常例の祭祀は久しく廃され、英霊は寄る辺を失った。吾が儒道はまさに窮せんとし、善類の隠痛は極まったことであろう。党人の偽言が事を誤らさせたとはいえ、予もその罪を逃れることはできない。むしろ予の偏聴が奸事を招いたのであり、そのことを心から恥ずかしく思う。そこで更張の日にあたって、悔悟の念を内外に表する）

正に是れ粛宗王も西人に入党した様なものである。蓋し西人に取りては、東人の学祖退渓（李滉）が既に従祀せられて、独り我党の学祖の猶其典に浴さざるは、国家の待遇彼に若かざるを表明するもので、延いて其の学説の対立にも弱味を成す如くに考へられるし、且又文廟に従祀せられた先賢の言論に対しては、如何に反対党と雖も、縦なる非難攻撃を加ふるを憚るべきであるから、彼等は時を得れば即ち極力此が遂行を計ったのである。

斯く学説上の対抗意識が激化するに連れて、東人にも西人にも性理道学の研究に秀づる者を輩出するに至った。

西人には宋尤庵（宋時烈）・宋同春堂（宋浚吉）・朴玄石（朴世采）の門下、東人には柳西厓（柳成龍）・鄭寒岡（鄭逑）・張旅軒（張顕光）の門下等に俊髦相踵ぎ、朝鮮の道学上の文章も此の時代に至りて其精微に達した。

然るに此の頃より南人側に在りては、漸く政治上には敗者の地に推詰められんとするに拘らず、学問上には反りて一層奮発精励して、名利の学科挙の業以上の真学問に従事し、別に自得の天地を開かんとする風尚を馴致するに至った。勿論此は他方には、由りて以て人才を育成して、他日捲土重来東人の盛時を再現せんとする希望をも懐いたのである。斯くて嶺南一帯には大小性理学者雲の如く林の如く競うて、学行を以て相高うしたのである。是事に関しては、昭和四年九月発刊京城帝国大学法文学会第二部論叢第一冊『朝鮮支那文化の研究』に収めたる拙著「李朝儒学史に於ける主理派主気派の発達」に詳述した。

是等嶺南に於ける南人道学者中傑出したる者に、李葛庵（李玄逸）・李密庵（李栽）・李大山（李象靖）・李小山（李光靖）・金霽山（金聖鐸）・鄭立斎（鄭宗魯）・権清臺（権相一）・李息山（李万敷）・李活斎（李榘）・洪木斎（洪汝河）等あり。外に大匠李星湖（李瀷）は広州に住して、学名蔚然として京師を動かして、大に南人の為に気を吐き、又居常嶺南の学人と往来往復して、斯学の研鑽を累ねた。

言ふ迄もなく彼等南人の学者は、李退渓の学を奉ずるに於ては共通であって、以て海東孔子と推尊して居るのである。『星湖集』（退老本）巻二五「遊清涼山記」（星湖全書・文集・巻三五）は、粛宗三五年己丑（一七〇九）の遊記であるが、清涼山の高台にある安中庵の処にかう云ってある。

至安中庵、鉤懸一板、以籠壁上。乃老先生題名処云。而剥落今無筆蹟可尋。遊乎此者亦争記名姓於棟楹楣桷、無少空欠、而人猶不敢墨汚其旁。嶺人之尊慕先生、於斯可見。而至于僧徒之無知、亦皆称老先生而不挙姓号。先生之為後俗景仰一至於此。吁亦盛矣。

（安中庵にいたると、籠壁に扁額一板がかかっている。老先生（退渓）の題名になるという。だが今や、剥がれ落ちてその筆蹟を見ることはできない。安中庵に遊ぶ者は、争って自分の姓名をむなぎ・まぐさ・たるきなどに書きつけ、空いているところはすこしもないが、それでもなお、あえて先生の筆蹟のかたわらを墨で汚そうとはしない。嶺南の人の先生への尊慕の念は、ここにも見ることができる。無知な僧侶にいたっても、みな老先生と称し、姓号を呼びすてにすることなどない。後世の人が先生を慕い仰ぐことはまさにこのようである。ああ、なんと盛んなことではないか）

実に退渓の学問道徳の年を経て、愈々嶺南人に崇拝せらるる事、驚くべきものがある。

然るに是等南人学者の学説は、常に西人の学説を目当にして、之に対抗せんとして唱へられながらも、他面に於ては、自ら西人の主張に於けるより合理的なる点、換言すれば退渓学説の弱点を意識するが故に、是点に於ては若干退渓の原説に変化を加へて以て論理的整備を贏得んと企てたもの比々多く然りである。勿論退渓学説の改造ではないけれども、観様によりては多少の修正とも謂はれないでもない。南人と老論との学説の分岐点は、前論文に反覆述べた如く、畢竟主理主気の一点に帰し、更に現はれて四端七情理気互発か倶発かと分れるのである。

然るに独り此に述べんとする権清臺（権相一）の学説は、是等嶺南学派の一般的傾向に毫末も感染せず、最も忠実に純一に退渓の理気説を遵守し祖述して以て当代に一地歩を占めたものであった。固より彼の説は、全嶺南学派の賛襄を得、其の支持を受けたのではなく、反って此に反対する者、反対する地方も少からずあったのであるが、併し彼の家門閲歴に照して、其の嶺南にありても相当有力なる一門流となった事は、疑ふことが出来ないと思はれる。故に醇退渓の理気説を奉じて動かざる有力なる一派が、後世まで儼として嶺南に存在するに対する彼の功績は、之を認めなければならぬ。茲に私の彼の学説を紹介する意義が存するのである。

二　李星湖・鄭立斎の理気説

私は前述「李朝儒学史に於ける主理派主気派の発達」に於て、細に李退渓（李滉）の理気説を述べ、其が後に至りて主理説を主張する嶺南学派となりて、主気説を主張する李栗谷（李珥）の系統の畿湖学派に対抗した事を言った。其の内に嶺南学派の学者の理気説の内にありても更に二派に分れ、其の一は李退渓の、「天命図説」に訂正を加へた当初の思想を祖述して、情に惻隠・羞悪・辞譲・是非の四端と、喜・怒・哀・懼・愛・悪・欲の七情あるは、性に本然・気質あるに因るもので、本然之性は固より気質之性に宿るが、純粋理体であって同時に気と対立し、時ありてか気に関係なく能く単独に動き発して情となる、是即ち四端であるとなし、情となる原に理と気の二源を認むるものである。

其の二は、即ち奇高峰（奇大升）との往復書に於て退渓が妥協的に述べた思想を継承して、四端七情共に皆理気の倶発ではあるが、其の主とする所に従って四端を理之発、七情を気之発と称するに過ぎないとなすものである。併し乍ら此の第二説にせよ、尚依然として外界刺戟に対する理と気との個々的反応及び発動を認め、四端と七情とが別種の情であることを固執するが故に、畢竟理気を兼ねる心の発動に理と気の二源を立てるに変りはないのであって、絶対的に理は無為にして静止の状態に止まり、発動は独り気の営む所に帰するとなす主気説とは相容るることが出来ない。従って第二説は、理路を糊塗して主気説との角立を緩和する意味はあるが、論理的には尚徹底を欠く者である。従って退渓自身も、尚明瞭に意識しては居らず、又道破しても居ないけれども、主理派の四七論を詮じ詰めると、四端は本然之性即ち理の其の儘の発、換言すれば理の自力的発動、七情は気の発動であって、この理発気発を統率して四端を拡充し七情を調節するは、心の働であるといふ所まで往かなければならぬ。其は恰度主気派の四七論を詮じ詰めると、理なるものは元と気の外に存在するのではない、唯だ気が自ら活動したその迹に就いて観れば、自然に一定の条理法則がある、その条理法則を名けて理と称せるに外ならない、といふ所まで往かなければならぬと同様である。而して是に至りて両説の全貌がいと判然と描出されて、其の対立する所以の理由に隠れる所がない。そこで私は前論文に於て、退渓以後の嶺南学派を略述するに当り、権清臺（権相一）を以て第一説即ち最も徹底せる主理派の代表者たるを一言した。

爾後朝鮮支那朱子学者の学説を博渉するも、清臺の如く判然と明白に理自体の発動して情となることを唱道せる者を未だ見ない。蓋し清臺は東西朱子学者にありて、其の思索の一筋道に徹底せる意味に於て、頗る珍とすべき一人に推さなければならぬ。今幸に李王職図書館（蔵書閣）に『清臺集』一六巻附録二巻を蔵して、其の学説及び履歴を尋ねることが出来る。

清臺の学説を述ぶるに先ちて、南人学者の大匠で、清臺の先輩にして心友李星湖（李瀷）の四七論を略説せなければならぬ。此によりて清臺の南人学者中にありて、独得の地位を占むることが明にされるからである。鄭立斎（鄭宗魯）の理気説を略説するのも亦其の為である。

李星湖は南人ではあるが、嶺南に住まないで広州瞻星里に居り、曲肱飲水日夜攻学に勤め、其の名声京洛を動かし、粛宗・英祖にわたって大に南人の為に気を吐いた事は人の知る所である。星湖は英祖の三九年癸未（一七六三）八三歳で歿した。其の門人安順庵（安鼎福）は、朝鮮の史家として古今独歩に推す。星湖は博学強識、当代の諸学一として究めざるはなく、遂に天主教理にまで及び、彼の集（全集・巻五五）に「跋天主実義」の一篇がありて、頗る天主教を理解し為に物議を招くに至った。人は多く『星湖集』や『僿説』を通して、其の博識と文章と経済の意見の超邁とを説くが、併し其の著『礼説類編』や『四七新編』『星湖疾書』等を読むに至りては、彼の儒学及び経学上の思索及び造詣の、洵に尋常ならざるに服せざるを得ない。高宗四年（一八六七）大院君摂政南人登用の砌、右議政に任ぜられた尚州の柳厚祚の筵啓によりて、星湖に吏曹判書大提学を追贈するに至ったのも、主として彼の道学方面が、嶺南儒林に尊崇せられて居た為である。但し私は『四七新編』も『疾書』も、何づれも写本を閲したから、往々魯魚脱字のあるを免れざるを遺憾とする。是等の内、本論に関係あるものは『星湖集』と『四七新編』と『星湖疾書』である。

李星湖の『四七新編』は、殆ど嶺南学派の四七説の集大成の如き地位を占めて、それ迄の老論主気派の反対説を充分に打破りて、其の研究の精微思索の論理的なるを証してゐる。星湖の弁は一六項より成る。即ち、四端字義・七情字義・四端有不中節・聖賢之七情・四七有相似処・七情横貫四端・四七有異義・七情便是人心・七情聴命於四端・七情亦無有不善・七情亦有因道心発・古人論情不同・乗舟喩・水月喩・演乗馬説・図説である。此の中最も重要なる観念は、四端と七情とは如何しても別種なる情であって、決して一の中に他を含める事が出来ないとなすものと、四端七情の判然した定義と、聖人の七情の頗る四端に相似たる如きものある所以の説明と、四端七情が即ち道心人心の別称に外ならず、正に四端が道心で七情が人心であると断じた等である。

前論文に細述した如く、奇高峰（奇大升）が退渓（李滉）の説に同意するを得ざりし第一次的概念は、四端と七情とは別類ではなく、七情の内に四端を包含し、四端は単に七情の善一辺を剔抉したるに過ぎない、従って四端を以て心中の理の発せる情となすは先づ可なりとするも、七情を以て単に気の発せる情となすは到底不合理なるを免れぬ、といふ処にあった。而して之に対する退渓の答弁は、明白なるを得なかったのである。

李星湖は先づ支那の文献に就いて四端七情の分ち観るべきを述べて、明白に四端といふは理発、七情といふは気発となし、

物外物也、性吾性也、形気吾形気也。自外来感者、謂之感也。自吾動者、謂之発也。吾性感於外物而動、而不与吾形気相干者、属之理発。外物触吾形気而後、吾性始感而動者、属之気発（星湖全書・四七新編・七情便是人心）。

（物は外物であり、性は吾が性であり、形気は吾が形気である。外から来る刺激に感じることを感といい、吾より応じて動くことを発という。吾が性が外物に感じて動くとき、吾が形気と関わりのないものは理発に属し、外物が吾が形気に接触したのち、吾が性が始めて感じて動くものは気発に属する）

と云ひ、即ち外物の心に与ふる刺戟が直ちに心内の理即ち性を感動せしめて、そこに反応となった所のものが即ち四端であって、之に反して外界の刺戟が先づ形気を刺戟して、その刺戟からして性が動いて感発した所のものが七情であるとなすので、彼が此に七情に在りても性の感動する事を言ったのは、情の定義が性の発であるからである。

故に星湖の言はんとする所は、其の実四端とは霊性より発し来る心で、七情とは肉性より発し来る心といふに在るので、従って茲に道心人心と四端七情とが、異称同体でなければならなくなるのである。栗谷（李珥）の、四端七情と道心人心とを相即と観なかった事は、前論に述べた。但し主気派の人も、四端の理発たる事だけは渋々ながら其の仁義礼智四性の端緒と定められし以上之を認めて居るのであるから、専ら七情の人心に相即なることを拒否せんとするのである。そこで星湖は曰く（星湖全書・四七新編・七情便是人心）、

今人必欲以人心七情二者分開説、故其言終無底定。若透此一関限、其間零細節目相枝梧者、畢竟有帰一之地

矣。

（今人はかならずや人心と七情の二者を分開して説こうとするため、その言説はついに底定することがない。だがこの関門を通りぬけることができれば、その間の相齟齬する零細な節目は畢竟、帰一するところがあるであろう）

是は主理派の主気派に対する主張としては頗る重要なる点である。何となれば、主気派も道心人心の区別に在りては理論として理発気発を認めつつ、四端七情に至りては理発気発を認めないからである。

然らば則ち、四端の情と七情とは、其の性質に於て根本的に如何なる差があるか。星湖は之を公と私によりて説いて居る。此は朱子の蔡季通（蔡元定）に答ふる書（朱子文集・巻四四）に洩露した所の理は是れ公、気は是れ私、即ち大我小我の観念に基いて、朱子学者としては是れ以上の説明は之あるを許されない所に属する。

既に四端が是れ物我一如の公情であり、七情が物我相間する私情であるが故に、聖人の心の欲する所に従って矩を踰えざる境涯に在りては、其の七情の如きも既に物我区別の根本障を撤去した心の発動なるが故に、其の実質に於ては四端と相異るの所を見ない。即ち天下の為に喜び、天下の為に怒り、天下の為に哀み、天下の為に懼れるのである。併し是は結果より観たものであって、由って以て七情と四端との区別を一般的に没することは出来ない。猶又赤子の将に井に陥らんとするを見ては、何人も此に怵惕惻隠の情を起さざる者はなく、惻隠が更に強めらるれば、悲哀となり或は泣哭にも至る。茲にも四端と七情とが同種の情なる如くに思はれる。

併し乍ら更に観方を転ずると、人は我児の疾病飢寒に対しては、之を哀み之を懼れる。併し他人の子供の疾病飢寒に対しては、必ずしもさうではない。是れ我と我子との間には彼我の差がないからである。併し他人の子でも疾病飢寒の余り将に死せんとするを見ては、之が為に哀懼する。此は事の急切地に到ったからである。我の感ずる事のあまりに急迫なる場合には、一時自分といふ観念の把持を喪失するが故に、天理が著れて宛ら其の不幸の我身に落来った如くに思はれて、同情油然として萌起するのである。

而して世には其の気質極めて昏濁にして本然之性の働が固く蔽はれて、我子の飢寒に対してさへも惻隠の情を起さず、己が酒色に荒む者もある。併し斯かる不仁者と雖、己れの疾病飢寒に対しては哀懼せない者はない。是に至りて惻隠・羞悪・辞譲・是非の四端と喜・怒・哀・懼・愛・悪・欲とは種類の異なる事を知るべきで、即ち七情は何処迄も個我に局限した快不快によりて起り、四端は個我の局限を破りて物我間なき所の同情を原とするものである（七情亦有因道心発第一一）。斯くて彼は「図説第一六」に人心道心図と四端七情図とを作った。

（一）人心道心図

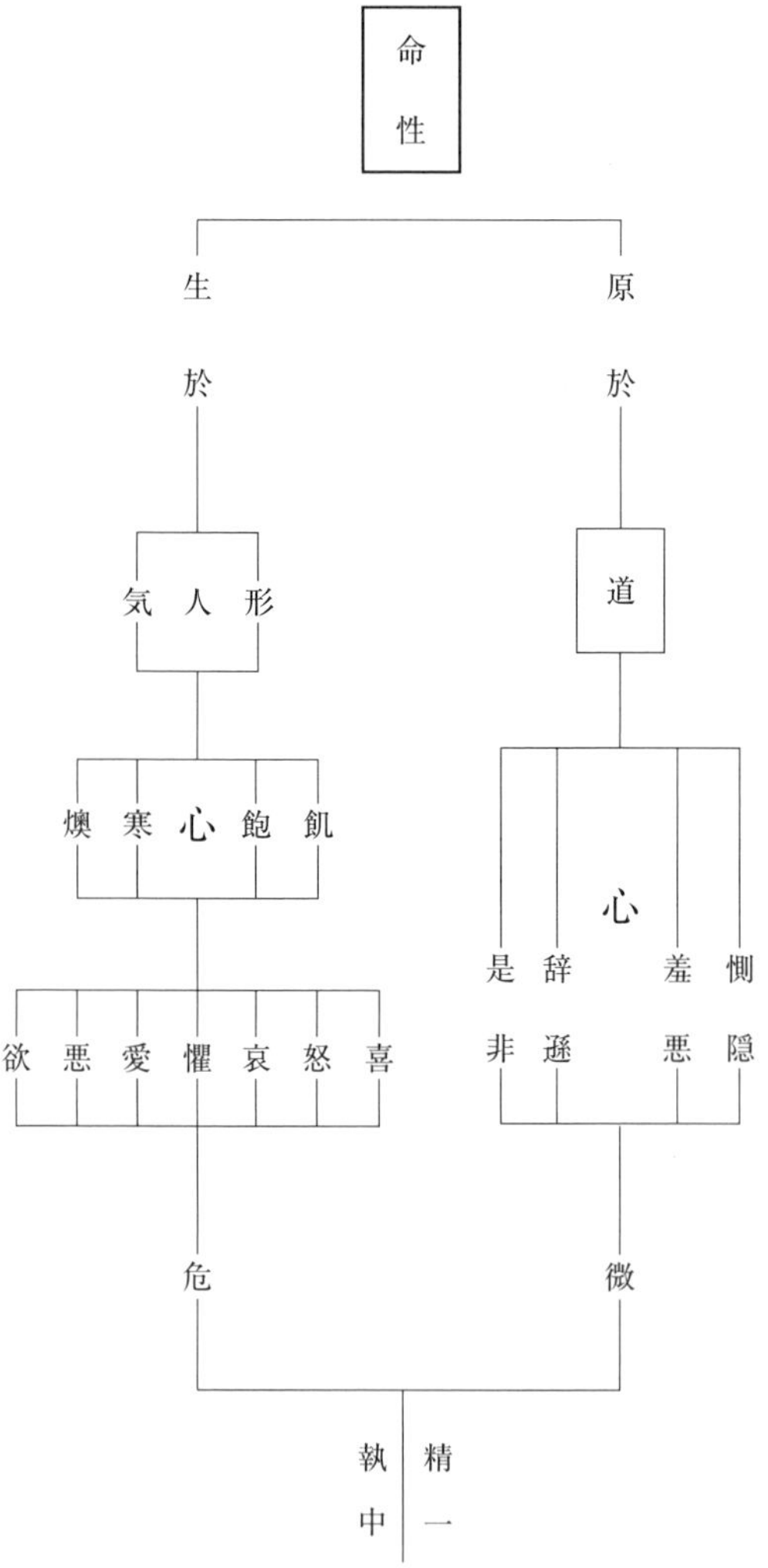

（二）四端七情図

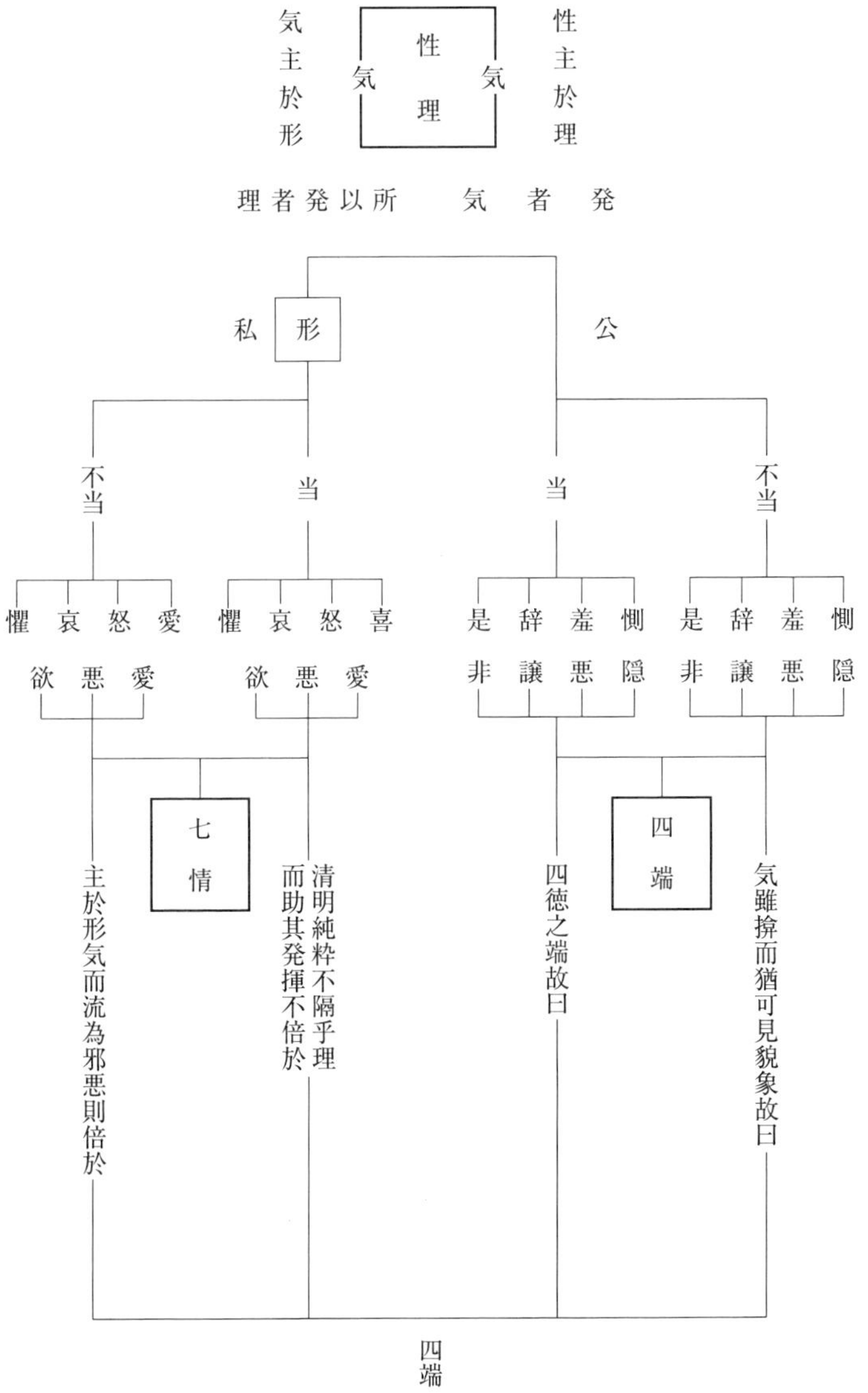
性主於理
気主於形
性
理
気
気
発者気
所以発者理
私
形
公
不当
当
当
不当
愛 怒 哀 懼
愛 悪 欲
喜 怒 哀 懼
愛 悪 欲
惻隠 羞悪 辞譲 是非
惻隠 羞悪 辞譲 是非
七情
四端
主於形気而流為邪悪則倍於
清明純粋不隔乎理
而助其発揮不倍於
四徳之端故曰
気雖揜而猶可見貌象故曰
四端

李星湖の『四七新編』の理気説は、前後一貫して能く退渓の説き得て足らざる所を補ってゐる。然るに後六〇の頽齢に及びて、種々学友等と研究を累ねた結果、幾分『新編』の説と違ふ所を生ずるに至った事は注意しなければならぬ。其は「四七編重跋」の一文に之を述べてある。但し本篇は幾許か条暢明晰を欠く如きではあるが、其の後権清臺（権相一）や鄭立斎（鄭宗魯）等の星湖四七説に対する批評や、又星湖の影響を受けて述べたと思はるる四七説に依りて綜合して、星湖の謂ふ所の意義を判然理会することが出来る。

李星湖は前に『四七新編』に於ては明白に四端は理発、七情は気発と断じたが、更に猶攷へると、君子は人の行の仁義礼智に合し、所謂天地の正道を発揮して居るを見ると、己れも亦藹然として共に喜び共に楽む。之に反して、人の仁義礼智の道に違って妄作するを見れば、或は之を悪み或は之を怒る。是の場合の喜や楽や悪や怒は天理の当然に附帯する所の情であって、其の実君子の心に在りては、聊かの私念の介する所なきものである。喜ぶは畢竟仁の発、怒り悪むも畢竟義の発と看て差支がない。然らば則ち、之を理発と謂ふも亦宜しいのである。

「四七編重跋」（星湖全書・四七新編・重跋）に曰く、

蓋惻隠羞悪仁義之発也。見其失所而危死則必為之惻隠、見其違道而妄作則必為之羞悪。此逆境也。非君子之所願而縁境便発者也。苟見其得所見其合道則必為之喜楽。此実天理之順境。順則緩、逆則激。激然後其感触尤深、故其発也益切。孟子取其最喫緊者以暁人、是以挙惻隠羞悪等以明之。然彼藹然随感者、亦豈無順境発乎。然則見其得所見其合道而為之喜楽者、此仁義之順境発也。古人特不言耳。始知聖賢之喜固亦順境之仁発、而其為人怒即不過逆境之羞悪。怒与悪、字雖別、義実相近、属之理発亦宜也。

（そもそも惻隠・羞悪は仁・義の発したものである。存身の地を失って横死する者を見れば、かならず惻隠の情が起き、道に違って妄作する者を見れば、かならず羞悪の情が起きる。逆境の感情がこれである。君子の願ったところではなく、状況に応じて思わず発したものにほかならない。だが安居の地を得、道に合う者を見れば、かならず喜び楽しむ。これは実に天理の順境である。人間の感情は順境では緩み、逆境では激しくなるが、激しくなればその感触はさらに深まり、感情の発出はますます切実になる。孟子が最も喫緊の問題を取りあげて人を暁し、惻隠や羞悪などを挙げて説明したゆえんである。だがつねに起きる感情の中には、順境から発したものもあるにちがいない。そうであれば、安居の地を得、道に合う者を見て喜び楽しむものについては、仁・義が順境から発した感情というべきであろう。順境の感情については、古人はとりたてていわなかったのみである。正確には、聖賢の喜はもともと順境の仁発であって、人のために怒るのは逆境の羞悪にすぎない、と理解しなければならない。また七情の怒と悪については、字は異なるけれども、意味は実によく似ており、理発というもまた不可ではないであろう）

是に至りて七情にも亦理発あるを許すことになって、折角の星湖の四七説も龍を画いて睛を抜いた感がある。

併し実は此の学説上の儱侗《アムビギュイチー》（ambiguity）は元と退渓の晩年定論なる彼の『聖学十図』の第六心統性情図・中図に既に其の萌しの現はれたものである。退渓の説明によれば、此の図は気稟中に就いて本然之性の気稟を雑へざるを指言した者で、即ち言を換へて言へば、理発其の事である。然るに其の発して情となるを図しては、

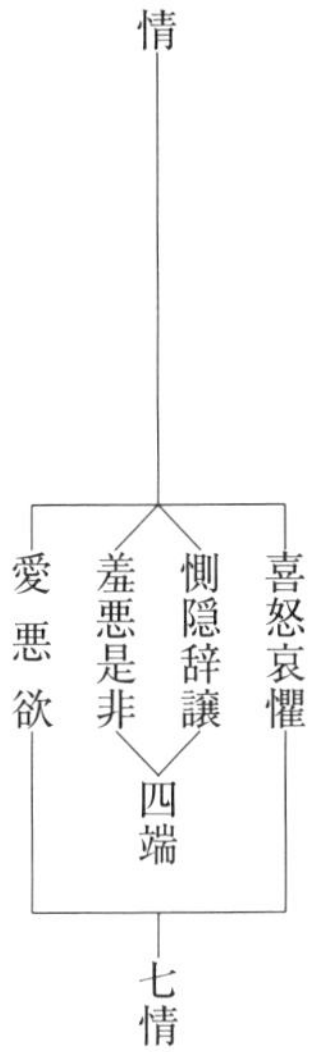

となして居る。即ち此に依れば、本然之性の発して情となるに当りて、独り四端のみならず七情も亦之ありとなすのである。

恐らく此は奇高峰（奇大升）との往復（両先生四七理気往復書・上篇・高峰答退渓論四端七情書）に高峰が孟子の喜・舜の怒・孔子の哀と楽とを挙げて、其の理発と異なる所なきに非ずやと反問せるに始まった思想であって、退渓の四七説の動揺を示すものである。そこで星湖の四七説も二通りに解釈出来る結果になって、彼の説も初晩相異なりて、遂に一致を見る能はざるに至ったのである。即ち其の一は『四七新編』の説で四端は公、理発、七情は私、気発を打立て、正しく退渓理気説の本流を承けたものである。其の二は七情も亦理発と言ふを妨げずとなすもので、「四七編重跋」の晩年説である。

李星湖『四七新編』が嶺南学者に広く読まれた事は、『清臺集』巻六「答李子新書」に李大山（李象靖）が年前人に借りて一本を看たとあるに知ることが出来る。星湖の学名は、同じ政派に属する嶺南の人士には、雷の如く響き渡って居た。

李星湖の理気説に二種ある如く、嶺南の学者にも亦二種理気説があった。後者は則ち、鄭立斎（鄭宗魯）が略ぼ権清臺（権相一）と同時代に尚州に於て門戸を立てて学風を煽るや、最も有力に主張した所である。立斎は鄭愚伏（鄭経世）の子孫、尚州に住す。学行を以て持平に徴せられて応ぜず、後咸寧郡守に補せられた。嶺南学界一時の望で南人名人の碑碣多く彼の手に出でた。正祖二一年（一七九七）『清臺集』刊せらるるや、立斎は之に序を冕した。

『立斎集』巻一二「答金公穆熙周」に先づ退渓『聖学十図』第六図心統性情図を引いて、退渓亦七情を理発となすを肯定せしを謂ひ、詳説して七情に二種ありて、本然性の発動なる七情は必ず四端の発に附随するを言った。

乃若原於性命之七情、仁義礼智各具此七情。試言之、如見孺子入井而有怵惕惻隠之心者、此固是仁之端也。而当此時己能救之而得其生則喜、人能救之而不救則怒。己与人倶不及救而死則哀、及救而生、見其宛転活動於前則楽。彼其不救者、以其無人心、不特怒之而又悪之。其救之者、以其有人心、不特喜之而又愛之。元来孺子雖是他人之子、仁人之心、固欲其生而不欲其死。故由其所欲之本如是、而喜怒哀楽与愛悪亦皆随之、有不期然而然者。此七情是仁之所兼也。

（性命に原づく七情のごときは、仁義礼智がおのおのこの七情に具わっている。試みにいえば、赤子が井戸に入ろうとするのを見て、怵惕惻隠の情がただちに起る。これがもとより仁の端である。このときにあたって、自分がよく救うことができ赤子が助かると喜び、人が救うことができるのに救おうとしないと怒る。また自分も人も救うことができず、赤子が死にいたれば哀しみ、赤子が救われて目の前で元気に活動しているのを見れば楽しむ。彼の赤子を救わなかった者に対しては、人心がないとして、怒るだけでなくその者を悪み、また救った者に対しては、人心があるとして、喜ぶだけでなくその者を愛するであろう。もともと赤子は他人の子であるが、仁人の心（人を愛する心）はまことに赤子の生を望み、死を望まない。その望むところ欲するところの根源がこのようであるため、喜怒哀楽も愛悪もみなこれにしたがって、期せずしておのずとそうなるのである。かかる七情には、仁がもともと兼ね備わっていると理解すべきであろう）

以下羞悪・辞譲・是非に亙りて、同様の説を述べてゐる。故に星湖の初の四七説に賛成する権清臺は『清臺集』巻一五「観書録」に於て一言星湖の前後変説に及びて曰く、

星湖以為七情之愛字悪字、与仁者愛之理義者羞悪有異。呉致重云、此言甚善。七情之愛悪、是気之発。愛之理之愛羞悪之悪、是理之発。星湖当初見得如是、而中間為四端七情皆理発云者、何也。

（李瀷は〝七情の愛・悪と、〞仁は愛の理〞（論語集注・学而）〞義は羞悪〞（朱子文集・巻二二）の愛・悪とは異なる〞と主張し、呉致重（呉尚遠）はそれに強く賛同した。七情の愛・悪は気の発であり、愛の理の愛と羞悪の悪は理の発だからである。李瀷は当初このように考えたが、途中、四端も七情もみな理発であると意見を換えた。これはなぜか、よくわからない）

其の説と支吾する所あるを惜んだ。斯くて星湖の一代南人の理学の大匠を以て、林下三〇年の研究工夫も、遂に嶺南学派の四七説を統一するに至らずして已んだ。以下権清臺の学説を述べる。

三　権清臺の学説

権清臺、名は相一、字は台仲、安東の権氏。彼の李退渓（李滉）に従学した忍斎権大器、松巣権宇父子は彼の先祖であって、松巣は五代祖に当る。忍斎は退渓より少きこと二一歳、松巣は退渓より少きこと五一歳。共に学行高きを以て、書院に享祀せられた。

就中松巣は道行を以て遺逸より起されて、宣祖の王子師傅に除せられた。万暦一七年己丑（一五八九）である。一日、宣祖は経書疑義を選びて王子をして質問せしめて、松巣の答の委曲を悉せるを嘉みされ、親書古詩一七幅を賜うた。宣祖は歴王中の名筆である。後粛宗九年（一六八三）、この幅を取寄せて覧られ、芸閣に命じて模刻せしめられた（金邦杰・芝村集・巻三・雑著・敬書権松巣御賜書貼後）。松巣は左承旨を贈られ、安東の伊渓精舎に享祀せられた。斯くて彼の家は嶺南に於て名家の一になった。併し彼の祖、彼の父共に処士を以て終った。

粛宗五年己未（一六七九）、尚州近嵓里に生れた。幼にして聡英好学、風彩亦奕々、権氏子ありと称せられた。但し業を家学に受けて、特に師事する人はなかった。粛宗三六年（一七一〇）三二歳の夏、増広試に及第し、釈褐して権知副正字に補せられた。翌々年、母の喪に逢ひ、次いで夫人李氏及び祖母の不幸に罹り、共に礼を執りて中を得た。三六歳に至りて、上京し副正字の実職に就き、爾来稍々官味を得、四〇歳には典籍、四一歳には直講、而して翌年には礼曹正郎に拝せられた。併し正に粛宗の末年で、党争陰険を極めた時である。英祖の即位するや、彼四七歳である。翌々年万頃県令となりて赴任した。五一歳に父の喪に逢ひ、服除いて掌令に拝せられ、再度疏を上り、格君心の要を述べて、大に英祖の注意を惹き、爾来其の眷顧を受けた。併し乍ら何分朝廷の政争は英祖の蕩平主義に拘らず、依然として熄まず、南人を以て永く清要職に在ることは到底之を許さない。故に彼も一進三退、常に退渓先生や其の他南人儒者先輩の迹を襲うて郷里に蔵修する期間が長く、内外の官職に在る時は極めて短かかった。而も彼の任官は英祖大王の特志に出るもの多かった。英祖の二五年（一七四九）彼七一歳、大司諫の要職に拝せられたのであるが、是の時、本と彼の名は吏曹参議の上れる注擬案にはなかったのに、英祖親ら之を注擬案の末端に書き加へて、而して此に落点せられたのであった。蓋し英祖の実録を読んでも処々に明白なる如く、英祖は弘い心から国の官職の一部閥閲に偏するを憂へて、出来る限、之を南人に向ってても分たんと努力せられたのである。当時南人の棟梁、義城の人金聖鐸の『霽山集』巻四「筵中奏対」に面白い記事がある。英祖一〇年甲寅（一七三四）の事である。英祖は戊申（一七二八）李麟佐の謀叛以後、嶺南人が兎角朝廷の処置を僻みを以て観んとするを憂へ、決して王の意に今猶嶺南人を疑ふ如きの事なきを弁じ、更に曰く、

上曰、予近来精神少減、凡於嶺南人注擬時有不能省記者、故令銓曹懸注以入。近聞嶺人以懸注事、疑予薄待嶺人。此非予之本心、而嶺人既以此為羞恥云、故更令不復懸注。此意嶺人亦不可不知也。

（王がいわれた。〝予は近ごろ精神がすこし衰え、嶺南の人が官職の候補リストにのぼっても、誰かわからないことがある。それゆえ銓曹に命じて、注を付してもってこさせた。最近聞くところによれば、嶺南の人はリストに注を付させたことをもって、予が自分たちを冷遇していると疑っているようである。これは予の本心ではない。だが嶺南の人がこれを羞恥とするというため、ふたたび命じて注を付さないようにした。予の気持ちを嶺南の人も知らなければならない〟と）

如何に英祖の嶺南人の心を得るに留意したかを知ることが出来る。

而して権清臺は英祖一〇年（一七三四）彼五六歳、掌令に叙せられた時、承旨黄晸の啓にも「居家行誼、大為嶺人所推重」とある如く、其の家門其の学問其の行誼其の閲歴に於て隠然として嶺南南人の領袖であったから、英祖も特に之に眷顧を垂れて以て南人の望を繫がんとせられたのである。併し清臺の側から言へば、斯かる清要職に叙せられて、而して実際之を引受けて事務を執るといふは最も危道であって、畢竟西人共の圧迫を受けて困厄に罹る外なきを知るが故に、終始辞退して任に就かず、山林儒の本領を守ったのである。又既に彼の如何に清顕に任命するとも、結局辞退するを見取った西人等は、格別彼を邪魔にする必要を認めなくなって、そこで彼の官職は益々進んだ。表向官職さへ進めば、郷里に於ける名望は之に従って愈々隆まり、社会も其の官職相当の礼遇をなすのである。彼五四歳二月には掌令に除せられて就かなかったが、其の秋には嶺南儒生の極選たる陶山書院長になった。七六歳二月には漢城左尹となり辞して就かず、一〇月には兵曹参判に拝せられたが亦就かない。八〇歳には王の特志を以て資憲大夫に陞され、知中枢府事に叙し名誉なる耆老社に入り、父祖三代贈職を受けた。翌年（一七五九）には猶或は大司憲或は知事に除せられ、七月一一日郷里の正寝に終った。

彼は二九歳の時、近嵒里の家南数里の弄清臺に遊び、大に其の風景を愛し、他日此に蔵修せんとする計を起し、自ら清臺と号し、後志を果した。正祖の七年（一七八三）彼の位板を弄清臺上の竹林精舎に奉安し、一〇年の丙午（一七八六）には近嵒書院に移享した。同時に略ぼ彼と同時代の同郷の老儒活斎李榘・息山李万敷をも享祀した。

清臺理気説の出発点は『清臺集』巻七「答李君直槾」に明白に述べられてゐる。曰く、

竊見今世之従事学問者、毎患透不得理気二字。或謂理不能作用、而必資気而発。雖若換面於栗谷説、而要其帰則只是一般。不然則分別太甚、若二物不相干渉者。此是学問之生死路脈。若毫髪有差、則種種病痛、皆自這裏出来。而吾道異端之所以分在於此。極可懼也。

（わたしの見るところ、近世の学問に従事する者はつねに理気二字を問題としながらもその真の意味を悟っていない。或人は〝理は作用することができず、かならず気によって発する〟などというが、たとえ表面をつくろったとしても、結局帰着するところは栗谷説と同じである。また別人は理気を分別することが甚だしく、あたかも関わるところのない二物かのようにいう。この点はまさに、学問の生死の岐路である。わずかな差でもあれば、多種多様の病弊がこの中から出てくる。吾が儒道と異端の分かれるゆえんがここにある。慎重の上にも慎重を期して考察しなければならない）

即ち清臺は正統退渓の学説と異学との岐るる骨頭を、理気二字の真概念に徹見すると否とに在りて、異学は理を誤認して、全く作用する能はず、只だ気の主動的作用の結果、之に即して現はるるに過ぎず、従って理気は畢竟混命相雑はり不可分的に観るべきものとなして居る。故に彼の理気説は、先づ理は決して無作用のものではない、其自身に能く発動するものであるといふ「理有為」に始まり、次に理気は決して相雑へて観るべきものではなく、理は理、気は気と厳格に概念的に区別せなければならぬといふ「理気二物」観に至り、而して四端七情は「理

発」「気発」で、本質的に別な情であるといふに終ってゐる。

『清臺集』巻一五「観書録」は全篇、栗谷門派を目当にして、此の理を述べてゐるものである。其の大意に曰く、朱子が「理有動静、故気有動静」と云へる如く、理が先づ自ら発動して然る後に気を其の機関として、其の発動を具現するに至るのである。決して理が静止して動かざるに、気が動き来りて之を任意に乗せ去りて、其の発動を遂げる訳ではない。其は丁度馬に乗ってゐる人が、目には見えない心の働きで馬をして路を行かしめる如くである。若し理を全く無為と観るならば、馬が死人を乗せて馬自身だけの考で路を行く場合とならなければならぬ。故に「理無為、気有為」の栗谷の説を推詰めると、「理は体、気は用」、「理気は一物の両面」といふ事になって、理気は分明に是れ二物にして不相雑となす朱子の理気説の根本原理に反する事となり、是に至りて気を認めて理となし、理の真義に昧き禅宗や陽明の理気説に頗る近きものになる。

韓久庵曰、栗谷謂発者気也、所以発者理也。如此則理只為前所以然之故、而於後所当然之則、脈絡不通。久庵此説甚好。蓋言所以然者体也、所当然者用也。若如栗説、則是理雖為体、而於用処、専是気主張、而理不得干渉也。

（韓百謙は、〝栗谷は〈発するのは気であり、発するゆえんは理である〉という。栗谷の主張が正しければ、理はただ心の発する前の所以然の故にすぎない。心の発した後の所当然の則においては、脈絡が通じない〟という（久庵遺稿・雑著・四端七情説）が、この説は実にすばらしい。そもそも所以然というのは本体であり、所当然というのは作用である。もし栗谷の主張のようであれば、理は本体にはなるけれども、作用の段階においては気が専ら主宰し、理は作用に関わることができないであろう）

感官に感じないといふを以て、理の発動と理の具現とを無視して之を専ら気に帰するは当らない。理と気は其の発動の方式を異にするのみである。

心は理気を兼ねて、其の理は能く自ら発動し、其の気も亦能く自ら発動する。然るが故に心中には心作用の二源ある事になり、情即ち心用に理発と気発ありて、理気の互発を認めなければならぬ。而して其の理発なるものは即ち道心又四端であって、其の気発なるものは即ち人心又七情である。故に如何に七情の節に中れるものは四端に似、人心の節制を得たものは道心に似ると雖も、更に詳に之を究むれば似而非、人心自ら是れ人心にして道心にあらず、七情自ら是れ七情にして四端ではない。

人心聴命於道心則似道心、而畢竟是声色臭味所生、不可謂道心。七情順理而発則似四端、而畢竟是喜怒哀楽所発、不可謂四端（清臺集・巻一五・観書録）。

（人心は道心から命を聴けば、道心に似るが、結局、声・色・臭・味の生じるところであって、道心ということはできない。七情は理にしたがって発すれば、四端に似るが、結局、喜・怒・哀・楽の発するところであって、四端ということはできない）

人心道心太分説則近於両箇心、太混説則近於以人為道以道為人。皆失本旨。蓋一箇心上有両般知覚。或生於形気、或原於性命。若使道心為主、則人心只是聴命而已。豈有変為道心之理乎。雖似混合不可分開、而脈絡則分明不雑。道心自為道心、人心自為人心。譬如淄水入於澠合為一水、而淄水自有淄水之味、澠水自有澠水之味（清臺集・巻一五・観書録）。

（人心と道心は、はなはだ分けて説けば、二つの心があるかのようであり、はなはだ混ぜて説けば、人心を道心とし、道心を人心とするかのようである。これはいずれも本旨を失している。そもそも一個の心上には二種の知覚があり、〝あるいは形気に生じ、あるいは性命にもとづく〟（中庸章句序）。かりに性命にもとづく道心を主宰者とすれば、形気に生じる人心はただ命令を聴くのみである。道心に変じる道理などあるはずもないであろう。人心と道心は混合して分開することができないようであっても、脈絡は明白であって雑じることはない。道心は自ずから道心であり、人心は自ずから人心である。たとえていえば、淄水は澠水に合流して一水になるが、淄水にはもともと淄水の味があり、澠水にはもともと澠水の味があるようなものである）

斯く心中に於ける理気は各々単独に心用の源をなして、互発するのであるが、併し是等の理発も気発も、其の動く所の場所は即ち心であって、其が愈々心用となりて現はれる時には、固より心の働きであって、決して理のみ、又は気のみの働きではない。茲に理気相離はらざるも、同時に又相離れざる所以のものがあるのである。

朱子曰、動処是心、動底是性。……窃意動処動底、是従不相離処説。理発気発、是従不相雑処説。先儒言、情者性之自然発出、而因心以動。蓋因心以動、則可謂動処是心也。由性発出、則可謂動底是性也。然而四端是本然之性所発、故曰理発。七情是気質之性所発、故曰気発（清臺集・巻一五・観書録）。

（朱子は〝動くところは心であり、動くものは性である〟という（朱子語類・巻五）。……わたしの考えるところ、〝動くところ〟と〝動くもの〟は〝理気不相離〟の観点から説き、〝理発〟と〝気発〟は〝理気不相雑〟の観点から説いたものである。先儒は〝情は性が自然に発出したものであって、心によって動く〟というが、思うに、心によって動くのであれば、動くところは心ということができ、性より発出するのであれば、動くものは性ということができるであろう。だが四端は本然の性が発するため理発といい、七情は気質の性が発するため気発というのであって、前者とは観点を異にしている）

是の如く彼の理気説は退渓を祖述して而も尤も直截明白些の紆余曲折を交へないから、苟くも理気互発を疑はしめる如き思想は皆排除して之を取らない。

即ち前述李星湖（李瀷）の晩年の論、及び鄭立斎（鄭宗魯）の持論たる七情も亦理発ありに対しては、断然之を拒否した。「観書録」（清臺集・巻一五）に彼は前に引用した如く、星湖が前説を翻して四端七情皆理発となすに至れるを謂はれなしと怪み、更に語を継いで曰く、

四端出於本然之性、七情出於気質之性。気若順理、発皆中節、則哀似惻隠、怒似羞悪。然究其所従来、則其苗脈不同。以其相似而不能分明弁別、則認哀為惻隠、認怒為羞悪者、多矣。此所謂認気為理、其病原於不分理気為一物看。

（四端は本然の性から出、七情は気質の性から出る。気がもし理にしたがい、発がみな節に中れば、哀は惻隠に似、怒は羞悪に似るであろうが、そのよりて来るところを究めれば、苗脈は同じではない。相似るからといって明確に弁別することができなければ、多く哀を惻隠と誤認し、怒を羞悪と誤認するにちがいない。これがいわゆる〝気を認めて理となす〟であって、その病因は理気を区分せず、一物とみなすところに起こっている）

斯くてあくまでも退渓の理気説を遵奉して四端七情は理発気発で、換言すれば、四端は即ち本然之性の発、七情は即ち気質之性の発となし、茲にいと明白に、栗谷の猶理気源頭に於て薄膜一重を看透せざるを高調した（清臺集・巻一五・観書録）。

退渓曰、情之有四端七情之分、猶性之有本然気質之異。栗谷曰、四端七情、正如本然気質。語雖相近、而意則不同。蓋性在気中、雖不可分析、而亦不可混合為一。故退渓取以為四七不同之証。栗谷只是合本然気質為一性、故取以為四七不分之証。

（退渓は〝情に四端と七情の区分があるのは、性に本然の性と気質の性の違いがあるのと同じである〟といい（退渓集・巻一六・答奇明彦論四端七情第一書）、栗谷は〝四端と七情の関係は、まさに本然の性と気質の性のようなもの

である〟という（栗谷全書・巻九・答成浩原）。二人の語は相似ているが、その意味は同じではない。思うに、性は気の中にあって、分析することはできないけれども、また混合して一とすることもできない。それゆえ、退渓はこれをとって四七不同の証拠とした。一方、栗谷はただ本然と気質を合わせて一性としたため、これをとって四七不分の証拠としたのである）

本然之性は即ち純粋理体で、気質に包まれて以て気質之性を形成する。而して其の本然之性が能く其自体に発動して四端の情を成すといふが故に、則ち理発の主張が絶対的となりて、栗谷派の理気倶発以外に理気の互発を認めない説と相容れない者となった。

次に前論に述べた畿湖学派の宋尤庵（宋時烈）の門人権遂庵（権尚夏）・金農巌（金昌協）等が前に之を唱へ、降りて清臺の同時代に星湖の門人慎耳老（慎後聃）が之を唱へ、星湖其の人も亦之を賛成した彼の朱子の気と呼ぶ所のものに二種ありといふ説、即ち遂庵・農巌が、道心人心の定義の、人心は形気之私に生ずといふ形気は、耳目鼻口等の肉体を指して謂ふのであり、七情の定義の、気より発するといふ気は、理に対する気で謂はば元気といふが如く、視るべからず触るべからざる心気であるとなし、又李星湖が「四七編重跋」に於て之を陳べ、又清臺に送りて其の批評を乞うた四七説に於ても之を述べた如くに、退渓の四端七情の定義に四端は理発気随、七情は気発理乗とあるに就き、気随の気は心気で、気発の気は形気であると区別を立てた主張に対して、清臺は明白に同意する能はざるを述べて曰く（清臺集・巻六・答李子新）、

蓋両気字同異、従前泛看。及読来諭、可知不易看得。到此頓覚聳歎。然鄙意気随之気字、是従理帯来説。気発之気字、是与理対待説。其軽重緊歇、微有不同、而秖是一般気也。既云気発理乗、則気発之時、理已乗之。不可謂不合於理有動静故気有動静之訓也。秖如此看得知得而体験於心好矣。似不必刱出新意、別立話頭、求

異求多於先賢已定之論也。

（蓋し両気字の同異には以前から泛看してきたが、大兄の来書を読むにおよび、看得の容易ならざるを改めて自覚した。卓越した見解には深く感服するが、わたしは〝気随〟の気の字は理に附随して出てくるものをいい、〝気発〟の気の字は理に相対するものをいうと考える。その軽重緊歇はやや異なるが、気であることはすこしも変わらない。すでに〝気が発して理がそれに乗る〟といえば、気が発するとき理はすでに乗っているということであって、朱子の命題〝理に動静がある、それゆえ気に動静がある〟（朱子文集・巻五六・答鄭子上）と矛盾する、などということはできない。ただかくのごとく見て理解し、心で体験すればよいのであって、かならずしも新意を創り、別題を立てるなど、先賢の定論に多義をもとめ異論をとなえる必要はないのではなかろうか）

即ち星湖の晩年説には四端七情共に理発であるが、四端の場合には理即ち性が形気に因らずして直遂するが故に理発であり、七情の場合には理が形気に因りて発するが故に気発である。故に退渓の定義した、四端理発気随の気は心の気で、七情気発理乗の気は形気でなければならぬと謂ふのである。之に対して清臺は決して是の場合に心気・形気の二概念を立てる必要はなく、何づれも理に対して気を謂ったもので、心兼理気の気其の物である、と主張するのであって、勿論此の場合には清臺の説が朱子・退渓の真意を得たものである。

斯くて清臺の理気説は、当時嶺南の学界に在りても、最も退渓の正派を紹述したもので、同時南人大匠の名ある者に較べて、是の点は顕著に彼の独得の立場をなしてゐる。他の人達は老論派の理気説を攻撃して退渓説を主張しつつも、何としても幾許か老論派の説の影響を蒙りて、由りて以て退渓説の論理的弱点を補匡せんと力めたのである。

即ち鄭立斎（鄭宗魯）との説の相違に就ては、前に既に述べたが、李息山（李万敷）とも亦皆合致して差なしとは言はれなかった様である。其は『清臺集』巻六「与李息山」五六の書に於て反復彼の理気説を絮説したる事、及び李星湖の書いた「息山李先生行状」に息山が理が気の裏に貯蓄せられて始終気と与に動静する説を取ったとあるによりて知ることが出来る。又張敬堂（張興孝）以来の嶺南学派の主流を承紹いで大に家風を煽り小退渓の称さへあった李大山（李象靖）は、蚤年彼に問道した事もあり、数次往復して共に与に斯学を研鑽したのであるが、『清臺集』巻八「答李景文」（大山、名は象靖、字は景文）五六の書に於て彼は其の四七説を反復し結局合はず、最後の丙寅年の書には判然と大山との説の差違を述べて、

向者往復、只是鄙見作動陽静陰看。盛見作陽動陰静看。動静字古人用処多不同。属之陰陽亦有所見、然鄙見実有如前書所陳。要当択其差勝而無病者、了得公案好矣。如何。

（先の往復書において、わたしは太極が自ら動静して陰陽を生じるとしたが、学兄は理は動静するゆえんであり、実際には陰陽が動静するという。動静字に関する古人の用例は、多く同じでない。専ら動静を陰陽に属させる説もないことはないが、わたしの意見はまことに前書で述べたとおりである。結局はその中からよりよくて欠点のないものをえらび、公案とすればよいと思うが、いかん）

と言ってゐる。

即ち清臺は太極純理体自身が動静し、其動静に因りて陽と陰とが出来るとなすに対して、大山は太極自体の動静を高調せないで、陰陽となりてから其の陽に動、陰に静を看んとするのである。少くとも大山は理自体単独の発動なるものを力強く主張せないで、一切の心用は皆理気の共発で、只だ其の重きをおく方面に即して気発理発と謂ふに外ならないとなすのである。大山（李象靖）小山（李光靖）兄弟の此の理気説は又『小山集』『大山集』中随処に見ることが出来る。斯くて清臺は最も醇正に退渓の理気説を祖述したものではあるが、併し亦此に由り

て嶺南学派の理気説を帰一せしむることは出来なかった。されば彼の学説の行はれし範囲以外に在りては、大山の説が行はれ、むしろ其の方が地域に於て広く、人に於て衆しと見るべき様である。其は李大山の門人権済敬の『克難斎集』に冕せる金岱鎮の序文にも、

大山李先生倡道東南、一時及門之士被其誘掖、以成徳達材者肩比焉。

（李象靖先生は、東南に唱道した。一時、門下からはその教えをこうむり、人格を大成し才能を上達した者がつぎつぎと輩出した）

とある。

英祖時の学者にして葛庵（李玄逸）に師事し、同じく大山の流を斟む安東臨河の金聖鐸の『霽山集』（巻七）「擬与李而静守淵書」に是の間の消息を窺ふべきものがある。

貴郷君子、以敝郷回諭中、有所謂性者、以此理之堕在気質中而得名云者、謂悖於理、大加非斥曰、僉尊読書数十年、只会得気質之性耶。又曰、信斯言也、天地中間、従古至今、人生稟受之性、直是気為之主、而無所事於理矣。……夫自孔子而下至宋諸儒、莫不就気中指其所具之理而謂之性。欲令人於其不相離処見其不相雑而已。曷嘗有独言性而不言気者乎。亦曷嘗有謂本然之性離了気質而独存者乎。使貴郷君子観此諸聖賢之説、亦将謂只会得気質之性耶。又将以此謂天地之間、人生所稟之性、直気為之主、而無所事於理者耶。

（貴郷の君子は、敝郷の返信中に、〝いわゆる性とは、理が気質の中に堕ちて名をえたものである〟とみえることをもって、理に悖るといい、大いに排斥をくわえて、〝一同は読書を数十年にわたって尊びながら、ただ気質の性をえたのみか〟と侮り、また〝この言（命題）を信じれば、天地の間、古今を通じて、人生稟受の性はただちに気がその主となるので、理をよく実践するところがない〟と誹ってやまない。……そもそも孔子より宋の諸儒まで、気中につ

いてその具えるところの理をさして、それを性といわないものはない。そう説くのは理気の相離れざるところにおいて、理気の相雑じらざることを明らかにしようとするからである。それゆえ、かつて気のことをいわず、ただ性のみを主張した者などなく、またかつて本然の性が気質を離れて独立に存在すると主張した者もない。貴郷の君子がこれら諸聖賢の説を学べば、また〝ただ気質の性をえたのみか〟などと侮り、また〝天地の間、人が生まれて稟るところの性はただちに気がその主となるので、理をよく実践するところがない〟などと誹るであろうか）

李而静（李守淵）は退渓の六代孫、青壁と号す。能く家学を承けて一時に重名あり。礼安陶山面に住す。本書によりて、当時退渓一門の家学を始め礼安一帯の学人等は退渓説を遵守し清臺に倡和したるを知る事が出来る。但し、今伝はる『青壁集』には是問題に関する論説を載せて居ないのは遺憾である。霽山（金聖鐸）の是書により観れば、青壁（李守淵）等礼安の儒生は、気質の性を離れて本然の性自体の発動を認めざる他郷の儒生を評して、只だ人に気質の性あるを会得して本然の性あるを知らざるものであると批評したのである。

清臺の学説は斯く本然性の直遂、即ち理自体の発動を認むるものなるが故に、此の説を推詰めると、本然性にも知覚あるとしなければならぬ。知覚あるが故に、外物の来るに感じて動くことが出来るのである。全く無知覚のものならば、外界に応じて動くことは如何しても出来ない。此は恐らく彼の理気説の最奥であって、彼は「観書録」（清臺集・巻一五）に於て数項に亙りて之を説いてゐる。即ち、

朱子以草木之得些水澆灌、便敷栄為知覚。蓋見花木沾雨露、朝日照之、則便覚有欣欣之色。便是知覚。生意従知覚出、知覚従本性出。

（朱子は〝草木（原文は盆花）に水をすこしそそぐと、すぐに花がぱっと咲く〟ことを知覚とした（朱子語類・巻六〇）。思うに、雨露にぬれた花木が朝日を浴びれば、すぐに生き生きとした色合いを取り戻すが、これが知覚である。

生意は知覚から出、知覚は本性から出る）

朱子曰、横渠心統性情語、極好。合性与知覚、有心之名、則恐不能無病。便似性外別有一箇知覚了。（朱子は〝張載の〈心は性情を統ぶ〉という語は非常によい〟といい、また〝性と知覚を合わせて心の名があるといえば、おそらく論理上、欠点がないわけではないであろう。なぜなら、性外に別に知覚があることになるからである〟という（朱子語類・巻五））

共に草木の本性にも人間の本性にも、既に知覚の備はることを説いたものである。

是の思想は朱子哲学と仏教哲学、殊に禅学との関係の攷察に於て至要の一鍵籥を成す。心中の理の単独発動を認め、此を以て善の真源となせば、必ず理即ち本性の知覚具有まで認めなければならなくなるのである。而して此の本性の知覚を以て生活原理と立て行くところに真成聖者の生活があるのである。而して是の本性生活の可能の上に醇禅宗の修業が成立する。『達磨大師四行観』に曰く、

称法行者、性浄之理、目之為法。此理衆相斯空、無染無著、無此無彼。経曰、法無衆生、離衆生垢故。法無有我、離我垢故。智者若能信解此理、応当称法而行。

（法行すなわち、あるべきように生きる実践とは、万物が本質的に清浄であるという原理を名づけて、法（あるべきあり方）という。この根本原理からすれば、あらゆる現象はすべて空しく、そこには汚れもなく執着もなく、此と彼の対立もない。経典には〝理法は、生命あるものとしての実体をもたない。生命あるものとしての汚れを超えているからである。また理法には自我がない。自我の汚れを超えているからである〟という。智者がもしこの真理を深く体得することができれば、かれはかならずあるべきように生きるはずである）

『達磨大師血脈論』にも曰く、

性本清浄、故雖処在五蘊色身中、其性本来清浄、染汚不得。

（本性は、本質的に清浄である。それゆえ、心身の中に存在しても、その本性は本来清浄であり、汚れることはない）

『六祖壇経』に至りては更に之を詳説した。「定慧一体第三」に曰く、

真如即是念之体、念即是真如之用。真如自性起念、非眼耳鼻舌能念。真如有性、所以起念。真如若無、眼耳色声、当時即壊。善知識、真如自性起念。六根雖有見聞覚知、不染万境、而真性常自在。

（真如——真にありのままなるものはすなわち念の主体であって、念はすなわち真如の作用である。真如そのものが念を起こすのであって、眼や耳や鼻や口が念ずることができるのではない。真如がそのような本性をもっているため、念を起こすのである。もし真如がなければ、眼に対する色、耳に対する声は、たちまち消えてしまうであろう。善知識たちよ、真如そのものが念を起こすのである。六つの感覚器官は、見たり聞いたり、記憶したり、判断したりする働きをもちながら、さまざまな対象に汚されず、真なる本質はいつも自由である）

これ眼耳鼻舌身の形気に染まず、直ちに真如の本性より念起ることを言ったものである（以上の『達磨大師四行観』と『六祖壇経』の翻訳に際しては、『禅家語録』一（筑摩書房、一九七二）所収の柳田聖山訳を参照した）。

是に至りて仏教は神秘的になるのであるが、朱子学も之と同じく、本性理体に知覚ありとなすに至りては、極めて神秘的になりて、全く論理を超越した自証の沙汰となる。朱子の復性説や朱子哲学には、時空を超越せる理の世界と、時空によりて成立つ理気の世界とありて、象山・陽明の哲学に理気の一世界のみあると根本的に相違して居るといふ観方（清華学報・第八巻・第一期・馮友蘭論文・宋明道学中理学心学二派之不同）も、此処に於て合流して異言同義と観るべきである。併し乍ら後世の禅宗が平常心是道と説き、象山・陽明が道心人心、天理人欲

の別を認めざるに至りては、一層超論理的となったと謂はなければならぬ。本然之性と気質之性と別々に知覚すると言へば、心の内に窓が二つ、抽出しが二つある訳になるのであるが、清臺は爾かく考へた様である。其は仁義礼智の性から四端の発する説明に、

朱子一根四枝之説、甚好。蓋一木有一幹四枝、而四枝各有根脈。東枝之気由根東辺而生、西枝之気由根西辺而生。南北枝亦然。性只是一箇理、而仁義礼智各有間架。如惻隠之心由仁而生、羞悪之心由義而生。礼智亦然（清臺集・巻一五・観書録）。

（朱子の一根四枝の説（朱子語類・巻一二〇）は非常によい。蓋し一木には一幹と四枝があり、四枝にはおのおの根脈がある。東枝の気は根の東辺より生じ、西枝の気は根の西辺より生じる。南枝北枝もまたそうである。性はただ一個の理であり、仁義礼智にはおのおの間架がある。たとえば惻隠の心は仁より生じ、羞悪の心は義より生じる。礼や智もまた同様である）

と言って、一の性に四個の棚又は抽出がありて、夫々別々に外物に応じて働くと攷へたに由りて知ることが出来る。

四　結　論

以上権清臺（権相一）の理気説を其の奥底を窮めて叙述した。畢竟清臺の理気説は退渓の尤も忠実なる祖述者たるの一語に尽きる。故に彼卒するや、其の門人の代表者李守恒の「輓詞」（清臺先生年譜・巻二）にも特に是点

を力説して、

先生之学、端緒有的。理気弁別、一遵成法。是以其学、既正且醇。不爽路脈、脱略衆昏。

（権相一先生の学問は、端緒が明確である。理気の弁別について、成法を一途に守りとおした。その学問が公正かつ純粋であり、理路に違わず、衆昏を軽んじるゆえんである）

と曰った。又鄭立斎（鄭宗魯）の『清臺集』の序文にも、

至其論太極之動静、以明理生気理先気後之決然不可易、而使偏主不離之説者、知認理為気之病、而不得流弊於後、則其見又独到而高詣。蓋有発前人之未尽発、而大有功於学者。夫既於大頭脳得是当如此、則其所以尊性道学、成己及物、以至於高明光大之域者、安得不如彼。而老先生法門、於是焉如日昭掲、夫人可以尋入。

（権相一先生は、太極の動静を論じては、〝理生気〟〝理先気後〟の決して易うべからざることを明らかにし、偏に理気不相離を主張する者をして、理を認めて気となす過ちを知らしめ、後に弊害を及さないようにした。その見識は独自の境地にいたり高遠な心境に達している。蓋し前人がいまだ発し尽くしていないことを発して、学ぶ者を大いに裨益したことは間違いないところである。すでに学問の核心をとらえることがこのようであれば、その徳性を尊んで問学に道り、自己を完成し他者をも完成せしめ、以て高明光大の域にいたったのは、至当の結果であろう。老先生（退渓）の法門は、日ごと顕揚されるかのようであって、人々が相尋いで入ることができたのも当然といわねばならない）

と云って、彼が忠実に老先生即ち退渓の法門を祖述して、当代学人の為に懇切に手引をなした事を特叙してゐる。

既に清臺は其の学説に於て一に成法に遵って、尤も醇正に退渓を継承した。従って退渓説に於て残された論理的弱点は、其の儘彼の説にも残ってゐるのであって、そこに彼の説が大に行はるるに至らなかった主因があるの

ではないかと思はれる。李星湖（李瀷）は『四七新編』附録に「読退渓先生書記疑」の一章（と「読奇高峰四七説記疑」の一章）を設けて、六ケ条に亙りて退渓の理気説（と退渓の許した高峰の理気説）に向って疑を述べて居る。何づれも精微緻密にして論理的に急所を突いてゐる。

其の中第一条が最も根本的であって、此によりて退渓理気説の機構も大に動揺せなければならなくなる。即ち退渓の奇高峰（奇大升）に答ふる書（退渓集・巻一六・答奇明彦論四端七情第一書）に、情に四端七情の分あるは猶性に本性気質の異ある如しと弁じて、

情之有四端七情之分、猶性之有本性気稟之異也。然則其於性也、既可以理気分言之。至於情、独不可以理気分言之乎。

（情に四端と七情の別があるのは、性に本性と気稟の不同があるのとすこしも異ならない。そうであれば、性においては、すでに理気を分言することができる以上、情についても、理気をもって分言することができるにちがいない）

と言った。是は退渓理気説の正法眼蔵で、爾来南人の学者は誠実に之を守り来ったのである。然るに星湖は此に大なる矛盾を発見した。星湖は曰く（星湖全書・四七新編・附録・読退渓先生書記疑）、

謹按、詳究先生之意、蓋以四端直発於本然之理、而七情由気稟而発、故有此云爾。然其実、情之有四七之分、与性之有本然気稟差不同。本然之性与気稟之性、非二性也。或与気稟合言之、或剔去気稟而言之。一則単言、一則兼言。本非対立物也。至於情分明是二路。性一也、而或如此而発、或如彼而発、則豈非二路耶。以乗馬説論、則人有自出之事、人有因馬出之事。人雖一也、而事則二也。以此事対彼事則可。若独挙人与乗馬之人対説則不可也。

（謹んで按ずるに、退渓先生の真意を詳究すれば、蓋し四端は本然の理からただちに発し、七情は気稟によって発す

ると考えたため、このようにいわれたのであろう。しかしその実、情に四端と七情の区分があることと、性に本然の性と気質の性の違いがあることはまったく同じではない。そもそも本然の性と気質の性は二性ではなく、あるいは気稟と合わせていい、あるいは気稟を取り去っていう。すなわち一は理のみを単言したものであり、一は理と気を兼言したものであって、本来対立するものではない。だが情にいたっては明白に二路である。性は一であるが、あるいは本然の理が直発し、あるいは気稟によって発する。ならばどうして二路ではないのか。乗馬説をもって論ずれば、人が自ら出かける事もあれば、馬によって出かける事もある。人は一であるが、事は二である。二事を対挙するのはいいけれども、人と乗馬の人を独挙して対説するのはよくない）

洵に然り。本然の性とは気質之性中の理を指して謂った者であるから、気質の性と謂へば、既に本然の性を含んで居るのである。従って此を相対立する二性とは看做すことは出来ない。之に反して四端と七情とは、同じく心より起る情であって、而して其の性質を異にするが故に、相対立するものである。故に四端七情の相対するは、本然気質二性の相対する如しとは、如何しても言ふ事は出来ない。其は単に命名上の対立に由りて、実質上の対立に誤及したものである。其の結果、七情が気発であるといふ説明に至りて、結局清楚なるを得ないで、牽強附会の破綻を免れなくなった。

即ち気質の性は、理を内に包んだ気体であるのに、其の発動をば何故に理気発とは謂はないで、単に気発と謂ふのであるか。重きに従って命名したと謂ふけれども、彼の如き紛糾を惹起してまで、不合理を固執する必要が何処にあるか。而して権清臺も亦退渓を襲うて、情に四七あるは性に本然気質ある如しと常住立論して、此に其の理気説の基礎を据ゑたのである。故に論理的に言へば、四端理発、七情気発といふ命題其の物が第一に誤謬であって、宜しく四端理発、七情理気発と訂正すべきものである。斯く訂正すれば、栗谷との論争の第一難関は略ぼ撤去せられるのである。然るに、斯く訂正すれば、退渓理気説の基礎は失はれて、全学説が崩れて了ふ。換言すれば、斯く訂正するが如くんば、何も退渓は事々しく奇高峰に対して其の四七説を対弁する必要はないのである。清臺も亦又同様である。

然らば何故に退渓及び清臺は斯かる不合理を犯して、猶且つ四端七情と本然気質を相対せしめたか。其は蓋し外でもない。朱子以来の情の定義なる「性発を情と謂ふ」と云ふに累せられたものである。「心兼理気」「性発為情」の八字は程朱以来の二大定義で、後世の何人も之を変更し之に違ふことを許されないものとしてある。

故に共に是れ情である所の四端も七情も性の発でなければならぬ。而して性は本然気質の二種あるのみであるから、本然性の発を四端とし、気質性の発を七情としたのである。此に退渓の悩みがある。退渓の真意は決して七情は理気発、即ち気質性発といふ所には在らずして、七情気発といふ所に在るは極めて明白であるのに、爾かすれば気発為情といふ情の新定義を一つ打樹てる事になって、反対派から反駁された場合に答弁することが出来なくなるのである。茲にも朝鮮の朱子学者の学風のあまりにも窮屈にして、伝習に牢縛せられることの悲哀を示現してゐる。

実際を言へば、前論にも述べた如く、四端七情は即ち道心人心の別名であって、即ち心中に於ける理発気発即ち是であって、しかも朱子の正統思想なること一点の疑はない。此は朱子の自説及び黄勉斎（黄榦）の説に視て明白である。而して其等朱子の説及び勉斎の説も、理の自体の発動と気単独の発動とを認めての上に立てられたもので、決して退渓の如く「性発為情」に拘泥して、理気発を強ひて気発と謂ふが如き事はないのである。朱子「中庸章句序」人心道心の説明が「形気之私に生じ」「性命之正に原く」とあるは言ふに及ばず、朱子の理気の根本観念の秘奥を竭し、善く人の引用する所の答蔡季通書（朱子文集・巻四四）に於ても、理と気との概念的区

別の本を公と私とにおきて、

以其公而善也、故其発皆天理之所行。以其私而或不善也、故其発皆人欲之所作。

（公であって善であるから、その発はみな天理の行うところである。人の気は私であってときには不善があるから、その発はみな人欲のなすところである）

と続けて、明に理発気発の語を用ひ、決して気質之性の発といふが如き語を使用せない。

黄幹『勉斎集』巻八「復李公晦書」に、公晦（李方子）が喜怒哀楽七情を人心に属せしむるを当らずとなし、必ず声色臭味に由りて喜怒哀楽するものを以て人心となし、仁義礼智に由りて喜怒哀楽するものを以て道心となさんと欲すること正に星湖・立斎の説の如きに対して復するに、

人指此身而言、道指此理而言。発於此身者、則如喜怒哀楽是也。発於此理者、則仁義礼智是也。若必謂兼喜怒哀楽而為道心、則理与気混然而無別矣。故以喜怒哀楽為人心者、以其発於形気之私也。以仁義礼智為道心者、以其原於性命之正也。

（人心の人は身体を指し、道心の道は理を指す。身体から発するのは喜怒哀楽がそれであり、理から発するのは仁義礼智がそれである。もし喜怒哀楽を兼ねて道心とするといえば、理と気は混然として区別がつかない。それゆえ喜怒哀楽を人心とし、仁義礼智を道心とするが、喜怒哀楽を人心とするのは、それが形気の私に発するからであり、仁義礼智を道心とするのは、それが性命の正にもとづくからである）

を以てし、宛ら清臺の星湖の説に酬いしものと符節を合するが如くでありて、亦明白に理発気発によりて道心と人心、四端と七情とを区別してゐるのである。此は栗谷が退渓の四七説を以て、其の淵源黄勉斎に在りと評した卓見を裏書するものである。故に七情を必ず性発となして、其の為に気質之性を持出すことは毫末も之を要せな

いのである。

但し此の点は、独り退渓・清臺が拘泥したのみならず、之を咎むる星湖其の人も亦其の窠裏より脱出するを得なかったのである。即ち『四七新編』「七情便是人心第八」に於て四端と七情とを定義するに、

吾性感於外物而動、而不与吾形気相干者、属之理発。外物触吾形気而後、吾性始感而動者、属之気発。

(己の性は外物に感じて動くが、そのとき己の形気と関わりのないものは〝理発〟に属し、外物が己の形気に接触した後、己の性が始めて感じて動くものは〝気発〟に属する)

と云って、七情に在りても形気に感じた刺戟が更に性を動かして発して出来た情となしてゐるのである。この場合の性は、星湖の立場から言へば、本性としなければならぬ。果して然らば、気が動いて更に性即ち理を動かして而後に其の性発して七情となるのであって、気質之性の発と語異にして実同じである。従って其の謂ふ如く、七情を以て気発と謂ふことは出来ない。是れ亦「性発為情」に拘泥した結果である。

蓋し人心道心・四端七情・理発気発の説明も、其の本義に溯りて考ふれば、至極簡明直截に之をなし得べきものと思はれる。即ち、外物に対して、物我無差別に覚する所の心中の理応ずる時は道心四端が生ずる。而して其が心を占領し了る時は、遂に行為とまで発達するのである。人心七情も之と同様で、物我相間する所の心中の気が外物に応ずるに由りて生じ、遂に其の心を占領するに至れば、行為となりて現はれる。而して何づれにもせよ、其の心を占領するに至れば、理気の合同作用となりて、もはや理発気発の区別はなくなる。理発気発といふは、単に情の起る契機上の差別に外ならない。従って勿論普通心理学の取扱ふ心的現象以上に属する。

終りに、星湖晩年説や鄭立斎の主張する所の「七情亦是れ理発」といふは、清臺の反対説を以て合理的とせなければならぬことを述べる。四端に附随して七情が起るが故に、七情も亦理発とするならば、略ぼ同様の説明に

よりて、「四端亦気発」と謂ふ事が出来る。何となれば、怵惕惻隠の情は更に進みて強くなれば哀となり、羞悪辞譲が更に進みて強くなれば畏懼となり、是非が更に進めば場合によりて或は怒ともなり、或は楽とも欲ともなるからである。要するに四端七情の説明は道心人心と結着けて、公情と私情とを以て本質的区別となし、其の公は是れ心中の理の覚して而して発するところ、其の私は是れ心中の気の覚して而して発する所と簡明直截に説了りて、反って穏当にして朱子・勉斎の真意を得るものなるを覚ゆるのである。

猶朱子哲学に在りて、其の宇宙論に於て理を以て一層根本的となす理気二元論を打立て、同じく其の小宇宙なる心論に於て理を先とする理気二元論を打立てたのは、固より一個形而上学説として儼然たる一体系を成し尊敬すべきものであるが、更に此の理気二元の幻学的原理をば、其の儘人間の道徳現象の具体的心理的説明にも用ひて、是によりて善悪の根本観念を打立てんとしたに至りては、稍々空中楼閣の感を懐かしめざるを得ない。如何に巧みに説明しても、畢竟非学問的の牽強附会に堕するを免れない。此処まで往かないで、或は人心道心とか或は中庸とか或は仁とか或は礼とかに止まってゐた方が、むしろ穏順著実なりしを覚えるものである。少くとも後世朱子学を修むる者の無用の究索を省きし事甚大なるものがあったであらう。

而して此の朱子哲学のむしろ贅部ともいふべき四七論が偶然の事から朝鮮学者の最高最上最要研究対象となりて、論戦囂々屋上に屋を架し、枝に枝がさし花に花が咲き、反復に反復を累ねて、以て三五〇年未了の論案となった。私はむしろ朝鮮儒学の為に之を惜しみ、之を悲まざるを得ない。この意味に於て、正祖・純祖朝に跨り憲宗の二年（一八三六）に歿した同じく南人の大匠にして、遥に李星湖の学説を承け、星湖の従孫木斎（李森煥）先生に師事し、純祖朝天主教獄に坐して康津に謫せられ、謫裏一八年、是の間孜々として鉛槧に勤め、経史子に亘りて二三〇巻の浩著を遺した茶山丁若鏞の四七論争に対する断案は、流石に朝鮮群儒中卓然として群を抜き、頗る私見と暗合する点がある。

丁茶山の『与猶堂集』に「西巌講学記」と「理発気発弁」があり、此に於て彼の此の学界未了案に対する判断を述べて居る。「西巌講学記」は正祖一九年乙卯（一七九五）一〇月温陽の西巌なる鳳谷寺に於て、李木斎に侍して、衆多の門生と共に李星湖の遺書を校し、因みに種々木斎先生に道学上の質問をなした趣味多き団筵《まとひ》の記事である。茶山は先づ大体論として、道学者の修養に資するものとしては、退渓の学説が栗谷の其に比して優れる事を言ってゐる。此は私も前論にも既に陳べた所で、極めて正当である。茶山曰く（与猶堂全書・第一集・詩文集・巻一二・理発気発弁二）、

君子之静存而動察也、凡有一念之発、即已惕然猛省曰、是念発於天理之公乎、発於人欲之私乎。是道心乎、是人心乎。密切究推、是果天理之公則培之養之、拡而充之。而或出於人欲之私則遏之折之、克而復之。君子之焦唇敝舌而慥慥乎理発気発之弁者、正為是也。苟知其所由発而已、則弁之何為哉。退渓一生用力於治心養性之功、故分言其理発気発、而唯恐其不明。学者察此意而深体之、則斯退渓之忠徒也。

（君子は静のときに存養し、動のときに省察するが、およそ一念の発することがあれば、ただちにかならず惕然として猛省し、〝この念は天理の公から発するか、人欲の私から発するか。これは道心か、人心か〟と深切に推究して、その念がまことに天理の公であれば培養・拡充し、人欲の私から出ることがあれば遏折・克復する。君子が唇を焦がし舌を敝りながら真心を尽くして理発気発を弁じるのは、まさにそのためである。しかしただその発するゆえんを知るのみであれば、弁別して何の意味があろうか。退渓先生は一生、治心・養性の事業に尽力し、理発と気発を分言されたが、それはただその不明を恐れたからである。学ぶ者がこの意を察して深く体すれば、その者こそ退渓先生の忠実なる門徒であろう）

誠に理路明白にして動かすべからざるものがある。

然るに他方、退渓・栗谷二氏の論弁の、斯く二〇〇余年を経て猶爛漫として帰一するを得ざる所以の最後にして真正なる理由を挙げて、其は二氏の謂ふ所の理気は其の字同じきに拘らず、実は其の概念を異にするに在りとなし、即ち退渓の謂ふ所の理気は全く人心上の理気、換言すれば道徳的行為の原である所の具体的人心内に於ける理気に局してゐるのであって、即ち理は本然之性、道心、天理之公の異名に外ならず、気は気質之性、人心、人欲之私の異名に外ならない。然るに栗谷の謂ふ所の理気は実は宇宙論に於ける理気を意味して、理は即ち無形的にして現象に内在する法則であり、気は有形的にして物の形質である。故に宇宙間の現象は絶小絶大を問はず、決して気を離れての理の存することを考へられない。皆是れ気発して理之に現はれるのである。「西巌講学記」

（与猶堂全書・第一集・詩文集・巻二二）に曰く、

退渓栗谷以後、四七已成大訟、固非後生末学所敢容喙。然嘗取両家文字、反復参験、則其云理字気字、字形雖同、字義判異。蓋退渓所論理気、専就吾人性情上立説。理者道心也。天理分上也、性霊辺的也。気者人心也。人慾分上也、血気辺的也。故曰四端理発而気随、七情気発而理乗。蓋心之所発、有従天理性霊辺来者、此本然之性有感也。有従人慾血気辺来者、此気質之性有触也。栗谷所論理気、総括天地万物而立説。理者無形的也、物之所由然也。気者有形的也、物之体質也。故曰四端七情以至天下万物、無非気発而理乗之。蓋物之能発動、以其有形質也。無是形質、雖有理乎、安見発動。故未発之前、雖先有理、方其発也、気必先之。栗谷之言、其以是也。

（退渓や栗谷より以降、四端七情論はすでに斯学の大訟となっており、もとより後生末学のあえて容喙するところではない。だがかつて両家の文字をとって反復検証したことがある。その検証によれば、両家の理字気字は、字形は同じであるが、字義は判然と異なっている。思うに、退渓が論じたところの理と気は、専ら吾人の性情について立説したものであって、理は道心であり、天理や性霊にあたり、気は人心であり、人欲や血気にあたっている。それゆえ〃四端は理が先に発して気がそれに随い、七情は気が先に発して理がそれに乗る〃という。およそ心の発するところは、天理・性霊から来たものが本然の性の感発であり、人欲・血気から来たものが気質の性の触発であるからである。他方、栗谷が論じたところの理と気は、天地万物を総括して立説したものであって、理は無形であり、事物の所由然にあたり、気は有形であり、事物の体質にあたっている。それゆえ〃四端七情より以て天下万物にいたるも、気が発して理がそれに乗らないことはない〃という。およそ事物が発動するのは形質をもっているからであり、この形質がなければ、たとえ理があっても発動のしようがない。それゆえ未発の前に理が先に存在しても、その発動にあたっては気がかならず先に動く。栗谷の主張はすべてそのことにもとづいている）

「理発気発弁一」にも亦同様の事を述べてゐる。即ち茶山の判断も一歩進めば、能く朱子の宇宙論に於ける理気二元の観念をば、其の儘道徳を説く人心に持来りて、此に善悪の根源をおかんとした哲学組織の根本に不調和無理の存することを認むるに至るべきものであって、私見と暗合する所あり、欣懐を覚ゆるのである。

附録

高橋亨と朝鮮

通堂　あゆみ

高橋亨（号は天室。以下、高橋と略す。敬称略）は戦前戦後を通じて活躍した朝鮮思想研究の第一人者である。戦前は生活・研究の拠点を朝鮮に置き、六番目の帝国大学として朝鮮半島に設置された京城帝国大学（以下、京城帝大と略す）で研究・教育に携わっていたこと、戦後は天理大学において朝鮮学会の創立・運営に関わったことなどはよく知られた事実であろう。思想史研究者の権純哲は高橋を評して「戦前日本の朝鮮研究の重要な一部分を担っていたエリート学者」「特に朝鮮思想に限って言えば彼ほどの論著を残した日本人はいなかった」と評価している[1]。

だが、高橋が朝鮮で活動していた同時期には次のような評価も散見される。

（引用者補：京城帝国大学開設について「大阪に大阪帝国大学が出現した時の如き熱烈な朝鮮府民及朝鮮人の要求によつて出来上がつたもので城大は断じてない」と述べた文に続けて）一方我々は、一部朝鮮研究者の当時の便益の為にその出現が立案されたのを否むことは出来ない。そして彼等研究者の一群は、大学開校と同時にその安全地帯にもぐり込んでしまつたのである。高級事務員の仕事をしてゐたものが一躍大学教授《プロフエッサー》といふ肩書を持つた訳であるから、その得意や思ふべしだ。小田（同：省吾）、小倉（同：進平）、高橋（同：亨）の諸教授は当時総督府に威張つてゐてその帷幄に参画した。（中略）高橋は文博で洋行帰りといふので「在来種」（同：京城帝大着任教授のうち、大学開設以前から朝鮮で職を得ていた人々を指す）の総帥の感があつた。[2]（傍線は引用者）

ここで「高級事務員の仕事」と言われているのは、具体的には朝鮮総督府官吏としての経歴を指している。小田省吾は京城帝大着任前には朝鮮総督府学務局編輯課長[3]の職にあり、小倉進平は同編修官であった。高橋は同じく学務局視学官を務めていた。引用した史料文中では花村美樹や松岡修太郎など京城帝大に着任した教授たち、特に法文学部法科系の教授のキャリアをあげつらう内容を確認することができる。[4]この点について筆者は別稿[5]で言及したことがあり、それが結局のところ京城帝大の特色にもつながっていったことを論じた。しかしその際にはここで名指しされた小田や小倉、高橋らのような総督府関係者のキャリアについては「彼らの担当講座は朝鮮史学講座、朝鮮語学講座であり、本国のアカデミック・セクタでは適当な人物を得ることが出来なかった、あるいは相応の専門を持つ者は既に総督府内に勤務していたためであると推測できる」と述べるにとどまった。

引用文における「高級事務員」、「『在来種』の総帥」という高橋の評価には手厳しいものがある。むろん、この文章が掲載された『朝鮮及満洲』という雑誌の性格[6]を割り引いて考える必要はあるが、それでも当時そうした見方がされていた、という事実は見逃せないであろう。たしかに高橋は朝鮮研究を行うことを目的に朝鮮半島に渡ったわけではなく、渡鮮後に得ていたポストも決して研究職ではなかったからである。

本稿では朝鮮における高橋の活動について、朝鮮総督府の文教・宗教政策に関与した官吏としての側面に注目しながら、高橋の経歴を再整理する形で紹介することに努めてみたい。

高橋の経歴は年譜が『朝鮮学報』に掲載されていることから[7]、これが基礎情報とされてきた。高橋に言及する研究のほとんどがこの年譜に基づいた記述をしているが、本稿では必要に応じて官報など他資料を用いて情報を補った。

一　中学教師として朝鮮に渡る

高橋亨は一八七八（明治一一）年、新潟県中魚沼郡に生をうけた。父・茂一郎は漢学塾である二松學舎（現・二松學舎大学）で塾頭を務めたこともある漢学者であった。新潟県立尋常中学校・第四高等学校漢学科を経て、一八九八（明治三一）年に東京帝国大学文科大学に入学した。高橋の学問形成期である大学時代のカリキュラムや時代背景については権純哲「高橋亨の朝鮮思想史研究」（注（1）参照）に詳しい。これによると高橋は漢学科に設けられた経（哲学）・史（史学）・文（文学）の三部のうち史部つまり東洋史学を選択し修めたという。

一九〇二（明治三五）年七月に東京帝国大学文科大学漢学科を卒業した高橋は、京北中学校や早稲田大学で講師を務めた[8]。同年年末には建部遯吾[9]の推薦により九州日報（玄洋社系新聞社である。「福陵新報」から改称した。一九四二年に「福岡日日新聞」と合併し、現在の「西日本新聞」に至る）主筆に迎えられ福岡に赴いていることから[10]、東京での教員経験はごく浅いものだったと思われる。とはいえ、九州日報での活動もごく短期間にとどまる。大韓帝国の官立中学教師であった幣原坦[11]の異動に伴い、その後任として朝鮮半島に渡ることになったためである。

一九世紀末から朝鮮＝大韓帝国（朝鮮王朝が一八九七年に国号を「大韓」と改め、国王高宗が皇帝に即位して成立した）は開化・近代化政策のため外国人の傭聘を開始した。とりわけ日本の場合には日清・日露戦争を契機に影響力を強め、二〇世紀初頭には三次にわたる日韓協約（一九〇四年、〇五年、〇七年）に基づき顧問、次官といった上級ポストから警察、教員に至るまで、大韓帝国官吏として日本人が多数雇傭されることとなった。つまり幣原や高橋は大韓帝国の「お雇い外国人教師」[12]だったのである。

高橋の渡韓時期は高橋亨著『李朝仏教』（宝文館、一九二九年）では「明治三七年歳末」、『韓語文典』（博文館、一九〇九年）では「明治三七年冬」、『朝鮮学報』「高橋亨先生年譜略」では「明治三六年末」となっており、一致していない。そのためか研究者によっても高橋が渡韓したとする年の記述には若干のずれがみられる。権純哲は『京畿七十年』（京畿高等学校は大韓帝国官立中学校の後身校）、『西日本新聞百年史』（西日本新聞は九州日報の後継紙）で高橋の渡韓前・後の在職期間を検討し、「より詳しい調査が必要であるが、ここでは一応、一九〇四年すなわち明治三七年末をとった」[13]としているが、渡韓時期が一九〇四年の歳末であるという理解でほぼ間違いないと思われる。

その根拠となるのは高橋が大韓帝国学部当局者との間に結んだ契約書「中学校教師（高橋亨）雇傭契約書」（ソウル大学校奎章閣韓国学研究院所蔵、奎二三一一六）および外務省記録「韓国ニ傭聘セラレ居ル本邦人取リ調ベノ件」（外務省外交史料館所蔵、外務省記録三門八類四項）である。雇傭契約は高橋と学部学務局長張世基、外部交渉局長李始栄との間に光武九（一九〇五）年二月二一日付で結ばれていることが書面から明らかである（契約期間は二年間）。「韓国ニ傭聘セラレ居ル本邦人取リ調ベノ件」は在韓国特命全権公使林権助が本国からの求めに応じ、大韓帝国に傭聘された日本人官吏を調査し、外務大臣桂太郎宛に報告したものである。高橋の場合は大韓帝国学部すなわち当時の日本では文部省にあたる機関[14]に職を得ていたため、学部傭聘者をとりまとめた文書のなかにその名前を確認できる。そこには高橋のほか、幣原坦（当時の身分は学政参与官）ら一四名の傭聘年月日、勤務官署や官職などが在韓国日本公使館罫紙に記されている。この記録にも、高橋の雇傭年月日が「明治三八、二、二一」つまり一九〇五年二月二一日であることが記されている[15]。雇傭に先だって渡韓したと考えるのが自然であるとすると、高橋の渡韓時期は一九〇四年の年末が妥当ということになる。なお、高橋の妻ゆうは医師の娘で、本人も医者であった。高橋の渡韓に伴い、彼女は大韓帝国宮内府の女医として傭聘されていることが同資料で確認できる。

朝鮮に渡った高橋は大韓帝国官立中学校の教諭となった。この学校は中等教育を担う中心的な学校であったことは確かだが、具体的なカリキュラムなどは不明である。一八九九（光武三）年勅令第一一号「中学校官制」、翌一九〇〇年「中学校規則」からうかがえるのは「実業に就こうとする人に正徳・利用・厚生の道を授け中等教育の普及をはかる」ことを目的とする「修業年限七年（尋常科四年、高等科三年）」の学校だったということである。高橋の前任者である幣原の回想では「学生はまだ少数ながら、大体儒書は読んでいる。私はそれを幸として、四書五経の断章取義に基づく新案、文理綜合教授とでもいうべき講義」を行っていたということが確認できる[16]。

こうした断片的な情報から推測できるのは、高橋は定員七人以下とされた教官の一人で、おそらくは日本内地にいるときと同様、漢文あるいは漢文を通じた基礎的な教養科目を教授したのではないかという程度である[17]。

一九〇六（光武一〇）年勅令第四〇号による新学制「学部直轄学校及公立学校官制」、勅令第四二号「高等学校令」により官立中学校は廃止され、漢城高等学校へと姿を変えた。さらに韓国併合後、一九一一（明治四四）年勅令第二二九号により漢城高等普通学校と名称・制度を変更することとなった。高橋が一九〇九年に著した『韓語文典』（博文館）に記された肩書きは漢城高等学校学監（学校長を補佐し、学校長に事故ある場合はその職務を代理し、学員の教育を掌る奏任官）であり、教頭に相当する職に就いていたことがわかる。

ところで、官立中学校において高橋が何語で授業を行ったかは不明である（幣原についても同じく不明）。ただし、高橋が渡韓後に漢文を介して朝鮮語を学び始めたことは年譜にも書かれており、すぐにこれを習得し（自身では「半歳にして不自由なきに至る」[18]と述べている）、朝鮮語を得意としていたことは周囲の回顧からも明らかである。[19]年譜には「渡韓後六年に亘る研鑽と文法教授に従事したる体験の集大成」[20]として『韓語文典』を著した、とあるがこの「文法教授に従事」が具体的になにを示すのかは不明である。

こうして教職に従事する一方、高橋は自身の関心に基づいて「朝鮮文学研究」をすすめようともしていた。『李朝仏教』（宝文館、一九二九年）では当時を回顧し「官立中学校ノ教師ニ任ゼラル、ヤ、早ク朝鮮研究ニ趣味ヲ起シテ、徐ニ広義ニ於ケル朝鮮文学ヲ研究センノ志ヲ立テタリ」と述べた。高橋の「朝鮮文学研究」とはいわゆる文学分野の研究でなく、具体的には「朝鮮思想研究」を指している点には注意が必要である。ここでは「広義ニ於ケル朝鮮文学」という表現を用いているが、『日本文学講座』（一二巻。新潮社、一九二七年）への寄稿「朝鮮文学研究―朝鮮の小説」では、「詩文歌謡の純文学は固より、古来朝鮮人の思想及信仰を表し伝へた所の儒学及仏教に関する諸著述、朝鮮人の理想的生活や当時の時代相を書き表した物語稗史小説の類、是等を総べて引きくるめて朝鮮文学と称している（傍線は引用者）」と述べた。

高橋の関心は専ら「朝鮮人の思想及信仰」にあり、それゆえに朝鮮語を習得した高橋が「朝鮮文学研究」としてまず行ったのは朝鮮人の風俗習慣調査であった。その結果は『朝鮮ノ物語集附俚諺』（日韓書房、一九一〇年）、『朝鮮ノ俚諺集附物語』（日韓書房、一九一四年）としてまとめられた。ただし、研究は高橋の思うようには進まなかった。なぜならば「韓国時代ノ朝鮮ハ文学研究ハ文献資料ヲ得ルコト充贍ナラザルヲ以テ遅々トシテ進マズ」[21]という状況だったためである。むろん、ここでいう「文学研究」も思想研究を意味し、「文献資料」とは経書及び儒者の著述であることがこれに続く文章中で明らかである。ここでは「詩文歌謡」や「小説」の話題には全く触れられていない。

曰く、「韓国ノ政党タル老論・少論・南人・少北、所謂四色ノ党籍ニ録セラレテ、政府ノ要路ニ立ツベキ家門ニ属スル大両班ハ、大抵先人ノ私記ニ成ル政治上ノ記録ヲ蔵」しているが、この記録は「家ノ秘密」で「己ガ属スル党ノ秘史」である。それ故に書籍は市場に出回ることはなかった。当時「文献資料」を所蔵していたのは「僅カニ公使館ノ前間（引用者補：恭作）通訳官ト、幣原（同：坦）博士其他民間二三氏」という程度で「予ノ財ト力ト共ニ微ナル、到底両班学者ノ秘庫ヲ啓イテ其ノ珍蔵スル書籍記録ヲ借出スコト能ハズ」と高橋は嘆いている。(22)

この状況は一九一〇（明治四三）年八月の韓国併合によって一変する。高橋の「財」はともかく、「力」は朝鮮総督府を後ろ盾に増していくことになるからである。帝国日本が朝鮮半島支配に当たって本格化させた朝鮮研究に関与することによって、高橋は念願の「文献資料＝経書・儒学書」を閲覧・収集できるようになるのである。つまり高橋の朝鮮思想研究はここに始まるといえるであろう。

年譜によれば韓国併合直後の九月には宇佐美勝夫内務部長官の推薦を得て朝鮮総督府宗教調査嘱託を命ぜられ、寺内正毅朝鮮総督に朝鮮文献（古書・金石文）の収集を働きかけるなど積極的に動いていたらしいことがわかる。(23)翌年にはやはり総督府の命により三南地方（朝鮮半島南部の忠清道、全羅道、慶尚道）において儒生の動向調査に従事し、これが「朝鮮儒学研究の端(24)」となったという。(25)このようにして、大韓帝国に「雇聘」され、官立教育機関に職を得ていたとはいえ一教師に過ぎなかった高橋は朝鮮総督府の文教政策に寄り添うかたちで朝鮮研究者としての道を歩み始めることになる。

一九一二（大正元）年には史庫調査のために五台山月精寺（現・江原道平昌郡）を訪れている。ここで「月精寺及びその禅房なる上院寺僧侶の勤行正しきを見　僧侶への認識を一変して朝鮮仏教の研究に志す(26)」こととなった。

折しも朝鮮総督府の「宗教行政ノ方針ヲ立ツル第一着手」[27]として宗教調査を委嘱され、これを契機に各寺刹の僧侶と交わりをもち、古文書や仏書の閲覧を行うなど朝鮮仏教の調査を進めていった。こうした調査を進めることができたのは「予ガ宗教調査ノ嘱託ヲ受ケ、総督府ノ官吏トシテ寺刹ニ臨メルガ故ニ獲ルヲ得タリシモノナリ。然ラズ、単ニ篤学ナル一学究トシテ如何ニ寺刹ヲ歴訪ストモ、竟ニ一冊一枚ノ文書ヲモ手ニスル能ハザルナリ」[28]と自覚されている。

この時期の高橋の行動からは旺盛な研究意欲が感じられるが、彼の官職（本官）としては未だ学校教員にすぎなかった。大韓帝国期に官立中学校教諭として官位についた高橋は、併合後もひきつづき教員として任用されており、一九一一（明治四四）年一一月時点では京城高等普通学校（大韓帝国時代の漢城高等学校を収用した後継校）に、一九一六（大正五）年五月には大邱高等普通学校に勤務している。高等普通学校とは戦前期日本の中学校に相当する中等教育機関で、「（引用者補：朝鮮人）男子ニ高等普通教育ヲ為ス所ニシテ常識ヲ養ヒ国民タルノ性格ヲ陶冶シ其ノ生活ニ有用ナル知識技能ヲ授ク」ことを目的とする四年制（のち第二次朝鮮教育令より五年制）の学校である[29]。

高橋は一九一八年に大邱高等普通学校校長に任ぜられ、その翌年には「朝鮮の信仰と思想に関する三千余枚の労作」という学位請求論文「朝鮮の教化と教政」を提出した[30]。これにより東京帝国大学より文学博士の学位を受けた。高橋は帝国日本の朝鮮植民地化過程において積極的に総督府の調査事業に参加し、おそらくはその立場を最大限に利用することによって、自身の関心である「朝鮮文学＝思想」研究を進めていった。学位論文のタイトル「教化」「教政」からうかがえるように、特に朝鮮総督府宗教政策への関与という形で研究が進められたようである。そうした高橋の姿勢が「高級事務員」と揶揄される背景となったと思われる。

ただし為政者にとってはこの時期の高橋の朝鮮思想研究の深化は時宜を得た好ましいものであった。それゆえに高橋の地位は「大学教授《プロフェッサー》」へと上昇していくことになるのである。

二　大学設立構想――京城帝国大学教授へ

彼にとって身分変動の大きな契機となったのは、朝鮮における大学設立機運の高まりである。植民地朝鮮に唯一設立された大学である京城帝国大学の開学は一九二六（昭和元）年（同大学予科は一九二四年開設）であるが、一九一九年のいわゆる三・一独立運動以後、総督府内で具体的な設立計画が進められはじめていたと考えられている。[31]年譜によると高橋は一九二一（大正一〇）年に欧米出張を命じられている。直後には朝鮮総督府視学官（学事に関する視察及事務を管掌する官）に任ぜられており、この身分での出張であった。その目的は「該地（引用者補：欧米各国）の見聞と兼ねて視学官として欧米の学校を広く見学する」[32]ことであったと述べられており、帰国後に発表された文章[33]でも「欧米の教育状況を視察」「小学校教育から高等学校、大学予科までの学校視察」といった内容が確認できる。ただし、この出張は単なる教育視察ではなく、いずれ設置される朝鮮初の大学に教授職で就任することを見据えての欧米留学であったと推測される。年譜では確認できないが、同時期に京城専修学校（のちの京城法学専門学校）の教授職を得ていることが『朝鮮総督府及所属官署職員録』[34]『京城法学専門学校一覧』[35]で確認できる。教授職に就きながらも授業を担当した形跡はなく、この異動は留学にあたっての身分確保と同時に、京城帝大教授就任への布石が目的であったと思われる。なお、こうしたキャリアパスは京城帝大の他の教授でも確認できる。[36]

欧米出張から帰国した翌年、一九二三（大正一二）年一一月には朝鮮帝国大学（のち京城帝国大学と名称変更）創立委員会幹事を命ぜられた。

創立委員会は朝鮮総督府政務総監有吉忠一を「委員長」とし、学務局長長野幹をはじめ総督府官吏が主要構成員＝「委員」であった。委員のうち、主導的な役割を果たしたのは唯一日本内地から招聘され、のちに京城帝国大学初代総長を務めることになる服部宇之吉（当時、東京帝国大学教授）であった。服部は自叙伝で「大正十二年十一月朝鮮総督斎藤実氏より朝鮮に設けらるべき帝国大学の創立委員を委嘱せられ、殆ど創立に関する全権を委任せられた。十一月初旬京城に赴き、帝国大学に設くべき学部・各学部に設くべき講座の種類及数、講座担当者の選定及海外留学等に関する件、大学敷地の選定、大学講堂、教室、附属病院、附属図書館等に関し一々之が立案設計を行」[37]ったと述べるほど、京城帝大創設に関わった中心的な人物である。引用文中、服部は斎藤実朝鮮総督の招請により委員に任命された、とあるが、服部宇之吉の長男武によると斎藤実に服部を推薦したのは高橋であるという。

但し斎藤総督に父のことを進言された人がその前にあったようでもあります。それは高橋享《原文ママ》（とおる）という方、氏は東大文学部で中国哲学を専攻され卒業後間もなく京城に奉職、当時すでに京城に相当な足場を持っていられたらしく、その高橋氏が大学をつくるならば総長には服部がよいと進言されたという話です。その理由は朝鮮にはまだまだ儒教の勢力が根強く仲々の長老格の宿学もいるので、これに対抗することが文教政策の一つの大きな眼目でその点服部がよい、それに服部は教育行政の腕もあるからということで斎藤総督に進言されたとかいうことです。尚これは父から聞いたのではなく、京城帝大のどなたかから聞いたことです（父は自分のことは余り語らぬ人でした）[38]。

委員会における高橋の職位は「幹事」に過ぎなかったが、その実は委員らに非常に大きな影響力を与えるほどの発言力をもっていたらしいことがうかがえる。

ところで、服部宇之吉は大学創立委員会設置以前の一九二〇（大正九）年に、植民地への大学設立建白書を朝鮮総督（及び文部大臣、関東都督府長官）に提出したことがある。建白書は東京帝国大学教授白鳥庫吉、上田万年、建部遯吾との連名で、朝鮮（京城）・満洲（旅順または大連）に「植民地における文化を研究するとともに、植民地における人々をして文化に浴せしめ融和を図」るための大学の設立を要請するものであった(39)。建部は高橋の東京帝大時代の恩師で、就職の世話をしただけではなく、結婚時には媒酌人をつとめたほどの間柄である(40)。直接の因果関係を裏付ける資料はないが、建部を通じて建白書提出者らと朝鮮で文教行政に関わるようになった高橋との間になんらかのネットワークが形成されていた可能性を指摘できるであろう。

一方、高橋は高橋で、独自の「宗教大学」構想を持っていた。服部や建部らが建白書を提出したほぼ同時期に発表された文章に、次のような内容が確認できる。

……（前略）……新たに日本の宗教を輸入して以て未だ真の高遠幽玄なる教理に接しなかった朝鮮人特に青年に布教して之を教化せねばならぬ。（中略）而して其の布教方法は必ず直接間接両方法を用ゐて寺刹布教所の外に仏教哲学、仏教文学等仏教文化を不闡し、教授する宗教大学を京城に起し、此に内鮮学生を収容して以て此を間断なき朝鮮人信仰浄化の源泉となし、年を逐うて其の流を十三道（引用者補：朝鮮全土を指す）の隅々に浸灌せしめねばならぬ。而して此は独り朝鮮人教化よりのみならず東洋文化の研究に対する日本の権威を朝鮮人に知らしめて、彼らをして日本の学術に敬服せしむる重大なる一施設なるが故に、仏教各宗が協力するのみならず民間有志並に政府者の之に相当の補助をなすべきは勿論である（傍線は引用者による）(41)。

高橋がこの文章を書いた背景は不明だが、おそらくは一九一九年のいわゆる三・一独立運動後の文化統治への政策推移という流れをうけて書かれたものと思われる。注目されるのは「宗教大学」を京城につくり、仏教関連の授業を行うこと、またこれを日本人による東洋文化の研究拠点として朝鮮人にアピールしようとしていた点である。

実際に設立された京城帝大では高橋が構想していたような儒学や仏教といった宗教分野での重点化は見られなかったが、「東洋・朝鮮研究」は建学理念として活かされることになった。たとえば、文科系講座では宗教学・宗教史講座に赤松智城が、社会学講座に秋葉隆が着任し、彼らは朝鮮やモンゴルをフィールドに巫俗研究を行った。なお、高橋は京城帝大開学にあたり、「吾人は学生に斯く希望す」という文章を寄せており、そこでは「利義の弁」の重要性、道徳の根本としての儒教精神を強調している[42]。

高橋の「宗教大学」構想は、むしろ高橋が京城帝大を退官した後に具体化していくことになる。これについては後述することとして、今しばらくは京城帝大時代の高橋の動きを確認していきたい。

高橋は京城帝大開設にあたり、創設委員を務めたのみならず、大学に収める漢籍を選択・購入という大役を果たしている。一九二五（大正一四）年三月に中国出張を命ぜられ、北京・南京・上海に足を伸ばした。そして大学開学と同時に朝鮮語学朝鮮文学第一講座を担当する教授に任ぜられたのである。

先述の通り、京城帝国大学は東洋・朝鮮研究に特色を置くとされていたが、集められた教員は全員が当該分野の専門研究者としての経験を持っていたわけではなかった[43]。その中で韓国併合以前から朝鮮半島に居住し、総督府の政策に積極的にかかわりをもちながら朝鮮研究の第一人者となるに至った高橋亨はかなり特異な存在だったといえるであろう。

京城帝大教授として高橋は、依然として旺盛に朝鮮思想研究を進めることになる。大学での担当講座は「朝鮮語学朝鮮文学第一講座」で、開講科目としては例年思想史分野と文学分野でそれぞれ設定されていたようである。[44]ただし、高橋の主な関心はやはり思想分野であったと思われる。[45]これらの授業内容の一部は研究論文としてまとめられ、『斯文』『朝鮮』『朝鮮仏教』といった雑誌に発表されていたらしいことが講義題目と論文題目との類似性からうかがえるからである。ちなみに、京城帝大時代の高橋の講義ノート（の一部）は朝鮮文学研究者の大谷森繁氏（戦後、高橋が天理大学で教鞭を執った時代の弟子である）が所蔵している。大谷氏の提供により、このノートのハードコピーを東京大学韓国朝鮮文化研究室が「高橋亨朝鮮思想資料」として整理・公開している。参考までに資料一覧を文末に記しておく。[46]

大学着任後の一九二七（昭和二）年には『朝鮮史講座特別講義』（朝鮮史学会編）の中に「朝鮮儒学大観」を発表している。一九二九（昭和四）年に『李朝仏教』を刊行し、ここに「儒学」「仏教」研究のひとつの完成をみたと考えてよいであろう。というのも『李朝仏教』刊行直後、高橋は済州島に行く機会を得て、これ以降はしばらく民謡採集というあたらしい課題に取り組むことになるからである。高橋は一時期かなり集中的に民謡研究を行っており、その成果として「朝鮮の民謡」（『朝鮮』二〇一、一九三二年二月）、「民謡に現はれた済州の女」（『朝鮮』二一二、一九三三年）、「北鮮の民謡」（『朝鮮』二一九、一九三三年）などの諸論文を発表した。[47]また、一九三四（昭和九）年には帝国学士院からの研究補助（二年間にわたり各年度七〇〇円ずつ、合計一四〇〇円の研究補助金を支給）を得て、小倉進平と共同で朝鮮民謡の研究にとりくんでいたことも確認できる。[48]

こうした民謡研究の動機について、戦後高橋が自ら語った記録が残っている。そこでは次のように述懐されている。

私は、朝鮮文学の専門は漢文だからね。朝鮮語を習うと同時に、漢文ばかりで書かれた朝鮮文学というものを研究した。（中略）朝鮮に伝わる漢文で書いた朝鮮文学というものを、いくら研究しても、ジェニュイン（引用者補：genuine）というもの、純粋なもの、しかも本当に朝鮮的なもの、吾々日本人が見て尤もだ、朝鮮の文学は此処にあるということを果たして深く感銘するような文学はなかなか無い。（中略）学者連中や有識階級の連中は、専ら支那を学んで朝鮮文学を作ろうとしたが、之に反して朝鮮のいわゆる農民にしろ商人にしろ、士農工商の農工商の連中というものは、これは朝鮮の政治を丁度鏡に写すように、彼等の心に朝鮮の政治が写っている。（中略）そう考えて僕は、朝鮮の民謡というものに目をつけた。（中略）片方の漢文で書いた朝鮮の文学というものよりもずつと上に、その済州島民や火田民や、悪政にいたたまれんで郷土を逃げて、北に行ってしまつたような人、そういう連中の本当の心の中を歌つた歌というものを集めて研究しだした。(49)

ここでは漢文で書かれた「朝鮮文学」の限界、すなわち一般の朝鮮人の心性や思想をうかがい知るには漢文ではなく口承を対象としなければならなかったという研究の背景が述べられている。つまりここでも高橋の関心はあくまでも思想面にあったことがわかる。

一九三九（昭和一四）年、定年を迎えた高橋は京城帝国大学教授の官職を免ぜられると同時に身分を法文学部講師嘱託に移し、大学への関与は一歩引いた姿勢をとるようになる。

三　教化活動への参与――恵化専門学校、明倫学院講師として

京城帝大を定年退職した翌年、つまり一九四〇（昭和一五）年に高橋は京城私立恵化専門学校長となった。恵化専門学校は仏教系の専門学校であり、現在の東国大学校（現・ソウル特別市中区）の前身である。この学校は韓末の新仏教運動の展開の中で組織された仏教研究会によって設立された明進学校（一九〇六年）をそもその起点とする僧侶養成のための学校であった。その後仏教師範学校（一九一〇年）、仏教高等講塾（一九一四年）、中央学林（一九一五年）、仏教専修学校（一九二八年）と改編を重ね、一九三〇年には専門学校に昇格し、中央仏教専門学校と名称を変えている。

この中央仏教専門学校の教育体制を、朝鮮総督府の指導のもとで「日本化することを嫌ひ、日本僧を尊敬しない」[50]朝鮮人僧侶らの民族主義を打破し、「日本化した仏教」[51]を教えるため再編成したのが恵化専門学校である。

この学校再編およびそれにともなう仏教界への介入には高橋が大きく関わっていたと見られる。高橋は校長として着任すると同時に、京城帝大関係者を兼任教授として複数名招いていることが確認できる。具体的には秋葉隆（社会学講座）、佐藤泰舜[52]（宗教学、宗教史講座）、大谷勝真[53]（東洋史学第一講座）、赤松智城（宗教学、宗教史講座）、松月秀夫（教育学第一講座）の五名である（カッコ内は京城帝大での担当講座である）。京城帝大から招かれた教授陣は、教育学講座担当の松月秀夫を除きいずれも宗教関係者あるいは宗教学関係分野を専門としていた点は、恵化専門学校の前身が中央仏教専門学校（傍点は著者）であり、日本化した仏教を教授するためという学校再編目的からもさほど不自然なこととは思えない。しかし、高橋は自身の四男である高橋龍四郎をも国語を担当する専任講師

として着任させている。こうした点から考えると、中央仏教専門学校の再編の際、特に教員人事については高橋が強い力を持っていたのではないかと疑わせるに十分であろう。高橋の四男龍四郎が着任した国語科が増設されたのは中央仏教専門学校から恵化専門学校への再編成が行われた際であった。

恵化専門学校の教育目的は「朝鮮教育令に依り仏教および大陸事情に関する高等の学術を教授し特に皇国の道に基きて国体観念の涵養および人格の陶冶に留意し以て国家須用の材たるに足るべき忠良有意の皇国臣民を錬成すること」[54]とされている。高橋は一九二〇年の段階で、朝鮮に仏教を体系的に教授する宗教大学を設置すべきと主張していたことはすでに述べたとおりである。その目的とするところは仏教を利用した帝国日本による朝鮮統治の円滑化であった。中央仏教専門学校から恵化専門学校への再編はこうした高橋の構想がある程度実を結んだものと考えてよいであろう。

ただし恵化専門学校時代の高橋の具体的な活動は不明である。校長として恵化専門学校に着任した同年、朝鮮総督府から第一回朝鮮文化功労賞を授けられ、また京城帝国大学名誉教授にもなっているが、翌一九四一（昭和一六）年には引退し、朝鮮を離れ四男龍四郎の妻の郷里山口県萩市に居を構えている。そこでは「専ら鮒釣を楽しむ」[55]生活だった。

一度は内地に戻り、隠退生活に入った高橋であったが、一九四五（昭和二〇）年初、朝鮮に戻ることになる。前年末に京城経学院提学および明倫錬成所長、朝鮮儒道連合会副会長（総裁は朝鮮総督府政務総監、会長には経学院大提学を務めた朴相駿が就任）に任命されたためである。

つまり、高橋は仏教専門学校に関わる一方、儒教政策にも参与していたのである。すでに見たように、高橋は韓国併合後、朝鮮総督府の嘱託として儒学研究に従事しており、高橋は当時朝鮮儒教を専門に研究しうるおそらく唯一の人物であった。この点が評価され、朝鮮統治の開始段階から儒教政策に関わっていたと思われる。少なくとも一九一三（大正二）年にはすでに経学院で『経学院雑誌』編纂委員としての活動を始めている。

経学院とは朝鮮時代以来の成均館（朝鮮王朝時代の儒学教育機関。官僚を養成する最高学府であり、学生は科挙〔文科〕合格を目指した）を前身とし、一九一一（明治四四）年に朝鮮総督寺内正毅監督のもと設置された社会教化団体で「朝鮮総督ノ監督ニ属シ経学ノ講究ヲ為シ風教徳化ヲ裨補スルコトヲ目的」としていた。具体的には朝鮮人一般の教化事業と春秋二回の文廟祭祀の挙行を担当していた（この時点では教育機関としての機能は喪失していた）。経学院に対する朝鮮総督府の政治的意図としては、かつて成均館の中心勢力であった両班・儒林らの懐柔、および教育政策における儒教のイデオロギー的利用といった点にあったことが柳美那の研究で指摘されている。[56]

この経学院に附設される形で儒教教育を担った、つまり成均館が持っていた教育機関としての機能が復活したのが明倫学院（のちの明倫錬成所）である。一九三〇（昭和五）年、「儒学ニ関スル教授ヲ為シ、併セテ人格ヲ陶冶[57]」することを目的とする修業年限二年の教育機関として設立された。

明倫学院創設にあたっては、斎藤実朝鮮総督期の朝鮮統治政策の「武断統治（寺内総督期）」から「文化統治」への転換が影響している。現在「斎藤実文書」として整理されている文書群の中に、一九二〇年代中頃に作成されたと考えられる斎藤自筆の覚え書きが残っている（国立国会図書館憲政資料室蔵『斎藤実文書』「斎藤実覚書」）。そこでは設置予定の明倫学院と帝国大学（本文中に明記されないが、京城帝国大学を指すと考えられる）との連携関係が次のように構想されていた。

殆ンド死物視セラルル、儒林ヲ改善シテ世道人心ニ有益ナルモノトシタキ希望其方法ハ帝国大学ニ於テ斯界ノ権威アル教授ヲシテ儒林青少年ヲ招集シ時世ノ進運ニ伴フベク漢学其他ノ科目ヲ教習セシムルコト（道知事ノ見込ニ依リ必シモ儒林ニ限ルヲ要セス）形式ハ経学院ヨリ大学ニ依嘱スルコト、スルコト

（中略）

卒業者中優秀ナル者ヲ経学院講師及文廟職員業ニ充ルコト

（中略）

抑モ朝鮮ノ儒林ハ唯祖先ノ系譜ヲ継承シテ自ラ尊大ニ誇リ徒ニ朱子学ノ末ニ走リ其ノ外形儀式ヲ励行スルヲ以テ足レリトシ口ニ孔孟道ヲ唱ルモ真ニ倫理ヲ解スルモノ少キヲ以テ之ヲ教育シテ根本的ニ改良指導スルニアラサレバ社会ニ於ケル無用ノ長物ニ過キサルカ故ニ大学創立ヲ機トシ之カ実行ヲ企テタレトモ法規上等ノ異議ナドアリ未ダ緒ニ就カサルヲ遺憾トス本問題ニ関シテハ学務局長及ビ大学教授高橋亨承知ニ付御招喚御聞取ヲ乞フ（傍線は引用者による）

つまり京城帝大において儒教の専門教育を行い、経学院講師をはじめとする専門職員を養成しようとする構想である。斎藤のこの構想は「法規上等ノ異議ナド」のため具体化はしないままに終わったが、高橋がこの計画に関与していたらしいことが本文中の記述からうかがえる。

実際に明倫学院が開設されると、初期段階から高橋は講師として教育活動に関わっていくことになる。学院開学時には四名の日本人が講師として招かれており、高橋の他は京城帝大法文学部で教鞭を執っていた藤塚鄰（支那哲学講座担当）、鎌塚扶（教育学、助手。元・京城師範学校教諭。のち朝鮮総督府学務局編修官を経て清州師範学校校長を務める）および朝鮮総督府編修官の福島燿三の三名である。高橋と藤塚は明倫学院の評議員会にも名を連ねてい

る。明倫学院の運営における高橋の動向は未詳だが、後に経学院提学に任じられた際の年譜の記述に「嘗て経学院内に明倫学院を置き　儒生の教育に尽力したる機縁に依る」とあり、積極的に関与していた可能性は高いと思われる。

明倫学院はその後一九三九（昭和一四）年には明倫専門学院、一九四二（昭和一七）年には明倫専門学校、一九四四（昭和一九）年には明倫錬成所と改称・改変を繰り返した。この編成過程においては明倫学院の設置目的も時局に応じて変更され、一九三六（昭和一一）年には「儒学を講究し国民道徳の本義を闡明し併せて人格を陶冶する」、一九三九（昭和一四）年には「皇国精神に基づき儒学を研鑽して国民道徳の本義を闡明し忠良有意なる皇国臣民を養成する」とされた。もはや目的は儒林勢力の懐柔ではなく、「忠良なる皇国臣民」の養成が全面に押し出されることとなった。このような時勢に応じてか、高橋は同年に「王道儒道より皇道儒道へ」という文章を発表している。

（引用者補：中国の王道政治と天皇を戴く日本の皇道政治は思想内容が異なるため）従て今儒教教化を振興して以て現下の国民精神総動員運動の一翼たらしめんとするには汎然として在来支那朝鮮其の儘の儒教を広説宣布しても其れに依りて直ちに朝鮮民衆の国民精神を目醒まし国民道徳を内鮮一体に進めしむることは蓋し至難事である。勿論儒教の説く所の一般人間としての必要なる道徳実践は何国にも何時代にも之を説き教へるべく又之を説けば其だけの教化的効果は挙げ得られるものではあるけれども、今日朝鮮に於て大に振興すべき所の儒教教化は斯かる生温き儒教の教ではなく充分日本の国粋に同化して国民精神国民道徳を啓培涵養し来つた所の皇道的儒道であらねばならぬ。(58)

ここでは「教化」に力点をおいた儒学（ここでは日本精神にのっとった日本的儒学すなわち中国の「王道儒道」に対する「皇道儒道」）振興の必要性、「朝鮮の儒教団体は皇道儒道を宣布発揚せなければならぬ」[59]ことが強く説かれている。

こうした動きのなか、一九四四年一二月、高橋は経学院提学、明倫錬成所所長となり、同時に朝鮮儒道連合会副会長に就任した。隠遁していた萩からの再渡鮮は翌一九四五年一月である。経学院提学という職位は一九四四年に経学院規程が改正された際に追加されたもので、おそらくは日本人つまり高橋を迎えるための措置であったと考えられる。当初の経学院規程では大提学（経学院を総理する職。予算を朝鮮総督のもとで管掌する）および副提学（大提学を補佐する職）という職位しか規定されていなかったからである[60]。ついに高橋は「高級事務員」、「大学教授《プロフェッサー》」を経て、儒林の頂点「提学」にまで上りつめるのである。

この身分で高橋は終戦を迎える。年譜によれば「此頃　農耕学業の兼修を理想とし、「農士学校」の建設を企図して遠藤（引用者補：柳作）政務総監の賛意を得　候補地選択中　終戦となる」とあり、新たな学校建設を試みていたらしいことがわかる。ここで構想されていた「農士学校」は、日本内地において安岡正篤が展開していた「金鶏学院」「日本農士学校」との関連が推測されるが詳細は不明である[61]。だが、高橋がこうした学校運営による新たな教化活動を朝鮮で始めようとしていた点には留意すべきであろう。

四　むすびにかえて

終戦後、再び萩に戻った高橋は「純粋易断」開業、「鮒釣り」の日々を経て、一九四九（昭和二四）年には同年に設立されたばかりの福岡商科大学（現・福岡大学）教授となり、翌年には天理大学（一九四九年に天理語学専門学校が大学に昇格）に初めて設立された朝鮮学科に教授として赴任した。天理大学では朝鮮文学、朝鮮思想史を講義する傍ら、「本当に学問的な立場からする朝鮮研究の中心をつくっておきたい」[62]という意識のもとで「朝鮮学会」の創設（一九五〇年）および機関誌『朝鮮学報』創刊において中心的な役割を果たした。[63]一九六四（昭和三九）年まで天理大学教授、おやさと研究所第二部主任を務め退職した。その後は「清閑自適」の生活を送り、一九六七（昭和四二）年九月四日に高橋は永眠した。

これまで高橋の文教・宗教政策への関与に注目して、その生涯を追ってきた。最初に確認したように、高橋は朝鮮思想研究の第一人者であったことは間違いない。戦後においても朝鮮研究の拠点として「朝鮮学会」を設立するなどその功績は非常に重要である。ただし、戦前期の朝鮮での高橋の活動、研究の成果に注目する限り、植民地朝鮮という状況下におけるアカデミズムの限界が厳然と存在していたことは否定できない。それは高橋個人の資質にのみ還元できるものではないであろう点には留意が必要である。

日韓近代宗教史研究者の川瀬貴也は『植民地朝鮮の宗教と学知』（青弓社、二〇〇九年）において、一章を割き高橋の形成した「学知」を論じた。高橋の著作『朝鮮人』（朝鮮総督府学務局、一九二〇年）[64]・『朝鮮宗教史に現はれたる信仰の特色』（朝鮮総督府学務局、一九二〇年）・『李朝仏教』（宝文館、一九二九年）を手がかりとした川瀬は、植民地朝鮮での文教政策に早い時期から関与していた高橋の朝鮮観は、「支配の欲望」が投影された植民者として非常に「凡庸」なものであり、それゆえに「時代に縛られ、時代を縛った」言説として検討に値するものであることを指摘している。[65]高橋の朝鮮思想史研究を広く検討した権純哲は「ようするに彼（引用者補：高橋亨）において学問研究は、植民地朝鮮をまた朝鮮の人々を如何に支配管理するか、という政治的目的のための道具に過ぎなかっ

たといわざるを得ない」と結論づけている。(66)
朝鮮総督府の支配政策と軌を一にすることによって高橋は自身の研究を深め、「高級事務員」から「大学教授」、「経学院提学」と着実にキャリアアップを重ねることができた。しかし、それゆえに朝鮮研究者として高橋はある種の限界を抱えざるをえなかったのではないであろうか。

（東京大学大学院人文社会系研究科附属次世代人文学開発センター客員研究員）

注

（1）権純哲「高橋亨の朝鮮思想史研究」（『埼玉大学紀要』三三―一、一九九七年）。
（2）江間俊太郎「京城大学論（その一）」（『朝鮮及満洲』三〇〇、一九三二年）。なお、京城帝大設立反対論の存在については拙稿「植民地朝鮮出身者の官界進出―京城帝国大学法文学部を中心に―」（松田利彦・やまだあつし編『日本の朝鮮・台湾支配と植民地官僚』、思文閣出版、二〇〇九年）を参照されたい。
（3）中枢院の編輯課長、古蹟調査課長も兼任している。
（4）特に同「京城大学論（その三）」（『朝鮮及満洲』三〇二、一九三二年）。が法文学部、医学部の教員ゴシップとなっている。
（5）拙稿「京城帝国大学法文学部の再検討―法科系学科の組織・人事・学生動向を中心に―」（『史学雑誌』一一七―一二、二〇〇八年）。
（6）雑誌『朝鮮』を前身とする植民地期朝鮮で発行された月刊総合雑誌（一九〇八年三月～一九四一年一月。通巻三九八号）。総督府関係者らの寄稿も頻繁に行われたが、匿名・筆名による官界・経済界のゴシップ記事も多数掲載された。編集・発行は釈尾春芿である。
（7）『朝鮮学報』に掲載された高橋亨の年譜には二種類あり、内容に若干の増減がある。「高橋亨先生年譜略」（『朝鮮学報　高橋先生頌寿記念号』一四、一九六〇年）および「高橋亨先生年譜略」（『朝鮮学報　高橋亨先生記念号』四八、一九六八年）

である。なお前者は「高橋先生頌寿記念号」であり、後者は「高橋亨先生記念号」である。あわせて著作年表も収録されているため参照されたい。以下、『年譜』と略す。なお、本書巻末に収録されているのは後者の年譜である。

(8)『帝国大学出身人名辞典』第二巻（日本図書センター、二〇〇三年）、六八頁。なお同資料は『帝国大学出身名鑑』（勝田一編、交友調査会、一九三二年）を復刻・収録したものである。

(9)東京帝国大学で教鞭を執った社会学者。権純哲によると高橋亨は東京帝大在学中、第三学年次に建部の授業に参加した。権純哲「高橋亨の朝鮮思想史研究」（『埼玉大学紀要』三三―一、一九九七年）、注二七。

(10)『年譜』。

(11)幣原喜重郎の実兄で、教育行政官として活躍した人物。山梨県立中学校校長在任中に大韓帝国政府から招聘を受け、渡韓した。

(12)幣原については官立中学の一教師としての渡韓ではなく、当初より学務行政に関与する「行政官」として韓国に送り込まれた人材であったことが日本当局の文書から明らかである。大韓帝国における幣原の活動については馬越徹「漢城時代の幣原坦」（『国立教育研究所紀要』一一五、一九八八年）、稲葉継雄『旧韓国の教育と日本人』（九州大学出版会、一九九九年）等を参照されたい。

(13)権純哲「高橋亨の朝鮮思想史研究」（『埼玉大学紀要』三三―一、一九九七年）、注二。

(14)大韓帝国学部官制では「学部大臣は教育学藝に関する事務を取り扱う」と規定され、学部内には学務局と編輯局が置かれていた。勅令第五四号「学部官制」（一九〇七年一二月）。

(15)生年月の欄には「二十六年十一ヶ月」とあり、ここからも一九〇四年の渡韓、一九〇五年の雇傭ということがわかる。

(16)幣原坦『文化の建設　幣原坦六十年回想記』（吉川弘文館、一九五三年）。また、幣原とともに官立中学校の教員であった米国人ハルバート（H. B. Hullbert）は「いわゆる中学校は三〇〇名を収容し得るにもかかわらず、実際の在籍生徒はやっと六〇名内外である。この学校の教授陣に六名の韓国人のほか米国人と日本人が各々一人ずついた。高等程度の国漢文のほかに、化学・物理・植物・生理・一般歴史・地理・算術・代数および幾何が教授されていた」という回想を残している（Hullbert, H. B. The Passing of Korea, London: william Heinemann; 1906、引用は呉天錫〈渡部学、阿部洋共訳〉『韓国近代教育史』高麗書林、一九七九年、一〇六頁より）。

(17) 前掲高橋の雇傭契約書には、学校科程及び教授時間は学務局長及び校長の指揮をうけると記載されているが、実態は不明である。

(18) 『年譜』。

(19) 李忠雨『京城帝国大学』(多楽園、一九八〇年)に収録された回顧では京城帝大卒業生の申奭鎬が(一一〇頁)、京城帝大の同僚である高木市之助は自身の回顧録『国文学五十年』(岩波書店、一九六七年)で高橋の朝鮮語の堪能ぶりを記している(一四五頁)。

(20) 『年譜』。

(21) 高橋亨『李朝仏教』(宝文館、一九二九年)、二頁。

(22) この文章中、引用はすべて高橋亨『李朝仏教』(宝文館、一九二九年)、二―三頁より。

(23) またこの頃、青柳綱太郎(南冥)主幹の朝鮮研究会にも参加していたようである。朝鮮研究会は朝鮮の古書・珍書の刊行を目的とする集まりで、高橋亨は評議員(二〇名)のひとりであった。同会には幣原坦や小田省吾など総督府関係者の他、河合弘民や鮎貝房之進など当時の朝鮮通が多数参加していた。禹快濟(鈴木陽二訳)「伝統文化の理解と韓・日両国関係―朝鮮研究会の古書珍書刊行を中心に」(『朝鮮学報』一七八、二〇〇一年)。

(24) 『年譜』。

(25) 同時期には関屋貞三郎学務局長の推薦により朝鮮図書調査嘱託の職をも得、この身分で奎章閣図書を調査している。この結果まとめられたのが『朝鮮図書解題』(朝鮮総督府、一九一五年)であるというが、朝鮮総督府中枢院『朝鮮旧慣制度調査事業概要』(昭和一三年二月)に記された『朝鮮図書解題』出版までの経緯は次の通りである。「朝鮮図書は未だ広く世に知られざるを以て、其の書名のみに依りて其の内容を知り得るもの少なく、又之を解題したるものなきを以て、之が取扱上不便少なからず。仍て取調局に於ては、明治四十四年より図書整理附属事業として、本府所蔵の朝鮮図書の一切の解題を作成する計画を樹てしが、明治四十五年参事官室に其の業務を移管せり。〈改行〉参事官室に於ては、大正二年朝鮮図書一千百二十一種に付解題を作成し、一応原稿成りしも記述未だ十分ならず且補正の要ありし以て、之が補修に著手し、同年末其の全部を終へ、新に増加したる解題を加へて一千四百六十八種の解説を脱稿し、之を部門に分ちて編次し、大正四年三月印刷に付せり」(朝鮮総督府中枢院『朝鮮旧慣制度調査事業概要』一九三八年、三一―三二頁)。事業概要中では高橋亨の名前を確認することはできない。『朝鮮総督府官報』の任免記録でも確認はとれず、臨時あるいは非正規の嘱託職員であった可能性がある。

(26)『年譜』。

(27)『年譜』。

(28)高橋亨『朝鮮仏教』(宝文館、一九二九年)、一二頁。

(29)「朝鮮教育令」(明治四四年勅令第二二九号)、第一一~第一三条。

(30)高橋の学位論文は所在不明である。内容をうかがい知る手がかりとしては『朝鮮教育研究会雑誌』(一九二〇年三月)に掲載された論文構成や論文審査報告に関する情報程度である。この雑誌を筆者は未見であるが、朴光賢「京城帝国大学と「朝鮮学」」(名古屋大学大学院人間情報学研究科博士論文、二〇〇三年。一六五―一六六頁)から再引用すると「第一章三国から高麗まで仏教と儒教、第二章李朝仏教と教政、第三章朝鮮現在宗教の研究、第四章李朝儒学者源流」という構成だったようである。論文の審査委員は服部宇之吉(支那哲学)、建部吾(社会学)、高楠順次郎(仏教哲学)であった。『日本博士録』(教育行政出版社、一九五六年)。

(31)京城帝大の設立経緯、および民立大学設立運動の展開などについては以下の論文を参照されたい。孫仁銖「一九二〇年「朝鮮民立大学」設立に関する研究」(『教育学研究』五―一、韓国教育学会、一九六七年)、李仁「植民教育に対する民立運動」(『新東亜』、東亜日報社、一九六九年)、金鎬逸「日帝下民立大学設立運動に対する一考察」(『中央史論』一、中央大学校史学研究会、一九七二年)、張世胤「日帝の京城帝国大学設立と運営」(『韓国独立運動史研究』六、独立運動記念館、一九九二年)、阿部洋「日本統治下朝鮮の高等教育―京城帝国大学と民立大学設立運動をめぐって」(『思想』、一九七一年)、馬越徹『韓国近代大学の成立と展開』(名古屋大学出版会、一九九五年)、鄭圭永「京城帝国大学に見る戦前日本の高等教育と国家」(東京大学大学院教育学研究科博士論文)、丁仙伊『京城帝国大学研究』(文音社、二〇〇二年)、朴光賢「京城帝国大学と「朝鮮学」」(名古屋大学大学院人間情報学研究科博士論文、二〇〇三年)。

(32)『年譜』。

(33)高橋亨「欧米に於ける女子教育」(『朝鮮及満洲』一七七、一九二二年)等。

(34)『朝鮮総督府及所属官署職員録』大正十年度参照。

(35)『京城法学専門学校一覧』大正十二年度、大正十四年度参照。

(36)速水滉や船田享二らは高橋同様、京城法学専門学校教授身分で留学している。

(37)服部宇之吉「服部先生自叙」(服部先生古稀祝賀記念論文集刊行会編『服部先生古稀祝賀記念論文集』冨山房、一九三六年)、二二頁。

(38)服部武「服部宇之吉の想い出」(京城帝国大学創立五十周年記念誌編集委員会編『紺碧遥かに―京城帝国大学創立五十周年記念誌』京城帝国大学同窓会、一九七四年)、一一六頁。

(39)「創立前史」(『紺碧遥かに―京城帝国大学創立五十周年記念誌』京城帝国大学同窓会、一九七四年)、四頁。

(40)『年譜』。

(41)高橋亨「朝鮮改造の根本問題」(『太陽』一九二〇年八月号)五七～五八頁。

(42)高橋亨「吾人は学生に斯く希望す」(『文教の朝鮮』京城帝国大学開学記念号、一九二六年)。

(43)前掲拙稿参照。

(44)開講科目一覧は別表の通り。なお、「朝鮮語学朝鮮文学第二講座」は小倉進平が担当しており、こちらは語学分野が中心を占めていた。

(45)高橋亨に関する近年の研究では、思想研究者ではなく、「朝鮮文学」講座を担当した文学研究者として、とらえ直そうとするものも散見される。特に朴光賢は朝鮮(韓国)文学史の成立に高橋が与えた影響に注目する必要性を指摘している。朴光賢「『京城帝国大学』の文芸史的研究のための試論」(『韓国文学研究』二一、一九九九年)、同「京城帝国大学と『朝鮮学』」(名古屋大学大学院人間情報学研究科博士論文、二〇〇三年)、同「京城帝大『朝鮮語学朝鮮文学』講座研究」(『韓国語文学研究』四一、二〇〇三年)、同「京城帝大と『新興』」(『韓国文学研究』二六、二〇〇三年)、同「当為と理念として『創造』された講座、高橋亨の『朝鮮文学』」(韓日ワークショップ「帝国の学知と京城帝大の教授たち」、ソウル大学校奎章閣韓国学研究院、二〇〇七年六月)など。

(46)「高橋亨朝鮮思想資料」一覧は別表の通り。

(47)大谷森繁「高橋先生と朝鮮の民謡」(『東方学紀要』〈天理大学おやさと研究所〉別冊第二輯、一九六八年)には本文中にあげた論文のほか、「朝鮮の民謡」(『朝鮮総覧』一九三三年)、「嶺南大家内房歌詞」(『朝鮮』二二二、一九三三年)、「朝鮮民謡の歌へる母子の愛情」(『朝鮮』二五五、一九三六年)、「嶺南の民謡に現はれたる女性生活の二筋道」(『創立十周年記念論文集京城帝国大学文学会論纂』六、一九三六年)、「朝鮮の民謡」(『朝鮮文化の研究』京城帝国大学文学会編、一九三七年)、「済州島の民謡」(『文学』二〇—九、一九五二年)をあげている。

(48) なお、京城帝大時代にはこのほかに一九三七(昭和一二)年から「李朝文学史ノ研究」というタイトルで服部報公会から三年間一五〇〇円の研究費を受けている。服部報公会『事業報告』昭和九~一三年度参照。

(49) 大谷森繁「高橋先生と朝鮮の民謡」(『東洋学紀要』別冊第二輯、天理大学おやさと研究所第二部、一九六八年)。

(50) 伊藤猷典『鮮満の興亜教育』(目黒書店、一九四二年)、二二頁。

(51) 伊藤猷典『鮮満の興亜教育』(目黒書店、一九四二年)、二二頁。

(52) 曹洞宗海外研究生の経験をもち、駒澤大学・東洋大学教授を歴任した人物である。『日本仏教人物辞典』(法蔵館、一九九一年)。

(53) 本願寺大谷勝尊の長男である。『朝鮮人事興信録』(朝鮮人事興信録編集部、一九三五年)。

(54) 「恵化専門学校学則」(一九四〇年六月一九日改正)。

(55) 『年譜』

(56) 柳美那「植民地朝鮮における経学院—儒教教化機関と儒教イデオロギーの再編」(『朝鮮史研究会論文集』四二、二〇〇四年)。

(57) 「明倫学院規程」(朝鮮総督府令第十三号、一九三〇年)。

(58) 高橋亨「王道儒教より皇道儒教へ」(『朝鮮』二九五、一九三九年)。明倫学院で教員をつとめていた安寅植もまた「経学の利用と儒林の覚醒」(『春秋』二—三、一九四一年)という論文において「皇道儒学」に言及している。

(59) 高橋亨「王道儒教より皇道儒教へ」(『朝鮮』二九五、一九三九年)。

(60) 「経学院規程」(朝鮮総督府令第七三号、一九一一年)。

(61) 朝鮮における安岡正篤人脈の活動、農士学校の展開に言及するものとして永島広紀「近代の朝鮮儒教におけるその〈復古〉と〈革新〉」(『アジア遊学』五〇 特集 朝鮮社会と儒教、二〇〇三年)がある。

(62) 「南鮮・北鮮」(『文藝春秋』緊急増刊号、一九五〇年七月)。

(63) 朝鮮学会の創設経緯については平木實「朝鮮学会の創立経緯と天理大学朝鮮学科」(平木實『朝鮮社会文化史研究Ⅱ』阿吽社、二〇〇一年)参照。

(64) 川瀬は『朝鮮人』を「このような小冊子が出版されたのは、恐らくその前年に起きた三・一独立運動が、日本の官憲に朝鮮人の特色を探る必要性があると感じさせたためと推測できる」(川瀬貴也『植民地朝鮮の宗教と学知—帝国日本の眼差しの構築』青弓社、二〇〇九年。一五二頁)と述べているが、『朝鮮人』のもとになっているのは「朝鮮人特性之研究」(一九一五年五月稿了)である。多少の字句の変化はあるが基本的な内容はそのままで、これに「第四　後論」を加えたものが一九二〇年に出版された『朝鮮人』である。「朝鮮人特性之研究」(謄写版、刊行年不明)は東京大学経済学部図書室が所蔵している。

(65) 川瀬貴也『植民地朝鮮の宗教と学知—帝国日本の眼差しの構築』第四章「朝鮮人」「朝鮮宗教」「朝鮮仏教」への眼差し—高橋亨を中心に(青弓社、二〇〇九年)。

(66) 引用箇所に続く内容として「一方、党派と学派とを積極的に関連させて、その歴史的展開を学問的に明らかにしようとした高橋の研究は、党争との関連で否定的にしか認識されなかった従来の朝鮮儒学研究とは次元を異にするものであった」とも評価している。権純哲「高橋亨の朝鮮思想史研究」(『埼玉大学紀要』三三—一、一九九七年)。

別表１　高橋亨開講科目一覧

開講年		開講科目名	
1929	昭和４	朝鮮儒学史	朝鮮文学演習
1930	昭和５	朝鮮文学講読	朝鮮文学特殊講義
1931	昭和６	朝鮮思想及信仰史	大山退渓書節要及退渓詩
1932	昭和７	朝鮮思想史概説	朝鮮思想近代文学
1933	昭和８	朝鮮思想史概説	朝鮮上代文学
1934	昭和９	朝鮮思想史概説	
1935	昭和10	朝鮮文学概論	
1936	昭和11	朝鮮文学概論	朝鮮における異学派の儒学

注）『青丘学叢』各号「彙報」および金在喆（京城帝国大学法文学部朝鮮語学朝鮮文学専攻第二回卒業生）学籍簿より作成。
（金在喆の学籍簿情報については柳浚弼「形成期国文学研究の展開様相と特性：趙潤濟・金台俊・李秉岐を中心に」ソウル大学大学院国語国文学科国文学専攻博士論文，1998年より再引用）

別表２　高橋亨朝鮮思想資料一覧

件名			作成年月日情報	作成年（西暦）	備考
件名１	件名２	件名３			朱筆
朝鮮思想及信仰史	第三冊			［1927］	
朝鮮思想及信仰史	第四	自羅末至高麗		［1927］	
朝鮮思想及信仰史	第五			［1927］	
朝鮮思想信仰史	巻六		昭和二年六月下旬	1927	
朝鮮思想信仰史	巻七		昭和二年十一月初	1927	
朝鮮思想信仰史	八巻			［1927］	
朝鮮儒学史	巻一		昭和二年四月廿日起稿	1927	
朝鮮儒学史	巻二		昭和二年八月念三起稿	1927	元の朱子学
朝鮮儒学史	巻三		丁卯九月九	1927	
朝鮮儒学史	巻四		昭和丁卯十年初吉	1927	権近，三峯
朝鮮儒学史	巻五		昭和二年十一月@	1927	
朝鮮儒学史	巻六		昭和二年十二月二日	1927	
朝鮮儒学史	巻七		丁卯十二月念一	1927	

件名			作成年月日情報	作成年（西暦）	備考
件名1	件名2	件名3			朱筆
朝鮮儒学史	号外一	@@@@	昭和二年十一月@	1927	
朝鮮儒学史	第一冊	講本	昭和三年四月十七日	1928	儒学概説
朝鮮儒学史	第二冊	講本		[1928]	@@と朱子学
朝鮮儒学史	第三冊	講本		[1928]	
朝鮮儒学史	第四冊	講本		[1928]	
朝鮮儒学史	第五冊	講本		[1928]	
朝鮮儒学史	第六冊	講本		[1928]	花潭
朝鮮儒学史	第七冊	講本		[1928]	
朝鮮儒学史	第八冊		戊辰一月念九	1928	
朝鮮儒学史	第九冊		戊辰三月初一	1928	
朝鮮儒学史	第十冊		昭和三年三月三十日	1928	
朝鮮儒学史	第拾一冊		昭和三年六月十八日	1928	
朝鮮儒学史	第十二冊		昭和三年七月八日	1928	退渓
朝鮮儒学史	第十三冊		昭和三年七月廿五日	1928	
朝鮮儒学史	第拾四冊		昭和三年八月七日	1928	西厓
朝鮮儒学史	第十五冊		昭和三年十二月八日	1928	西厓
朝鮮儒学史	其拾六冊			[1929]	
朝鮮儒学史	第拾七冊		昭和五年一月念五	[1930]	
朝鮮儒学史	第拾鉢冊		昭和五年二月八日	[1930]	
朝鮮儒学史	第拾九冊		昭和五年三月廿日	[1930]	
朝鮮儒学史	第二拾冊		昭和五年三月廿六日	[1930]	
朝鮮思想史　概説	第一冊		昭和五年五月三日	1930	
李退渓与李栗谷			昭和五年	1930	
李退渓李栗谷	第二冊			[1930]	退渓部
李退渓李栗谷	第三冊		昭和五年八月廿九日	1930	退渓終栗谷第一
李退渓李栗谷	第四冊			[1930]	＊朝鮮思想史概説を二重線ケシ
東洋道徳			六年八月初@	1931	一・二年／栗谷と郷約／東洋道徳

件名			作成年月日情報	作成年（西暦）	備考
件名1	件名2	件名3			朱筆
朝鮮思想史	第一	講本		[1933]	
朝鮮思想史　概説	第二冊	講本		[1933]	
朝鮮思想史　概説	第一冊	講本	昭和八年	1933	最新
朝鮮思想史　概説	第二冊	講本	昭和八年六月	1933	最新
朝鮮思想史　概説	第二冊	（講本）		[1933]	A／購本第三冊代用／風水説@@@高麗朝思想史
朝鮮思想史　概説	第三冊	（講本）		[1933]	講本B
朝鮮思想史　概説	第三冊	講本	昭和八年臘月	1933	最新
朝鮮思想史　概説	第四冊	講本	昭和九年四月	1934	最新
朝鮮思想史　概説	第五冊		昭和九年初冬	1934	最新
朝鮮思想史　概説	第四冊	講本		[1934]	最新　@@@
朝鮮思想史　概説	第五冊	講本		[1934]	
朝鮮思想史　概説	第六冊	講本		[1934]	@@@
朝鮮異学派之研究	第一冊		昭和十年六月十七日	1935	
異学派之儒学	第一冊		昭和十年七月	1935	
朝鮮異学派之儒学	第二冊		昭和十年仲夏／孟夏	1935	＊朝鮮文学（仲夏）を二重線ケシ
朝鮮異学派之儒学	第三冊		昭和十年八月晦	1935	論文／白雲・茶山
朝鮮異学派之儒学	第四冊		昭和十年臘月十九日	1935	茶山
朝鮮異学派之儒学	第五冊		昭和十一年一月五日	1936	
朝鮮異学派之儒学	第六冊		昭和十一年一月下浣	1936	
朝鮮異学派之儒学	第一冊		昭和十一年四月七日	1936	
朝鮮異学派之儒学	第二冊	講本		[1936]	
朝鮮異学派之儒学	第三冊	講本		[1936]	
朝鮮異学派之儒学	第四冊	講本		[1936]	
支那朝鮮儒学哲学	第三冊				@@@
支那朝鮮儒学史	第四冊				退渓・栗谷
支那朝鮮儒学史	第五冊				栗谷

注1）　表中の@は文字かすれなどによる判読不能文字である。
注2）　作成年のうち，［ ］がついているものは内容から判断した作成推定年である。

高橋亨先生年譜略

明治十一年　一歳
十二月三日　新潟県中魚沼郡川治村大字高山一番地に　父茂一郎（翠村　三島中洲二松学舎の塾頭に任ぜしことあり）母きいの長男として生る
明治十七年　七歳
四月　川治村尋常小学校に入学す　のち長岡高等小学校に学び　ついで新潟市の高等小学校に転学せしが中退して北越学館に遊学す
明治二十六年　十六歳
四月　新潟県立尋常中学校に編入学す
明治二十八年　十八歳
三月　新潟県立尋常中学校を卒業す
九月　第四高等学校に入学す
明治三十一年　二十一歳
七月　第四高等学校漢学科を卒業す
九月　東京帝国大学文科大学に入学す
明治三十三年　二十三歳
茅ヶ崎にて一年療養生活す　この間女医塚原ゆう女と相識る
明治三十五年　二十五歳
七月十日　東京帝国大学文科大学漢文科を卒業す　卒業論文「漢易を難して根本博士の易説に及ぶ」は後年易学研究の基礎たり

十二月　建部遯吾氏の推薦を以て九州日報主筆となり　博多に赴く
明治三十六年　二十六歳
秋　岐阜県関市の開業医太田家の長女塚原ゆう（二十五歳）を娶る
年末　韓国政府の招聘を受け　官立中学校傭教師として渡韓す　幣原坦氏の後任なり　妻ゆう漢城病院に勤務し　李王家侍医を依嘱さる
明治三十八年　二十八歳
十二月十六日　長男漢太郎出生す
明治四十年　三十歳
三月三日　次男洋次郎出生す
明治四十二年　三十二歳
六月　博文館より「韓語文典」を刊行す　渡韓後　延浚氏に漢文を介して韓語を学べり　半歳にして不自由なきに至る　「韓語文典」は渡韓後六年に亘る研鑽と文法教授に従事したる体験の集大成なり
十一月九日　三男鳳三郎出生す
明治四十三年　三十三歳
九月　日韓書房より「朝鮮の物語集附俚諺」を刊行す　韓人の風俗習慣の調査に着手し　当時韓国内にて行われし物語と俚諺とを蒐集したるものなり　宇佐美内務部長官の推薦を以て朝鮮総督府宗教調査嘱託を命ぜらる
寺内総督に朝鮮文献の蒐集を進言し　爾後総督府の事業として鮮内各地の古書金石文等の収集に務むるに至る
明治四十四年　三十四歳
一月　総督府の命により併合直後における儒生の動向を調査せんとし三南を歴訪す　義兵諸将の机上に退渓集あるを見て驚動す　これ朝鮮儒学研究の端なり
視察後　関屋学務局長の推薦を以て朝鮮図書調査嘱託を命ぜられ参事官室に移管せる李王家奎章閣図書を調査す　鄭万朝茂亭　草

場謹三郎氏等加わり「朝鮮図書解題」を作る
十一月一日　京城高等普通学校教諭に任ぜられる　奇才呂圭亨荷亭と同僚たり　爾来荷亭との交誼その卒時大正十年に及ぶ
明治四十五年　三十五歳
六月十六日　長女和子死去す（一歳）
夏（大正元年）　史庫調査のため江原道江陵五台山月精寺に赴き霊鑑庵に起臥すること半月　資料の格別珍しきものなかりしが　月精寺及その禅房なる上院寺僧侶の勤行正しきを見　僧侶への認識を一変して朝鮮仏教の研究に志す
大正二年　三十六歳
四男　竜四郎出生す
大正三年　三十七歳
六月　日韓書房より「朝鮮の俚諺集附物語」を刊行す
京城白岳の下に古屋を購いて移居す　この頃より学位論文の稿を練る
大正五年　三十九歳
五月十六日　大邱高等普通学校長に任ぜられ　高等官五等に叙せらる
大正六年　四十歳
四月九日　次女達子死去す（生後一日）
大正八年　四十二歳
三月八日　五男麟五郎出生す
十二月十二日　文学博士の学位を受く　学位請求論文「朝鮮の教化と教政」は朝鮮の信仰と思想とに関する三千余枚の労作なり
中等学校長にして博士となりしものの嚆矢とす
大正十年　四十四歳
一月十八日　一年半欧米各国へ出張を命ぜらる

一月二十三日　朝鮮総督府視学官に任ぜられ　高等官三等に叙せらる
大正十一年　四十五歳
九月　欧米出張の任を終えて帰朝す　出張の目的は該地の見聞と兼ねて視学官として欧米の学校を広く見学するにありしが　特に旅程にアイルランドを加えしは朝鮮と酷似せる事情に対し以前より深き関心を持ちおりしが為なり
大正十二年　四十六歳
十一月二十七日　京城帝国大学創立委員会幹事を命ぜらる　半井学務課長　小田編輯課長とその事務に当る
大正十四年　四十八歳
三月　大学漢籍購入のため支那出張を命ぜらる　北京滞在中特に胡適と親交あり　南京　上海に遊び　九月　任を果して京城に帰る
十一月二日　三女菊江出生す
大正十五年　四十九歳
四月一日　京城帝国大学教授に任ぜられ　法文学部勤務　朝鮮語学文学第一講座を担当す　高等官二等に叙せらる
昭和二年　五十歳
六月十六日　六男坤六郎出生す
八月　「朝鮮史講座」中に「朝鮮儒学大観」を執筆刊行す
昭和四年　五十二歳
十月　宝文館より「李朝仏教」を刊行す
十一月　さきに済州島人より島の民謡を聞き　興味を覚えおりしが　この時機会を得て島に渡る　以来継続して各地の民謡採集に努む
昭和六年　五十四歳

四月一日　高等官一等に叙せらる
昭和九年　五十七歳
本年及次年に亘り帝国学士院の補助を得て　小倉教授と鮮内各地の民謡を採集す
昭和十二年　六十歳
十二月十一日　勲二等瑞宝章を授けらる
昭和十四年　六十二歳
四月四日　停年制により依願免本官　本俸一級俸を下賜せらる
四月二十四日　従三位に叙せらる
昭和十五年　六十三歳
六月一日　京城私立恵化専門学校長に就任す　学校機構を改革充実し　秋葉隆氏等城大教授を招聘す
十月一日　朝鮮総督府より第一回朝鮮文化功労章を授けらる　朝鮮文化特に朝鮮儒学につきての長年の研究に対するものなり
十一月十日　勅旨を以て京城帝国大学名誉教授を授けらる
昭和十六年　六十四歳
五月　山口県萩市に隠退す　四男竜四郎妻の郷里なり　閑居自適　専ら鮒釣を楽しむ　父茂一郎の遺稿を整理し　続静雲精舎文詩一巻を上梓す
昭和十九年　六十七歳
十二月十五日　京城経学院提学兼明倫錬成所長　朝鮮儒道連合会副会長の任を受諾す　嘗て経学院内に明倫学院を置き　儒生の教育に尽力したる機縁に依る
昭和二十年　六十八歳
正月　前年末受諾の任を果すため再渡鮮して　京城光化門に居を卜す　此頃　農耕学業の兼修を理想とし「農士学校」の建設を企図して遠藤政務総監の賛意を得　候補地選択中　終戦となる

八月五日　四男竜四郎死去す
十月　一家萩市に引揚ぐ
昭和二十一年　六十九歳
「純粋易断」を開業す　初め自らの易断の適確なるを発見し之を世人の為に用いんとせしが　更に半年潜心研鑽の後　不動の自信を得て開業せるなり　毎週五日之に従事し　二日鮒釣に清遊す　新聞　戦後異色の風景と喧伝す
昭和二十三年　七十一歳
四月　三女菊江　益子氏に嫁す
昭和二十四年　七十二歳
九月　福岡商科大学教授に赴任す
昭和二十五年　七十三歳
五月　天理大学教授に招聘せられ　大学昇格に伴う機構の拡充に参劃　朝鮮文学　朝鮮思想史等を講授し　旁ら又外務省留学生米人学生等の指導にも当る
九月　天理教真柱中山正善氏の賛意を得て「朝鮮学会」を起し　副会長の任を受けて卒時に至る　学会は朝鮮学研究成果の公開及び同学者間の親睦を目的とし　逐年健実なる発展を見つつあり
昭和二十六年　七十四歳
五月「朝鮮学会」機関誌『朝鮮学報』を創刊す　また着々と発展を遂げて現在学界異数の研究刊行物と目さる
昭和三十一年　七十九歳
九月　天理大学おやさと研究所第二部主任を兼ぬ　同学内に東洋文化研究機関の設置を唱導せしに端を発し　同学既存の宗教文化研究所を母体とし　おやさと研究所第一・二部の創立を見るに至りしものなり
昭和三十三年　八十一歳
十月　天理大学おやさと研究所第二部紀要発刊の準備に着手し　之を「東方学紀要」と命名す

昭和三十四年　八十二歳
二月　真柱中山正善氏の賛意を得て「虚応堂集」の影印刊行を企劃す
七月「東方学紀要」創刊号成る
十月十七日　朝鮮学会十周年記念大会を開催　大会中　朝鮮学報第十四輯「高橋先生頌寿記念号」を献呈す
この日又「虚応堂集」の刊成る
昭和三十五年　八十三歳
大会終了後　真柱より朝鮮学報年四回刊行（従来は二回）の提案あり　驚喜して承け之を昭和三十五年度より実行に移すべきに決す
十一月五日　朝鮮学会第十一回大会席上　明年度大会を扶桑槿域学術文化交流大会とし　槿域の諸学者を聘して大いに学術文化の交流を計らんことを提案　満場の同議を得たり
昭和三十六年　八十四歳
十月二十三日　前年度朝鮮学会大会の決議に基き　本年度第十二回大会に韓国の学者十一名を招聘　大いに両国の友好親善　文化交流の実を挙ぐ　これよりして毎年大会に韓国の学者数名を聘すること常例となり現在に至る
又本大会を記念して　朝鮮学報第二十一・二輯「扶桑槿域学術文化交流特集」号を刊行す
昭和三十九年　八十七歳
三月　天理大学教授並びにおやさと研究所第二部主任の職を辞す
四月　天理大学名誉教授（第一号）の称号を受く
五月　千葉県佐倉市の新宅に移り　清閑自適の生活に入る
昭和四十年　八十八歳
五月二十日　妻ゆう死去す　享年八十七歳　追慕哀切を極む
昭和四十一年　八十九歳
十一月十一日・十二日　天理を去るに当り「在韓四十年録」を述作して朝鮮学報に連載せんことを約し　茲に初めてその口述録音

を開始せしも本回限りにして終る

昭和四十二年　九十歳

六月四日　旧稿「済州島の民謡」を東方学紀要の一冊として刊行するを許諾す

九月四日　早晨卒去　前日尚家人と談笑す

解説

本書は、高橋亨（たかはし とおる、一八七八〜一九六七）の朝鮮儒学関連論文を編修校訂したものである。詳細な校訂にくわえて、原論文の引用漢文に編訳者の現代語訳を附したところに書としての特徴がある。邦訳が附されることによって読書時の印象がいくぶん変化したかもしれないが、格段に読みやすくなったことは間違いないであろう。

そもそも高橋亨の朝鮮儒学研究は、鋭敏かつ的確な思想分析と確乎とした論理的整合性を備えており、他の追随を許さない出色の研究である。形式や内容からいって往時の学案とは一線を画しており、近現代的な意味における朝鮮思想研究の嚆矢と位置づけるべきものであろう。だが管見によれば、その意義は研究史を飾るトピックにとどまらない。朝鮮儒学研究のばあい、社会史的研究や書誌学的研究はさておき、思想の醍醐味を論じる学説史的研究においては史上、高橋の研究を凌駕するものはない。すくなくとも、現在も依然としてその最良の研究の一つであることは間違いないところであろうと思う。わたしの知る国内外の多くの東アジア思想（朝鮮思想・中国思想・日本思想）研究者がひそかに高橋の論文のコピーを精読している事実からいって、そう判断することができるにちがいない。

高橋亨の朝鮮儒学研究がいまなお一定の意味をもちつづけていることはまた、朝鮮儒学研究の本場の韓国で近頃、本書と同様の編訳本が二冊出版されている事実によってもそれをうかがうことができる。すなわち、조남호

（趙南浩）옮김『조선의 유학（朝鮮の儒学）』（소나무、一九九九）および이형성（李炯性）편역『다카하시 도루의 조선유학사（高橋亨の朝鮮儒学史）』（예문서원、二〇〇一）がそれである。

高橋亨の朝鮮儒学研究は他に類をみない出色の研究であるが、こと日本においては既刊の論文は知られていても、論文をまとめた単行本は出版されていない。

だが高橋亨の思想研究を正確に評価しようと思えば、高橋が京城帝国大学教授を拝命し学術研究に専念するに先だって、「朝鮮の教化」など、朝鮮総督府の文教政策に深く関与したこと、すなわち日本帝国の高級官僚出身の朝鮮研究者であることにも言及しないわけにはいかない。事実、高橋の朝鮮儒学研究論文のなかにも、あまり目立たないとはいえ、皇国史観の宣伝者らしく唐突に朝鮮の国民性について批判的な言辞を弄するところがある。また唾棄すべき内容からなる、植民主義的な文教政策を推進した行政文章や日本統治を合理化した皇国史観の宣伝文章も数多く残っている。学術研究者の行政官としての活動（や行政官の学術研究者としての活動）は、あるいは維新日本の知の世界のもつ負の部分をよく示しているというべきかもしれない。高橋の履歴や人となりについては、附録に掲載した（一）通堂あゆみ著の「高橋亨と朝鮮」や（二）『朝鮮学報』第四八輯所収の「高橋亨先生年譜略」を参照されたい。

われわれは、高橋亨の朝鮮儒学研究には評価に値するところがあり、関連論文には熟読すべきところがある、植民主義者ないし皇国史観の宣伝者のゆえをもって優れた研究成果を丸ごと抹消するのはあまりに惜しいと考え、本書の編纂を企画したわけであるが、企画の理由はむろん、その朝鮮儒学の専門論文が学術的に優れており、また皇国史観による個所がさほど多くなく、朝鮮の思想研究を裨益するところが大きい、と判断したからだけではない。日本の東アジア研究の質的なレベルアップには朝鮮思想研究が必須であり、朝鮮思想研究の向上には良質な教材の提供が必要と考えたためでもある。

説明をすこし補足すれば、第一に、朝鮮思想研究の充実は当然として、その他の朝鮮研究をレベルアップすることができる。そもそも人文学の最終の目標は人間・社会の解明にあるが、人間・社会の変化は思想にもっともよくあらわれ、思想背景が明らかになって事象の理解が一挙に深まるからである。思想文化の記述になき人文学が存在しないのは理の当然であろう。

第二に、朝鮮思想研究の充実は日本研究をより深化させることができる。日本江戸期の思想に朝鮮由来の著作や知識が多大な影響をおよぼしたことはよく知られたところである。たとえば李退渓のばあい、「江戸時代の当初からその著書が日本に伝わり、多くの共鳴者を出し、高く評価されて、その著書も殆んど出版された」という(阿部吉雄・日本刻版李退渓全集序)。まさに江戸のベストセラーである。だが朝鮮思想が日本の文化に影響をあたえたことが事実とすれば、つぎには朝鮮書の何が影響をあたえその内容や程度はいかんを調べなければならない。

だが影響した著作を特定するのは大して難しいことではないかもしれないが、その内容や程度に踏みこみそれを正しく評価するのはそうやさしいことではない。思想の真髄を解明するには日朝比較など概観的な考察では十分ではなく、当該思想の正確な背景を知らねばならないからである。外来思想の根幹を誤って理解すれば、それにもとづく日本思想の評価自体が無意味なものとなるゆえ、朝鮮思想研究をゆめゆめ疎かにしてはならないであろう。

第三に、真の意味の東アジア学の構築には朝鮮の事象を無視することはできない。東アジアの文化事象は中国の圧倒的な影響のもとに成立したが、だからといってそれは文化中心（中華）と文化周辺（夷狄）という一方向的な教授と受容の歴史ではない。両国の双方向の主体的な文化交流の結果ととらえるべきであろう。かかる脱中心化の視点をとるとき、重要になるのは文化交流の結果ではなく、むしろその過程である。

だが過程分析に研究の焦点が移れば当然として、中国文化の内容にくわえて東アジア各国文化の実情を詳しく知らなければならない。中国朝鮮間の文化交流に限定してその東アジア学の理念を命題化すれば、中国の知識なき朝鮮学は存在せず、朝鮮の知識なき中国学は存在しないということができるであろう。

われわれは以上のように考えて、高橋亨朝鮮儒学論集の編纂出版を心に決めたわけであるが、決心と同時に、韓国の編訳書などを参考としながら高橋のどの論文を収録すべきかについて議論を開始した。「朝鮮儒学大観」と「李朝儒学史に於ける主理派主気派の発達」の掲載については、異論もなく即座に決した。「朝鮮儒学大観」は朝鮮儒学のアウトラインを示した高橋の数少ない作品であり、「李朝儒学史に於ける主理派主気派の発達」は紛れもなく高橋の代表作だからである。だがそれ以外の論文については、決定に二、三年を要した。最終的な掲載論文の原載誌とその時期を記せば、つぎのとおりである（本書記載順）。

○「朝鮮儒学大観」
　『朝鮮史講座特別講義』、朝鮮史学会、昭和二年八月
○「李退渓」
　『斯文』二一ノ一一・一二、二二ノ一・二・三、昭和一四年一一・一二月、昭和一五年一・二・三月
○「李朝儒学史に於ける主理派主気派の発達」

『朝鮮支那文化の研究』京城帝国大学法文学会第二部論纂一、昭和四年九月

○「最も忠実なる退渓祖述者権清臺の学説」

『小田先生頌寿記念朝鮮論集』、昭和九年一一月

掲載論文決定の経緯については報告すべきことが二つある。第一は、編訳作業中に、高橋亨の朝鮮思想に関する講義ノートが発見されたことである。何かのとき、先輩の藤本幸夫先生に高橋亨儒学論集の刊行計画を話したところ、高橋は京城帝国大学などの講義にあたって詳細な講義ノートを準備しており、その現物が門下高弟の大谷森繁先生のもとに保管されているという。ただちに藤本先生に仲介をお願いして、大谷先生に調査にうかがいたい旨を伝えた。大谷先生はかたじけなくも、その貴重な資料を借用することを許された。また朝鮮思想研究の進展を目して、特別に複写の許可もいただいた。複写後、「高橋亨朝鮮思想資料」と命名し、東京大学文学部の図書館に入れたのがそれである。その題目など概略については附録一別表を参照されたい。

大谷先生の厚意による高橋亨講義ノートの閲覧複写の結果、論文の掲載候補は大きく拡大した。だが残念ながら高橋の直筆、草書の解読には自信がもてず、最終的には従来の方針どおり既刊の論文から選択することとした。

第二に報告すべきは、「朝鮮の陽明学派」（朝鮮学報四、昭和二八年三月）のことである。当初の計画によれば、京都府立大学の中純夫先生が「朝鮮の陽明学派」と「李退渓」の整理を担当することになっていたが、運悪く、事情が生じて時間がとれないとのこと。別の担当者をさがしたものの適任者がみつからず、最終的には「朝鮮の陽明学派」の掲載を断念した。

だが「朝鮮の陽明学派」の不掲載は結果的にはよかったかもしれない。というのも、その論文は高橋晩年の著作であり、本書に掲載した他の論文と書かれた時期が大きく異なり、論調にやや齟齬するところがみられるから

である。まさに偶然が幸いしたというべきであろう。

高橋論文の編修整理の具体的作業であるが、記憶にもとづいて復元すれば、おおむね以下の階梯を践んだ。すなわち、（一）知泉書館が所定の論文を文字に打ちだし、第一稿本（電子ファイル）を作成する。（二）川原と金光来がそれぞれ第一稿本を原文と対照して誤植を正し、適宜、改行や句読などをくわえる。また引用漢文については逐一原書のそれと対校し、誤字脱字を正すと同時に、引用文に邦訳を附す。第二稿本がそれである。（三）稿本を交換して、ふたたび同様な作業を行う。最終稿本である。（四）入稿。（五）初校本が完成するにおよび、高橋の旧文体を読みやすくすべく、東京大学大学院人文社会系研究科附属次世代人文学開発センター客員研究員の通堂あゆみ氏（本書附録の「高橋亨と朝鮮」の著者）と同韓国朝鮮文化研究専攻修士課程一年の渡邉裕馬氏に句読のチェックを依頼。川原と金光来がその増減案を調整する。（六）二校本を利用して索引を作成する。等々。

編訳作業中、もっとも注意したのは（一）原典との対校であり、（二）現代語訳の作成である。原典との対校はおおむね、完璧を期して川原と金光来がそれぞれ一度ずつ、合計二度試みた。一方、現代語訳については、川原と金光来が各人の訳稿を徹底的に批判しあい、完成度を高めるよう最大限の努力をした。共同作業の結果、書としての完成度は一定のレベルに達したと自負している。

高橋亨の朝鮮儒学研究の特徴や内容についても、簡単に解説をくわえねばならないであろう。むろん解説とはいっても、非凡な思想史家が全力を傾注した学術研究、その熟慮に熟慮を重ねた命題や概念の評価に関わるゆえ、一時の便宜的な解釈以上の意味はない。

高橋の朝鮮儒学研究の特徴はわたしの理解によれば、理気論を朱子哲学体系の核心ととらえ、四端七情論を理気論の核心とするところにある。その内容は理気論重視の基本的観点のもと、（一）朝鮮朱子学は李退渓にいたって理気論を中心とするそのフレームワークを整えたとし、（二）退渓・栗谷以降の理気論を相異なる二つのテーゼ（退渓の理気互発説と栗谷の理気一途説）に収斂させつつ、その担い手を二大学派兼政党（主理派＝東人・南人と主気派＝西人・老論）に区分し、（三）二者の理論的な展開を追究し理論上の陰翳を活写することによって、中国朱子学にも劣らぬ朝鮮朱子学の知的世界を天下に明らかにしたものということができる。まことに絶佳の論考というほかない。東アジアの思想史家を志す者はかならずや、それを精読しそれと格闘する必要があるとも思うがいかがであろうか。

だが現時点にいたる研究の蓄積からみれば、高橋の優れた研究にも批判すべきところがないわけではない。読書時、注意すべきことをいくつか述べてみたい。

第一は、高橋の「主理派」「主気派」という用語についてである。退渓の学統を称して主理派といい、栗谷の学統を称して主気派というのは、各派の理論をうまくいいえていない。性理学にあっては理気は不相離であり、理の附随しない気はなく、気の附随しない理はないからである。むしろ勢力地域をもって嶺南学派や畿湖学派といったほうが問題はすくないであろう。

第二に、高橋は李退渓の四端七情論をもって朱子学の正統命題と分析するが、おそらくそれは正しくあるまい。なぜなら、朱子は理気先後について、原理的には理先気後と主張するかたわら、現象的には時間の先後などないと述べているからである。

第三に、高橋は四端七情論をもって朝鮮朱子学の核心中の核心とし、それ以外のテーマにはあまり多くのページをさこうとしないが、その判断ははたして妥当であろうか。朝鮮朱子学には多様な礼論があり精緻な四書三経の解釈があり、実用を重んじる漢訳西欧書の研究がある、その思想文化に属する研究領域は思いのほか狭くはないであろう。四七論にほとんど言及しない朱子学者の存在を思うとき、大いに疑問とせざるをえない。

上記以外にもこまごまとした批判はないわけではないが、省略する。あまりに煩瑣であり専門的すぎるためである。

最後に解説の末尾を借りて謝辞を述べたい。本書の出版に際して、朝鮮学会副会長の藤本幸夫先生から心温まる序をたまわった。藤本先生は当初「その人に非ず」と強く執筆を辞退されたが、日本の朝鮮思想研究を活発にしたいというわれわれの宿願を聞いて、許諾いただいた。韓国の文化勲章受章者から序をいただけるとは光栄というべきであろう。多謝多謝！

本書は「지천 한국사상문화총서（知泉韓国思想文化叢書）」の第二冊である。第一冊の裴宗鎬の『朝鮮儒学史』（二〇〇七）と同様に、知泉書館のお世話になった。知泉書館の小山光夫社長には専門家といっても数えるほどしかいない分野の研究書を出版していただき、衷心から感謝の意を述べねばならない。感謝합니다！

二〇一一年八月八日

川原　秀城

索　引

あ　行

か　行

さ　行

た　行

な　行

は　行

ま　行

や　行

ら　行

わ　行

朝鮮儒者一覧

・字や号が複数あるときは，原則的にはよく知られているものを一つ選んだ。ただし高橋亨の原論文に複数みえるばあいや書名に用いられているものについては，別字や別号も適宜，表記した。
・生年が同じときは，没年の早い者を先に配列した。
・原論文のほかに参考にした主な文献には，『韓国文集叢刊解題』（民族文化推進会編）や『韓国人物大辞典』（韓国精神文化研究院編）などがある。

高麗朝末期

安珦（안향）	1243～1306，字は士蘊（사온），号は晦軒（회헌）
李瑱（이진）	1244～1321，字は温古（온고），号は東庵（동암）
白頤正（백이정）	1247～1323，字は若軒（약헌），号は彝斎（이재）
権溥（권보）	1262～1346，字は斉満（제만），号は菊斎（국재）
禹倬（우탁）	1263～1342，字は天章（천장），号は易東（역동）
尹莘傑（윤신걸）	1266～1337，字は伊之（이지），号は荘明（장명）
李斉賢（이제현）	1287～1367，字は仲思（중사），号は益斎（익재）
李穡（이색）	1328～1396，字は穎叔（영숙），号は牧隠（목은）
鄭夢周（정몽주）	1337～1392，字は達可（달가），号は圃隠（포은）
李崇仁（이숭인）	1347～1392，字は子安（자안），号は陶隠（도은）

朝鮮朝前期

鄭道伝（정도전）	1342？～1398，字は宗之（종지），号は三峰（삼봉）
権近（권근）	1352～1409，字は可遠（가원），号は陽村（양촌）
吉再（길재）	1353～1419，字は再父（재보），号は冶隠（야은）
尹祥（윤상）	1373～1455，字は実夫（실부），号は別洞（별동）
金叔滋（김숙자）	1389～1456，字は子培（자배），号は江湖散人（강호산인）
金守温（김수온）	1409～1481，字は文良（문량），号は乖崖（괴애）・拭疣（식우）
金宗直（김종직）	1431～1492，字は季昷（계온），号は佔畢斎（점필재）
李坡（이파）	1434～1486，字は平仲（평중），号は松菊斎（송국재）・蘇隠（소은）
鄭汝昌（정여창）	1450～1504，字は伯勗（백욱），号は一蠹（일두）
柳崇祖（유숭조）	1452～1512，字は宗孝（종효），号は真一斎（진일재）
金宏弼（김굉필）	1454～1504，字は大猷（대유），号は寒暄堂（한훤당）
金安国（김안국）	1478～1543，字は国卿（국경），号は慕斎（모재）

趙光祖（조광조）	1482～1519,	字は孝直（효직），号は静庵（정암）
金湜（김식）	1482～1520,	字は老泉（노천），号は沙西（사서）・東泉（동천）
金正国（김정국）	1485～1541,	字は国弼（국필），号は思斎（사재）
徐敬徳（서경덕）	1489～1546,	字は可久（가구），号は花潭（화담）・復斎（복재）
李彦迪（이언적）	1491～1553,	字は復古（복고），号は晦斎（회재）・紫渓翁（자계옹）
曺漢輔（조한보）	？～？,	字は容叟（용수），号は忘機堂（망기당）
李恒（이항）	1499～1576,	字は恒之（항지），号は一斎（일재）

朝鮮朝中期

李滉（이황）	1501～1570,	字は景浩（경호），号は退渓（퇴계）・退陶（퇴도）
曺植（조식）	1501～1572,	字は楗仲（건중），号は南冥（남명）
鄭之雲（정지운）	1509～1561,	字は静而（정이），号は秋巒（추만）
金麟厚（김인후）	1510～1560,	字は厚之（후지），号は河西（하서）
李楨（이정）	1512～1571,	字は剛而（강이），号は亀巌（구암）
洪仁祐（홍인우）	1515～1554,	字は応吉（응길），号は恥斎（치재）
韓脩（한수）	1515～1588,	字は永叔（영숙），号は石峰（석봉）
盧守慎（노수신）	1515～1590,	字は寡悔（과회），号は蘇斎（소재）・伊斎（이재）
黄俊良（황준량）	1517～1563,	字は仲挙（중거），号は錦渓（금계）
李球（이구）	？～1573,	字は叔玉（숙옥），号は蓮坊（연방）
盧禛（노진）	1518～1578,	字は子膺（자응），号は玉渓（옥계）
閔純（민순）	1519～1591,	字は景初（경초），号は杏村（행촌）
朴淳（박순）	1523～1589,	字は和叔（화숙），号は思庵（사암）
趙穆（조목）	1524～1606,	字は士敬（사경），号は月川（월천）
金就礪（김취려）	1526～？,	字は而精（이정），号は潜斎（잠재）
奇大升（기대승）	1527～1572,	字は明彦（명언），号は高峰（고봉）・存斎（존재）
南彦経（남언경）	1528～1594,	字は時甫（시보），号は東岡（동강）
権好文（권호문）	1532～1587,	字は章仲（장중），号は松巌（송암）
鄭惟一（정유일）	1533～1576,	字は子中（자중），号は文峰（문봉）
宋翼弼（송익필）	1534～1599,	字は雲長（운장），号は亀峰（구봉）
成渾（성혼）	1535～1598,	字は浩原（호원），号は牛渓（우계）・黙庵（묵암）
李珥（이이）	1536～1584,	字は叔献（숙헌），号は栗谷（율곡）・石潭（석담）
李瑶（이요）	1537～？,	字は守夫（수부）
尹根寿（윤근수）	1537～1616,	字は子固（자고），号は月汀（월정）
金誠一（김성일）	1538～1593,	字は士純（사순），号は鶴峰（학봉）
柳雲龍（유운룡）	1539～1601,	字は応見（응견），号は謙庵（겸암）
権春蘭（권춘란）	1539～1617,	字は彦晦（언회），号は晦谷（회곡）
金宇顒（김우옹）	1540～1603,	字は粛夫（숙부），号は東岡（동강）
李徳弘（이덕홍）	1541～1596,	字は宏仲（굉중），号は艮斎（간재）

禹性伝（우성전）　1542～1593，字は景善（경선），号は秋淵（추연）・淵庵（연암）
柳成龍（유성룡）　1542～1607，字は而見（이견），号は西厓（서애）
鄭逑（정구）　1543～1620，字は道可（도가），号は寒岡（한강）
趙憲（조헌）　1544～1592，字は汝式（여식），号は重峰（중봉）
曺好益（조호익）　1545～1609，字は士友（사우），号は芝山（지산）
金長生（김장생）　1548～1631，字は希元（희원），号は沙渓（사계）
李養中（이양중）　1549～1591，字は公浩（공호），号は西川（서천）
張顕光（장현광）　1554～1637，字は徳晦（덕회），号は旅軒（여헌）
柳夢寅（유몽인）　1559～1623，字は応文（응문），号は於于堂（어우당）
鄭曄（정엽）　1563～1625，字は時晦（시회），号は守夢（수몽）
李晬光（이수광）　1563～1628，字は潤卿（윤경），号は芝峰（지봉）
鄭経世（정경세）　1563～1633，字は景任（경임），号は愚伏（우복）
張興孝（장흥효）　1564～1633，字は行原（행원），号は敬堂（경당）
李廷亀（이정구）　1564～1635，字は聖徵（성징），号は月沙（월사）
姜沆（강항）　1567～1618，字は太初（태초），号は睡隠（수은）
金尚憲（김상헌）　1570～1652，字は叔度（숙도），号は清陰（청음）
金集（김집）　1574～1656，字は士剛（사강），号は慎独斎（신독재）
柳袗（유진）　1582～1635，字は季華（계화），号は修巌（수암）
張維（장유）　1587～1638，字は持国（지국），号は谿谷（계곡）

朝鮮朝後期 Ⅰ

許穆（허목）　1595～1682，字は和甫（화보），号は眉叟（미수）
宋浚吉（송준길）　1606～1672，字は明甫（명보），号は同春堂（동춘당）
宋時烈（송시열）　1607～1689，字は英甫（영보），号は尤庵（우암）・華陽洞主（화양동주）
許積（허적）　1610～1680，字は汝車（여차），号は黙斎（묵재）
尹鑴（윤휴）　1617～1680，字は希仲（희중），号は白湖（백호）・夏軒（하헌）
李徽逸（이휘일）　1619～1672，字は翼文（익문），号は存斎（존재）
柳馨遠（유형원）　1622～1673，字は徳夫（덕부），号は磻渓（반계）
李玄逸（이현일）　1627～1704，字は翼昇（익승），号は葛庵（갈암）
李端相（이단상）　1628～1669，字は幼能（유능），号は静観斎（정관재）
朴世堂（박세당）　1629～1703，字は季肯（계긍），号は西渓（서계）
尹拯（윤증）　1629～1714，字は子仁（자인），号は明斎（명재）
朴世采（박세채）　1631～1695，字は和叔（화숙），号は南渓（남계）・玄石（현석）
趙聖期（조성기）　1638～1689，字は成卿（성경），号は拙修斎（졸수재）
権尚夏（권상하）　1641～1721，字は致道（치도），号は遂庵（수암）・寒水斎（한수재）
崔錫鼎（최석정）　1646～1715，字は汝和（여화），号は存窩（존와）・明谷（명곡）
金榦（김간）　1646～1732，字は直卿（직경），号は厚斎（후재）

林泳（임영）　1649～1696，字は徳涵（덕함），号は滄渓（창계）
鄭斉斗（정제두）　1649～1736，字は士仰（사앙），号は霞谷（하곡）
金昌協（김창협）　1651～1708，字は仲和（중화），号は農巖（농암）・三洲（삼주）
金昌翕（김창흡）　1653～1722，字は子益（자익），号は三淵（삼연）
李栽（이재）　1657～1730，字は幼材（유재），号は密庵（밀암）
金錫文（김석문）　1658～1735，字は炳如（병여），号は大谷（대곡）
魚有鳳（어유봉）　1672～1744，字は舜瑞（순서），号は杞園（기원）
玄尚璧（현상벽）　1673～1731，字は彦明（언명），号は冠峰（관봉）
李光庭（이광정）　1674～1756，字は天祥（천상），号は訥隠（눌은）
李柬（이간）　1677～1727，字は公挙（공거），号は巍巖（외암）・秋月軒（추월헌）
李顕益（이현익）　1678～1717，字は仲謙（중겸），号は正庵（정암）
権相一（권상일）　1679～1759，字は台仲（태중），号は清臺（청대）
李縡（이재）　1680～1746，字は煕卿（희경），号は陶庵（도암）・寒泉（한천）
朴弼周（박필주）　1680～1748，字は尚甫（상보），号は黎湖（여호）
李瀷（이익）　1681～1763，字は子新（자신），号は星湖（성호）

朝鮮朝後期 Ⅱ

韓元震（한원진）　1682～1751，字は徳昭（덕소），号は南塘（남당）
尹鳳九（윤봉구）　1683～1767，字は瑞膺（서응），号は屏渓（병계）・久庵（구암）
金聖鐸（김성탁）　1684～1747，字は振伯（진백），号は霽山（제산）
李守淵（이수연）　1693～1748，字は希顔（희안），号は青壁（청벽）
朴聖源（박성원）　1697～1757，字は士洙（사수），号は謙斎（겸재）・広岩（광암）
慎後聃（신후담）　1702～1761，字は耳老（이로），号は遯窩（돈와）・河濱（하빈）
金元行（김원행）　1702～1772，字は伯春（백춘），号は渼湖（미호）
宋明欽（송명흠）　1705～1768，字は晦可（회가），号は櫟泉（역천）
李匡師（이광사）　1705～1777，字は道甫（도보），号は円嶠（원교）
李象靖（이상정）　1711～1781，字は景文（경문），号は大山（대산）
任聖周（임성주）　1711～1788，字は仲思（중사），号は鹿門（녹문）
安鼎福（안정복）　1712～1791，字は百順（백순），号は順庵（순암）
李光靖（이광정）　1714～1789，字は休文（휴문），号は小山（소산）
李匡呂（이광려）　1720～1783，字は聖載（성재），号は月巖（월암）
蔡済恭（채제공）　1720～1799，字は伯規（백규），号は樊巖（번암）
金履安（김이안）　1722～1791，字は正礼（정례），号は三山斎（삼산재）
任靖周（임정주）　1727～1796，字は稚恭（치공），号は雲湖（운호）
黄胤錫（황윤석）　1729～1791，字は永叟（영수），号は頤斎（이재）
洪大容（홍대용）　1731～1783，字は徳保（덕보），号は湛軒（담헌）
朴胤源（박윤원）　1734～1799，字は永叔（영숙），号は近斎（근재）
朴趾源（박지원）　1737～1805，字は仲美（중미），号は燕巖（연암）

鄭宗魯（정종로） 1738～1816，字は士仰（사앙），号は立斎（입재）
李徳懋（이덕무） 1741～1793，字は懋官（무관），号は雅亭（아정）・青荘館（청장관）
南漢朝（남한조） 1744～1809，字は宗伯（종백），号は損斎（손재）
李忠翊（이충익） 1744～1816，字は虞臣（우신），号は椒園（초원）
柳得恭（유득공） 1748～1807，字は恵甫（혜보），号は泠斎（영재）
朴斉家（박제가） 1750～1805，字は次修（차수），号は楚亭（초정）・貞蕤（정유）
任魯（임로） 1755～1828，字は得汝（득여），号は穎西居士（영서거사）
丁若鏞（정약용） 1762～1836，字は美庸（미용），号は茶山（다산）・与猶堂（여유당）
呉煕常（오희상） 1763～1833，字は士敬（사경），号は老洲（노주）
柳徽文（유휘문） 1773～1827，字は公晦（공회），号は好古窩（호고와）
洪直弼（홍직필） 1776～1852，字は伯応（백응），号は梅山（매산）
柳致明（유치명） 1777～1861，字は誠伯（성백），号は定斎（정재）
金正喜（김정희） 1786～1856，字は元春（원춘），号は阮堂（완당）・秋史（추사）
李圭景（이규경） 1788～？， 字は伯揆（백규），号は五洲（오주）
任翼常（임익상） 1789～1866，字は稚殷（치은），号は玄渓（현계）
宋来煕（송내희） 1791～1867，字は子七（자칠），号は錦谷（금곡）
李恒老（이항로） 1792～1868，字は而述（이술），号は華西（화서）
李源祚（이원조） 1792～1871，字は周賢（주현），号は凝窩（응와）
奇正鎮（기정진） 1798～1879，字は大中（대중），号は蘆沙（노사）
李鍾祥（이종상） 1799～1870，字は淑汝（숙여），号は定軒（정헌）
趙秉悳（조병덕） 1800～1870，字は孺文（유문），号は粛斎（숙재）
兪莘煥（유신환） 1801～1859，字は景衡（경형），号は鳳棲（봉서）
崔漢綺（최한기） 1803～1877，字は芝老（지로），号は恵岡（혜강）・明南楼（명남루）
朴珪寿（박규수） 1807～1876，字は瓛卿（환경），号は瓛斎（환재）
任憲晦（임헌회） 1811～1876，字は明老（명로），号は鼓山（고산）・全斎（전재）
李震相（이진상） 1818～1886，字は汝雷（여뢰），号は寒洲（한주）
金平黙（김평묵） 1819～1891，字は稚章（치장），号は重菴（중암）
呉慶錫（오경석） 1831～1879，字は元秬（원거），号は亦梅（역매）
柳重教（유중교） 1832～1893，字は稚程（치정），号は省斎（성재）
崔益鉉（최익현） 1833～1906，字は賛謙（찬겸），号は勉庵（면암）
金允植（김윤식） 1835～1922，字は洵卿（순경），号は雲養（운양）
宋秉璿（송병선） 1836～1905，字は華玉（화옥），号は淵斎（연재）
田愚（전우） 1841～1922，字は子明（자명），号は艮斎（간재）
郭鍾錫（곽종석） 1846～1919，字は鳴遠（명원），号は俛宇（면우）

川原 秀城（かわはら・ひでき）
1950年福岡県に生まれる。1972年京都大学理学部数学科卒業。1974年同文学部哲学科（中国哲学史）卒業。1980年同大学院文学研究科博士課程（中国哲学史専攻）単位取得退学。現在東京大学大学院人文社会系研究科（韓国朝鮮歴史文化・東アジア思想文化）教授
〔主要業績〕『荻生徂徠全集』第13巻（共著，みすず書房，1987），『中国数学史』（銭宝琮主編，全訳，みすず書房，1990），『中国の科学思想—両漢天学考』（創文社，1996），『中国科学技術史』上下冊（杜石然他著，共訳，東京大学出版会，1997），『毒薬は口に苦し—中国の文人と不老不死』（大修館書店，2001），『朝鮮儒学史』（裴宗鎬著，監訳，知泉書館，2007），『関流和算書大成—関算四伝書』（共編，勉誠出版，2008），『朝鮮数学史—朱子学的な展開とその終焉』（東京大学出版会，2010）

金　光来（김광래, Kim Kwangrae）
1971年韓国江原道に生まれる。1994年韓国成均館大学校儒学大学儒学科卒業。2006年東京大学大学院人文社会系研究科（韓国朝鮮言語思想）修士課程修了。現在東京大学大学院人文社会系研究科（韓国朝鮮言語思想）博士課程
〔主要業績〕『朝鮮儒学史』（裴宗鎬著，共訳，知泉書館，2007），『독약은 입에 쓰다—불로불사를 꿈꾼 중국의 문인들（毒薬は口に苦し—中国の文人と不老不死）』（川原秀城著，全訳，成均館大学校出版部，2009），「18世紀 朝鮮知識人에 의한 西洋 아니마論의 受容—李瀷의 四端七情論과『霊言蠡勺』」（韓国学中央研究院韓国学大学院編『韓国学의 새로운 地平을 향하여』，2009），「中世キリスト教霊魂論の朝鮮朱子学的変容—イエズス会の適応主義と星湖の心性論」（『死生学研究』第13号，2010）

〔高橋亨 朝鮮儒学論集〕　ISBN978-4-86285-117-8

2011年 9 月 25 日　第 1 刷印刷
2011年 9 月 30 日　第 1 刷発行

編訳者　川原秀城
　　　　金　光来

発行者　小山光夫

印刷者　藤原愛子

発行所　〒113-0033 東京都文京区本郷1-13-2
電話03（3814）6161 振替00120-6-117170
http://www.chisen.co.jp
株式会社 知泉書館

Printed in Japan　印刷・製本／藤原印刷